高等院校经济管理类主干课系列教材

管理会计

GUANLI KUAIJI【第三版】

主　编　张晓雁
秦国华

副主编　王海茸

厦门大学出版社
XIAMEN UNIVERSITY PRESS
国家一级出版社
全国百佳图书出版单位

图书在版编目（CIP）数据

管理会计 / 张晓雁，秦国华主编 ；王海茸副主编
. -- 3 版. -- 厦门 ：厦门大学出版社，2024.1
高等院校经济管理类主干课系列教材
ISBN 978-7-5615-9066-9

Ⅰ. ①管… Ⅱ. ①张… ②秦… ③王… Ⅲ. ①管理会计-高等学校-教材 Ⅳ. ①F234.3

中国版本图书馆CIP数据核字(2023)第135980号

责任编辑 许红兵
美术编辑 张雨秋
技术编辑 朱 楷

出版发行 厦门大学出版社
社 址 厦门市软件园二期望海路 39 号
邮政编码 361008
总 机 0592-2181111 0592-2181406(传真)
营销中心 0592-2184458 0592-2181365
网 址 http://www.xmupress.com
邮 箱 xmup@xmupress.com
印 刷 厦门市金凯龙包装科技有限公司

开本 787 mm×1 092 mm 1/16
印张 27.75
字数 659 千字
版次 2016 年 1 月第 1 版 2024 年 1 月第 3 版
印次 2024 年 1 月第 1 次印刷
定价 60.00 元

本书如有印装质量问题请直接寄承印厂调换

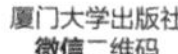
厦门大学出版社
微信二维码

厦门大学出版社
微博二维码

第三版前言

2016年6月中华人民共和国财政部发布了《管理会计基本指引》，2017年9月发布了22项管理会计应用指引，2018年8月发布了7项管理会计应用指引。2022年，在中国共产党第二十次全国代表大会上的报告中，对经济发展及企业提出了新的要求。为贯彻党的二十大报告精神，大力发展管理会计，助力企业降本增效，本书进行第三版修订，主要思路是：结合党的二十大报告精神及管理会计有关规范文件，对有关术语和表述进行吸收和修改，体现最新的理论与实务发展，增加案例的时效性和教材的可读性。

修订工作主要体现在以下几方面：

1.以习近平新时代中国特色社会主义思想和社会主义核心价值观为指引，充分挖掘教材中的思政元素。

2.补充了新的政策、制度和理论成果，并修订了相关术语的表述。

3.对第二版的相关阅读、案例进行了更新，丰富了教学资源。

4.对第二版的练习题进行了修改，吸收了近几年中级会计职称考试、注册会计师考试真题。

本书第三版修订工作由张晓雁、王海芊完成，2022级、2023级研究生王倩、王新琪、赵梦然、王可欣、袁晓妍、魏涛、潘建凯、郭欣钰、董群霞、边欣怡、代文博参与了资料整理等工作。在修订过程中，得到了厦门大学出版社的大力支持，在此表示感谢。本书是西藏民族大学“财务教育嵌入创新创业生态课程体系教学改革研究”教学改革项目及“财务管理”一流课程建设的成果之一。尽管极尽努力，本书还可能存在一些疏漏和不足，恳请读者批评指正。

编者

2023年12月

第二版前言

近年来，财政部在推进中国管理会计体系建设方面做了大量工作，2014年10月颁布了《财政部关于全面推进管理会计体系建设的指导意见》，2016年6月发布了《管理会计基本指引》，2017年9月发布了22项管理会计应用指引，2018年8月发布了7项管理会计应用指引。本书修订的主要思路是结合上述规范文件对有关术语和表述进行吸收和修改，体现最新的理论与实务发展，增加案例的时效性和教材的可读性。具体的工作主要体现在以下几方面：

1.补充了新的政策、制度和理论成果，并修订了相关术语的表述。

2.对四章Excel应用配备了实操视频资料，读者扫二维码即可学习。

3. 对第一版的相关阅读、案例进行了更新，丰富了教学资源。

4.对第一版的练习题进行了改编和修改，吸收了近几年中级会计职称考试、注册会计师考试真题。

本书第二版修订工作由张晓雁、秦国华、王海茸、赵莉完成，2018级MPAcc研究生张睿、姚莉静、石玥参与了资料整理等工作。在修订过程中，得到了西藏自治区高等学校重点实验室“会计综合实验室”和“工商管理综合实验室”的支持，在此表示感谢。本书也是国家民委“职业能力导向的西藏高校财务管理本科专业信息化教学改革与实践”（项目编号：17093）教学改革项目的成果之一。

尽管极尽努力，本书还可能存在一些疏漏和不足，恳请读者批评指正。

编者

2019年1月

第一版前言

管理会计作为会计学的两大重要分支之一，主要服务于单位内部管理需要。20世纪70年代末，西方管理会计的理论被介绍到中国，伴随着中国的改革开放，管理会计理论历经了引进、普及、反思与提升三个阶段，但理论研究和实践运用都还相对滞后。为了建立与我国社会主义市场经济体制相适应的管理会计体系，财政部于2014年10月发布了《关于全面推进管理会计体系建设的指导意见》，提出要推进管理会计理论体系建设、指引体系建设、人才队伍建设和面向管理会计的信息系统建设四大任务，这标志着中国管理会计开始向规范化、科学化的道路上推进。

作为西藏自治区教育厅"特色教材"建设项目，本教材主要在以下几方面做出一些努力：

1.前沿性。本教材广泛汲取了中西方管理会计学科的理论、方法与经验，注意把握国内外相关理论发展的最新动态，来搭建章节架构，力图实现教学内容的更新。

2.实践性。基于教学实践的要求，我们进行了两个方面的改进。一是在相关章节安排了Excel应用的内容，便于在实践操作中实现信息化、网络化。二是每章节安排了经典案例，通过案例研究培养学生运用理论与方法解决实际问题的能力，提高理论研究和实践能力。

3.系统性。在教学内容安排上，根据编者多年的教学经验对章节顺序和结构进行了适当调整，使得体系更为合理，内容相对完整，更符合教学规律，并与后续课程紧密衔接。

4.立体化。本教材每章都设置了学习目标、本章小结、关键概念、自测题、相关阅读、案例等栏目，便于学生的自学和拓宽知识视野，满足创新型人才培养的需要。

5.实用性。本教材通俗易懂，图文并茂，并注重理论联系实际与应用价值，可读性强。适用于管理类、经济类专业的教学，也可作为会计专业硕士研究生及企业财务人员参考用书。

本教材也是教育部“会计学”国家级特色专业建设、西藏自治区高等学校重点实验室——“会计综合实验室”建设的成果，得到了两个项目的支持，在此表示感谢。

本教材由西藏民族大学张晓雁副教授、秦国华教授担任主编，负责拟订编写大纲、体例设计和全书的修改统稿；王海茸担任副主编。具体分工如下：第一章、第二章由张晓雁执笔；第三章由乔鹏程执笔；第四章由谭天明、曹月璐执笔；第五章、第六章由秦国华、马锦执笔；第七章由王海茸、李爱琴、张晓雁执笔；第八章由赵莉执笔；第九章由马锦执笔；第十章由赵莹执笔；第十一章由乔鹏程、任富强执笔；第十二章由仇海红执笔。

在编写过程中，参考和引用了国内外会计学专家学者的大量优秀文献，吸收和借鉴了最新的研究成果，在此一并表示感谢。

编者

2016 年 1 月

目 录

第 1 章

管理会计总论

思维导图

管理会计总论
形成与发展
定义
产生与发展
基本理论
基本假设
对象
职能
预测经济前景
参与经济决策
规划经济目标
控制经济过程
绩效考核与评价
目标
原则
管理会计的活动与工具方法
管理会计信息的质量特征
相关性
客观性
可理解性
及时性
灵活性
成本效益性
管理会计与财务会计的区别与联系
区别
职能不同
服务对象不同
约束条件不同
报告期间不同
会计主体不同
计算方式不同
信息精确程度不同
计量尺度不同
联系
起源相同
最终目标相同
基本信息同源
服务对象交叉
某些概念相同

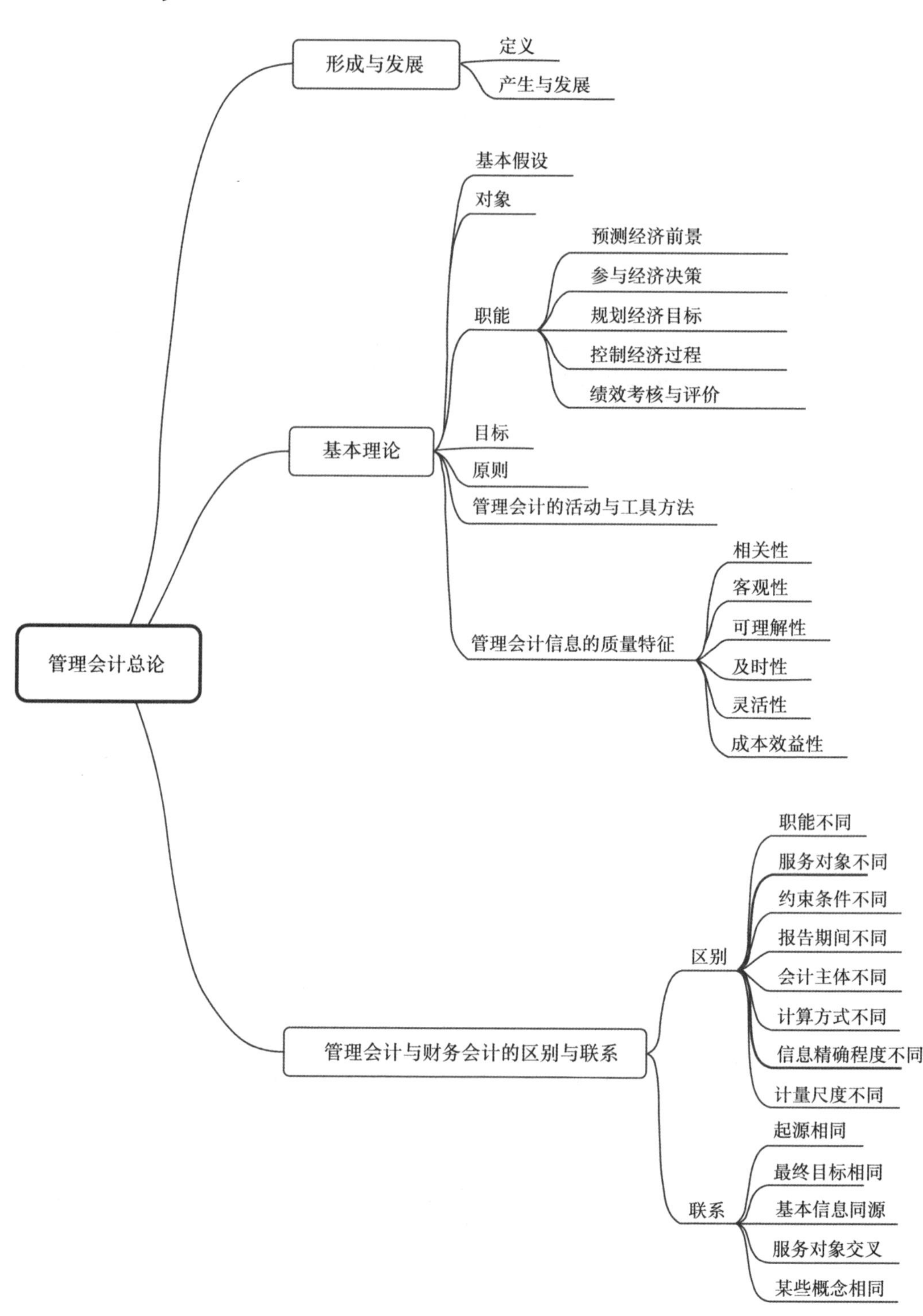

学习目标

本章的内容包括管理会计的形成与发展、管理会计的基本理论、管理会计与财务会计的区别和联系。学习具体目标包括：

◇知识目标

理解管理会计的内容及特点，熟悉管理会计产生与发展趋势，掌握管理会计信息质量特征、管理会计与财务会计的区别和联系。

◇能力目标

能够运用管理会计的基本原理解释企业的业务，能够区分财务会计与管理会计的工作内容及信息质量要求。

◇思政目标

能够在理解管理会计内容、目标和信息质量要求的基础上，树立管理会计价值创造的理念，理解管理会计师应遵守的基本职业道德。

1.1　管理会计的形成与发展

什么是管理会计？国内外会计学界众说纷纭，有人认为管理会计是预测决策会计；有人认为管理会计是为企业内部管理决策提供信息的内部会计；还有人认为管理会计是通过规划与控制，为企业创造经济效益的会计。

1.1.1 管理会计的定义

1.1.1.1 国外学者对管理会计的定义

美国会计学会（American Accounting Association，AAA）于 1958 年和 1966 年先后两次为管理会计提出了如下定义：管理会计“是指在处理企业历史和未来的经济资料时，运用恰当的技巧和概念来协助经营管理人员拟定能达到合理经营目的的计划，并做出能达到上述目的的明智的决策”；“管理会计是为信息使用者做出正确判断和决策而进行识别、计量和交换经济信息的过程”。

1982 年，美国会计学者罗伯特在《现代管理会计》一书中将管理会计定义为：“管理会计是一种收集、分类、总结、分析和报告信息的系统，有助于管理者进行决策和控制。”[①]

1982 年，英国成本和管理会计师协会将管理会计的范围扩大到除审计以外的会计的各个组成部分：“管理会计是为管理当局提供所需信息的那一部分会计工作，使管理当局得以确定方针政策，对企业各项活动进行计划和控制，保护财产安全，向企业外部人员（股

① 孙茂竹.管理会计[M].北京：中国人民大学出版社，2012：3

东等)和职工反映财务状况,对各个行动备选方案做出决策。”

1988 年,国际会计师联合会所属的常设分会财务和管理会计委员会所下的定义为:“管理会计是在一个组织内部,对管理当局用于规划、评价与控制的信息(财务的和经营的)进行确认、计量、积累、分析、处理、解释和传输的过程,以确保其资源的利用并对它们承担经营责任。”[①]

1996 年,英国会计学者德卢里在其所著的在英国最为畅销的管理会计教材中给出了简明的定义:“管理会计在企业内部提供有助于人们做出更有效决策的信息。”

1999 年亨克瑞在其所著的在世界范围内最畅销的管理会计教材中指出:“管理会计计量并报告财务和其他类型的信息,这些信息的主要目的是帮助管理者实现企业的目标。”[②]

2017 年美国管理会计师协会(IMA)在《管理会计词典》中认为,“管理会计是一种平等参与管理决策、设计规划与绩效管理系统,并利用其在财务报告与控制方面的专业技能帮助管理者制定及实施组织战略的职业。”

1.1.1.2 国内学者对管理会计的定义

20 世纪 70 年代末 80 年代初,西方管理会计的理论被介绍到中国,我国会计学者结合中国特点,从微观角度对管理会计做出了不同的解释。

汪家佑教授认为:“管理会计是西方企业为了加强内部经营管理,实现最大利润的目的,灵活运用多种多样的方式方法,收集、加工和阐明管理当局合理地计划和有效地控制经济过程所需要的信息,围绕成本、利润、资本三个中心,分析过去、控制现在、规划未来的一个会计分支。”[③]

李天民教授认为:“管理会计主要是通过一系列专门方法,利用财务会计提供的资料及其他有关资料,进行整理、计算、对比和分析,使企业各级管理人员能据以对日常发生的一切经济活动进行规划与控制,并帮助企业领导做各种决策的一整套信息处理系统。”[④]

温坤教授认为:“管理会计是企业会计的一个分支。它运用一系列专门的方式方法,收集、分类、汇总、分析和报告各种经济信息,借以进行预测和决策,制定计划,对经营业务进行控制,并对业绩进行评价,以保证企业改善经营管理,提高经济效益。”

余绪缨教授认为:“管理会计是为企业内部使用者提供管理信息的会计,它为企业内部使用者提供有助于正确进行经营决策和改善经营管理的有关资料,发挥会计信息的内部管理职能。”

综上,管理会计有着比传统会计更为广泛和深刻的内容。虽然它是从传统会计体系中分离出来的,但在职能作用和方式、方法等方面突破了传统会计的框架,是以现代管理科学为基础,以提高企业经济效益为目的的会计信息处理系统,对帮助企业管理者科学制定经营决策、强化企业内部经营管理和提高经济效益等起着重要作用,是现代管理的重要工具。[⑤]

---

① 赵书和.成本与管理会计[M].北京:机械工业出版社,2009:2

② 曹中.管理会计[M].上海:立信会计出版社,2012:2

③ 汪家佑.管理会计[M].北京:经济科学出版社,1987:1

④ 李天民.管理会计学[M].北京:中国广播电视大学出版社,1984:13

⑤ 温坤.管理会计学[M].北京:中国人民大学出版社,1989:13

2014 年 10 月 27 日，财政部印发的《关于全面推进管理会计体系建设的指导意见》认为：管理会计是会计的重要分支，主要服务于单位（包括企业和行政事业单位，下同）内部管理需要，是通过利用相关信息，有机融合财务与业务活动，在单位规划、决策、控制和评价等方面发挥重要作用的管理活动。

国内外学者、组织对管理会计的研究从狭义到广义，对于我们理解管理会计十分重要。本书认为：管理会计是以提高企业经济效益为最终目的的会计信息处理系统。它运用一系列专门的方式方法，通过确认、计量、归集、分析、编制与解释、传递等一系列工作，为企业管理和决策提供信息，并参与企业经营管理。

1.1.2 管理会计的产生与发展

1.1.2.1 以成本控制为基本特征的执行性管理会计阶段

所谓执行性管理会计阶段，是以泰罗的科学管理学说为基础形成的会计信息系统占主导地位的时期，历经 20 世纪初至 20 世纪 50 年代。19 世纪的工业革命，促使企业生产规模迅速扩大，合伙经营、股份公司等组织形式相继出现，企业的所有者逐渐将企业经营权委托给专门的管理阶层。为适应所有权与经营权相分离，满足各有关方面（如股东、债权人、经营者等）对公司财务状况和经营成果的关心，企业需要编制并对外报送财务报表，于是从填制和审核凭证、登记账簿到编制财务报表的近代会计形成了。

20 世纪初，随着社会化生产程度的提高，生产规模的日益扩大，竞争开始变得激烈起来，所有者和经营者都意识到，企业的生存和发展并不仅仅取决于产量的增长，更重要的是取决于成本的高低。也就是说，利润的多少在收入已定的情况下，取决于成本的高低。因此，为在激烈的市场竞争中战胜对手，企业应加强内部管理，提高生产效率以降低成本、费用，获取最大限度的利润。

适应该阶段社会经济发展的要求，经济与管理理论有了很大发展，其中古典组织理论对管理会计形成的影响最大。在以美国的泰罗（Frederick Taylor）和法国的法约尔（Henri Fayol）为代表人物的“古典管理理论”的指导下，企业管理实践中先后应用了以确定定额为目的的时间与动作研究、差别工资制和以计划职能与执行职能相分离为主要特征的预算管理和差异分析，以及日常成本控制等一系列标准化、制度化的新技术新方法。这一切对片面强调事后反映职能的传统会计带来了严峻挑战和巨大冲击。在这种情况下，企业会计必须突破单一的事后核算的格局，采取对经济过程实施事前规划和事中控制的技术方法，更好地促进经营目标的实现。伴随着企业管理方式的变革，会计开始了由近代会计向现代会计转变的进程，原始的管理会计也初见端倪。20 世纪初，在美国企业会计实务中开始出现了以差异分析为主要内容的“标准成本制度”和“预算控制”。会计把严密的事先计算引进到会计体系，实行事前计算、事中控制和事后分析相结合，可以看作是会计发展史上的里程碑，为会计服务于企业管理开创了新路。泰罗的科学管理学说着眼于对生产过程进行科学管理，重点是通过对生产过程的个别环节、个别方面的高度标准化，为尽可能提高生产和工作效率创造条件，但对企业管理全局、企业外部环境则很少考虑，不把工人当作具有主动性、创造性的人，而是当作机器的附属品，强调管得严才能提高效率，使工人处于消极被动和极度紧张的状态，这样，势必会引起广大工人群众的强烈不满，因而不可能取得理想的效果。

1.1.2.2 以预测决策为基本特征的管理会计阶段

到了 20 世纪 50 年代，世界经济进入战后发展期。该时期具有以下新特点：一方面，现代科学技术革命的浪潮日益高涨，并大规模应用于生产实际，迅速推动了社会生产力的进步，具体表现为新技术、新工艺和新装备的广泛使用，产品更新换代的周期越来越短。另一方面，资本主义企业进一步集中，跨国公司大量涌现，新兴行业层出不穷，企业的资本越来越集中，规模越来越大，生产经营日趋复杂，企业外部的市场环境瞬息万变，竞争越来越激烈，迫使企业管理者转变观念，将过去的以生产为中心的管理模式转变为以市场开发、调动各方面积极性、能取得最大经济效益为中心的经营决策型管理模式，企业须具有灵活的反应能力和高度的适应能力，以应对市场的变化，而这些变化，是泰罗的科学管理学说难以适应的。

随着生产力的进一步发展，企业规模日趋扩大，市场竞争不断加剧，一些企业在竞争中不断发展，迅速崛起；相反，另一些企业在竞争中失去优势，以致破产倒闭。每一个竞争者都在设法提高内部工作效率，广泛推行职能管理、行为科学管理，以增强自身的竞争实力。残酷的竞争法则告诉人们，会计不仅只是事后反映，更重要的是实现有效的事前预测，提供准确的预测信息，在此基础上进行正确的决策。方案一旦确定、实施，就要加强对过程的控制，保证规划目标的顺利实现，以实现企业降低成本、提高经济效益的目标。

在 1952 年伦敦举行的世界会计学会年会上，“管理会计”一词被正式确认。此时一些国家的财务会计准则制度化被普遍接受，财务会计主要服务于外部相关利益者的目标得到进一步的肯定和强调，会计准则对于财务会计的约束性进一步增强，管理会计和财务会计终于从单一的会计系统中分离开来，成为现代会计的两大分支。

社会经济的发展和经济理论的丰富，使得管理会计的理论体系逐渐完善，内容更加丰富，逐步形成了以预测、决策、预算、控制、考核、评价为核心的管理会计体系。管理会计在强化控制职能的同时，开始行使预测、决策职能。管理的关键在于决策，决策的关键在于预测。随着各种预测、决策理论和方法广泛被引入会计工作，逐步形成了以预测、决策为主要特征并与管理现代化要求相适应的行之有效的会计信息管理系统。该会计信息管理系统的主要内容包括预测、决策、预算、控制、考核和评价。

现代管理科学有两个重要支柱——运筹学和组织行为学，很大程度上克服了泰罗科学管理学说的缺陷，较好地适应了战后经济发展新形势。运筹学主要应用现代数学和数理统计的原理和方法，通过许多数量化的管理方法和技术，帮助管理人员按照最优化的要求，对企业的生产经营进行科学的预测、决策、计划、组织和控制，促使企业实现最优运转；财务人员运用运筹学的原理和方法，对企业财务信息进行加工，编制预算，对未来进行预测并参与经营决策。运筹学与会计相结合，形成了预测决策会计，并为管理会计奠定了基础。组织行为学主要是应用心理学、社会学等方面的研究成果来研究人的各种行为的规律性，旨在调整和改善人与人之间的关系，引导、刺激人们在生产经营中发挥主动性、积极性和创造性。按照组织行为学的原理和方法来管理大规模的现代化企业，可以有效地消除管理工作中的主观随意性，使企业各责任中心的经济活动按照确定的总体目标进行，并按照各责任中心完成目标的情况，进行业绩考核与评价。责任考评与会计相结合，形成了责任会计。

1.1.2.3 战略管理会计阶段

20 世纪 80 年代以来，由于科技进步迅速，信息技术已被广泛应用，企业面临的制造环境发生了重大变化，同时管理理念和管理技术也发生了巨大变革。计算机集成制造系统、适时制造系统以及零库存、全面质量管理、以顾客为导向、作业管理等崭新的管理理念和技术应运而生，这为节约材料、能源和人工成本，提高劳动生产率创造了条件，也为管理会计的不断更新和发展提供了良好的环境。

20 世纪 80 年代，著名管理学家西蒙(Herbert A. Simon)首次提出了“战略管理会计”一词，之后西方理论界对此进行了深入研究，指出不同企业战略所要求的管理会计侧重点应有所区别。迈尔斯和斯诺依据企业对外部环境变化所持有的不同战略，将企业分为防卫型、开拓型、分析型和被动型四类。之后，波特在 1980—1990 年十年间，先后出版了《竞争战略》、《竞争优势》、《国家竞争优势》等著作。

战略与管理会计结合的速度加快，促进了战略管理会计的进一步发展。卡普兰教授对作业成本法进行了完善与拓展，将决策型战略管理会计研究推向了更高的阶段。

1992 年，卡普兰和诺顿提出了平衡计分卡，首次将非财务指标引入企业业绩计量体系中，从财务、顾客、内部业务流程和学习与成长四个方面综合计量企业经营业绩。之后几年，卡普兰和诺顿对平衡计分卡的理论和应用进行了不断的探索，形成了比较完整的理论与方法体系，使用战略地图将企业目标与日常经营过程联系起来，进一步丰富了平衡计分卡理论。2001 年，卡普兰将平衡计分卡的应用由商业企业拓展到非营利组织，使其应用领域更为宽阔。

1.2　管理会计的基本理论

1.2.1 管理会计的基本假设

所谓管理会计的基本假设，是指为了实现管理会计提高企业经济效益的目标，合理界定管理会计工作的时间、空间范围，统一管理会计操作方法和程序，满足信息搜集、整理、计算的要求，从纷繁复杂的现代企业环境中抽象概括出来的、组织管理会计工作的一系列前提条件的统称。具体包括多重会计主体假设、合理预期假设、理性行为假设、充分占有信息假设等等。

1.2.1.1 多重会计主体假设

该假设规定了管理会计工作对象的基本活动空间，又称为多层会计主体假设，是指管理会计假定其会计主体不仅包括企业整体，还包括企业内部各个层次的责任单位、管理层次。财政部《管理会计基本指引》中指出，管理会计应用主体视管理决策主体确定，可以是单位整体，也可以是单位内部的责任中心。由于管理会计面向企业内部经营管理，解决预测、决策、规划、控制和业绩评价问题，因而企业内部各层次，如企业整体、分公司、分厂、车间、班组等都可作为管理会计的主体。

1.2.1.2 合理预期假设

也称灵活分期假设，该假设是指为了满足管理会计面向未来决策的要求，企业可以根据需要和可能，灵活地确定管理会计工作的时间范围，不必严格地受财务会计上的会计年度、季度或月份的约束。即管理会计的时态可跨越过去和现在，并延伸到未来。

1.2.1.3 理性行为假设

该假设包含两层含义：第一，由于管理会计在履行其职能时，往往需要在不同程序或方法中进行选择，就会使其工作结果在一定程度上受到人的主观意志的影响，因此，管理会计假定管理会计师总是出于设法实现管理会计工作总体目标的动机，能够采取理性行为，自觉按照科学程序与方法办事；第二，假定每一项管理会计具体目标的提出，均出于理性及可操作性的考虑，从客观实际出发。

1.2.1.4 充分占有信息假设

该假设是从管理会计信息搜集及整理的角度提出的，假设管理会计采用多种计量单位，不仅充分占有和处理相关企业内部、外部的价值量信息，而且还占有和处理非价值量信息，并且信息的数量能够充分满足现代信息处理技术的要求。

1.2.2 管理会计的对象

我国理论界针对管理会计的研究对象主要有以下三种观点。

1.2.2.1 资金总运动论

管理会计和财务会计是并列的分支，两者同属于会计这一范畴之下，二者的研究对象都是资金运动。管理会计研究的资金运动在时态上包括过去、现在和未来，而财务会计仅以过去的资金运动为对象。

1.2.2.2 现金流动论

该观点认为管理会计的对象是企业的现金流动，其主要理由是：其一，现金流动贯穿于管理会计各个环节，是其有关内容的集中和概括；其二，通过现金可以把企业生产经营中的资金、成本、利润等各个方面联系起来，进行统一评价，为改善经营管理、提高经济效益提供重要的、综合性的信息；其三，现金流动具有最大的综合性和敏感性，可以在预测、决策、预算、控制、业绩考核与评价各个环节发挥积极的能动作用。

1.2.2.3 价值差量论

价值差量作为管理会计研究对象的原因在于：其一，现代管理会计的内容包括成本性态分析、变动成本计算、本量利分析、短期经营决策、长期投资决策、标准成本法、责任会计等方面，而价值差量是对每一项内容进行研究的基本方法，并能贯彻始终；其二，价值差量具有很强的综合性，管理会计研究的“差量”问题，既有价值差量，又包括实物差量和劳动差量，后者是前者的基础，前者是后者的综合表现；其三，现金流动不能作为管理会计的对象，因为现金流动仅在经营决策和资本支出决策的分析和评价中涉及，其他决策中均不涉及，因此并不能在现代管理会计中贯穿始终，故现金流动应该是财务管理研究的对象。

上述观点从不同角度对管理会计的对象进行了论证，各有道理，但都不能将管理会计的对象始终贯彻在管理会计的活动之中。本书认为，管理会计的对象是以使用价值为基础的价值管理。从实质上讲，管理会计的对象是企业的生产经营管理活动；从管理体现经济效益的角度上看，管理会计的对象是企业生产经营活动中的价值运动；从实践角度上看，管理会计的对象具有复合性的特点。管理会计一方面致力于提高生产和工作效率，另一方面强调价值管理，目的是提高经济效益，实现价值增值。因此，管理会计可渗透到企业的各个方面，既为企业总体管理服务，本身又属于管理系统的有机组成部分，并处于企业价值管理的核心。

1.2.3 管理会计的职能

传统财务会计的职能是核算和监督，而管理会计的职能随着社会经济的发展日益扩大，由于现代管理有预测、决策、规划、控制和绩效评价等五项职能，与此对应的管理会计的职能包括以下五个方面，通过应用环境、管理会计活动、工具方法、信息与报告等四要素发挥管理会计的职能才能实现管理会计的目标。

1.2.3.1 预测经济前景

预测是指采用科学的方法推断客观事物未来发展必然性和可能性的行为，管理会计的预测职能是在经济业务发生之前预先进行的测算。管理会计依据过去和现在的会计资料，采用定量计算或定性分析的方法，推测未来经济业务（包括销售、利润、资金、成本等）的发展趋势以及企业的财务状况、经营成果、现金流量等，为企业内部经营管理决策提供可靠的信息。

1.2.3.2 参与经济决策

管理会计的决策职能是指在充分考虑各种可能的前提下，遵循客观规律，按照“成本—效益”原则要求，选择一定的程序和方法对管理问题做出科学的决策。决策作为企业经营管理的核心，贯穿于企业管理的各个方面和整个过程，包括收集和整理相关的信息资料，提出各种可行的备选方案，选择科学的决策方法，做出正确的财务评价，筛选出最优的行动方案等。

1.2.3.3 规划经济目标

规划是指事先规定目标和拟定方法以确保实际进程按照预定目标完成的过程。规划经济目标要求管理会计提供的数据信息有助于企业制定长短期计划，如通过全面预算将有关经济目标分解落实到各有关预算中去，通过编制责任预算，合理、有效地组织和协调企业经营链条上的各个环节，处理好供、产、销及人、财、物之间的关系，为过程控制和责任考评奠定基础。

1.2.3.4 控制经济过程

控制的目的是使实际经营活动能按预期计划或预算进行，最终达到经营目标。控制经济过程是指控制企业经济活动，使之按决策预定的轨道运行。例如，企业目前广泛采用的全面预算系统，集中反映企业在一定时期内要完成的总目标和总任务。为保障总目标和总任务的实现，必须将总预算指标层层分解，落实到各个责任中心，并以其作为日常经营活动的准绳，加强记录和计算，通过实际指标与预算指标的对比分析，评价考核各个责任中心的业绩，保证日常控制发挥制约和促进作用。事前控制和事中控制有机结合起来，对执行过程中脱离事先确定的标准而发生的差异进行分析，查明原因并及时采取措施进行调整，以确保经济目标的顺利实现。

1.2.3.5 绩效考核与评价

管理会计发挥责任考评职能，评价经营业绩，是通过建立绩效管理制度来实现的。各部门和人员在明确各自职责的基础上，通过实际业绩与预算标准的对比分析，逐级考核责任指标的完成情况，为奖优罚劣激励制度的执行提供依据。在绩效管理中，绩效评价包括：以责任中心为主体的绩效评价、基于 EVA 的绩效评价、基于企业战略的绩效评价。根据计划的执行情况定期实施绩效评价与激励，按照绩效计划与激励计划的约定，对被评价对象的绩效表现进行系统、全面、公正、客观地评价，并根据评价结果实施相应的激励。

1.2.4 管理会计的目标

管理会计的目标是指在一定的经营环境下，管理会计活动要达到的目的和预期效果。

1966 年，美国会计学会在《基本会计理论》中指出，管理会计的目标是为管理者服务，帮助管理者制定合理的经济目标，并为实现该目标进行合理决策。

1986 年，全美会计师协会下设的管理会计实务委员会在《管理会计公告：管理会计的目标》中明确规定，管理会计应实现两个具体目标：(1)为管理和决策提供信息。管理会计应向各级管理人员提供以下经选择和加工的信息：与计划、评价和控制企业经营活动有关的各类信息，包括历史信息和未来信息；与维护企业资产安全、完整及资源有效利用有关的各类信息；与股东、债权人及其他企业外部利益相关者的决策有关的信息。(2)参与企业经营管理。在现代管理理论的指导下，管理会计以各种方式参与企业经营管理，每一个管理环节都有与之对应的管理会计步骤。

财政部《管理会计基本指引》中指出，管理会计的目标是通过运用管理会计工具方法，参与单位规划、决策、控制、评价活动并为之提供有用信息，推动单位实现战略规划。具体包括：管理会计参与制定企业战略与战术目标，进行经营决策，编制预算，建立责任会计制度，进行内部控制，协调组织企业管理工作等。为了发挥管理会计的作用，企业、单位应准确分析和把握价值创造模式，推动财务与业务等的有机融合。根据组织架构特点，建立健全能够满足管理会计活动所需的由财务、业务等相关人员组成的管理会计组织体系。有条件的单位可以设置管理会计机构，组织开展管理会计工作。

1.2.5 管理会计的原则

财政部《管理会计基本指引》指出，企业、单位应用管理会计，应遵循下列原则：

(1)战略导向原则。管理会计的应用应以战略规划为导向，以持续创造价值为核心，促进单位可持续发展。

(2)融合性原则。管理会计应嵌入单位相关领域、层次、环节，以业务流程为基础，利用管理会计工具方法，将财务和业务等有机融合。

（3）适应性原则。管理会计的应用应与单位应用环境和自身特征相适应。单位自身特征包括单位性质、规模、发展阶段、管理模式、治理水平等。

（4）成本效益原则。管理会计的应用应权衡实施成本和预期效益，合理、有效地推进管理会计应用。

1.2.6 管理会计的活动与工具方法

企业、单位的管理会计活动是单位利用管理会计信息，运用管理会计工具方法，在规划、决策、控制、评价等方面服务于单位管理需要的相关活动。企业、单位应用管理会计，应做好相关信息支持，参与战略规划拟定，从支持其定位、目标设定、实施方案选择等方面，为单位合理制定战略规划提供支撑。同时，应融合财务和业务等活动，及时充分提供和利用相关信息，支持单位各层级根据战略规划做出决策。在应用管理会计的过程中，企业应设定定量定性标准，强化分析、沟通、协调、反馈等控制机制，支持和引导单位持续高质高效地实施单位战略规划。为了考核绩效，企业、单位应合理设计评价体系，基于管理会计信息等，评价单位战略规划实施情况，并以此为基础进行考核，完善激励机制；同时，对管理会计活动进行评估和完善，以持续改进管理会计应用。

管理会计工具方法是实现管理会计目标的具体手段。管理会计工具方法是单位应用管理会计时所采用的战略地图、滚动预算管理、作业成本管理、本量利分析、平衡计分卡等模型、技术、流程的统称。管理会计工具方法具有开放性，随着实践发展不断丰富完善。管理会计工具方法主要应用于以下领域：战略管理、预算管理、成本管理、营运管理、投融资管理、绩效管理、风险管理等。

（1）战略管理领域应用的管理会计工具方法包括但不限于战略地图、价值链管理等；

（2）预算管理领域应用的管理会计工具方法包括但不限于全面预算管理、滚动预算管理、作业预算管理、零基预算管理、弹性预算管理等；

（3）成本管理领域应用的管理会计工具方法包括但不限于目标成本管理、标准成本管理、变动成本管理、作业成本管理、生命周期成本管理等；

（4）营运管理领域应用的管理会计工具方法包括但不限于本量利分析、敏感性分析、边际分析、标杆管理等；

（5）投融资管理领域应用的管理会计工具方法包括但不限于贴现现金流法、项目管理、资本成本分析等；

（6）绩效管理领域应用的管理会计工具方法包括但不限于关键指标法、经济增加值、平衡计分卡等；

（7）风险管理领域应用的管理会计工具方法包括但不限于单位风险管理框架、风险矩阵模型等。

企业、单位应用管理会计，应结合自身实际情况，根据管理特点和实践需要选择适用的管理会计工具方法，并加强管理会计工具方法的系统化、集成化应用。

1.2.7 管理会计信息的质量特征

管理会计可以为企业管理和决策提供形式多样的有用信息。为满足企业预测、决策、规划、控制及业绩评价的需求，管理会计所提供的信息必须是高质量的。国外对管理会计信息质量特征的表述，包括以下观点。

1996 年，美国会计学会在《基本会计理论》第四章“为内部管理人员服务的信息”中，主要探讨了五项标准，即相关性、可认证性、不偏性、计量可能性和传递适应性，同时指出这些标准在用于内部报告和用于外部报告时的主要不同点。

1974 年，美国会计学会的“内部规划与控制的概念与准则委员会”提出了下列与效益信息有关的几项特征：(1)相关性及目标间的相互关系；(2)准确性、精确性和可靠性；(3)一贯性、可比性和统一性；(4)可验证性、客观性、中立性和可追溯性；(5)综合性；(6)灵活性和适应性；(7)及时性；(8)可理解性、可接受性、激励性和公允性。

1987 年，海尔康编写的《管理会计》一书对管理会计信息的基本特征提出了新的见解，认为有价值的管理会计信息应具有相关性、准确性、及时性、可理解性和注重成本—效益原则等特征。1988 年，国际会计师联合会的《论管理会计概念》(征求意见稿)中又提出了对提高决策者信息质量有益的六个管理会计概念和标准：(1)经管责任；(2)可控性；(3)可靠性；(4)增量性；(5)相互依赖性；(6)相关性。

2016 年财政部《管理会计基本指引》第二十五条指出：“单位生成的管理会计信息应当相关、可靠、及时、可理解。”

综上所述，管理会计提供的高质量信息应符合以下特征：

1.2.7.1 相关性

相关性是指管理会计所提供的信息应当具有对决策有影响或对预期产生结果有用的特征。现代管理会计的重要特征之一是面向未来决策，因而是否有助于企业管理者正确决策，是衡量管理会计信息质量高低的重要标志。管理会计所提供的信息必须紧密围绕特定决策，不同方案的相关信息是不同的，凡是不具备相关性的信息，必须予以剔除，否则会干扰决策。这就要求管理会计人员应针对具体问题进行具体分析，不能盲目追求信息的所谓全面完整。

1.2.7.2 客观性

客观性是指管理会计所提供的信息在相关范围内必须正确地反映客观事实。不正确的信息对管理是无用的，甚至会导致决策的失误从而影响企业的经营业绩。但是，不能将管理会计提供的未来信息应当具备的可靠性与财务会计提供的历史信息应具备的准确性、精确性或真实性混为一谈。管理会计所提供的信息并非要求绝对精确，由于管理会计面向未来，很多信息是建立在估计和预测基础上的，主观因素不免会影响信息的准确性，因此只能说，管理会计应在一定环境条件下，尽可能提供正确可靠的信息。

1.2.7.3 可理解性

管理会计所提供的信息应以使用者容易理解为准则，以使用者容易理解和接受的形式提供，即简单明了、易于理解。凡是对管理者做出某种判断或者评价有重要影响的信息，必须详细提供；凡是对管理者做出某种判断和评价没有重要影响的信息，可以合并、简化提供。可理解性有助于管理者将注意力集中于管理活动的重大因素上。同时，可理解性也要求信息使用者具备一定的经营管理知识。

1.2.7.4 及时性

该特征规范管理会计信息提供的时间要求，是指管理会计必须为管理当局决策提供最为及时、迅速的信息。因此，管理会计人员应在最短时间内，完成数据的收集、处理和传递工作，其重要程度不亚于财务会计对及时性的要求。及时的信息有助于管理人员的决策，而过时的信息有可能导致决策失误。在及时性和准确性之间，管理会计更重视及时性，甚至愿意牺牲部分准确性以换取信息的及时性。

1.2.7.5 灵活性

灵活性是指管理会计信息应具备较强的适应能力，数据信息能按照不同的管理目的划分成不同类型。灵活的分类能够更好地适应企业不同的管理要求，减少信息的数量。另外，管理会计涉及的业务类型繁多，管理人员应根据不同的业务选择不同的程序和方法，灵活提供多样化信息。

1.2.7.6 成本效益性

管理会计在提供信息时要受成本和效益原则的约束，处理、提供和使用信息的成本应小于使用信息所产生的效益。管理会计对信息收集和处理程序的设置、业绩评价指标的设计、控制措施的运用，都应考虑其成本和产生的效益。

1.3　管理会计与财务会计的区别和联系

管理会计和财务会计是现代会计的两大分支，分别服务于企业内部管理的需要和外部决策的需要，二者既有区别又有联系。

1.3.1 管理会计与财务会计的区别

1.3.1.1 职能不同

管理会计是规划未来的会计，其职能包括预测、决策、规划、控制和评价。管理会计虽然也要算账，但其侧重点在于能动地利用已发生的财务会计信息及其他相关资料，预测前景，参与决策，规划未来和控制现在，属于经营管理型会计。而财务会计反映过去，其职能是核算与监督，其侧重点是反映过去，属于报账型会计。

1.3.1.2 服务对象不同

管理会计又称为对内报告会计或内部会计，其服务对象主要是面向企业内部，侧重于加强企业内部管理，帮助企业内部各管理层次提供有效经营和最优化决策所需的信息，包括预测经济前景、判断经济环境、确定最优的经营和投资方案等。财务会计又称对外报告会计或外部会计，通过定期编制财务会计报告，提供一定日期的财务状况，以及一定期间的经营成果和现金流量状况的信息，其服务对象主要面向企业外部，侧重于对企业外界有经济利害关系的团体或个人提供财务报告。这些利益人主要包括股东、债权人、税务部门、证券管理机构和潜在投资者等。

1.3.1.3 约束条件不同

管理会计服从管理人员的管理需要以及经济决策理论和数学公式，没有强制性的公认会计原则或统一的会计制度，具有较大的灵活性。财务会计进行会计核算与监督，必须接受会计准则、会计制度及其他经济法规的制约，其处理方法只能在允许的范围内选用，灵活性较小。

1.3.1.4 报告期间不同

管理会计面向未来进行决策、预测，因此其报告的编制不受固定会计期间（如月、季、年）的限制，而是根据管理需要，编制反映不同影响期间经济活动的各种报告，还可按小时、天、月、年甚至若干年编制报告。财务会计面向过去进行核算和监督，反映一定期间的财务状况、经营成果和现金流量情况，应按规定的会计期间（如月、季、年）编制报告。

1.3.1.5 会计主体不同

管理会计的主体是多层次的，可以是整个企业，也可以是分公司、车间、班组或个人。管理会计以企业内部的各个责任中心为核算主体，并对它们的日常经营活动的实际业绩进行控制、评价与考核。财务会计按照“会计主体假设”，不论企业内部采用几级核算制度，在对外提供财务报告时必须将各级财务报告逐层汇总，从企业全局角度提供集中、概括的财务信息。

1.3.1.6 计算方法不同

由于未来经济活动的复杂性和不确定性，管理会计在进行预测、决策时，要大量应用现代数学方法（如微积分、概率论、线性规划等）和计算机技术。而财务会计多采用一般的数学方法（如加、减、乘、除）进行会计核算。

1.3.1.7 信息精确程度不同

由于管理会计的工作重点是面向未来，未来期间影响经济活动的不确定因素比较多，加之管理会计对信息及时性的要求，决定了管理会计所提供的信息不能绝对精确，一般只能相对精确。而财务会计反映已经发生或已经完成的经济活动，因此其提供的信息应力求准确，数字必须平衡。

1.3.1.8 计量尺度不同

适应不同管理活动的需要，管理会计虽然主要使用货币量度，但也大量采用非货币量度，如实物量度、劳动量度、关系量度（如市场占有率、销售增长率）等。财务会计遵循“货币计量假设”，为了综合反映企业的经济活动，几乎全部使用货币度量。

1.3.2 管理会计与财务会计的联系

管理会计与财务会计同属企业会计的范畴，两者之间有千丝万缕的联系。

1.3.2.1 起源相同

管理会计与财务会计同属现代会计，都是在传统会计中孕育、发展和分离出来的，作为会计管理的重要组成部分，标志着会计学的发展和完善，二者相互依存、相互制约、相互补充。

1.3.2.2 最终目标相同

尽管管理会计、财务会计分别对企业内部和外部提供信息，但最终目标都是使企业能够获得最大利润，提高经济效益。

1.3.2.3 基本信息同源

管理会计所使用的信息尽管广泛多样，但基本信息来源于财务会计，有的是财务会计资料的直接使用，有的则是财务会计资料的深加工和再利用，对财务数据进行调整和延伸。

1.3.2.4 服务对象交叉

虽然管理会计与财务会计有内外之分，但服务对象并不严格、唯一。在许多情况下，管理会计的信息可以为外部利益集团所利用，如利润表、现金流量表，财务会计信息对企业内部决策也至关重要。

1.3.2.5 某些概念相同

管理会计使用的某些概念，如成本、收益、利润等与财务会计完全相同，有些概念则是根据财务会计的概念引申出来的，如边际成本、边际收益、机会成本等。

○ 本章小结

管理会计与财务会计是现代会计的两大分支，是经济与管理理论共同发展的产物，为企业内部经营提供决策有用的信息，因此又称为内部会计。管理会计的职能包括预测、决策、规划、控制与考核，所提供的信息应符合相关性、客观性、可理解性、及时性、灵活性与成本效益性等质量特征。管理会计与财务会计既有区别，亦有联系，二者相辅相成，服务于现代企业，为企业创造经济效益。

○ 关键概念

管理会计：managerial accounting

财务会计：financial accounting

○ 相关阅读

管理会计信息的多样性[①]

下面以贝克汽车销售公司为例，列举企业不同层级的管理者和员工对管理会计信息的需求，从而帮助读者了解管理会计信息的多样性。读者应带着以下两个问题来阅读这个案例：(1)在一个企业的业务中需要什么样的经营信息和财务信息？(2)处于企业不同层级的员工对管理会计信息的需求有何不同？

---

① 资料参见：刘运国.高级管理会计理论与实务(第 2 版)[M].中国人民大学出版社，2018.

一、汽车维修技工对管理会计信息的需求

李明是一名汽车维修技工，负责维修小汽车。李明从事许多已经标准化的维修业务，比如：更换刹车片，安装新的汽车消音装置和排气系统，给汽车上润滑油，加汽油或更换过滤装置，调整发动机等。这些任务已经被全世界的所有汽车行业执行过千百万次，是规范的、标准化的业务。因此，李明在执行这些标准化的业务时，有标准的维修工时和材料消耗可以参考。

由于李明希望能评估自己从事维修业务的效率，管理会计系统将提供给他完成每项工作实际花费的工时和实际耗用的零件和材料，李明就能用这些信息与标准工时以及标准的材料消耗量进行比较，以确定自己是否达到了标准的工作效率。此外，除了材料消耗量和维修工时外，一些维修工作可能要求用特定的设备测试汽车或用特定设备作为维修过程中的一个部件，李明要知道每项维修工作需要这台设备运转的时间。总之，管理会计师会开发出关于维修业务的标准人工工时、标准机器工时和标准零部件耗用量的信息，一线员工将利用这些标准信息去衡量、监控自己的工作效率、材料利用率和设备利用率。

李明在完成其维修任务后，要对维修工作进行质量检查。他要试车以确认汽车能否正常驾驶，如果发现有问题，比如零件有误或安装不对，就要替换或重新安装错误的零部件并重新试车，直到汽车能正常驾驶。关于维修工作质量的信息，诸如是否一开始就正确地执行了维修程序，对于评估李明的工作绩效是很有价值的。

除了标准的、例行的日常维修任务外，李明通常会做一些非标准化的工作。比如，当他和车主一开始都不知道机械故障的具体原因时，他可能维修不能正常运转的发动机；又比如，李明可能维修在交通事故中被严重损坏的汽车。在这两种情况下，直到所维修的汽车重新开始运转时，李明才知道全部的维修范围。李明要记录下实际的维修时间、设备的运转时间、零部件和材料的消耗情况以及使用过哪些维修设备等情况，维修店的经理将借助这些信息决定这些非标准化的维修应该向顾客收取的费用。

作为一线的员工，李明所利用的信息，既包括他提供服务时材料、消耗品的耗用量，人工工时、机器工时耗用量，也包括李明完成的工作量数据，以及他完成的维修工作的类型和数量。最后，还包括质量方面的信息，比如，有没有返修，即一次维修成功的比例，以及在提供服务或试车时发现缺陷或失误的数量，还有维修周期，即李明从接受任务开始维修到完成维修任务所用的时间。

在这样一个简单的层次上，能看到各种各样的定量信息对李明的作用，但到目前为止，很少看到财务信息的作用，因为汽车修理厂是一种典型的传统组织。在这类组织里，员工和操作人员直接执行任务，在这种情况下，他们接收到有关执行情况的定量信息，但是，很少有人告诉他们关于工作的经济效果和财务方面的信息。那么可以认为，如果能够收到反映他们工作效果的财务信息，一线员工可能会把他们的工作做得更好。这里假定，生产或提供劳务的员工主要用定量的业务数据，而不是财务信息来完成他们的日常任务。

除了弄清给李明提供的信息的量和形式以外，也要理解提供信息的频率。李明的产出是通过连续几天的工作维修好的汽车，因此，如果他要去学习该怎样更好地工作，并了解存在哪些可以改进的机会，就需要日常的甚至个别的工作汇总信息。假设李明仅仅收到一个包含下列内容的高度浓缩的汇总信息月报：

(1)在汽车维修业务中,总的零部件和材料消耗量;

(2)在汽车维修业务中,当月总的工时耗用水平,并与所允许的标准耗用水平比较;

(3)该月中由于失误引起的返修总工时。

通过这些信息,李明无法把这些高度浓缩的、滞后的报告与他所从事的维修工作联系起来,所以,这个报告对改进李明的工作业绩不会有用。正如一名财务经理所说:"理解滞后和汇总信息的问题,就好像部门经理是一名投球手,他每秒钟投一个球,但是,我们不能让投球手看到他已经投中了多少。在月末,我们结账时,计算他该月投中的总个数,并与标准数进行比较,把这一信息报告给投球手,如果总数低于标准数,我们要求投球手给出解释,并鼓励他下次有更好的表现。但我们开始明白的是,我们无法用这类报告系统培养出世界一流的投球手。"

总而言之,经营层面的信息将是适时的信息,这些信息通常是日常的,或每项工作之后的,便于让一线员工及时知道实际与标准或与历史绩效之间的差距。

二、业务(服务)部门经理对管理会计信息的需求

张健是贝克汽车销售公司服务部的经理,他需要什么类型的信息呢?张健负责监督管理服务部门的20多位维修技术工人,以及与客户进行维修业务沟通并将维修好的汽车返还给客户的业务代表。

首先,张健需要服务部门资源消耗的信息。因为不管维修技工是否有工作可做,都要付给维修技工8小时的工资。张健要将技工的实际维修工时与他们得到的报酬工时进行比较,这些数据能帮助他确定当前是否还有剩余的维修能力,是否满负荷运转等。若有效的工作持续低于其能力(以致技工们经常空闲,无事可做),那么,张健就要考虑缩减服务部门的规模(裁员);若该部门持续满负荷工作,他还要思考是否需要另外补充资源,比如招聘新的技工,或将部门业务外包。

其次,通过计量维修工作资源消耗以评估技工的工作效率。张健要分析每项工作所消耗的人工工时、机器工时、材料,并与其标准数据进行比较;确定哪位技工工作效率高,哪位技工耗用了更多的资源;监控技工们的工作质量,明确哪项工作或哪位技工的产品有缺陷,发生了返工,产生了顾客抱怨等。关于工作质量和工作效率的信息将指导他注意哪位技工需要进一步学习和培训,以便他们能以更少的缺陷、更高的效率完成工作,同时还能帮助他确认具有最高服务质量和最高效率的技工。他通过这些信息鼓励其他效率较低的、有较多缺陷和失误的同事分享知识和经验。

再次,除了对生产能力耗用、工作效率和工作质量的监控外,张健还需要服务部门总的盈利能力的信息,包括反映服务部门盈亏情况的月报或周报,以及根据其提供的服务的种类而编制的一份更为详细的盈利能力报告,比如消声器维修、发机调整、换油、更换刹车片等。为了准备这份报告,管理会计师必须能够将服务部门总的费用分配到每种服务的成本中去,然后根据每种服务提供的收入计算其盈利能力。张健可以利用该份报告的盈利能力信息去修订每种服务的价格,选择适合的服务产品组合。例如,一些业务用外包方式可以更有效地完成,而不是都由内部来完成。他也可以推出一项营销和鼓励政策,以便吸引对本服务部门最有盈利潜力的维修业务。如果某种业务是亏损的,他可以与技工们一起研究,以便找到以更低的成本去完成这些工作的方法。

最后，当顾客采取以旧换新的方式购买新车时，需要通过评估旧车的维修成本来估算旧车的现值。这些成本信息可以帮助张健进行这样的决策：如果现有设备不能完成工作，是否允许购买更多的设备。

总之，张健将利用每种维修业务的成本信息去执行如下决策：

(1)定价；

(2)决定生产组合——哪项维修业务更有盈利能力，哪项需要改进；

(3)是否扩张生产能力——增加服务区域，增加新技工或增加新设备；

(4)收缩生产能力——裁减技工；

(5)利用外部资源(外包)——为了更有效地完成特定的维修工作，与当地的维修店协作；

(6)工序改进——掌握怎样以更少的缺陷、更少的原材料和备品备件更快地完成维修工作；

(7)监控绩效——评估每个技工的绩效；

(8)投标新的维修业务。

三、公司总经理对管理会计信息的需求

贝克是贝克汽车销售公司的总经理。很显然，他更关心公司的综合盈利能力，而比较少像李明和张健那样关注和监控日常的经营活动，或每项工作和每辆汽车销售的盈亏情况。贝克每月甚至每周都会收到整个企业乃至各部门(新车销售部、二手车销售部、汽车维护与修理部以及零部件销售部)的盈亏情况报告，根据这份报告，需要把总的经营费用合理地分配到各个业务部门，这也意味着将会有多少业务人员、建筑物和设备资源被分配给各个业务部门。

这些信息帮助贝克去监控各个业务部门的盈利是否会减少，同时也提醒他注意盈利能力突然发生变化的原因。贝克也要将公司的业绩与同行的业绩进行对比，尤其是在销售量、运营效率和盈利能力方面。这些信息需求创造了对外部同行，尤其是做得最好的竞争对手或可比组织的信息需求，这在实务中通常被称为“标杆管理”。

贝克还要了解财务与经营状况的统计数据，以确定组织是否正在创造长期的价值和盈利。这些数据包括汽车销售量、汽车销售量的变化、业务部门员工的收入、顾客满意指数和顾客抱怨数量等。

许多汽车公司都向最近的汽车买主发送问卷调查表，以评估汽车销售服务的质量。贝克要不时地通过调查以监控其业务记录，来确保其趋势的正确性；还要把自己公司记录与其他同行的记录进行比较，以确定自己公司的经营活动与竞争对手相比是否良好；还要测量公司的市场份额——公司的汽车销售和服务占当地市场的百分比。如果顾客满意度和市场份额正在降低或低于目前竞争对手的水平，贝克可能需要考虑在广告、销售人员培训、定价和顾客服务等方面加以改进，以重新获得或提高其市场地位。

诸如贝克这样的高层经营管理人员所采用的资料——产品(或劳务、顾客)的盈利能力、市场机会与竞争威胁、市场份额、顾客忠诚度与顾客满意度、企业的技术创新情况等是企业战略方面的信息，这些信息对于公司高层管理人员了解情况并制定决策是非常关键的。

阅读分析提示：

1.你认为管理会计信息与财务会计信息的特点有哪些？

2.管理会计信息的多样性对管理会计人员提出了哪些要求?

3.思政思考题:作为数智时代的财会人员,你认为管理会计应该对企业、经济社会提供哪些信息? 如何实现呢?

练习题

一、单项选择题

1.能够作为管理会计原始雏形并于 20 世纪初在美国出现的会计方法是(　　)。

A.责任会计　　B.决策会计　　C.标准成本法　　D.成本会计

2.管理会计正式形成和发展于(　　)。

A.20 世纪初　　B.20 世纪 50 年代　　C.20 世纪 70 年代　　D.20 世纪 80 年代

3.在管理会计学中,将"为实现管理会计目标,合理界定管理会计工作的时空范围,统一管理会计操作方法和程序,组织管理会计工作不可缺少的前提条件"称为(　　)。

A.管理会计假设　　B.管理会计原则　　C.管理会计术语　　D.管理会计概念

4.管理会计的服务侧重于(　　)。

A.股东　　B.外部集团

C.债权人　　D.企业内部的经营管理

5.下列项目中,能够规定管理会计工作对象基本活动空间的假设是(　　)。

A.多重会计主体假设　　B.理性行为假设

C.合理预期假设　　D.充分占有信息假设

6.管理会计(　　)。

A.具有统一性和规范性　　B.必须遵循公认会计准则

C.基于使用价值进行价值管理　　D.方法单一

7.管理会计与财务会计的关系是(　　)。

A.基本信息同源、服务对象交叉　　B.基本信息不同源、服务对象一致

C.基本信息同源、服务对象不同　　D.基本信息同源、目标职能一致

8.管理会计的最终目标是(　　)。

A.实现价值的最大增值　　B.为管理和决策提供信息

C.参与企业的经营管理　　D.为资本市场的有效管理提供信息

9.下列项目中,不属于管理会计基本职能的是(　　)。

A.规划经营方针　　B.核算经营成果　　C.参与经济决策　　D.控制经济过程

10.管理会计信息质量特征中,(　　)强调的是与特定目的相联系。

A.相关性　　B.准确性　　C.一贯性　　D.及时性

二、多项选择题

1.管理会计属于(　　)。

A.现代企业会计　　B.经营型会计　　C.外部会计　　D.报账型会计

E.内部会计

2.管理会计的职能包括(　　)。
A.参与经济决策　B.控制经济过程　C.规划经营目标　D.预测经济前景
E.绩效考核与评价

3.下列项目中,可以作为管理会计主体的有(　　)。
A.企业整体　B.分厂　C.车间　D.班组
E.个人

4.下列关于管理会计的叙述,正确的有(　　)。
A.工作程序性较差　B.可以提供未来信息
C.以责任单位为主体　D.必须严格遵循公认会计原则
E.重视管理过程和职工的作用

5.现代管理会计的主要特点体现在(　　)。
A.同时兼顾企业生产经营的整体和局部　B.侧重为企业内部的经营管理服务
C.广泛地应用数学方法　D.方式方法更为灵活多样
E.注重历史描述

6.管理会计与财务会计的区别包括(　　)。
A.主要服务对象不同　B.基本信息来源不同
C.具体目标不同　D.基本职能不同

7.管理会计的基本职能包括(　　)。
A.报告　B.计划
C.控制　D.确保资源的有效利用

8.企业会计的两大重要分支是(　　)。
A.成本会计　B.责任会计　C.管理会计　D.财务会计

9.管理会计会计信息在以下哪些等方面服务于企业的管理活动?(　　)。
A.规划　B.决策　C.评价　D.控制

10.管理会计的基本假设包括(　　)。
A.多重主体假设　B.合理预期假设
C.理性行为假设　D.充分占有信息假设

三、判断题

1.管理会计的最终目的是提高企业的经济效益。(　　)

2.管理会计与财务会计对企业的经营活动及其他经济事项的确认标准是一致的、相同的。(　　)

3.管理会计的计量基础不是历史成本,而是现行成本或未来现金流量的现值。(　　)

4.在准确性和及时性之间,管理会计更重视准确性,以确保信息的质量。(　　)

5.机会成本、边际成本、边际收益是管理会计常用的概念。(　　)

6.管理会计受会计准则、会计制度制约,同时企业亦可根据惯例的实际情况和需要确定。(　　)

7.管理会计的信息质量特征与财务会计一致。(　　)

8.管理会计的充分占有信息假设中包括货币计量和非货币计量。(　　)

9.如果严格遵守会计准则和会计制度,资产是不会高估或低估的。(　　)

10.虽然财务管理、管理会计和财务会计有内外之分,但服务对象并不是绝对和唯一的。(　　)

四、名词解释

1.管理会计

2.管理会计的基本假设

3.多重主体假设

4.理性行为假设

5.充分占有信息假设

五、简答题

1.简述管理会计形成与发展的原因。

2.管理会计的职能有哪些?

3.管理会计的基本假设是什么?

4.管理会计信息的质量特征有哪些?

5.简述管理会计与财务会计的联系和区别。

○ 案例分析

管理会计在大连苏尔寿的应用①

一、大连苏尔寿概况及财务部的组织机构设置

1.概况

大连苏尔寿是大连苏尔寿泵及压缩机有限公司的简称,其前身是由瑞士苏尔寿泵业有限公司和大连大耐泵业有限公司于1999年合资成立的生产各种泵的专业公司。2006年11月,大连苏尔寿正式成为瑞士苏尔寿泵业的独资企业。公司自1999年成立后,由于投入资本多、产值少、费用多等原因而亏损,至2002年开始扭亏为盈。公司目前业务范围不断拓展,营业额不断上升。这种局面的取得,财务部起到了至关重要的监控作用,而管理会计又是财务部实行监控的重要手段。

2.财务部的组织机构设置

公司财务部几经变化,形成了现有的由财务会计组、管理会计组、成本会计组和IT信息部构成的格局,3个会计组的主管直接向财务总监负责。

二、管理会计组的职责

管理会计组下设1名主管,3名科员,主要服务于公司的管理层,任务较为灵活,时效性较强,因此所有任务需要大家的合作,内部没有单独分工。其具体工作内容如下:

1.依据人力资源部报送的资料进行计算分析

管理会计组要求人力资源部每月向财务部提供本月各成本中心的人数,并对当月和

---

① 资料参见:牛彦秀.管理会计在大连苏尔寿的应用[J].财务与会计,2010(3).

上月人事流动情况进行分析，预测年度内未来各季度的人数。与此同时，管理会计组成员需要从财务信息系统中导出数据，计算本月与人数相对应的职工工资、奖金及福利支出，并与预算数进行比较，分析其变动的原因。

2.依据生产部门报送的资料进行计算分析

为了确保生产部门按时交货，管理会计组关注三个主要生产车间（机械车间、组装车间和试泵车间）的生产负荷。生产负荷由工时和机时两个指标构成，工时用于对生产车间的工人进行考核（工时＝每个人的实际工作天数×人数×8×90％，90％指人员的工作效率）；机时主要用于对生产车间的机器进行考核（机时＝每台机器的实际工作天数×机器的数量×班次×8×90％，90％指每台机器的工作效率）。一般情况下，机时是固定不变的，除非当年增加机器设备。

每月管理会计组根据生产部门的报告，分析本月三个车间的生产负荷，并和上月数进行比较，同时预测未来几个月的生产负荷，与年度预算数比较，并对现有生产负荷和未来可利用的生产负荷进行分析，制定未来几个月相应的战略目标，这一目标是生产部门的行动指南，从而确保合同的按时完成，资源的充分有效利用。生产负荷信息须反馈给销售部门，使得生产与销售部门协调一致。

3.依据销售部门报送的资料进行计算分析

首先，分析当月的实际订单和盈利能力。对于实际订单，管理会计组需要从多维角度对其进行立体分析：一是从产品的角度进行分析，将产品分为新产品和备件两大类；二是从产品所属行业角度进行分析；三是从销售部门角度进行分析。管理会计组通过不同角度的多维分析，一是将相关的信息汇集并进行比较，检查订单的实际完成情况；二是分析订单的获利能力。管理会计组在获取销售信息后，还需从成本会计组得到每个订单相关的标准成本，进而分析各个订单的毛利。

其次，根据销售部门提供的信息预测未来 3 个月的销售订单，并对其进行滚动分析。除此之外，还将实际获得的订单与未来 3 个月预测的订单、上月预测的订单进行比较，分析以下问题：订单丢失的原因；订单增减变动的原因；实际拿到订单的毛利低于预测、预算毛利的原因等。所做原因分析必须体现在管理会计报告中。

此外，管理会计组还对订单进行累计分析，将累计至本月实际拿到的订单和累计至本月的预算订单进行比较。这种分析有助于把握整个市场的变化，并制定相应的市场战略来应对。

4.控制余额

每个月管理会计组需要对资产负债表的余额进行控制，控制的对象主要有：货币资金、应收票据、应收账款、存货、固定资产、其他应收款、应付账款、预收账款。发现不合理之处，应及时进行调整。对于货币资金，需要在每月初对现金进行预测，月末将实际发生数与预测数进行对比，如果差异很大，主要从收款、付款、有无特殊的支出三个方面寻找原因；对于应收票据，主要是核对清单并审查应收票据复印件的留存；对于应收账款，关注其回款情况，对其账龄进行分析，对于超期 60 天的应收账款，要注明原因，并按照要求编制相应的报告，报送总部，另外还要关注坏账准备计提的合理性；对于存货，观察其变化情况，分析其账龄，核对存货跌价准备是否按规定提取，并将存货账龄编制报告报送总部等；

对于固定资产，需核对每月固定资产的增加额、折旧的增加额，另外还需检查固定资产支出数是否脱离年初预算数，对其实际支出结果需编制报告给总部；对于其他应收款，主要指员工借款，如果员工借款数额很大，需要提取一定的准备金；对于应付账款，主要关注其账龄，并将账龄分析报告报送总部；对于预收账款，主要关注其是否大于在制品、原材料和预付账款的合计。

5.分析销售收入

首先，对本月发生的销售收入从多维的角度进行全方位分析；其次，将本月实际销售收入和预算收入进行比较，如果实际数小于预算数，分析不能交货的原因，并从产品的角度分别计算新产品和备件的按时交货率，同时预测未来 3 个月新产品和备件的按时交货率；再次，将累计到本月的实际销售收入和预算收入进行比较，分析预算目标的完成情况，如果前者小于后者，在分析原因的基础上，明确相关部门的责任。

6.计算关键绩效指标并落实责任

关键绩效指标(KPI)包括按时交货率、内部缺陷成本和质量保证成本。对于按时交货率，管理会计组每个月均需根据生产部门上报的数据，统计和计算本月的按时交货率，并对未来 3 个月的按时交货率进行预测，重点分析延期交货的原因，并落实到各个部门。内部缺陷成本是指由材料报废、在加工过程中的人为疏忽损失、延期交货、设备故障、库存积压等带来的成本。对于此类成本，每个月质保部收集相关的成本数据，然后报管理会计组，由管理会计组分析内部缺陷成本形成的原因，并落实责任。对于质量保证成本，属于外部缺陷成本的一部分，管理会计组每个月要将实际发生的售后服务费和每个月按照销售收入一定比例计提的售后服务保证金进行对比并分析。

7.计算并分析净营运资本等指标

按照公司总部的规定，净营运资本＝应收账款＋存货＋预付账款－应付账款－预收账款。其中应收账款、预付账款、应付账款、预收账款不包括和关联方之间发生的业务往来。管理会计组在计算净营运资本的基础上，还要计算净营运资本占销售收入的比重、存货周转率、应收账款周转天数和应付账款周转天数，同时分析这些指标每个月的变化情况。

8.编制全面预算并实施控制

公司全面预算包括年度预算和月度预算，具体编制方法如下：

(1)月度预算的编制。月度预算是每月编制的未来 3 个月的滚动预算，它是对未来季度内预算数据的细化。3 个月滚动预算采取的是足月滚动的方式，其内容主要有：未来 3 个月销售订单预算、销售预算、利润预算。编制预算时需要考虑将要发生的没有包含在年初预算中的特殊费用。

(2)年度预算的编制。年度预算包括全年的预算、第一季度的预测、第三季度的估计三部分内容。其中预测的编制在每年的 4 月份，即根据前 3 个月的实际情况和制定的预算，预测未来 9 个月的情况，其编制方法与全年预算基本一致；估计的编制在每年的 10 月份，根据前 9 个月的实际情况和制定的预算，预测未来 3 个月的情况，其编制方法和全年预算基本一致。

①销售预算的编制。编制年度预算时，从销售预算开始。即由销售部按照所属行业

和产品的类别预测可能拿到的订单，管理会计组结合价格决策、标准成本确定订单的销售收入和销售毛利。

②与生产预算相关的预算编制。包括生产预算、直接材料预算、直接人工预算、制造费用预算等，这些预算以销售预算为基点。从生产预算来看，公司生产的泵不会受到季节性变化的影响，在现有设备下每个月的产能大致持平，因此确定的生产预算只要不超过生产负荷即可。直接材料预算要根据标准成本中确定的材料消耗数据，并结合当前情况和长期预测情况估计的年初和年末材料存货量确定。直接人工预算要根据标准成本资料中的单位产品工时和每小时人工成本确定。制造费用预算分为变动性制造费用和固定性制造费用两部分，其中变动性制造费用要根据预计产量和标准成本确定，固定性制造费用按照不同的成本中心逐项预计确定。

③期间费用预算的编制。期间费用包括销售费用和管理费用。其中销售费用预算以销售预算为基础，区分不同地区，分析销售收入、销售利润和销售费用的关系，逐项确定；管理费用预算区分不同成本中心，以过去的实际开支为基础，按预算期的可预见变化来调整确定。

④工资奖金支出预算以及资本支出预算的编制。工资及奖金支出预算按照不同成本中心，确定本年生产车间、管理人员、销售人员的人数以及相对应的工资及奖金支出。资本支出主要包括无形资产支出和固定资产支出。其中固定资产支出主要涉及土地、机器设备、电子设备、汽车、办公用品等。公司向总部提交的固定资产支出的报告中，必须列出购买什么固定资产，属于哪类固定资产，哪个部门使用，购买的原因以及金额。总部拥有资本支出预算的最后批准权。

⑤财务预算的编制。财务预算包括预计利润、预计资产负债和预计经营性现金流量。在编制财务预算之前，管理会计组首先需要确定一些财务指标，包括应收账款周转率、应付账款周转率、存货周转率、资产负债率等，此类指标一经确定，就成为本年实现的目标，编制预计资产负债表的有关数据就依据这些指标确定。如应收账款根据应收账款周转率和主营业务收入计算；应付账款根据应付账款周转率和主营业务成本计算；存货根据存货周转率和主营业务成本计算；应付工资和应付福利费则按照工资及奖金支出计算；根据预算的净利润，预计所有者权益；根据资产负债率，预计负债和资产总额。预计的经营性现金流量按照以下公式计算：经营性现金流量＝息税前利润＋本年折旧±净流动资本的变化－资本支出。

综上所述，大连苏尔寿管理会计组的主要职责是编制各类分析报告并进行差异分析，依据预测资料编制预算，控制重点指标的余额和预算完成的进度，在公司的发展过程中真正发挥了管理会计的作用。

案例分析提示：

(1)请结合案例谈谈在企业中财务会计和管理会计的关系如何？

(2)管理会计在企业中的作用如何？

(3)企业应如何开展管理会计工作？

(4)思政思考题：企业管理会计工作人员应具备哪些素质？

第 2 章

变动成本法

思维导图

学习目标

2.1 成本的分类

2.2 成本性态分析

2.3 变动成本法与完全成本法

2.4 Excel 应用

本章小结

关键概念

相关阅读

练习题

案例分析

思维导图

变动成本法
成本的分类
经济用途
制造成本
直接材料
直接人工
制造费用
期间费用
管理费用
销售费用
财务费用
性态
固定
约束性固定成本
酌量性固定成本
变动
技术性变动成本
酌量性变动成本
混合
半变动成本
半固定成本
延期变动成本
曲线混合成本
决策相关性
沉没成本
历史成本
不可递延成本
不可避免成本
共同成本
成本性态分析
历史成本分析法
高低点法
回归直线法
账户分析法
技术测定法
合同认同法
变动成本法与完全成本法
含义
比较
应用前提不同
产品成本构成内容不同
存货成本的构成内容不同
各期损益不同
应用环境
评价

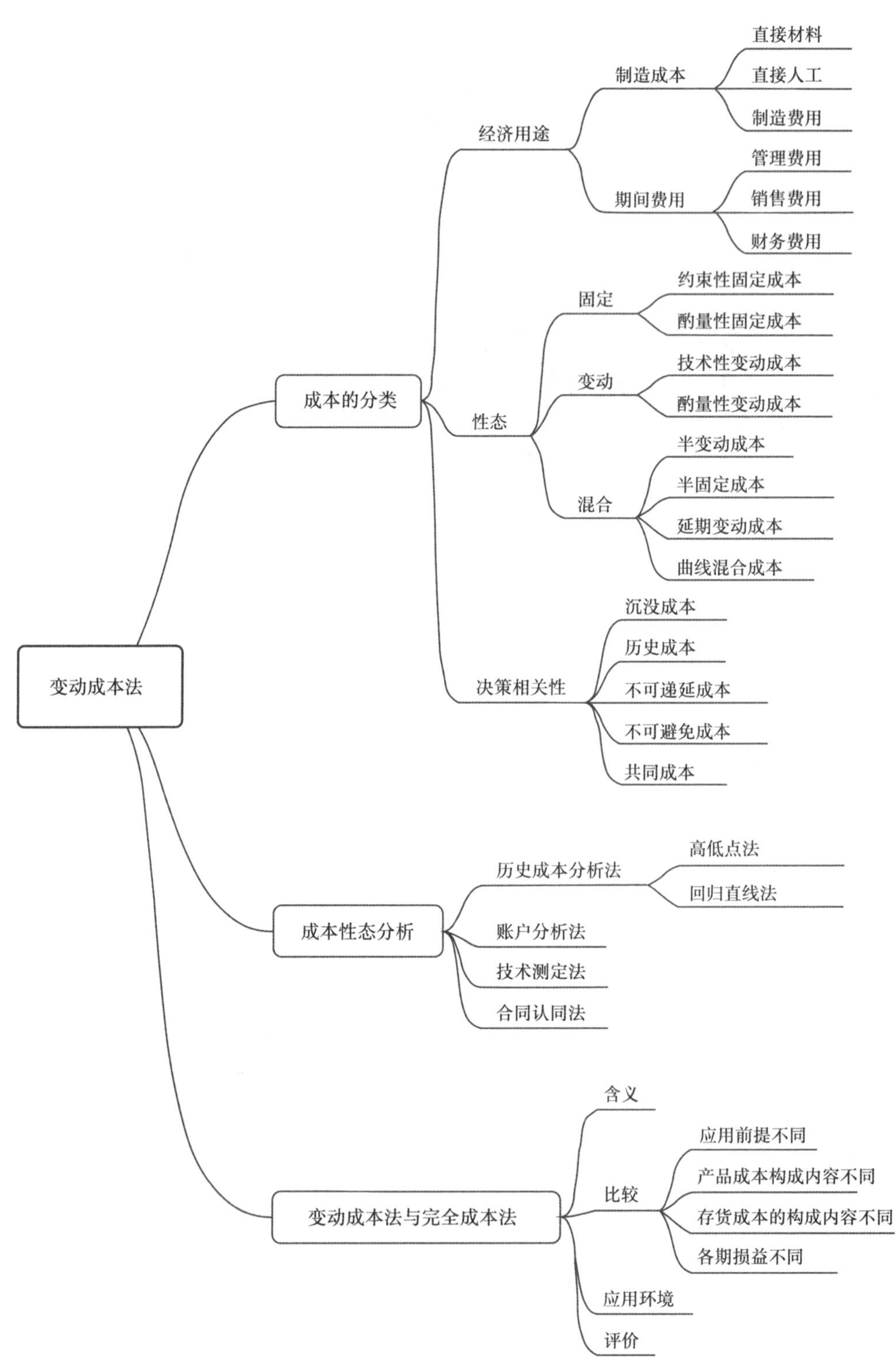

学习目标

本章的内容包括成本的分类、成本性态分析和变动成本法的原理。学习具体目标包括：

◇知识目标

掌握成本的概念与分类，理解成本性态的概念及分类、成本性态分析方法，掌握变动成本法下成本计算方法与损益计算方法。

◇能力目标

能够运用变动成本法与完全成本法计算产品成本、期间成本及各期利润，分析两种成本法下利润不相同的原因，熟练使用 Excel 进行成本性态分析。

◇思政目标

在理解变动成本法基础上，企业管理会计工作人员应树立以市场为导向、尊重市场运行规律、为企业降本增效服务的理念。

2.1　成本的分类

成本是管理会计的基本概念，管理会计中的成本被赋予与传统财务会计不同的含义。在管理会计中，成本更强调“目的性”与“必要性”，是指为达到特定目的而应当或可能发生的消耗或放弃的资源，是衡量企业经营管理水平高低和经营效益好坏的一个重要指标，但是对其发生的时态并无严格的规定。财务会计中的成本是指企业为生产一定种类、一定数量产品所支出的各种生产费用的货币表现，也称生产成本，通常按照经济用途分类。为了实现有效经营，提高生产经营效果，在决策、预算和日常控制等各个环节，企业管理人员必须对成本问题进行认真的分析研究。成本分析的首要问题就是将其按照不同的标志进行分类，根据不同的性质给予定义，以适应不同的管理需要。

2.1.1 成本按经济用途分类

这种成本分类方法是财务会计的成本分类法，为了进行存货计价和收益的计量，企业通常要区分产品成本和期间费用，以满足对外提供财务报告的需要。产品成本是产品制造过程中所耗用经济资源的货币金额，如生产过程中使用的材料成本、人工成本及设备费用等，对象化归集到产品上，即为产品成本。产品成本随着产品的实物流动而流动，企业储存待售的产品成本表现为资产负债表上的存货成本，已销售产品的成本列为利润表上的销售成本，是企业当期费用中的一部分。

为了便于成本计算，企业通常要对产品制造过程中耗用的经济资源加以分类，在成本计算过程中，按照经济用途将制造成本划分为直接材料、直接人工和制造费用。

2.1.1.1 直接材料

直接材料是指产品制造过程中构成产品实体的原材料及主要材料的成本。需要特别说明的是，这里指的材料不仅仅包括原始初级的材料，也包括外购的半成品，如家具制造中使用的木材、汽车制造厂所用的轮胎、炼油厂的原油等。

2.1.1.2 直接人工

直接人工是指产品制造过程中直接对产品进行加工处理的人工成本，如直接生产工人的工资、加班费等。随着生产技术的发展和计算机技术在生产中的使用，直接人工成本在产品成本中的比重越来越小。

直接材料与直接人工的共同特征是：都可以将其成本准确、直接地归属于某一种产品或劳务中，最能体现成本“对象性”的特点。

2.1.1.3 制造费用

制造费用是指产品制造过程中发生的除直接材料和直接人工以外的其他间接耗费与支出，需要分配计入不同产品的成本，包括间接材料、间接人工以及其他间接成本三部分。间接材料是指在产品生产过程中被耗用但不易直接归属于特定产品的材料成本，或者是不必要单独选择分配标准以确定其归属某一特定产品份额的材料成本，如各种工具、物料的消耗成本；间接人工是指为生产提供劳务而不直接进行产品生产的人工成本，如车间管理人员、设备养护和维修人员的工资等；其他间接成本是指不属于间接材料和间接人工的其他间接耗费与支出，如厂房和生产用设备的折旧费、维修保养费、保险费、设备调整调试费、照明费等。

期间费用是指与产品制造过程无关，不必追溯到具体产品上，而全部列为当期经营费用，与当期收入相配比的各项支出。这些费用虽然也是企业经营活动所发生的支出，但是不能计入产品成本，不随产品的实物流动而流动，包括企业的行政管理费用、销售费用、财务费用等。

(1)管理费用。管理费用是企业行政管理部门为管理和组织生产经营活动而发生的各项费用，包括行政管理人员的工资、业务招待费、产品研发费用、董事会会费、职工培训费、管理用固定资产折旧费、咨询费等。

(2)销售费用。销售费用是指为销售产品而发生的各项耗费与支出，如专设销售部门固定资产折旧费、保险费、广告费、运输费，销售人员的工资、销售提成、差旅费等。

(3)财务费用。财务费用是指企业为筹集生产经营所需资金而发生的费用，包括利息、汇兑损益及相关手续费等。

2.1.2 成本按性态分类

成本性态也称成本习性，由成本变化规律衍生出的，是指在相关范围内，成本总额与业务量(产量或销量)之间的依存关系。这里的业务量是企业在一定生产运营期内投入或完成的经营工作量的统称，可使用多种计量单位表现，包括绝对量(实物量、价值量和时间量)与相对量(百分比或比率，如作业率)两类。对成本按性态进行划分是管理会计这一学科的重要基石，许多方法与决策都需要借助成本性态这一概念。企业成本按其性态进行分类，可分为固定成本、变动成本和混合成本三类。

2.1.2.1 固定成本

固定成本是指在一定时期和一定业务量范围内，成本总额不受业务量变动而增减变动，但是单位成本随业务量增加而相对减少的成本。如企业行政管理人员的工资、按直线法计提的折旧费、财产保险费、广告费、职工培训费、设备租金、不动产税等。其性态特征包括：

(1)固定成本总额的不变性。在相关范围内，固定成本总额不受业务量变动影响，保持固定不变。

(2)单位固定成本的反比例变动性。即单位产品固定成本随业务量的增加或减少呈反方向变动。

例 2-1

固定成本性态特征

资料：ABC 公司生产汽车配件，其生产车间的厂房是从外部租赁的，每月租金为60 000元。

要求：计算 ABC 公司产量为 100 件、200 件、300 件、400 件、500 件时单位固定成本和固定成本总额。

解答：汽车配件的月产量(用“x”表示)与租金成本总额(用“a”表示)、单位产品负担的固定成本(用“a/x”表示)之间的关系如表 2-1 所示。

表 2-1　ABC 公司生产量与租金成本资料

月生产量 x(件)	固定成本 a(租金)(元)	单位固定成本 a/x(元)
100	60 000	600
200	60 000	300
300	60 000	200
400	60 000	150
500	60 000	120

从例 2-1 可以看出，随着产量的增加，固定成本总额不变，单位产品的固定成本却与产量呈反比例关系，即单位产品的固定成本随着产量的增加而下降；反之亦然。将例 2-1 的有关数据在直角坐标图中表示，则固定成本总额和单位产品固定成本的性态模型如图 2-2 和图 2-1 所示。

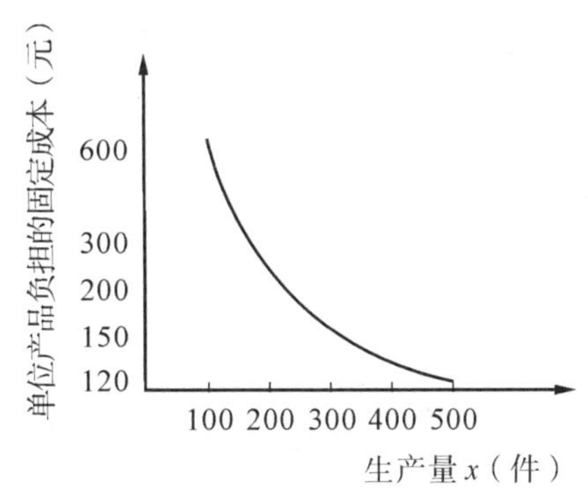

图 2-1　单位固定成本与产量之间的关系图

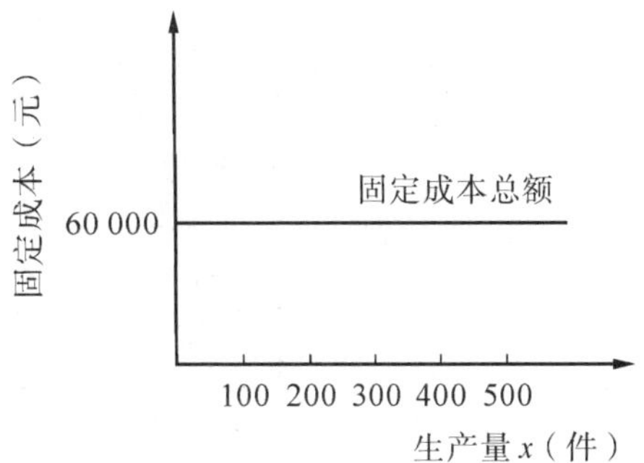

图 2-2　固定成本总额与产量之间的关系图

固定成本按照“固定性”强弱的不同、其金额是否能被企业决策所改变，可进一步分为约束性固定成本和酌量性固定成本。

(1)约束性固定成本，又称经营能力成本，是指维护企业正常生产经营所必不可少的成本，与企业经营能力的形成及正常维护直接联系，企业管理当局的短期决策无法改变其支出数额。例如，厂房及机器设备按直线法计提的折旧费、房屋及设备租金、不动产税、财产保险费、照明费、企业行政管理人员的工资等。约束性固定成本是企业维持最低生产能力所必须负担的成本，其支出数额的大小完全取决于企业生产经营的规模与质量，即使短期削减业务，也不能降低或消除此类成本，具有很强的约束性，企业只能着眼于更为经济合理地利用企业的生产经营能力，提高产量以实现规模效益。

(2)酌量性固定成本，又称选择性固定成本，是指企业管理当局的决策可以改变其支出数量的固定成本，例如广告费、职工教育培训费、研究开发费等。这些成本数额的大小直接取决于企业管理当局根据企业的经营情况做出的判断，与特定的预算期及生产经营的实际需要相联系，是通过预算确定的固定成本。但是，这并不意味着酌量性固定成本是可有可无的。相反，其支出直接关系到企业未来竞争能力的大小，是企业可持续发展所必需的，只是其支出数额要由企业管理当局斟酌计划期间的具体情况及财务负担能力，通过预算确定其数额。对酌量性固定成本，企业应从厉行节约、杜绝浪费着手。

固定成本定义的前提是“在相关范围内”，即固定成本总额不受业务量影响的特征是有条件的，这个条件就是“相关范围”，是指固定成本总额不变的期间与业务量范围。相关范围有两层含义：一是特定时间范围，二是特定的业务量范围。首先，从长期来看，任何成本都是可以改变的，约束性固定成本与酌量性固定成本都会随着企业经营方针的改变有所增减；其次，当企业生产能力超过现有生产能力时，企业必须增加新设备及其他固定资产，相应的，固定成本就会增加。因此，脱离了“相关范围”，固定成本的“固定性”就不复存在。

在短期决策中，约束性固定成本和酌量性固定成本与本企业的业务量水平均没有直接联系。

在例 2-1 中，ABC 公司的产量在 500 台以上时，就需要再租用一间厂房，月租金由原来的 60 000 元增加到 120 000 元，则可以用图 2-3 表示固定成本的相关范围。

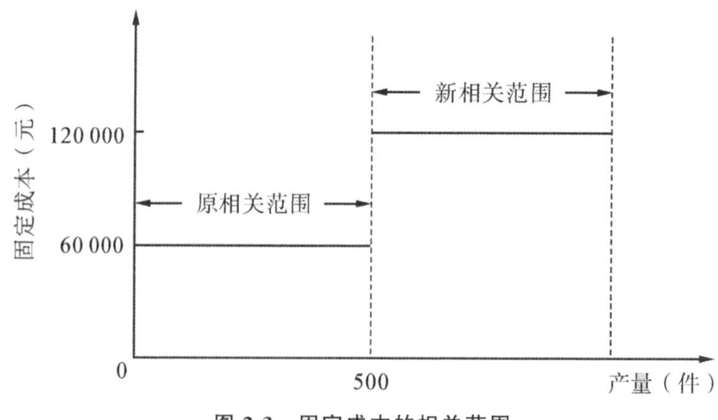

图 2-3　固定成本的相关范围

2.1.2.2 变动成本

变动成本是指在一定期间和一定业务量范围内，其总额随业务量变动发生相应的正比例变动，而单位成本保持不变的成本。如直接材料成本、产品包装费、实行计件工资制的职工薪酬、推销佣金以及按工作量法计提的固定资产折旧费等。其性态特征包括：

(1)变动成本总额的正比例变动性。在相关范围内，变动成本总额随业务量的增减变化呈正比例变动关系。

(2)单位变动成本的不变性。在相关范围内，单位变动成本不受业务量变动的影响，保持不变。

例 2-2

变动成本的性态特征

资料：承例 2-1，ABC 公司的汽车零件产品单位直接材料成本为 50 元。

要求：当产量分别为 100 件、200 件、300 件、400 件和 500 件时，计算单位变动成本和变动成本总额。

解答：产量(用“x”表示)、材料的总成本(用“bx”表示)和单位产品的材料成本(用“b”表示)的关系如表 2-2 所示。

表 2-2　ABC 公司汽车零件生产量与直接材料

月生产量：x(件)	原材料总成本：bx(元)	单位产品的材料成本：b(元)
100	5 000	50
200	10 000	50
300	15 000	50
400	20 000	50
500	25 000	50

从例 2-2 可以看出，随着产量的增加，单位变动成本保持不变，而变动成本总额与产量呈正比例增加关系；反之亦然。将例 2-2 的有关数据在直角坐标图中表示，则变动成本总额和单位变动成本的性态模型如图 2-4 和图 2-5 所示。

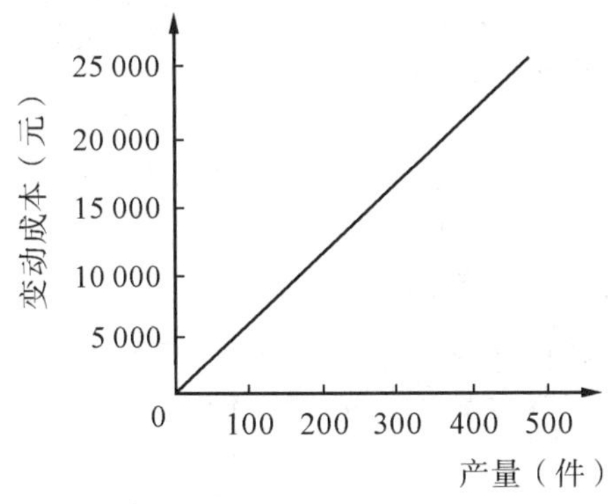

图 2-4　变动成本总额与产量之间的关系图

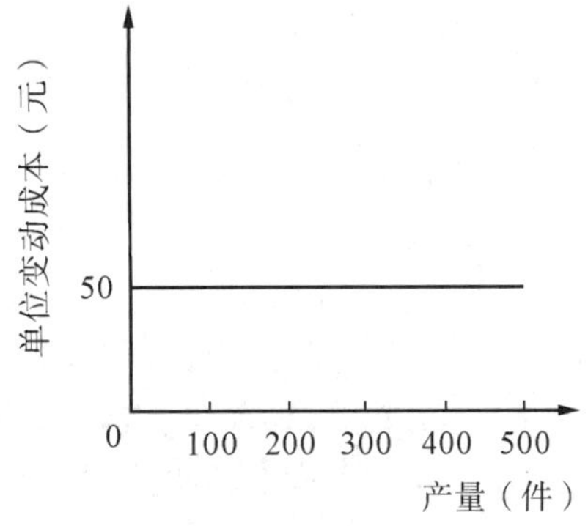

图 2-5　单位变动成本与产量之间的关系图

变动成本可以进一步细分为技术性变动成本与酌量性变动成本。

(1)技术性变动成本,是指其单位成本主要受技术因素决定的变动成本,如构成产品实体的原材料成本。这类成本的特点是与产量有明确的技术或实物关系,是利用生产能力进行生产所必然发生的成本,通常表现为企业所生产产品的直接物耗成本。降低技术性变动成本的途径主要包括:改进产品的设计,改革工艺技术,降低单耗,提高材料综合利用率,提高劳动生产率,避免浪费等。

(2)酌量性变动成本,是指可以通过管理决策行动而改变的变动成本,如按产量计酬的工人薪金、按照销售收入的一定比例提取的销售佣金、技术转让费等。此类成本支出的比例或标准取决于企业管理当局的决策,当然,管理当局在作上述决策时不能脱离当时的市场情况。降低酌量性变动成本,需要通过合理决策、优化劳动组合、严格控制制造费用开支、改善成本—效益关系来实现。

与固定成本一样,变动成本的性态特征——“随着业务量的变动而呈正比例变动”也有其相关范围,如果此条件不满足,变动成本不再呈现正比例变动关系。当企业产量较小时,单位产品的材料成本和人工成本可能较高;当产量逐渐上升到一定范围时,由于材料得以更加充分地利用、工人熟练程度的提高、作业安排更加合理等原因,单位产品的材料成本和直接人工成本会逐渐下降并保持稳定。当产量突破上述范围继续上升时,可能出现更多不经济因素,使某些变动成本项目超量上升,如支付工人的累进加班工资,从而导致单位产品的变动成本增加。上述变动成本的变化如图 2-6 所示。

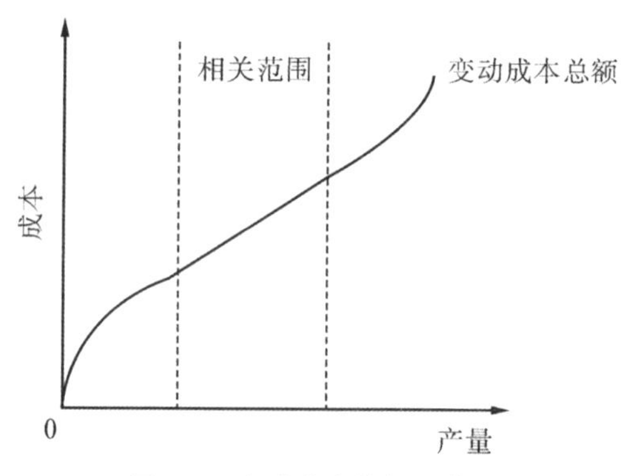

图 2-6　变动成本的相关范围

图 2-6 表明,当产量上升时,变动成本总额不一定总是与产量的变动呈正比例变化,通常前者的增长幅度小于后者的增长幅度,在图 2-6 中表现为变动成本总额呈现向下弯的趋势,即变动成本线斜率随着产量的上升而减小;当产量继续上升时,变动成本总额增长幅度又会大于产量的增长幅度,变动成本线斜率随着产量的上升而增加,表现为变动成本总额下凹的趋势;只有在中间阶段,变动成本总额弯曲程度平缓,呈线性关系,此段对应的业务量就是变动成本的相关范围。

2.1.2.3 混合成本

混合成本是指总额随业务量变动但不成正比例变动的成本。从成本性态来看,固定成本与变动成本只是成本的两种极端类型,实际上企业的大多数成本与业务量之间的关系介于两者之间，随业务量的变化而变化，但其变化不与业务量呈严格的正比例关系，兼有变动成本与固定成本的双重特征，“混合”了固定成本与变动成本两种不同性态的成本。其基本特征是，其发生额的高低虽然直接受业务量大小的影响，但不存在严格的比例关系。企业的总成本就是一项最大的混合成本。按照变动形态的不同，混合成本可以分为以下四种。

（1）半变动成本，也称标准式混合成本。该类成本有一个与业务量变化无关的成本基数，相当于固定成本，在此基础上的其余部分，随着业务量的变动呈正比例变动，呈现变动成本的性态。如企业电费、电话费、水费等，一般每月有一个固定收费基数，不管企业使用量大小都必须支付；在此基础上，再根据用量的大小乘以单价计算支付。半变动成本与业务量之间的关系可用图 2-7 表示。

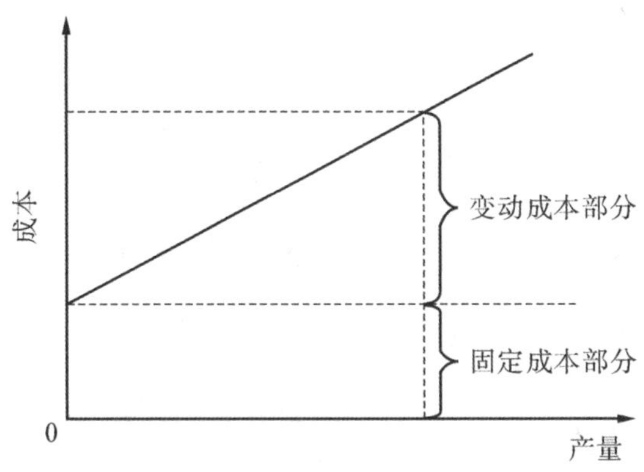

图 2-7　半变动成本性态模型

例 2-3

半变动成本模型的构建

资料：ABC 公司的电费采用两部电价制计费，每月电费支出基数是 2 000 元，超基数费用为 0.5 元/千瓦，每生产 1 件产品需耗电 5 千瓦。

要求：计算公司当月生产 3 000 件产品时的电费支出总额。

解答：如果以 y 代表公司的电费支出总额，a 代表每月电费基数，b 代表单位产品耗用电费，x 代表产品产量，则 ABC 公司的电费总成本模型可表示为 $y=a+bx$，代入相关数值，$y=2\,000+0.5\times5\times x=2\,000+2.5x$，当生产 3 000 件产品时，电费支出为 $2\,000+2.5\times3\,000=9\,500$ 元。

（2）半固定成本，又称阶梯式混合成本。此类成本的特点是：在一定业务量范围内其成本不随业务量的变动而变动，类似固定成本；当业务量突破这一业务量范围，成本会发生跳跃性上升，并在新的业务量范围内固定不变，直到出现另一个新的跳跃为止。例如企业检验员、运货员等人员的工资就属于半固定成本。由于半固定成本在直角坐标图中呈现阶梯状增长的趋势，因此又称为阶梯式混合成本，其数学模型可写成分段函数的形式：

$$y=f(x)=\begin{cases}a_1 & (0\leqslant x\leqslant x_1)\\ a_2 & (x_1<x\leqslant x_2)\\ a_3 & (x_2<x\leqslant x_3)\end{cases}$$

半固定成本性态模型如图 2-8 所示。

例 2-4

半固定成本性态模型的构建

资料：ABC 公司每月生产的汽车零件产量在 400 件以内时，需要两名化验员，每人每月工资 2 000 元，工资成本为 4 000 元。以后产量每增加 200 件，就需要在原来基础上增加一名化验员。

要求：构建 ABC 公司各月汽车零件的产量与化验员工资成本模型。

解答：根据资料，可将 ABC 公司各月汽车零件的产量与化验员工资成本的关系用分段函数表示：

$$y=f(x)=\begin{cases}4\ 000 & (0\leqslant x\leqslant 400)\\ 6\ 000 & (400<x\leqslant 600)\\ 8\ 000 & (600<x\leqslant 800)\end{cases}$$

将 ABC 公司化验员工资成本的性态模型绘制在平面直角坐标系上，会呈现阶梯状上升的形态特征，如图 2-8 所示。由于分段函数在进行数学处理时比较麻烦，可以用直线方程 $y=a+bx$ 模拟。

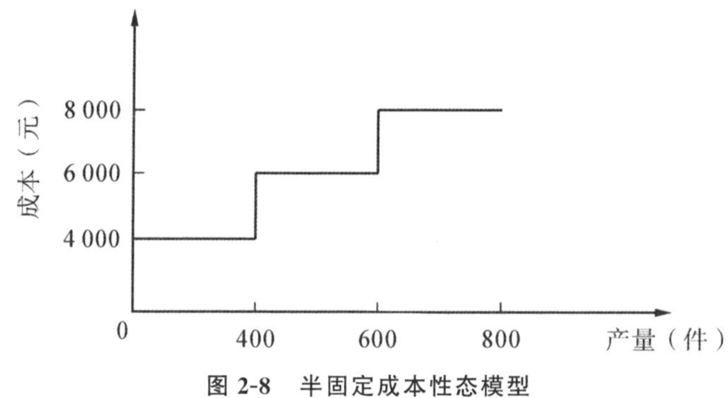

图 2-8　半固定成本性态模型

(3)延期变动成本，又称低坡式混合成本。其性态特征是：在一定的业务量范围内其总额保持固定不变，当突破这个业务量限度，超额部分的成本呈正比例变动，相当于变动成本。例如，企业支付给职工的工资，在正常业务量下是固定的，无论业务量完成多少，都只能取得固定工资或基础工资，体现固定成本性质；但当业务量超过正常水平后，则需根据超产业务量支付加班工资或超产奖金。延期变动成本的数学模型可用分段函数表示：

$$y=f(x)=\begin{cases}a_0 & (0\leqslant x\leqslant x_0)\\ a_0+b_0(x-x_0) & (x>x_0)\end{cases}$$

例 2-5

延期变动成本模型的构建

资料：ABC 公司的装配车间工人执行固定工资超定额计奖工资制度。当每月生产 A

产品的定额产量在 400 件以下时，支付 80 000 元的基本工资；在此基础上，每增产 1 件 A 产品，再奖励工资 80 元。

要求：构建 ABC 公司装配车间 A 产品产量与生产工人工资成本模型。

解答：根据资料，ABC 公司装配车间生产 A 产品的产量与生产工人工资的关系可用分段函数表示：

$$y=f(x)=\begin{cases}80\ 000 & (0\leqslant x\leqslant 400)\\ 80\ 000+80(x-400) & (x>400)\end{cases}$$

将分段函数所描述的工人工资成本描述在直角坐标系中，呈现出低坡形状，如图 2-9 所示。由于分段函数在进行数学处理时比较麻烦，可以用直线方程 $y=a+bx$ 模拟。

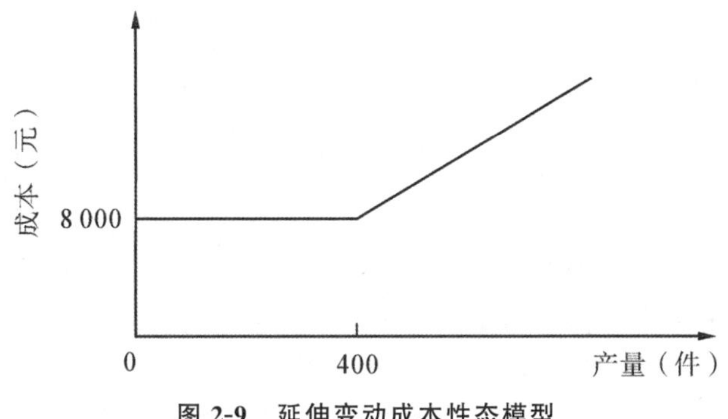

图 2-9　延伸变动成本性态模型

(4)曲线混合成本，是指成本总额与产量之间表现为不同类型非线性关系的成本。这类成本通常有一个初始量，相当于固定成本，在此基础上，随着业务量的增加，成本总额也随之增长，但二者增长幅度不同。按照曲线斜率的不同变动趋势，曲线混合成本包括两种类型：曲线递减混合成本和曲线递增混合成本。

曲线递减混合成本如热处理的电炉设备加热成本，每班需预热，其预热成本属于固定成本，但预热后进行热处理的耗电成本，虽然随着处理量的增加而逐步呈抛物线上升，但增加速度越来越慢，其变化斜率逐步递减，其性态特征如图 2-10 所示。而曲线递增混合成本如企业的累进计件工资，工资成本随产量增加而增加，但是其增加速度比产量要快，体现为成本线斜率递增，如图 2-11 所示。

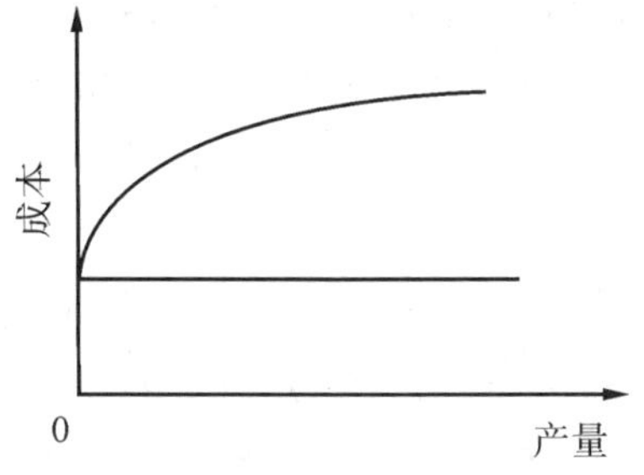

图 2-10　曲线递减混合成本性态模型

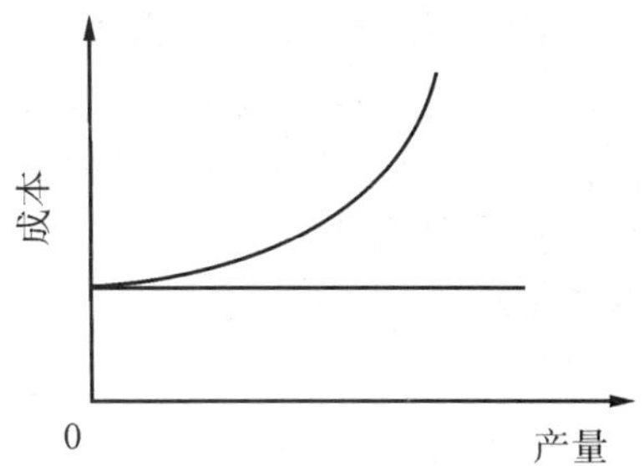

图 2-11　曲线递增混合成本性态模型

2.1.3 成本按决策相关性分类

美国经济学家克拉克在1923年提出“不同目的，不同成本”，出于不同的管理目的，成本的决策相关性是有所差别的。按照与决策是否相关，成本可以分为相关成本与非相关成本。某项成本属于相关成本还是非相关成本，必须结合特定决策，具体问题具体分析，不能抛开决策内容而讨论成本的相关性。相关成本，是指与决策有关联，在决策分析中必须予以考虑的成本，通常是指各种形式的未来成本，如差量成本、付现成本、机会成本、边际成本、专属成本、可递延成本、可避免成本等。无关成本是指与决策没有影响、在决策分析时无须考虑的成本，通常表现为过去发生或者未来会发生但决策无法改变其支出数额的成本，如沉没成本、历史成本、不可递延成本、不可避免成本、共同成本等。

2.2 成本性态分析

成本按照性态分类是管理会计这一学科的重要贡献之一，对各项成本进行性态分析是采用变动成本法的前提条件。但是固定成本与变动成本是经济生活中诸多成本性态的两种极端类型，企业的大多数成本是以混合成本的形式存在的，需要将其分解成固定成本与变动成本。成本性态分析即混合成本的分解，是指在明确各种成本性态的基础上，按照一定的程序和方法，最终将全部成本区分为固定成本和变动成本两类，并建立相应成本函数模型 $y=a+bx$ 的过程。通过成本性态分析，可以揭示企业成本的组成及其与业务量之间的关系，主要包括四种方法：历史成本分析法、账户分析法、技术测定法和合同认定法。

2.2.1 历史成本分析法

历史成本分析法是根据企业以往若干时期（若干年或月）的数据所表现出来的实际成本与业务量之间的依存关系来描述成本性态，并以此来确定决策所需要的未来成本数据。在既定的生产流程和工艺设计条件下，历史数据可以比较准确地反映成本与业务量之间的依存关系，只要企业生产流程及工艺未发生改变，这种依存关系可以应用于现在或未来的决策。因此，这种方法适用于生产条件较为稳定、成本水平波动不大以及有关历史资料比较完备的企业。历史成本分析法包括高低点法和回归直线法。

2.2.1.1 高低点法

高低点法的基本原理是解析几何中的两点法，是通过观察相关范围内的各期业务量与相关成本所构成的所有坐标点，从中选出高低两点的坐标，据此推算固定成本总额（混合成本中的固定部分）a 和单位变动成本（混合成本中变动部分的单位额）b 的一种成本性态分析方法。

高低点法的基本步骤是：

(1)确定高点与低点坐标。从企业各期业务量与相关成本所构成的所有坐标点中，找出由最高业务量与对应成本组成的高点坐标(x_h, y_h)和由最低业务量与对应成本组成的低点坐标(x_l, y_l)

(2)计算 b 值。根据高低点坐标值计算混合成本的变动部分单位额(单位变动成本) b。其计算公式为：

$$b=\frac{y_h-y_l}{x_h-x_l}=\frac{\text{高低点成本之差}}{\text{高低点业务量之差}}$$

(3)计算 a 值。a 是混合成本中的固定部分(固定成本总额)，可将高点或低点坐标值代入计算公式：

$$\begin{aligned} a &= y_h-bx_h=\text{高点成本}-b\times\text{高点业务量} \\ &= y_l-bx_l=\text{低点成本}-b\times\text{低点业务量} \end{aligned}$$

(4)建立成本性态模型。将上述步骤计算的 a 值与 b 值代入 $y=a+bx$。

高低点法计算较为简单，但结果代表性最差。

例 2-6

高低点法成本性态分析

资料：ABC 公司的一车间 20×1 年上半年各月 A 产品产量与设备维修费用的历史成本资料如表 2-3 所示。

表 2-3　A 产品产量与设备维修费用资料

月份	产量(件)	设备维修费用(元)
1	200	5 000
2	250	5 500
3	300	6 250
4	315	6 500
5	400	7 500
6	375	7 505

要求：运用高低点法进行维修费这一项混合成本的分解，构建成本性态模型。

解答：由表 2-3，选择高点与低点，高点坐标为(400，7 500)，低点坐标为(200，5 000)。

$$b=\frac{7500-5\ 000}{400-200}=12.5(\text{元/件})$$

$a=7\ 500-12.5\times400=2\ 500$(元)或 $a=5\ 000-12.5\times200=2\ 500$(元)

据此建立的维修费的成本性态模型为：

$$y=2\ 500+12.5x$$

其中，固定部分为 2 500 元，变动部分为 $12.5x$。

使用高低点法时需要注意：高点与低点应按照自变量(即业务量)的高低为标准，当高点、低点不止一个时，再按照因变量(成本)选取最高点、最低点。高低点法的优点在于容易理解，简便易行。其缺点在于只选择了众多历史成本数据资料中的两组数据，使得建立的成本性态模型可能误差较大，不具有代表性。因此，高低点法适用于成本变化趋势比较稳定的企业。

2.2.1.2 回归直线法

回归直线可以使各观测点数据与直线相应各点误差的平方和最小，是最能代表观测点变动趋势的直线。回归直线法也称最小二乘法，是运用数理统计中最小平方法原理，对所有观测点的数据加以计算，勾画出最能代表平均成本水平的直线，通过回归分析得到的直线就是回归直线，其截距是固定成本 a，斜率是单位变动成本 b，这种分解混合成本的方法就是回归直线法。

回归直线法的计算步骤如下：

(1)计算线性相关系数，确定成本与业务量之间的线性相关性。其计算公式如下：

$$r=\frac{n\sum xy-\sum x\sum y}{\sqrt{\left[n\sum x^2-\left(\sum x\right)^2\right]\cdot\left[n\sum y^2-\left(\sum y\right)^2\right]}}$$

其中，r——相关系数；

n——样本量；

y——混合成本；

x——业务量。

相关系数 r 在 -1 至 1 之间，当 $r=0$ 时，成本与业务量不相关，即成本总额不随业务量变化而变化；当 $r=\pm1$ 时，说明成本与业务量完全相关(其中，$r=1$ 时，二者完全正相关；$r=-1$ 时，二者完全负相关)，即成本总额随业务量的变化成正比例变化；当 $0<|r|<1$ 时，其数值反映成本与业务量之间的相关程度。

(2)计算回归直线斜率 b(即单位变动成本)。其计算公式为：

$$b=\frac{n\sum xy-\sum x\sum y}{n\sum x^2-\left(\sum x\right)^2}$$

(3)计算回归直线截距 a(即固定成本总额)。其计算公式为：

$$a=\frac{\sum x^2\sum y-\sum x\sum xy}{n\sum x^2-\left(\sum x\right)^2}$$

在已知 b 的基础上，可以利用下式直接推导 a 值：

$$a=\frac{\sum y-b\sum x}{n}$$

(4)建立回归直线模型：$y=a+bx$。

例 2-8

回归直线法成本性态分析

资料：承例 2-6。

要求：用回归直线法对 ABC 公司的一车间 20×1 年上半年设备维修费用进行成本性态分析，构建成本性态模型。

解答：设备维修费 y 与业务量 x 回归分析相关数据的计算如表 2-4 所示。

表 2-4　回归分析相关数据的计算表

月份	产量(件) x	设备维修费(元) y	x^2	y^2	xy
1	200	5 000	40 000	25 000 000	1 000 000
2	250	5 500	62 500	30 250 000	1 375 000
3	300	6 250	90 000	39 062 500	1 875 000
4	315	6 500	99 225	42 250 000	2 047 500
5	400	7 500	160 000	56 250 000	3 000 000
6	375	7 505	140 625	56 325 025	2 814 375
$\sum$	1 840	38 255	592 350	249 137 525	12 111 875

(1)计算线性相关系数，确定设备维修费与业务量的线性相关性：

$$r=\frac{n\sum xy-\sum x\sum y}{\sqrt{\left[n\sum x^2-\left(\sum x\right)^2\right]\cdot\left[n\sum y^2-\left(\sum y\right)^2\right]}}$$
$$=\frac{6\times 12\ 111\ 875-1\ 840\times 38\ 255}{\sqrt{(6\times 592\ 350-1\ 840^2)(6\times 249\ 137\ 525-38\ 255^2)}}$$
$$=0.9924$$

0.9924 接近 1，说明 ABC 公司的产量与设备维修费具有较强的线性相关性，可以采用回归直线法进行成本性态分析，x 和 y 基本正相关，可以近似地写成 $y=a+bx$ 的形式。

(2)计算回归直线斜率 b(即单位变动成本)：

$$b=\frac{n\sum xy-\sum x\sum y}{n\sum x^2-\left(\sum x\right)^2}=\frac{6\times 12\ 111\ 875-1\ 840\times 38\ 255}{6\times 592\ 350-1\ 840^2}=13.5433(\text{元/件})$$

(3)计算回归直线截距 a(即固定成本总额)。其计算公式为：

$$a=\frac{\sum y-b\sum x}{n}=\frac{38\ 255-13.5433\times 1\ 840}{6}=2\ 222.5475(\text{元})$$

(4)建立回归直线模型：

$$y=2\ 222.5547+13.5433x$$

回归直线法考虑了全部的历史成本数据,避免了高低点法只选择高点与低点所带来的偶然性,并且用计算代替了目测。但是该方法要求业务量与混合成本之间呈线性关系,且工作量较大。如果能使用计算机,这种方法将会得到广泛应用。在 Excel 环境下,利用业务量与成本的历史数据,通过插入统计函数 CORREL、SLOPE 和 INTERCEPT,可以很方便快速地计算出相关系数 r 及回归系数 b 和 a。

2.2.2 账户分析法

账户分析法又称会计分析法,是以会计人员的经验和主要成本性态划分成本的一种定性分析方法。采用这种方法时,会计人员应取得某一期间实际产量及成本数据资料(包括总账及明细账户),对每一账户进行分析,直接判断其与业务量之间的相互变动关系,判断其特征是更接近变动成本,还是更接近固定成本,进而将其确定为变动成本或固定成本。账户分析法较为简便易行,但比较粗糙且带有主观判断,适用于成本性态特征比较明显的成本项目分解。

例 2-9

利用账户分析法进行成本性态分析

资料:假设以 ABC 公司二车间作为分析对象,20×1 年 6 月份的成本数据如表 2-5 所示,该车间只生产一种产品。

表 2-5 二车间成本数据

单位:元

账 户	总成本
生产成本——原材料	90 000
——工资	30 000
制造费用——原材料、动力	12 000
——维修费	3 000
——工资	10 000
——折旧费	30 000
——办公费	8 000
合 计	183 000

要求:对二车间总成本进行成本性态分析。

解答:使用账户分析法进行成本性态分析时,判断依据是成本账户及明细账的发生额与业务量的变动是否有关:如果没有关系或没有明显变动关系,应划分为固定成本;如果与业务量成正比例变动关系或与业务量变动关系很明显,应列为变动成本。因此,ABC 公司二车间 20×1 年 6 月份的成本数据分解过程如表 2-6 所示。

表 2-6　二车间成本数据分解

单位：元

账　户	总成本	固定成本	变动成本
生产成本——原材料	90 000		90 000
——工资	30 000		30 000
制造费用——燃料、动力	12 000		12 000
——维修费	3 000		3 000
——工资	10 000		10 000
——折旧费	30 000	30 000	
——办公费	8 000	8 000	
合　计	183 000	38 000	145 000

在表 2-6 中，生产成本账户的直接材料与直接人工，通常为变动成本；制造费用中的燃料、动力、维修费和间接人工，虽然不与产量变动成正比例变动关系，但其发生额的大小与产量变动的关系很明显，因此将其划为变动成本。

如果该车间当月生产量为 1 000 件，那么：

$$b=\frac{145\ 000}{1\ 000}=145(\text{元/件})$$

该车间的总成本性态模型是：

$$y=38\ 000+145x$$

账户分析法是成本性态分析方法中最为简便的一种，应用比较广泛。但是该方法很大程度上取决于分析人员的主观判断，不可避免地带有片面性和局限性。该方法适用于会计基础工作水平较高的企业中成本性态特征比较典型的成本项目。

2.2.3 技术测定法

技术测定法也称工程技术法，是由工程技术人员通过技术方法测定企业正常生产流程中投入与产出之间的规律，并根据其工程技术特点来区分固定成本与变动成本的一种成本性态分析方法。

技术测定法的基本要点是，在一定的生产技术和管理水平条件下，根据投入与产出数量之间的联系，将生产过程中的各种原材料、燃料、动力、工时等投入量与产出量进行对比分析，确定各种资源耗用量标准，再将这些耗用量标准乘以相应的单位价格，则可得到相应标准成本。将与产量无关的各种成本汇集为固定成本，将与产量相关的各项标准成本汇集为单位变动成本，最终得到成本性态模型。

该方法的基本步骤为：

(1)确定成本研究项目；

(2)对导致成本发生的生产过程进行观察与分析;

(3)确定科学的最佳操作方法;

(4)按照最佳操作方法,测定每一项成本项目的标准成本,并以此为依据确定固定成本和变动成本。

例 2-10

利用技术测定法进行成本性态分析

资料:ABC公司某冶金车间加工金属零件,加工方式是使用电磁炉烧结零件。如果以电费成本作为研究对象,经过观察与分析,该车间的电费支出与电磁炉的预热和烧结两个操作过程有关。按照最佳操作方法,电磁炉从开始预热至达到可烧结的温度需耗电1 000千瓦时,之后烧结每千克零件需耗电200千瓦时。每一工作日电磁炉预热一次,全月22个工作日。电费的价格是0.6元/千瓦时。

要求:以月作为成本期间,建立该车间电费成本性态模型。

解答:该车间每月电费总成本为y,烧结零件的重量为x,每月固定电费成本为a,单位零件电费成本为b,则有:

$$a=1\ 000\times 0.6\times 22=13\ 200(\text{元})$$

$$b=200\times 0.6=120(\text{元})$$

该冶金车间的电费总成本性态模型是:

$$y=13\ 200+120x$$

技术测定法可以对企业现有的生产流程进行测定并进行详细分析,有助于企业找到最经济、最有效的生产程序和方法,改善产品制造流程,提高资源配置效益,对企业制定标准成本和编制预算有较好的指导性。在企业缺乏历史成本资料时,该方法是最有效的成本性态分析方法。同时,该方法是一种独立的混合成本分解方法,可用于检验历史成本分析法的分析结论。但是,技术测定法成本较高,需耗用大量人力、物力、财力及时间,对于没有特定投入产出关系的成本无效。

2.2.4 合同认定法

合同认定法是指根据企业与供应商签订的各种合同、契约中的收费标准,以及企业内部制定的各种管理和核算制度中所明确规定的计费方法,来估算成本中固定成本和变动成本的成本性态分析方法。

例 2-11

利用合同认定法进行成本性态分析

资料:ABC公司的一台生产设备采用经营租赁方式租入,租赁合同规定,ABC公司作为承租方,每月给租赁公司支付固定租赁费16 000元,在此基础上,每加工1件零件,需支付12元租赁费。

要求：根据租赁合同，建立租赁费的成本性态模型。

解答：由于每月 16 000 元是固定的租赁费支出，与业务量无关，属于固定成本，每件零件 12 元的租赁费与产量成正比例变动关系，属于变动成本，因此，租赁费的性态模型为：

$$y=16\ 000+12x$$

其中，y 是租赁费总成本，x 是该租赁设备加工的零件数量。

合同认定法由于以特定合同及收费标准为基础进行混合成本分解，因此结果最为准确，适用于有明确计算方法的各种成本，如电费、水费、煤气费、电话费等各种公用事业费，可以在没有历史成本数据的条件下采用。

上述成本性态分析方法各有优点与缺点，但是并非孤立存在，企业应在实际应用中相互补充和印证。

2.3　变动成本法与完全成本法

20 世纪 30 年代的经济危机，使企业对于会计信息提出了更高的要求，要求会计信息在预测、决策、控制中发挥更重要的作用。根据美国权威的《柯勒会计词典》(*Kohler's Dictionary for Accountants*)记载，第一篇专门论述变动成本法的论文是美籍英国会计学家哈里斯(Donathan N.Harris)撰写的。1934 年哈里斯在杜威・阿尔末化学公司设计"直接标准成本制造计划"时发现，该公司销售量上升，可收益反而下降。这种反常的情况引起了哈里斯的注意。哈里斯发现矛盾的根源在于该公司采用传统的完全成本法。因此，哈里斯在刊载于 1936 年 1 月 15 日的《成本会计学会会刊》的论文中阐述、对比了变动成本法与完全成本法对利润的不同影响，揭示了变动成本法的优点。自此，新的成本观念才得以迅速并广泛地传播。尤其在二战后，科学技术迅猛发展，市场环境日趋严峻，人们要求会计工作能提供更为广泛、深入、适用，更具决策相关性的信息，其中就包括成本信息。由于变动成本法提供的信息能够为企业预测、决策、控制提供更为有用的信息，因此被作为非传统的成本计算方法与损益确定方法，应用于企业内部管理。变动成本法中所使用的贡献毛益概念还可用于本量利分析及其他方面，有利于企业加强成本管理，对制订利润计划、进行经营决策有很大帮助。而之前强调成本"对象性"的成本计算方法，被称为完全成本法。

2.3.1 变动成本法与完全成本法的含义

在现代管理会计的常规成本计算过程中，按照期间成本的划分口径和损益确定程序不同，成本计算分为完全成本法和变动成本法两种。

完全成本法也称吸收成本法，是指在产品成本的计算中，以成本按经济用途分类为前提，产品成本不仅包括生产过程中所消耗的直接材料、直接人工，还包括全部的制造费用(固定性制造费用与变动性制造费用)，非生产成本则作为期间成本，按传统式损益确定程序计量损益。在完全成本法下,产品成本是能对象化的成本,制造费用无论是固定的还是变动的,都会计入产品成本。

财政部《管理会计应用指引第 303 号——变动成本法》规定,变动成本法是指企业以成本性态分析为前提条件,仅将生产过程中消耗的变动生产成本作为产品成本的构成内容,而将固定生产成本和非生产成本作为期间成本,直接由当期收益予以补偿的一种成本管理方法。变动成本法通常用于分析各种产品的盈利能力,为正确制定经营决策、科学进行成本计划、成本控制和成本评价与考核等工作提供有用信息。

从完全成本法与变动成本法的概念中不难发现,二者的根本区别是如何看待固定性制造费用:完全成本法认为固定性制造费用是一种可以在将来换取收益的资产,而变动成本法认为它是为取得收益而已然丧失的资产。

2.3.2 变动成本法的应用环境

财政部《管理会计应用指引 303 号——变动成本法》的应用环境主要包括以下方面:

2.3.2.1 应用变动成本法的一般要求

企业应用变动成本法,应遵循《管理会计应用指引第 300 号——成本管理》对应用环境的一般要求。这意味着成本管理的应用环境也适用于变动成本法,体现了管理会计应用指引的概括性指引与各工具方法指引之间的联系。

2.3.2.2 外部环境

(1)市场竞争环境激烈,需要频繁进行短期经营决策。

(2)市场相对稳定,产品差异化程度不大,以利于企业进行价格等短期决策。

2.3.2.3 财务会计核算基础

(1)企业应保证成本基础信息记录完整,财务会计核算基础工作完善;

(2)企业应建立较好的成本性态分析基础,具有划分固定成本与变动成本的科学标准,以及划分标准的使用流程与规范;

(3)企业能够及时、全面、准确地收集与提供有关产量、成本、利润以及成本性态等方面的信息。

2.3.3 变动成本法与完全成本法的比较

变动成本法与完全成本法对固定性制造费用的不同处理,导致两种方法下的一系列差异,主要表现在应用前提不同、产品成本的构成内容不同、存货成本的构成内容不同和各期损益不同四个方面。

2.3.3.1 应用前提不同

完全成本法首先要求把全部成本按照经济用途分为生产成本和非生产成本。在生产领域中为生产产品发生的成本归于制造成本(生产成本),发生在流通领域和服务领域由于组织日常销售或进行日常行政管理而发生的成本归属期间费用(非制造成本)。

变动成本法首先要求进行成本性态分析,把全部成本划分为变动成本和固定成本两部分，尤其要把属于混合成本性质的制造费用按生产量分解为变动性制造费用和固定性制造费用两部分。即在使用变动成本法前，企业需要进行成本性态分析。

2.3.3.2 产品成本构成内容不同

完全成本法将所有成本划分为制造成本（又称生产成本，包括直接材料、直接人工和制造费用）和非制造成本（期间费用，包括管理费用、销售费用和财务费用）两类，将制造成本完全计入产品成本，而将非制造成本作为期间费用，全部计入当期损益。

在变动成本法下，为加强短期经营决策，按照成本性态，企业的生产成本分为变动生产成本和固定生产成本，非生产成本分为变动非生产成本和固定非生产成本。其中，只有变动生产成本才构成产品成本，其随产品实体的流动而流动，随产量变动而变动。

完全成本法与变动成本法在产品成本计算上的差异见表 2-7。

表 2-7　变动成本法与完全成本法比较

标志		变动成本法	完全成本法
应用的前提条件		以成本性态分析为前提：将全部成本（费用）划分为产品成本和期间成本	以成本按经济用途分类为前提：将全部成本（费用）划分为制造成本和非制造成本
成本的构成内容	产品成本	变动生产成本： 直接材料 直接人工 变动性制造费用	制造成本： 直接材料 直接人工 制造费用
	期间成本	固定性制造费用与期间费用： 固定性制造费用 期间费用（包括管理费用、销售费用、财务费用）	非制造成本： 管理费用 销售费用 财务费用

例 2-12

变动成本法与完全成本法成本的计算

资料：ABC 公司只生产一种产品，月初无产成品存货，20×1 年 9 月份产品共生产 100 件，销售 80 件，月末结存 20 件。该产品的制造成本与公司的非制造成本资料如表 2-8 所示。

表 2-8　ABC 公司 20×1 年 9 月份产品成本、费用资料

单位：件、元

存货及单价		成本项目	单位产品项目成本	项目总成本
期初存货量	0	直接材料	400	40 000
本月投产完工量	100	直接人工	120	12 000
本期销售量	80	变动性制造费用	40	4 000
期末存货量	20	固定性制造费用		4 000
销售单价	1 000	管理费用		8 000
		销售费用		6 000

要求：分别用变动成本法和完全成本法计算ABC公司当期产品的单位成本和期间成本。

解答：根据上述资料分别按变动成本法和完全成本法计算20×1年9月的产品成本和期间成本见表2-9。

表2-9　产品成本和期间成本计算表

单位：元

成　本	项　目	变动成本法		完全成本法	
		总额	单位额	总额	单位额
产品成本（产量100件）	直接材料	40 000	400	40 000	400
	直接人工	12 000	120	12 000	120
	变动性制造费用	4 000	40	—	—
	制造费用	—	—	8 000	80
	合计	56 000	560	60 000	600
期间成本	固定生产成本	4 000	—	—	—
	管理费用	8 000	—	8 000	—
	销售费用	6 000	—	6 000	—
	合 计	18 000	—	14 000	—

表2-9计算结果表明，按变动成本法确定的产品总成本与单位成本比完全成本法下的相应数值要低，但是前者的期间成本比后者要高。其差异源自两种成本计算法对固定性制造费用的处理方法不同，而管理费用、销售费用在两种成本计算法下处理相同，都作为期间成本。

产品成本构成内容上的差别，是两种成本计算法的主要区别，其他方面的区别均由此而产生。

2.3.3.3 存货成本的构成内容不同

广义的产品有销货和存货两种实物形态，在期末存货和本期销货均不为零的条件下，本期发生的产品成本最终要表现为销售成本和期末存货成本。在变动成本法下，固定性制造费用作为期间成本直接计入当期利润表，因此本期销售成本、期末存货成本都不包括固定性制造费用，二者均按照变动成本计价。在完全成本法下，由于固定性制造费用计入产品成本，因此已销产品和期末存货均“吸收”了一部分固定性制造费用，二者均按照完全成本计价。因此，变动成本法与完全成本法下销售成本与期末存货成本的构成内容和金额不同。

例 2-13

变动成本法与完全成本法下存货成本和销货成本的计算

资料：例 2-12 的数据资料。

要求：分别按变动成本法和完全成本法确定 ABC 公司期末存货成本和本期销售成本，并分析造成差异的原因。

解答：计算结果如表 2-10 所示。

表 2-10　存货成本和销售成本计算分析表

单位：元

计算过程	项　目	变动成本法	完全成本法	差额
①	期初存货成本	0	0	0
②	本期产品成本	56 000	60 000	－4 000
③＝①＋②	可供销售产品成本合计	56 000	60 000	－4 000
④＝③÷产量	单位产品成本	560	600	－40
⑤	期末存货量	20	20	0
⑥＝④×⑤	期末存货成本	11 200	12 000	－ 800
⑦＝③－⑥	本期销售成本	44 800	48 000	－3 200

在本例中，变动成本法下 20 件期末存货成本 11 200 元由变动成本构成。在完全成本法下，期末存货成本为 12 000 元，包括 11 200 元的变动成本和 8 000 元（40×20）的固定性制造费用，因此，变动成本法下期末存货成本比完全成本法少了 8 000 元。

变动成本法下 44 800 元的本期销售成本全部由变动成本构成，而完全成本法下销售成本中 48 000 元包括变动生产成本 44 800 元和 3 200 元的固定性制造费用，因此导致变动成本法的销售成本较完全成本法少了 3 200 元。

以上两项差异产生的根本原因是两种成本计算法对 4 000 元的固定性制造费用处理不同，变动成本法将其计入期间成本，完全成本法则计入产品成本（有 3 200 元计入销售成本，800 元计入期末存货成本），而此差异又会进一步影响损益的计算。

2.3.3.4 各期损益不同

两种成本计算法的区别不仅限于成本计算，在税前利润的计量程序方面也有区别：在完全成本法下，按照传统式损益确定程序计算营业利润；而变动成本法下，须按照贡献式损益确定程序计量税前利润。

完全成本法的损益确定程序：在传统式（也称为职能式）损益确定程序下，首先用销售收入补偿本期所售产品的销售成本，计算出利润表的中间指标—毛利，然后再用毛利补偿期间成本确定税前利润。

变动成本法的损益确定程序：在贡献式损益确定程序下，首先用销售收入补偿当期变动成本总额，从而确定贡献式损益表的中间指标—贡献毛益，然后再用贡献毛益补偿固定成本总额(固定性制造费用、管理费用和销售费用),确定当期税前利润。

在变动成本法损益表中,须提供一个重要的中间指标—贡献毛益,是指产品销售收入超过变动成本的差额,其实质是反映产品的盈利能力,反映产品对企业利润做出贡献的大小,是管理会计各个环节的一个重要指标。贡献毛益有两种表现形式:一种是绝对数形式,表现为贡献毛益和单位贡献毛益;另一种是相对数形式,表现为贡献毛益率。贡献毛益并不是企业的利润,因为贡献毛益首先要用来补偿固定成本,若补偿之后还有剩余,才能为企业提供利润;反之,若贡献毛益不够补偿固定成本,则为亏损。

两种成本计算法下损益表格式对比如表 2-11 所示。

表 2-11 损益表

完全成本法(职能式)	变动成本法(贡献式)
销售收入	销售收入
减:销售成本	减:变动成本
期初存货成本	变动生产成本
加:本期生产成本	变动性管理费用
可供销售的产品成本	变动性销售费用
减:期末存货成本	变动成本合计
销售成本合计	贡献毛益
毛利	减:固定成本
减:期间费用	固定性制造费用
管理费用	固定性管理费用
销售费用	固定性销售费用
财务费用	固定成本合计
税前利润	税前利润

两种成本计算方法在损益确定程序上的不同源于两者的服务对象不同:完全成本法主要是财务会计应用的成本计算方法,侧重于为外部信息使用者提供企业经营成果的信息,它的侧重点在于确定企业最终利润;变动成本法主要是管理会计应用的成本计算方法,侧重于为企业内部管理提供决策、规划、控制有关的信息,其重点是确定贡献毛益,反映企业产销量变动对贡献毛益和税前利润的影响。

例 2-14

变动成本法与完全成本法损益的计算

资料:例 2-12 的数据资料。

要求:分别按变动成本法和完全成本法确定 ABC 公司 20×1 年 9 月的损益,并分析两种方式下损益差异产生的原因。

解答:计算结果如表 2-12 所示。

表 2-12　ABC 公司损益表

20×1 年 9 月　　　　单位:元

完全成本法(职能式)		变动成本法(贡献式)	
销售收入	80 000	销售收入	80 000
减:销售成本		减:变动成本	
期初存货成本	0	变动生产成本	44 800
加:本期生产成本	60 000	变动性管理费用	0
可供销售的产品成本	60 000	变动性销售费用	0
减:期末存货成本	12 000	变动成本合计	44 800
销售成本合计	48 000	贡献毛益	35 200
毛利	32 000	减:固定成本	
减:期间费用	14 000	固定性制造费用	4 000
管理费用	8 000	固定性管理费用	8 000
销售费用	6 000	固定性销售费用	6 000
财务费用	0	固定成本合计	18 000
税前利润	18 000	税前利润	17 200

由表 2-12 可以看出,两种成本计算法下的税前利润不同。采用完全成本法的利润比变动成本法多 800 元,产生此差异的原因是两种成本计算法对固定性制造费用的处理不同。800 元的差异正是完全成本法所确认的应由期末存货成本负担的固定性制造费用部分(4 000/100×20),被视为“一种可以在将来换取收益的资产”列入了资产负债表的存货项目;而在变动成本法下,这 800 元全部作为期间成本(即被视为“为取得收益而已然丧失的资产”)计入了当期损益。

两种成本计算法的税前利润是否相等、差异的大小取决于产量和销量的均衡程度,产销越均衡,两种成本法下所计算的损益相差越小;反之则越大。只有当产销绝对平衡时,差异才会消失。本例中假设公司没有期初存货,而当期的产量大于销量形成了期末存货,按变动成本法计算的税前利润小于按完全成本法所计算的损益。但是从长期来看,可能出现多种产销量的情况,为了全面说明两种成本计算法损益的差异规律,下面将进行更详细的分析。

例 2-15

连续各期产量相同而销量不同时,变动成本法与完全成本法损益的计算

资料:ABC 公司从事单一产品的生产,连续 3 年的产量均是 1 000 件,3 年的销量分别是1 000件、800 件和 1 200 件,单位产品售价是 200 元。该公司的成本费用资料包括:单位产品变动成本 80 元(包括直接材料、直接人工和变动性制造费用);固定性制造费用 24 000元;管理费用 20 000 元,销售费用 10 000 元,全部为固定性费用。

要求:分别按变动成本法和完全成本法确定 ABC 公司 3 年的税前利润,并分析两种成本法下税前利润差异产生的原因。

解答:完全成本法下,每件产品的成本是:80+24 000/1 000=104 元。

变动成本法下,每件产品的成本是 80 元。

两种成本计算法下的三年损益计算结果如表 2-13、表 2-14 所示。

表 2-13 损益表(完全成本法)

单位:元

	第1年	第2年	第3年	合 计
销售收入	200 000	160 000	240 000	600 000
销售成本				
期初存货成本	0	0	20 800	20 800
本期产品成本	104 000	104 000	104 000	312 000
可供销售的产品成本	104 000	104 000	124 800	332 800
期末存货成本	0	20 800	0	20 800
销售成本	104 000	83 200	124 800	312 000
毛利	96 000	76 800	115 200	288 000
期间费用				
管理费用	20 000	20 000	20 000	60 000
销售费用	10 000	10 000	10 000	30 000
期间费用合计	30 000	30 000	30 000	90 000
税前利润	66 000	46 800	85 200	198 000

表 2-14 损益表(变动成本法)

单位:元

	第1年	第2年	第3年	合 计
销售收入	200 000	160 000	240 000	600 000
变动成本	80 000	64 000	96 000	240 000
贡献毛益	120 000	96 000	144 000	360 000
固定成本				
固定性制造费用	24 000	24 000	24 000	72 000
管理费用	20 000	20 000	20 000	60 000
销售费用	10 000	10 000	10 000	30 000
固定成本合计	54 000	54 000	54 000	162 000
税前利润	66 000	42 000	90 000	198 000

第1年,由于产量等于销量(均为1 000件),所以两种成本计算法下的税前利润均为66 000元。这是因为固定性制造费用不论作为产品成本(完全成本法下),还是作为固定成本(变动成本法下)都计入了当期损益。

第2年,由于产量(1 000件)大于销量(800件),所以按照变动成本法计算的税前利润比按完全成本法计算的税前利润少了4 800元。这是因为在变动成本法下,全部固定性制造费用(24 000元)全部计入了当期损益;而在完全成本法下,只有已实现销售的产品所负担的固定性制造费用19 200元(240 000/1 000×800)计入了当年损益,余下的4 800元固定性制造费用则作为存货成本列入了资产负债表。

第 3 年的情况与第 2 年刚好相反，由于产量(1 000 件)小于销量(1 200 件)，所以按照变动成本法计算的税前利润比按完全成本法计算的税前利润多了 4 800 元。这是因为变动成本法下计入第 3 年损益的固定性制造费用仍为 24 000 元；而在完全成本法下，第 2 年年末存货成本中的 4 800 元固定性制造费用随着存货的销售计入了第 3 年的销售成本中，从而导致税前利润少了 4 800 元。

从表 2-13、表 2-14 的“合计”一栏可以看出，两种成本计算法下税前利润的三年合计数是相同的，都是 198 000 元。从长期来看，由各期产量与销量之间的关系所决定的两种成本计算法下的税前利润的差异可以相互抵消。

例 2-16

连续各期销量相同而产量不同时，变动成本法与完全成本法损益的计算

资料：ABC 公司连续三年的销量均为 1 000 件，而三年的产量分别为 1 000 件、1 200 件和 800 件。其他条件与例 2-15 相同。

要求：分别按变动成本法和完全成本法确定 ABC 公司三年的税前利润，并分析税前利润差异产生的原因。

解答：完全成本法下，第 1 年生产的产品成本是：80＋24 000/1 000＝104(元/件)

第 2 年生产的产品成本是：80＋24 000/1 200＝100(元/件)

第 3 年生产的产品成本是：80＋24 000/800＝110(元/件)

变动成本法下，三年每件产品的成本是 80 元。

两种成本计算法下的三年损益计算结果如表 2-15、表 2-16 所示。

表 2-15　损益表(完全成本法)

单位：元

指标	第 1 年	第 2 年	第 3 年	合计
销售收入	200 000	200 000	200 000	600 000
销售成本				
期初存货成本	0	0	20 000	20 000
本期产品成本	104 000	120 000	88 000	312 000
可供销售的产品成本	104 000	120 000	108 000	332 000
期末存货成本	0	20 000	0	20 000
销售成本	104 000	100 000	108 000	312 000
毛利	96 000	100 000	92 000	288 000
期间费用				
管理费用	20 000	20 000	20 000	60 000
销售费用	10 000	10 000	10 000	30 000
期间费用合计	30 000	30 000	30 000	90 000
税前利润	66 000	70 000	62 000	198 000

表 2-16 损益表(变动成本法)

单位:元

指标	第 1 年	第 2 年	第 3 年	合 计
销售收入	200 000	200 000	200 000	600 000
变动成本	80 000	80 000	80 000	240 000
贡献毛益	120 000	120 000	120 000	360 000
固定成本				
固定性制造费用	24 000	24 000	24 000	72 000
管理费用	20 000	20 000	20 000	60 000
销售费用	10 000	10 000	10 000	30 000
固定成本合计	54 000	54 000	54 000	162 000
税前利润	66 000	66 000	66 000	198 000

从表 2-15、表 2-16 可以看出,由于三年的销量相同(均是 1 000 件),因此按变动成本法计算的各年税前利润相等(均为 66 000 元)。虽然三年产量不相等,但是各年的固定性制造费用全部作为固定成本计入了损益,不论各年的产量有无变动,只要销量相同,当其他条件未变时,税前利润也不会变。

由于三年的产量不相等,所以按完全成本法计算的税前利润均不相等。完全成本法下的单位成本包括直接材料、直接人工和制造费用,其中制造费用包括变动性制造费用和按产量分摊的固定性制造费用。在本例中,第 2 年的税前利润最大,原因是第 2 年的产量(1 200 件)大于当年的销量(1 000 件),期末的 200 件存货成本"吸收"了分摊的固定性制造费用 4 000 元,从而使当期的销售成本少了 4 000 元,税前利润比第 1 年多了 4 000 元。第 3 年情况刚好相反,由于第 3 年的销售量(1 200 件)大于产量(1 000 件),销售成本中不仅包含了当年产品负担的固定性制造费用,还包括了伴随着年初存货的销售而"递延"到本期的固定性制造费用,因此第 3 年的税前利润比第 1 年少了 4 000 元。如果和第 2 年相比,第 3 年利润低了 8 000 元,说明在产销不平衡的情况下,相邻年度的税前利润差额是它们与产销平衡年度税前利润差额的 2 倍。

综上所述,变动成本法与完全成本法对各期损益计算的影响,依照产量与销量之间的相互关系,可以归纳为:

(1)当产量等于销量时(产销绝对平衡时),两种成本法下计算的税前利润相等。

(2)当产量大于销量时,按变动成本法计算的税前利润小于按完全成本法所计算的税前利润。

(3)当产量小于销量时,按变动成本法计算的税前利润大于按完全成本法所计算的税前利润。

2.3.4 变动成本法与完全成本法的评价

2.3.4.1 变动成本法的评价

变动成本法是适应面向未来，加强企业内部经营管理而产生的。其优点包括：

(1)区分固定成本和变动成本，有利于明确企业产品盈利能力和划分成本责任。按照经济学原理，商品只有销售出去，其价值才得到社会的承认，企业可以获得收入和利润。在成本水平一定的前提下，多销售产品就会多获得利润，扩大产品销售从而增加企业利润是一种常识。但是在完全成本法下，却会出现“销量下降而只是由于产量大幅上升导致利润不减反增”的不正常情况，这样的信息会导致企业盲目生产，造成产品积压，进一步增加企业资金占用和保管成本。而采用变动成本法计算利润，在售价、单位变动成本和产品销售结构不变的条件下，税前利润直接与产品销量挂钩，与销量同方向变动，与产量无关。即当某期销量比上期增加时，税前利润也会比上期增加；当某期销量比上期减少时，税前利润也会比上期减少；当两期销量相同时，税前利润也相等。这一事实告诫企业管理者，只有清楚各产品的盈利能力，划分清楚成本责任才能真正提高企业盈利水平。

(2)揭示了销售量、成本和利润之间的依存关系，使当期利润真正反映企业经营状况，有利于企业经营预测和决策。企业短期决策常常涉及成本、产销量、利润及弹性预算有关信息，采用变动成本法以成本性态分析为前提，所提供的变动成本信息能帮助企业管理层实施本量利分析，揭示三者之间的规律，有利于预测经济前景、规划未来，如预测盈亏临界点，对目标利润、目标销售量进行规划，编制弹性预算等，都是建立在变动成本法基础之上的。此外，在进行短期生产经营决策时，利用变动成本信息对各种方案进行边际贡献分析，有利于管理人员做出正确的经营决策。

(3)保持利润与销售量增减相一致，促进以销定产。在完全成本法下，扩大销售量经常成为管理者调节利润的手段，而采用变动成本法时，产品变动成本不受固定成本的影响，因而变动生产成本的升降最能反映供应部门和生产部门的工作业绩。变动成本法的利润额与销售量成正向变动，使各部门之间的业绩比较建立在更客观、公正的基础上。通过对变动生产成本事前制订合理的标准成本及建立弹性预算进行日常控制，可以直接分析由成本控制工作的好坏而导致成本升降的原因，同时考核执行情况，并能与由产量变动所引起的成本升降清楚的区别开，因而能够正确地评价各部门的工作业绩，兑现奖惩。同时，将固定成本指标分解落实到各个责任单位，并通过制定费用预算进行控制，可以调动各责任单位降低成本的积极性。例如，对于供应部门，应该考核供应资金的占用情况和单位供应成本；对于生产部门，应该对生产产品的物耗水平负责；对于销售部门，则应考核销售数量。

与完全成本法相比，变动成本法的优点是主要的，适用于提供与短期决策相关的成本信息，但是变动成本法也存在以下缺点：

(1)计算的单位成本并不是完全成本，不能反映产品生产过程中发生的全部耗费。按照各国会计准则的要求，产品成本是指生产过程中发生的全部制造成本，应该包括固定性制造费用。对外编制财务报告时,产品存货的计价和损益的计算都应当以完全成本为基础,而变动成本法确定的产品存货成本不能被企业外部有关各方所承认。

(2)不适应长期决策的需要。变动成本法以相关范围假定为前提,包括时间范围与业务量范围。而在长期决策中,由于涉及的时间较长,需要解决诸如增加或减少生产能力和扩大或缩小经营规模的问题,再加上通货膨胀和技术进步等因素的影响,固定成本和单位变动成本的水平不可能长期保持不变,甚至可能会发生很大变化,很有可能不满足相关范围的假设。因此,变动成本法所提供的资料,对短期决策适用,但对长期决策就难以胜任了。

(3)变动成本法的前提是成本性态分析,而成本按性态划分为固定成本和变动成本很大程度上是假设的结果,具有一定的局限性。变动成本法一般适用于同时具备以下特征的企业:第一,企业固定成本比重较大,当产品更新换代的速度较快时,分摊计入产品成本中的固定成本比重大,采用变动成本法可以正确反映产品盈利状况;第二,企业规模大,产品或服务的种类多,固定成本分摊存在较大困难;第三,企业作业保持相对稳定。

2.3.4.2 完全成本法的评价

完全成本法的优缺点是相对于变动成本法而言的。完全成本法的优点包括:符合传统的成本观念及税法要求,产品的成本应该是能够对象化的成本,即制造成本;符合配比原则中的“因果配比”,生产产品的成本,无论是直接人工、直接材料还是制造费用,全部都要归集到产品中,并在产品实现销售时从收入中一次扣除;使企业重视生产,当产品供不应求时,加大产量能够增加企业利润。

完全成本法的缺点包括:在完全成本法下,其他条件不变时,只要产量不同,各年的单位产品成本和税前利润就有很大区别,有时尽管企业某年产品销量超过去年,但是在期末存货较去年显著减少时,会出现今年利润反而低于去年的情况;间接成本在分摊时,会受到人为因素的影响,可能存在一定的随意性。

值得注意的是,随着生产力水平的不断提高,资本有机构成不断提高,设备折旧费作为重要的固定性制造费用在两种成本计算法下的“杠杆作用”也会越来越大,从而导致两种成本计算的利润差异可能进一步拉大。

2.3.4.3 变动成本法和完全成本法在企业中的应用

企业会计应具有对内和对外两方面的职能:一方面要定期发布财务报告,为企业外部信息使用者提供会计信息;另一方面要通过灵活多样的方式、方法,为企业内部经营管理提供有用信息。完全成本法和变动成本法各有优点和不足,可以相互促进、相互补充。变动成本法对企业各种产品盈利能力的分析,为企业正确制定经营决策以及科学进行成本计划、成本控制和成本评价和成本评价与考核工作提供有用的信息;而完全成本法则可满足企业对外公布财务报告的要求。企业为了兼顾内部与外部两方面的信息需要,可以将二者结合应用。

完全成本法是传统的成本计算方法,若要与变动成本法相结合,就需要重新建立一套统一的成本计算系统,即在日常按变动成本法组织核算、随时提供能够满足企业内部管理需要的信息的基础上,定期将变动成本法所确定的成本、利润信息调整为按完全成本法模式反映的信息资料,以满足企业外部的信息需要。

具体做法包括：

(1)日常核算以变动成本法为基础，“生产成本”、“产成品”账户只登记变动生产成本。

(2)设置“变动制造费用”账户，借方用以核算生产过程中发生的变动性制造费用，期末将其发生额转入“生产成本”账户。

(3)设置“存货中的固定制造费用”账户，借方用以归集当期发生的固定性制造费用，期末则将应由已销产品负担的部分从贷方转出，转入“主营业务成本”账户的借方并体现于利润表中；该账户的期末余额则反映了期末存货所负担的固定性制造费用，于期末列入资产负债表。

(4)设置“变动非制造成本”和“固定非制造成本”账户，借方用于分别归集销售费用和管理费用中的变动部分和固定部分，期末则全部由贷方转入“本年利润”账户。

(5)“主营业务成本”账户仍按完全成本法核算和使用，已销产品的变动成本自“产成品”账户转入，应负担的固定性制造费用自“存货中的固定制造费用”账户转入。

2.4　Excel 应用

2.4.1 高低点法

资料：沿用例 2-6 的资料数据。ABC 公司的一车间 20×4 年上半年各月 A 产品产量与设备维修费用的历史成本资料如表 2-17 所示。

表 2-17　A 产品产量与设备维修费用资料

月份	产量(件)	设备维修费用(元)
1	200	5 000
2	250	5 500
3	300	6 250
4	315	6 500
5	400	7 500
6	375	7 505

要求：利用高低点法，使用 Excel 工具进行成本性态分析。

解答：

第一步：启用 Excel 工作表，将例 2-6 的资料数据及需要计算的有关指标录入 Excel 工作表，输入相关的公式和函数创建高低点法成本性态分析模型。如图 2-13 所示。

	A	B	C	D
1	ABC公司A产品产量与设备维修费用资料			
2	高低点法			
3	20X4年上半年			
4	月份	产量（件）	设备维修费用（元）	
5	1	200	5000	
6	2	250	5500	
7	3	300	6250	
8	4	315	6500	
9	5	400	7500	
10	6	375	7505	
11				
12	项目	产量最高点	产量最低点	差额
13	产量（件）			
14	维修费（元）			
15				
16	单位变动成本（b）			
17	固定成本总额（a）		（高点）	
18	固定成本总额（a）		（低点）	

图 2-13

第二步：在 Excel 工作表中输入公式和函数，计算高低点法成本性态分析模型的相关指标。

· 选取产量最高点的数据。

用鼠标选中单元格 B13，点击编辑栏左边的“f_x”(插入函数)按钮，弹出“插入函数”对话框，在“或选择类别(C)”中选择“统计”类，在“选择函数(N)”中选择函数名“MAX”。如图 2-14 所示。

B13 ✕ ✓ f_x =

	A	B	C	D	E
1	ABC公司A产品产量与设...				
2	高低点法				
3	20X4年上半年				
4	月份	产量（件）			
5	1	200			
6	2	250			
7	3	300			
8	4	315			
9	5	400			
10	6	375			
11					
12	项目	产量最高点			
13	产量（件）	=			
14	维修费（元）				
15					
16	单位变动成本（b）				
17	固定成本总额（a）		（高点）		
18	固定成本总额（a）		（低点）		

插入函数

搜索函数(S)：

请输入一条简短说明来描述您想做什么，然后单击“转到” 转到(G)

或选择类别(C)：统计

选择函数(N)：

LOGNORM.DIST
LOGNORM.INV
MAX
MAXA
MEDIAN
MIN
MINA

MAX(number1,number2,...)

返回一组数值中的最大值，忽略逻辑值及文本

有关该函数的帮助 确定 取消

图 2-14

按下“确定”按钮，弹出“MAX”函数的“函数参数”编辑框。单击参数“Number1”编辑框右边的红色箭头“折叠编辑框按钮”，折叠粘贴函数编辑框，然后按住鼠标左键选择单元格区域 B5:B10。如图 2-15 所示。单击确定，在单元格 B13 内就会显示出所要查找的产量最高点，本例中产量最高点为 400 件。

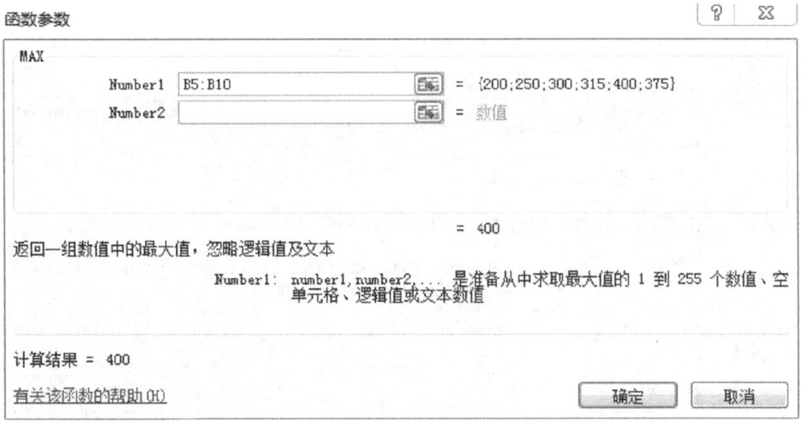

函数参数

MAX

Number1 B5:B10 = {200;250;300;315;400;375}

Number2 = 数值

= 400

返回一组数值中的最大值，忽略逻辑值及文本

Number1: number1,number2,... 是准备从中求取最大值的 1 到 255 个数值、空单元格、逻辑值或文本数值

计算结果 = 400

有关该函数的帮助(H) 确定 取消

图 2-15

· 选取产量最低点的数据。

用鼠标选中单元格 C13，点击编辑栏左边的"f_x"(插入函数)按钮，弹出"插入函数"对话框，在"或选择类别(C)"中选择"统计"类，在"选择函数(N)"中选择函数名"MIN"。按下"确定"按钮，弹出"MIN"函数的"函数参数"编辑框。单击参数"Number1"编辑框右边的红色箭头"折叠编辑框按钮"，折叠粘贴函数编辑框，然后按住鼠标左键选择单元格区域 B5:B10，单击确定，在单元格 C13 内就会显示出所要查找的产量最低点，本例中产量最低点为 200 件。

注意:插入函数除了在表格上方编辑栏左边的"f_x"按钮，还可在 Excel 工作表上方"公式"页面最左边的"f_x"进入。

· 选取与产量最高点对应的维修费。

用鼠标选中单元格 B14，点击编辑栏左侧的"f_x"，弹出"插入函数"对话框，在"或选择类别(C)"中选择"查找与引用"类，在"选择函数(N)"中选择函数名"VLOOKUP"，按下"确定"按钮，弹出"VLOOKUP"函数的"函数参数"编辑框。

参数"Lookup_value"选择 B13;

参数"Table_array"选择单元格区域 B5:C10;

参数"Col_index_num"输入 2，因为要查找的数据处于单元格区域 B5:C10 的第 2 列;

参数"Range_lookup"输入 0。

如图 2-16 所示。

点击"确定"，在单元格 B14 内就会显示出所要查找的与产量最高点相对应的维修费，本例为 7 500 元;用同样的方法可查询到与产量最低点对应的修理费为 5 000 元。

· 计算产量最高点与产量最低点之间的差额与维修费差额。

在单元格 D13 中输入公式"=B13－C13"，计算出产量最高点与产量最低点之间的差额，本例为 200 件。

在单元格 D14 中输入公式"=B14－C14"，计算出产量最高点对应的维修费与产量最低点对应的维修费之间的差额，本例为 2 500 元。

· 计算单位变动成本。

函数参数

VLOOKUP

Lookup_value B13 = 400

Table_array B5:C10 = {200,5000;250,5500;300,6250;315,6

Col_index_num 2 = 2

Range_lookup 0 = FALSE

= 7500

搜索表区域首列满足条件的元素，确定待检索单元格在区域中的行序号，再进一步返回选定单元格的值。默认情况下，表是以升序排序的

Range_lookup 指定在查找时是要求精确匹配，还是大致匹配。如果为 FALSE，大致匹配。如果为 TRUE 或忽略，精确匹配

计算结果 = 7500

有关该函数的帮助(H) 确定 取消

图 2-16

在单元格 C16 中输入公式"=D14/D13"，计算出单位变动成本。本例单位变动成本为 12.5。

· 计算固定成本总额。

在单元格 B17 中输入公式"=B14-B16 * B13"(高点的数据)，计算出固定成本总额，本例为 2 500 元。同理，在单元格 B18 中输入公式"=C14-B16 * C13"，计算出固定成本总额也是 2 500 元。

第三步：得到 ABC 公司设备维修费性态模型 $y=2\ 500+12.5x$。

扫二维码观看视频，立刻掌握操作方法

2.4.2 回归直线法

资料：沿用例 2-6 的资料数据。

要求：利用回归直线法，使用 Excel 工具进行成本性态分析。

解答：

第一步：启用 Excel 工作表，将例 2-6 的资料数据及需要计算的有关指标录入 Excel 工作表。

第二步：输入相关公式和函数创建回归直线法混合成本分解模型。在 Excel 工作表中插入函数，计算回归直线法混合成本分解模型相关指标。

· 计算相关系数

选中单元格 B12，点击编辑栏左侧的"f_x"，弹出"插入函数"对话框，在"或选择类别(C)"中选择"统计"类，在"选择函数(N)"中选择"CORREL"(相关系数)函数名。按下"确定"按钮，弹出"CORREL"函数的"函数参数"编辑框。

参数"Array1"输入第一组数值单元格区域，本例为"B5:B10"；

参数"Array2"输入第二组数值单元格区域，本例为"C5:C10"。

点击“确定”,“CORREL”(相关系数)函数的计算结果就会出现在单元格 B12 中。本例相关系数为 0.992425394。如图 2-17 所示。

函数参数
CORREL
Array1　B5:B10　= {200;250;300;315;400;375}
Array2　C5:C10　= {5000;5500;6250;6500;7500;7505}
= 0.992425394
返回两组数值的相关系数
Array2　第二组数值单元格区域。值应为数值、名称、数组或包含数值的引用
计算结果 = 0.992425394
有关该函数的帮助(H)　确定　取消

图 2-17

图 2-17 回归直线法成本性态分析(一)注意:如果在参数“Array1”输入“C5:C10”,参数“Array2”输入“B5:B10”,计算结果与上面相同。

· 计算单位变动成本。

用鼠标选中单元格 B13,点击编辑栏左侧的“f_x”,弹出“插入函数”对话框,在“或选择类别(C)”中选择“统计”类,在“选择函数(N)”中选择“SLOPE”(斜率)函数名。按下“确定”按钮,弹出“SLOPE”函数的“函数参数”编辑框。

参数“Known_y's”输入第一组数值单元格区域(因变量单元格区域),本例为“C5:C10”;

参数“Known_x's”输入第二组数值单元格区域(自变量单元格区域),本例为“B5:B10”。

点击“确定”,“SLOPE”(斜率)函数的计算结果就会出现在单元格 B13 中。本例斜率为 13.54332344。如图 2-18 所示。

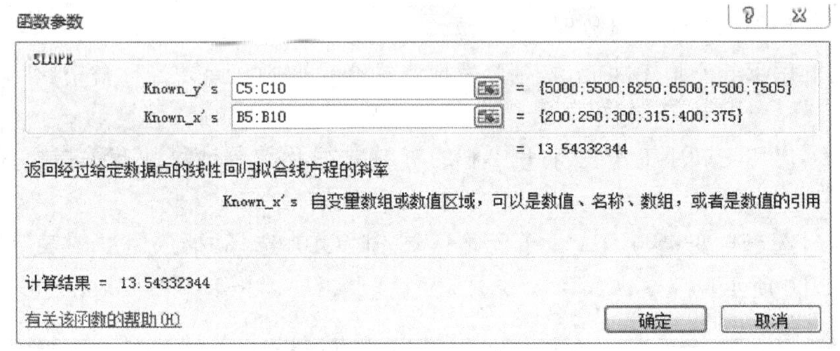

图 2-18

· 计算固定成本总额。

用鼠标选中单元格 B14,点击编辑栏左侧的“f_x”,弹出“插入函数”对话框,在“或选择类别(C)”中选择“统计”类,在“选择函数(N)”中选择“INTERCEPT”(截距)函数名。按下“确定”按钮,弹出“INTERCEPT”函数的“函数参数”编辑框。

参数“Known_y′s”输入第一组数值单元格区域(因变量单元格区域),本例为“C5:C10”;

参数“Known_x′s”输入第二组数值单元格区域(自变量单元格区域),本例为“B5:B10”。

点击“确定”,“INTERCEPT”(截距)函数的计算结果就会出现在单元格 B14 中。本例截距为 2222.547478。如图 2-19 所示。

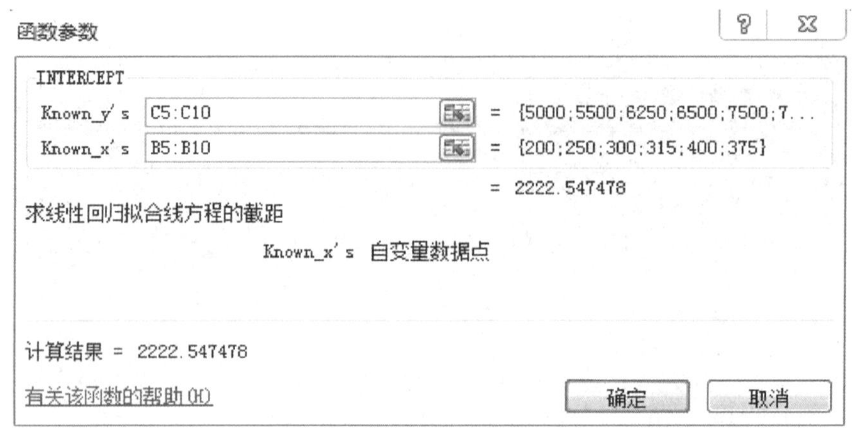

图 2-19

第三步:得到 ABC 公司设备维修费性态模型 $y=2222.547478+13.54332344x$。

扫二维码观看视频,立刻掌握操作方法

2.4.3 直角坐标系中的成本性态模型

资料:沿用例 2-6 的资料数据,同上题。

要求:利用 Excel 画图功能,将维修费成本性态模型画在直角坐标系中。

解答:

第一步:启用 Excel 工作表,将例 2-6 的资料数据及需要计算的有关指标录入 Excel 工作表。

第二步:选定自变量与因变量单元格区域 B5:C10,选择“插入”栏“图表”中的“散点图”,如图 2-20 所示。

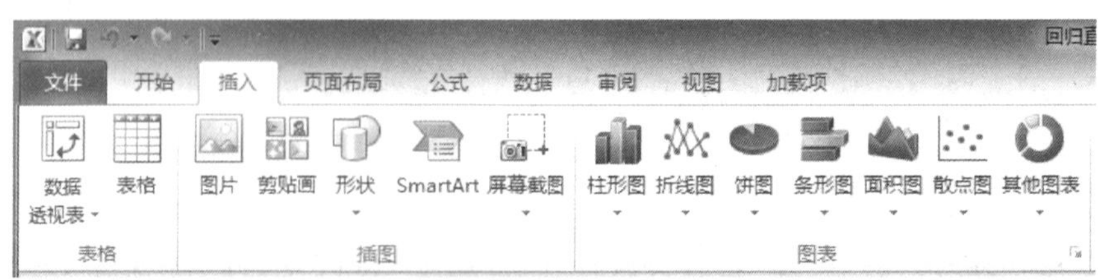

图 2-20

点击第一项“仅带数据标记的散点图”，工作表就生成了产量与设备维修费的散点图，如图 2-21 所示，其中横轴是产量，纵轴是设备维修费。

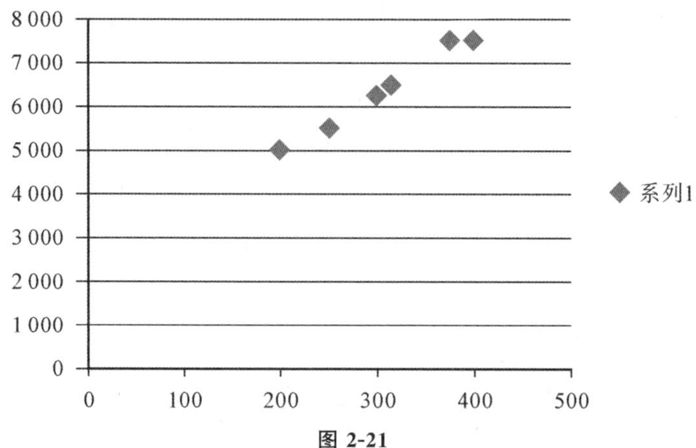

图 2-21

第三步：用鼠标指向坐标图中的三点，并点击右键，弹出图表格式选择项，选择“添加趋势线(R)”，如图 2-22 所示。

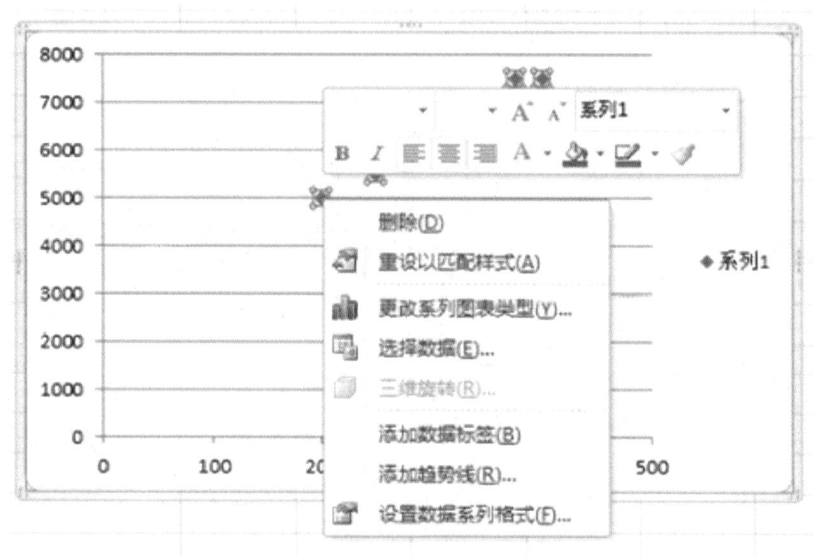

图 2-22

选择“线性”，在“趋势预测”选项中，输入倒推“200”周期（因为自变量最小值是 200），并在“显示公式”选项前打钩，如图 2-23 所示。

选择“关闭”，就得到了直角坐标系中的性态模型和回归方程，即 $y=2222.547478+13.54332344x$，其结果和回归直线法的结果完全一样。如图 2-24 所示。

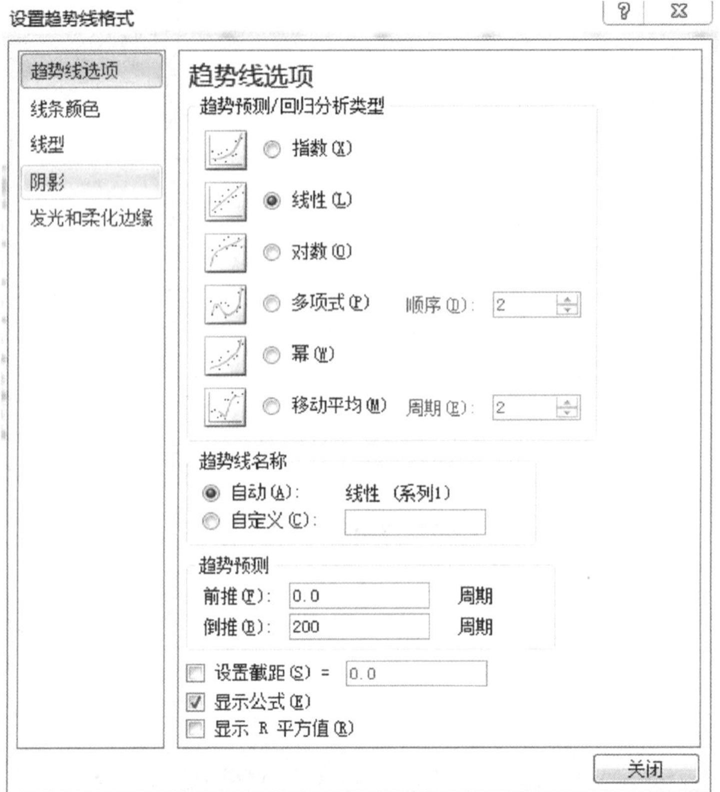

图 2-23

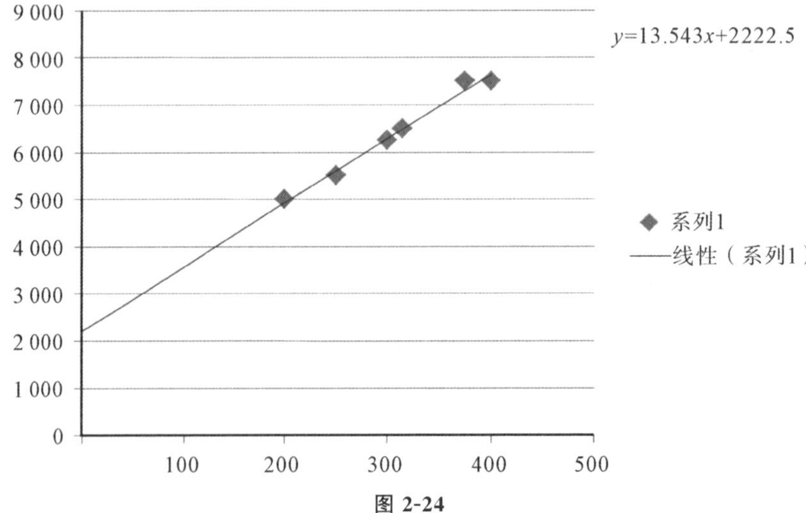

图 2-24

扫二维码观看视频，立刻掌握操作方法

本章小结

现代管理会计中,成本是指在生产经营过程中为达到一定目的而应当或可能发生的各种资源的价值牺牲或代价。管理会计的成本概念具有多样性,以适应企业决策的需要。管理会计的成本需要按性态进行分类,包括固定成本、变动成本和混合成本三类。其中混合成本经过成本性态分析,可分解为固定成本和变动成本,为变动成本法、本量利分析、短期决策和弹性预算提供依据。

管理会计以变动成本法计算产品成本,该成本计算法以成本性态分析为前提,只将变动生产成本计入产品成本,将固定成本作为期间成本,并按贡献式损益确定成本、计量利润。变动成本法与传统的完全成本法在产品成本构成、存货成本、期间成本构成、损益计算等方面存在差异。在前后各期产量相同、成本水平不变的情况下,如果某期产量等于销量,两种成本计算法确定的损益相同;但是产销量不相等时,两种成本计算法确定的损益会存在差异。由于变动成本法确定的税前利润与销量密切相关,鼓励销售,能提供企业管理层预测和短期决策有用的信息,简化成本的计算,因此广泛适用于企业内部的经营决策。

关键概念

成本性态:cost behavior
相关范围:relevant range
固定成本:fixed cost
约束性固定成本:committed fixed cost
酌量性固定成本:discretionary fixed cost
变动成本:variable cost
技术性变动成本:technical variable cost
酌量性变动成本:discretionary variable cost
混合成本:mixed cost
半变动成本:semi variable cost
半固定成本:semi fixed cost
延伸变动成本:delayed variable cost
曲线式混合成本:curve mixed cost
变动成本法:variable costing
完全成本法:full costing/absorption costing

相关阅读

成本控制的艺术[①]

2005年上半年，产品价格指数上升的趋势非常明显，原因就是原材料价格上涨。与此同时消费者价格指数却一直处于低水平，有人甚至认为，宏观经济走近了通货紧缩的边缘。

对企业界而言，当时的宏观经济形势意味着什么呢？答案应该是明显的，那就是必须控制好成本，消化原材料价格上升带来的影响，不把它转嫁到产品价格上，从而在竞争中取得优势地位，这就是中国企业界在未来一个阶段所面临的挑战。笔者外出旅行时，恰恰遇到小小的不快经历，触景生情，对成本控制问题有感而发。

2005年6月底，我从北京出发乘飞机到重庆开会。出发那天，北京天气非常热，出门经验丰富的我做好了充分准备，穿着短裤和T恤衫前往机场，过程一切顺利并按时登机。但进了机舱却发现温度奇高，旅客几乎个个汗流浃背，而穿着整齐制服的空乘小姐们也热得满脸红晕，我一身随意穿着倒是特别合时宜。大家都纷纷抱怨机上为什么不开空调，空乘小姐们耐心解释飞机起飞以后就好了，私下里禁不住悄悄地彼此诉苦，说他们为了这个不知挨了多少乘客的骂。

根据我对航空业的了解，当飞机停靠在登机口的时候，飞机上的空调是用机场电力来驱动的，电费当然也由航空公司支付。这家航空公司肯定是出于成本控制的考虑，在飞机起飞之前没打开空调，指望在起飞以后利用高空的冷空气降低机舱的温度。不想，我们的班机由于机场繁忙，迟迟不能离开登机口，整整一架飞机的人好好享受了一下半个小时免费桑拿的待遇。

但仔细分析下来，这一成本控制的客观效果违背了其初衷。由于机舱的高温，乘客们个个心烦意乱，从而对航空公司的服务心存不满，下次旅行时如果有可能，很多乘客就不见得还会选择它。为了节省区区空调电费而失去很多潜在顾客，当然是得不偿失，这是从企业角度的分析。再从社会效益的角度来分析，飞机机舱的空间并不大，乘客塞得如此之满，在这个空间里提供空调服务，不像给偌大个会议厅降温，成本不会太高，社会收益远远大于社会成本。所以不管从哪个层面来分析，这家航空公司的做法都是很不明智的。

从这个很小的例子我们可以提炼出一个普遍的道理：当企业在控制成本时，必须克服单纯的成本控制主义做法。控制成本的最终目的是提高企业利润，社会效益则是提高消费者的福利，让消费者得到更低的价格，从而更加满意。所以，盲目地控制成本对于整个企业而言其效果往往是负面的。再看看一个国外控制成本的例子。美国有一个非常成功的航空公司的案例，那就是西南航空公司的案例。

美国西南航空公司是一家起步比较晚、规模小但经营业绩非常出色的区域性航空公司，它的成功之道就是有效的成本控制。它并不像我们的航空公司一样简单地不给顾客

---

① 资料参见：李稻葵.成本控制的艺术[J].21世纪商业评论，2006(3)：28-28.

提供空调服务，而是在分析了乘客期望从旅行中得到的最核心服务以后，从不减少乘客的核心满意度这个角度出发来减少成本。经过分析，他们发现乘客特别是短途乘客对飞行餐并不在意，而飞行餐的成本很高。他们就减少甚至取消了食品服务。另外，他们经过分析还发现，旅客特别是短途旅客对于座位的位置也并不特别在意，所以他们也取消了安排座位的做法，坐飞机就像坐公共汽车一样，谁先上飞机谁就先挑位置，大大减少了管理的复杂性和人员成本。此外还大量通过电子票务等方式大大减少了中间环节和销售成本，因此效益不断地提高。

实际上，对现在的国内航空公司而言，适当缩小经济舱的座位间隙，并减少短途航线的食品花费，推广电子票务等这些举措也许有利于降低航空公司的运营成本，提高旅客的满意度，达到吸引和维持顾客的目的。

在激烈竞争的中国商界，如何控制好成本是关系到企业生存成败的大问题。在控制成本的问题上，最需要避免的就是盲目的一切以减少支出为目的的成本主义的做法，而是要把减少成本与增加企业的竞争力，增加顾客满意度联系在一起。这才是真正的控制成本之道，才是高超的成本控制艺术。

○ 练习题

一、单项选择题

1.公司年末对下一年研发支出作预算，成本性态上属于(　　)。

A.酌量性固定成本　　B.约束性固定成本

C.技术性变动成本　　D.酌量性变动成本

2.在下列各项中，属于半固定成本的是(　　)。

A.计件工资费用　　B.按年支付的广告费用

C.按直线法计提的折旧费用　　D.按月薪制开支的质检人员工资费用

3.职工的基本工资，在正常工作时间情况下是不变的；但当工作时间超出正常标准时，则需按加班时间的长短成比例地支付加班薪金，从成本性态的角度看，这部分人工成本属于(　　)。

A.固定成本　　B.半变动成本　　C.无法判断　　D.延期变动成本

4.下列属于技术性变动成本的是(　　)。

A.生产设备的主要零部件　　B.加班工资

C.销售佣金　　D.按销量支付的专利使用费

5.电信运营商推出“手机 29 元不限流量，可免费通话 1 000 分钟，超出部分主叫国内通话每分钟 0.1 元”的套餐，若选用该套餐，则消费者每月手机费属于(　　)。

A.固定成本　　B.阶梯式成本　　C.延期变动成本　　D.半变动成本

6.如果本期销售量比上期增加，则可断定按变动成本法计算的本期营业利润(　　)。

A.本期一定等于上期　　B.本期应当大于上期

C.本期应当小于上期　　D.本期可能等于上期

7.如果某期按变动成本法计算的税前利润为 5 000 元，该期产量为 2 000 件，销售量为 1 000 件，期初存货为零，固定性制造费用总额为 2 000 元，则按完全成本法计算的税前利润为(　　)。

A.0 元　　B.1 000 元　　C.5 000 元　　D.6 000 元

8.下列各项中，能反映变动成本法局限性的说法是(　　)。

A.导致企业盲目生产　　B.不利于成本控制

C.不利于短期决策　　D.不符合传统的成本观念

9.如果某企业连续三年按变动成本法计算的税前利润分别为 10 000 元、12 000 元和 11 000 元，则下列表述中唯一正确的是(　　)。

A.第三年的销量最小　　B.第二年的销量最大

C.第一年的产量比第二年少　　D.第二年的产量比第三年多

10.用变动成本法计算产品成本时，对固定性制造费用的处理是(　　)。

A.不将其作为费用　　B.将其作为期间成本，全额列入利润表

C.将其作为期间费用，部分列入利润表　　D.在每单位产品间分摊

二、多项选择题

1.下列各项中，属于变动成本的有(　　)。

A.新产品的研究开发费用

B.按产量法计提的固定资产折旧

C.按销售收入一定百分比支付的技术转让费

D.随产品销售的包装物成本

2.下列关于变动成本的表述中，正确的有(　　)。

A.变动成本可以分为酌量性变动成本和约束性变动成本

B.如果不生产，酌量性变动成本为 0

C.按照销售收入的一定比例支付的销售佣金属于酌量性变动成本

D.酌量性变动成本的单位变动成本的发生额可由企业最高管理层决定

3.变动成本法下，产品成本包括(　　)。

A.直接材料　　B.直接人工　　C.变动性制造费用　　D.固定性制造费用

4.下列各项费用中，通常属于酌量性固定成本的有(　　)。

A.广告宣传费　　B.实习培训费　　C.新品研发费　　D.照明取暖费

5.在相关范围内保持不变的有(　　)。

A.变动成本总额　　B.单位变动成本　　C.固定成本总额　　D.单位固定成本

E.总成本

6.历史成本分析法具体包括的方法有(　　)。

A.高低点法　　B.技术测定法　　C.回归直线法　　D.账户分析法

E.合同认定法

7.下列各项中，一般应纳入变动成本的有(　　)。

A.直接材料　　B.职工的工资

C.单独核算的包装物成本　　D.按产量法计提的折旧

E.临时发生的职工培训费

8.下列关于混合成本性态分析的说法中，正确的是（　　）。

A.半变动成本可分解为固定成本和变动成本

B.延期变动成本在一定业务量范围内为固定成本，超过该业务量增加的部分可分解为固定成本和变动成本

C.阶梯式混合成本在一定业务量范围内为固定成本，当业务量超过一定限度，成本跳跃到新的水平时，以新的成本作为固定成本

D.为简化数据处理，在相关范围内曲线混合成本可以近似看成变动成本或半变动成本

9.基于成本性态分析，对于企业推出的新产品所发生的混合成本，不适宜采用的混合成本分解方法有（　　）。

A.合同认定法　　B.技术测定法　　C.高低点法　　D.回归直线法

10.下列各项中，体现变动成本法局限性的有（　　）。

A.按变动成本法计算的产品成本至少目前不符合税法的有关要求

B.按成本性态将成本划分为固定成本与变动成本往往基于某种假设

C.当面临长期决策的时候，变动成本法的作用会随着决策期的延长而降低

D.变动成本法不利于进行各部门的业绩考评

E.变动成本法使成本计算工作更加烦琐

三、判断题

1.变动成本是指在特定业务范围内，其总额随业务量的变动而正比例变动的成本。（　　）

2.约束性固定成本通常是由企业管理当局在每一个会计年度开始前制定年度预算，一旦预算制定之后，将对年度内固定成本的支出起约束作用。（　　）

3.由于酌量性固定成本的大小完全取决于管理当局的决定，它并不能形成顾客所认为的价值，因此，在进行成本控制时应尽量压缩其总量。（　　）

4.约束性固定成本作为经营能力成本这一属性决定了该项成本的预算期通常比较长，约束性固定成本预算应着眼于经济、合理地利用企业的生产经营能力。（　　）

5.酌量性固定成本、经营能力成本均与企业的业务量水平无直接关系。（　　）

6.生产自动化水平的提高会导致制造费用在生产成本总量中所占比重增大，生产专业化分工的加深会导致制造费用的形式更加间接化。（　　）

7.以贡献毛益减去固定性制造费用就是利润。（　　）

8.技术测定法是一种相对独立的成本分析方法，只能适用于缺乏历史成本数据的情况。（　　）

9.回归直线可以使各观测点的数据与直线相应各点的误差的平方和实现最小化。（　　）

10.产销不平衡是导致变动成本法与完全成本法存在诸多差异的最直接、最根本的原因。（　　）

四、名词解释

1.半变动成本

2.成本性态分析

3.变动成本法

4.酌量性固定成本

5.约束性固定成本

五、简答题

1.什么是混合成本？包括哪些类别？

2.完全成本法与变动成本法各有何特点？两种方法之间的差异主要表现在哪些方面？

3.说明完全成本法损益的确定程序。

4.简述变动成本法与完全成本法的区别。

5.变动成本法能完全取代完全成本法吗？

六、计算分析题

1.资料：甲公司是一家生产经营比较稳定的制造企业，长期以来仅生产A产品。公司预计20×7年产量为18万件。公司通过成本性态分析，拟采用高低点法对20×7年度的成本进行预测。有关历史成本与产量变化情况如下表所示。

年度	20×1年	20×2年	20×3年	20×4年	20×5年	20×6年
产量/万件	10	10.5	12	12.9	15	14.85
成本/万元	47.5	47	49	50	55	56

要求：

(1)计算单位变动成本；

(2)计算固定成本总额；

(3)计算20×7年度预计成本。

2.资料：乙公司只产销一种产品，20×1年共生产10 000件，销售8 000件，期初无存货。全年共发生：直接材料40 000元，直接人工30 000元，变动性制造费用10 000元，固定性制造费用50 000元，销售及管理费用20 000元(全部为固定费用)。该年度产品的单位售价是16元。

要求：

(1)分别采用变动成本计算法和完全成本计算法计算该产品的单位成本。

(2)分别计算在两种成本计算法下的税前利润。

(3)说明两种成本计算法下税前利润不等的原因。

3.资料：丙工厂只生产一种产品，第一、第二年的产量分别为30 000件和24 000件，销售量分别为20 000件和30 000件；存货计价采用先进先出法，产品单价为15元/件，单位变动生产成本为5元/件；每年固定性制造费用的发生额为180 000元，销售及管理费用都是固定性的，每年发生额为25 000元。

要求：分别采用两种成本计算方法确定第一、第二年的税前利润(需编制利润表)。

4.资料：丁公司只生产一种产品，产品单位变动成本(包括直接材料、直接人工和变动制造费用)为 6 元,单位产品的售价为 15 元/件,每月固定制造费用为 40 000 元,单位产品的变动销售费用为 1 元,固定管理费用为 15 000 元。已知月初无产成品存货,当月产量为 10 000 件,售出 8 000 件。

要求:

(1)以完全成本法计算当月税前净利润,并在此基础上调整计算变动成本法下的净利润。

(2)以变动成本法计算当月税前净利润,并在此基础上调整计算完全成本法下的净利润。

5.资料:戊公司是一家小家电制造企业,只产销 A 产品。公司采用完全成本法核算产品成本每年按实际产量分配固定制造费用,采用先进先出法进行存货计价。

20×2 年末,总经理收到会计部门转来的利润表后,比较了 20×2 年和 20×1 年的税前经营利润,发现了一个奇怪的现象:20×2 年销量比 20×1 年增加 24%,但税前经营利润却大幅下降。公司管理层就此问题进行了讨论,财务经理建议采用变动成本法重新核算产品成本,然后再做分析。相关资料如下表所示:

20×1 年和 20×2 年 A 产品实际数量

单位:件

项　　目	20×1 年	20×2 年
年初存货数量	0	12 000
本年产量	62 000	50 000
本年销量	50 000	62 000
年末存货数量	12 000	0

20×1 年和 20×2 年 A 产品生产费用实际数据如下表所示:

项　　目	金额
单价	58 元/件
单位直接材料	6 元/件
单位直接人工	7 元/件
单位变动制造费用	2 元/件
固定制造费用总额	1 860 000 元
单位变动销售和管理费用	1 元/件
固定销售和管理费用	220 000 元

要求:

(1)分别计算 20×1 年 20×2 年 A 产品在完全成本法下和变动成本法下的单位产品成本。

(2)分别计算20×1年20×2年A产品在完全成本法下和变动成本法下的税前经营利润及其差异,并解释差异产生的原因。

(3)简要说明财务经理建议采用变动成本法的理由。

○ 案例分析

奇怪的利润表[①]

20×4年3月12日某医院工业公司财务科长根据本公司各企业的会计报告及有关文字说明,写了一份公司年度经济效益分析报告送交经理室。经理对报告中提到的两个企业情况颇感困惑:一个是专门生产输液原料的甲制药厂,另一个是生产制药原料的乙制药厂。甲制药厂20×2年产销不景气,库存大量积压,贷款不断增加,资金频频告急,20×3年该厂对此积极努力,一方面适当生产,另一方面想方设法广开渠道,扩大销售,较少库存,但报表上反映的利润20×3年却比20×2年下降。乙制药厂情况则相反,20×3年市场不景气,销售量比20×2年下降,但年度财务决算报表上几项经济指标除资金外都比上年好。被经理这么一提,公司财务科长也觉得有问题,于是他将这两个厂交上来的有关报表和财务分析拿出来进一步研究。

表1 甲制药厂利润表

金额单位:元

项　目	20×2年	20×3年
销售收入	1 855 000	2 597 000
减:销售成本	1 272 000	2 234 162
销售费用	85 000	108 000
净利润	498 000	254 838
库存资料(单位:瓶)		
在产品		
期初存货数	16 000	35 000
本期生产数	72 000	50 400
本期销售数	53 000	74 200
期末存货数	35 000	11 200
期末在产品		
单位售价	35	35
单位成本	24	30.11

① 资料参见:孙茂竹,文光伟,杨万贵.管理会计学(第五版)[M].中国人民大学出版社,2009:63.

续表

项　　目	20×2 年	20×3 年
其中：		
材料	7	7
工资	4	5.71
燃料与动力	3	3
制造费用	10	14.40

工资和制造费用每年分别为 288 000 元和 720 000 元，销售成本采用后进先出法。该厂在分析其利润下降原因时，认为这是生产能力没有充分利用、工资和制造费用等固定费用未能得到充分摊销所致。

表 2　乙制药厂利润表

金额单位：元

项　　目	20×2 年	20×3 年
销售收入	1 200 000	1 100 000
减：销售成本	1 080 000	964 700
销售费用	30 000	30 000
净利润	90 000	105 300
库存资料（单位：瓶）		
在产品		
期初存货数	100	100
本期生产数	12 000	13 000
本期销售数	12 000	11 000
期末存货数	100	2 100
期末在产品	100	100
单位售价	90	8 770
单位成本		
其中：		
材料	50	50
工资	15	13.85
燃料与动力	10	10
制造费用	15	13.85

工资和制造费用两年均约为 180 000 元，销售成本也采用后进先出法。该厂在分析其利润上升的原因时，认为这是在市场不景气的情况下，为多交利润、保证国家利润不受影响，全厂职工一条心，充分利用现有生产能力，增产节支的结果。

案例分析提示：

(1)甲制药厂和乙制药厂的分析结论对吗？为什么？

(2)如果你是公司财务科长，你将得到什么结论？如何向你的经理解释？

(3)思政思考题：党的二十大报告提出，要降低企业成本，提高企业竞争力。作为管理会计，如何做到降本增效、提高竞争力？

第 3 章

本量利分析

思维导图

本量利分析
基本假设
相关范围假设
模型线性假设
产销平衡假设
品种结构不变假设
贡献毛益
成本数量利润分析
关系
损益方程式
基本损益方程式
包含期间成本损益方程式
计算税后利润损益方程式
贡献毛益方程式
贡献毛益
贡献毛益率
贡献毛益方程式
贡献毛益率方程式
盈亏临界分析
盈亏临界点的确定
销售量
销售额
作业率
安全边际和安全边际率
盈亏临界图
基本式
贡献毛益式
利量式
单位式
多品种下本量利分析
综合贡献毛益率
综合盈亏平衡销售额
实现目标利润条件下的本量利分析
敏感性分析
生产经营中不确定因素
销量变动
产品单价
单位可变成本
固定成本
原理
确定敏感性分析指标
计算该技术方案的目标值
选取不确定因素
计算不确定因素变动对该指标的影响程度
找出敏感因素进行分析
评价
本量利分析的评价
本量利分析的扩展
不完全线性关系下
非线性关系下
不确定情况下

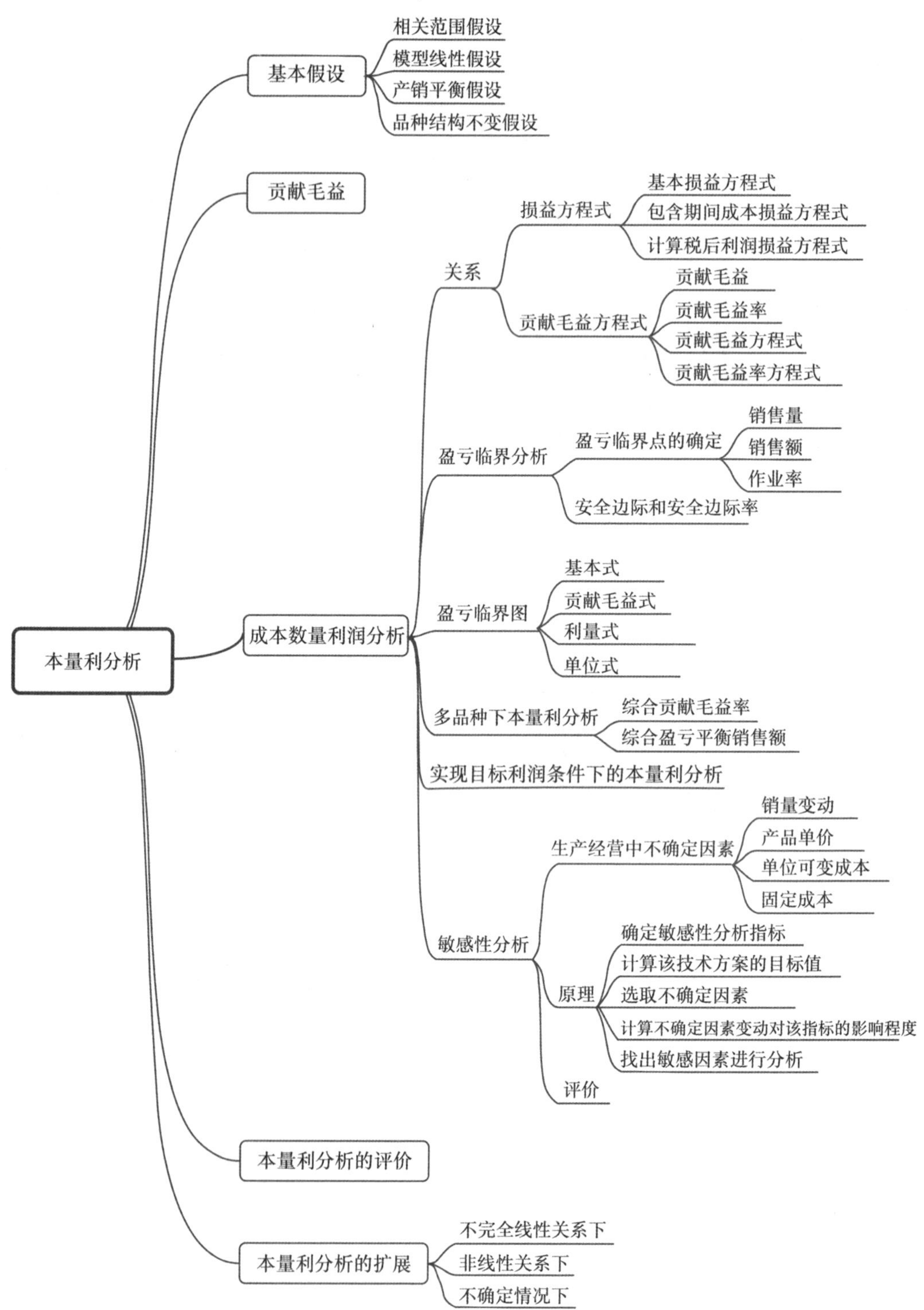

学习目标

本量利分析原理在企业的决策、计划和控制中具有广泛用途。促使人们研究本量利之间数量关系的动因是传统的成本分类不能满足企业决策、计划和控制的要求。本章的内容包括本量利分析的基本假设、贡献毛益、成本数量利润分析、本量利分析的评价和本量利分析的扩展。学习具体目标包括：

◇知识目标

理解本量利分析的性质与基本假设；掌握贡献毛益的含义与计算、本量利分析基本公式、单一品种及多品种条件下盈亏临界点、保利点和净保利点的计算、安全边际的计算；理解本量利关系中的敏感性分析方法。

◇能力目标

能够运用理解本量利分析与在应用中的思路和技巧并能在实践中加以应用；能够使用 Excel 进行本量利分析。

◇思政目标

在理解本量利分析的基础上，培养学生创业思维和团队意识，树立企业管理会计工作人员结合企业实际为企业降本增效的观念。

3.1　本量利分析的基本假设

本量利分析（也称 CVP 分析，cost-volume-profit analysis）是现代管理会计学的重要组成部分，是管理会计的核心内容。企业在营运计划的制定、调整以及营运监控分析等程序中通常会应用到本量利分析。

财政部《管理会计应用指引第 401 号——本量利分析》规定，本量利分析是指以成本性态分析和变动成本法为基础，运用数学模型和图式，对成本、利润、业务量与单价等因素之间的依存关系进行分析，发现变动的规律性，为企业预测、决策、计划和控制等活动提供支持的一种方法。其中，“本”是指成本，包括固定成本和变动成本；“量”是指业务量，一般指销售量；“利”一般指营业利润。主要应用于企业生产决策、成本决策和定价决策，也可以广泛应用于投融资决策等。

在企业的经营管理活动中，管理人员在决定生产和销售的数量时，往往以数量为起点，以利润为目标，期望能在业务量和利润之间建立起一种直接的函数关系，从而利用这个数学模型，在业务量变动时估计对利润的影响，或者在利润变动时计算出完成目标利润所需要达到的业务量水平。而本量利分析就可以为企业管理人员提供所需要的这种数学模型。因此，它在规划企业经济活动、正确进行经营决策和有效控制经济过程等方面具有重要的作用。

利用本量利分析，可以进行各项预测、决策和控制分析，对企业管理有重要的意义。

但是必须注意的是，本量利分析的原理及其应用都是以一定的假设作为前提条件的。这些假设包括以下几项内容：

3.1.1 相关范围假设

本量利分析是建立在成本按性态划分的基础上的一种分析方法，即将企业的成本全部区分为变动成本和固定成本，而这均是限定在一定期间（成本的变动性和固定性是体现在限定期间内）和一定业务量（成本性态是在限定业务量基础上量化分析的结果）“相关范围”内的假设条件下才成立。因此，成本性态分析的相关范围假设也就成了本量利分析的基本假设。

3.1.2 模型线性假设

成本性态分析时，在相关范围内，即假定在一定时期内、一定业务量范围内，单价、单位变动成本、固定成本总额等均保持不变，则总成本可以表示为 $y=a+bx$，销售收入可以表示为 $y=px$（p 为销售单价），即成本、销售收入都是产销量的一元线性函数。

3.1.3 产销平衡假设

一般产量的变化会影响到成本的变化，而销售量的变化则影响到收入的变化，在单一品种的情况下，假定产销平衡，即企业只安排一种产品生产的条件下，是以生产出来的产品总是可以实现销售、达到产销平衡为前提条件的。因此，在模型分析中通常不考虑“产量”而只考虑“销量”这一数量因素。

3.1.4 品种结构不变假设

在多品种产销的情况下，假定品种结构稳定。所谓品种结构是指各产品的产销额占全部产销总额的比重。品种结构不变假设，即在企业安排多品种产品生产的条件下，不仅假定产销平衡，而且在销售总量或者总额发生变化时，是以产品品种结构比重不变为前提条件的。

综上，相关范围假设是本量利分析的起点，模型线性假设是相关范围假设的拓展，产销平衡假设与品种结构不变假设又是对模型线性架设的进一步补充。

3.2 贡献毛益

企业在营运管理中，通常在进行本量利分析、敏感性分析的同时运用边际分析工具方法。指通过分析销售收入减去变动成本总额之后的差额，衡量产品为企业贡献利润的能力，该方法涉及重要的概念——贡献毛益（也称贡献边际、边际贡献），该指标有三种表现形式。

贡献毛益是产品的销售收入扣除变动成本总额后给企业带来的贡献，进一步扣除企业的固定成本总额后，剩余部分就是企业的利润，相关计算公式如下：

$$\text{贡献毛益}=\text{销售收入}-\text{变动成本}$$

$$\text{贡献毛益}=\text{销量}\times\text{单位贡献毛益}$$

$$\text{贡献毛益}=\text{销售收入}\times\text{贡献毛益率}$$

单位贡献毛益是指单位产品售价与单位变动成本的差额，反映每销售一件产品所带来的贡献毛益。

$$\text{单位贡献毛益}=\text{单价}-\text{单位变动成本}$$

$$\text{单位贡献毛益}=\frac{\text{贡献毛益}}{\text{销量}}$$

$$\text{单位贡献毛益}=\text{单价}\times\text{贡献毛益率}$$

贡献毛益率是指贡献毛益在销售收入中所占的百分率。贡献毛益率，可以理解为每1元销售收入中贡献毛益所占的比重，它反映产品给企业作出贡献的能力。

$$\text{贡献毛益率}=\frac{\text{贡献毛益}}{\text{销售收入}}$$

$$\text{贡献毛益率}=\frac{\text{单位贡献毛益}}{\text{单价}}$$

以上三个指标在本量利分析中经常被使用，是本量利分析学习的基础。

3.3　成本、数量和利润分析

本量利分析是管理人员从事管理决策的有力工具。作为以盈利为目的的企业组织，其生产经营的直接目的，是以一定的成本生产出社会需要的产品，并将产品销售出去，取得利润。在市场价格一定的情况下，影响企业利润的因素就是成本与销售量。因此，企业为实现更多的利润，就需要客观地研究成本、销售量和利润三者之间的关系，分析其内在规律性，为比较经营方案进行经济评估，做出正确的决策，提供准确可靠的数字依据。

3.3.1 成本、数量和利润的关系

促使人们研究成本、数量和利润之间关系的动因，是传统的成本分类不能满足企业决策、计划和控制的要求。企业的这些内部经营管理工作，通常以数量为起点，以利润为目标。企业管理人员在决定生产和销售数量时，非常想知道它对企业利润的影响，但是，中间隔着收入和成本。对于收入，管理人员很容易根据数量和单价来估计，而成本则不然。无论是总成本还是单位成本，他们都感到难以把握。他们不能用单位成本乘以数量来估

计总成本，因为数量变化之后，单位成本也会变化。管理人员需要一个数学模型，这个模型应当除了业务量和利润之外都是常数，使业务量和利润之间建立起直接的函数关系。这样，管理人员可以利用这个模型，在业务量变动时估计其对利润的影响，或者在目标利润变动时计算出完成目标所需要的业务量水平。建立这样一个模型的主要障碍是成本和业务量之间的数量关系不清楚。为此，人们首先研究成本和业务量之间的关系，并确立了成本按性态的分类，然后在此基础上明确成本、数量和利润之间的相互关系。

在把成本分解成固定成本和变动成本两部分之后，再把收入和利润加进来，成本、销量和利润的关系就可以统一于一个数学模型中。

本量利分析主要包括保本分析和利量分析两项内容。在激烈的市场竞争条件下，为了保证自身的生存，企业管理者必须经常对其生产经营的保本点（盈亏平衡点）进行分析研究，作为其开展生产经营的最低目标，并随市场和企业内部因素的变化不断调整，以减少生产经营的盲目性，取得好的经济效益。利量分析建立在保本分析的基础上。在正常情况下，企业生产经营的目的绝不仅仅满足于保本，而是尽可能实现更多的利润，为此，企业管理当局需预测销售量达到某一水平时可能实现的利润，或测算为实现目标利润所必须达到的销售量水平。

3.3.1.1 损益方程式

（1）基本的损益方程式

目前多数企业都使用损益法来计算利润，即首先确定一定期间的收入，然后计算与这些收入相匹配的成本，两者之差为期间利润：

营业利润＝销售收入－总成本

由于：

总成本＝变动成本＋固定成本＝单位变动成本×销量＋固定成本

销售收入＝单价×销量（假设产量和销量相同）

则有：

营业利润＝单价×销量－单位变动成本×销量－固定成本

这个方程式是明确表达本量利之间数量关系的基本方程式，它含有5个相互联系的变量，给定其中4个，便可求出另一个变量的值。

在规划期间利润时，通常把单价、单位变动成本和固定成本视为稳定的常量，只有销量和利润两个自由变量。给定销量时，可利用方程式直接计算出预期利润；给定目标利润时，可直接计算出应达到的销售量。

例 3-1

营业利润的计算

资料：某企业每月固定成本为1 000元，生产一种产品，单价为10元，单位变动成本为6元，本月计划销售500件。

要求：计算预期营业利润。

解答：将有关数据代入损益方程式

营业利润＝单价×销量－单位变动成本×销量－固定成本

得：

营业利润＝10×500－6×500－1 000＝1 000(元)

这个方程式是一种最基本的形式，它可以根据所需计算的问题变换成其他形式，或者根据企业具体情况增加一些变量，成为更复杂、更接近实际的方程式。损益方程式实际上是损益表的模型化表达，不同的损益表可以构造出不同的模型。

(2)包含期间成本的损益方程式

包含期间成本的损益方程式为符合多步式损益表的结构，不但要分解产品成本，而且要分解销售费用、行政管理费用等期间成本。将它们分解以后，方程式为：

税前利润＝销售收入－(变动销售成本＋固定销售成本)－(变动销售和管理费用＋固定销售和管理费用)

营业利润＝单价×销量－(单位变动产品成本＋单位变动销售和管理费用)×销量－(固定产品成本＋固定销售和管理费用)

该损益方程式假设影响税前利润的因素只有销售收入、产品成本、管理费用和销售费用，省略了税金及附加、财务费用、资产减值损失、投资收益和营业外收支等因素。

(3)计算税后利润的损益方程式

所得税是根据利润总额和所得税税率计算的，并从利润总额中减除，既不是变动成本也不是固定成本。

税后利润＝利润总额－所得税

＝利润总额－利润总额×所得税税率

＝利润总额×(1－所得税税率)

将损益方程式代入上式的“利润总额”：

税后利润＝(单价×销量－单位变动成本×销量－固定成本)×(1－所得税税率)

3.3.1.2 贡献毛益方程式

(1)贡献毛益

贡献毛益是产品扣除自身变动成本后给企业所作的贡献，它首先用于收回企业的固定成本，如果还有剩余则成为利润；如果不足以收回固定成本则发生亏损。

由于变动成本既包括生产制造过程的变动成本即产品变动成本，还包括销售、管理费用中的变动成本即期间变动成本，所以，贡献毛益也可以具体分为制造贡献毛益(生产贡献毛益)和产品贡献毛益(总营业贡献毛益)。

制造贡献毛益＝销售收入－产品变动成本

产品贡献毛益＝制造贡献毛益－销售和管理变动成本

通常，如果在“贡献毛益”前未加任何定语，则是指“产品贡献毛益”。

(2)贡献毛益率

贡献毛益率是贡献毛益在销售收入中所占的百分率。

$$贡献毛益率=\frac{贡献毛益}{销售收入}$$

$$变动成本率=\frac{变动成本}{销售收入}$$

关系公式：

$$变动成本率+贡献毛益率=1$$

通常,“贡献毛益率” 一词是指产品贡献毛益率。

由于销售收入被分为变动成本和贡献毛益两部分,前者是产品自身的耗费,后者是给企业作的贡献,两者百分率之和应当为 1。

(3)贡献毛益方程式

由于创造了“贡献毛益”这个新的概念,上面介绍的基本的损益方程式可以改写成新的形式。因为：

$$营业利润=销售收入-变动成本-固定成本=贡献毛益-固定成本$$

所以：

$$营业利润=销量\times 单位贡献毛益-固定成本$$

这个方程式,也可以明确表达本、量、利之间的数量关系。

(4)贡献毛益率方程式

上述贡献毛益方程式,还可以利用“贡献毛益率”改写成下列形式：

$$营业利润=贡献毛益-固定成本$$

所以：

$$营业利润=销售收入\times 贡献毛益率-固定成本$$

贡献毛益率方程式,可以用于多品种企业。由于多种产品的销售收入可以直接相加,所以,问题的关键是计算多种产品的加权平均贡献毛益率。

$$加权平均贡献毛益率=\frac{\sum 贡献毛益}{\sum 销售收入}\times 100\%$$

3.3.2 盈亏临界分析

盈亏临界分析是本量利分析的核心内容,亦称损益平衡分析或保本分析。它主要研究如何确定盈亏临界点(break even point)、有关因素变动对盈亏临界点的影响等问题。盈亏平衡分析的原理是,通过计算企业在利润为零时处于盈亏平衡的业务量,分析项目对市场变化的敏感程度。

《管理会计应用指引第 401 号——本量利分析》规定,盈亏平衡分析(盈亏临界点分析、保本分析)是指分析、测定盈亏平衡点,以及有关因素变动对盈亏平衡点的影响等,是本量利分析的核心内容。盈亏平衡分析的原理是，通过计算企业在利润为零时处于盈亏平衡的业务量，分析项目对市场需求变化的适应能力等。

3.3.2.1 盈亏临界点的确定

盈亏临界点，是指企业收入和成本相等的经营状态，即贡献毛益等于固定成本时企业所处的既不盈利又不亏损的状态。通常用一定的业务量来表示这种状态。

(1)盈亏临界点销售量

就单一产品企业来说，盈亏临界点的计算并不困难。

由于计算营业利润的公式为：

$$营业利润=单价\times销量-单位变动成本\times销量-固定成本$$

令营业利润等于 0，此时的销量为盈亏临界点销售量：

$$0=单价\times盈亏临界点销售量-单位变动成本\times盈亏临界点销售量-固定成本$$

$$盈亏临界点销售量=\frac{固定成本}{单价-单位变动成本}$$

又由于：

$$单位贡献毛益=单价-单位变动成本$$

所以，上式又可写成：

$$盈亏临界点销售量=\frac{固定成本}{单位贡献毛益}$$

企业的业务量等于盈亏平衡点的业务量时，企业处于保本状态；企业的业务量高于盈亏平衡点的业务量时，企业处于盈利状态，反之，则处于亏损状态。

例 3-2

盈亏临界点的计算

资料：某企业生产一种产品，单价为 2 元，单位变动成本为 1.20 元，固定成本为 1 600 元/月。

要求：计算其盈亏临界点销售量。

解答：

$$盈亏临界点销售量=\frac{1\ 600}{2-1.20}=2\ 000(件)$$

(2)盈亏临界点销售额

单一产品企业在现代经济中只占少数，大部分企业产销多种产品。多品种企业的盈亏临界点，尽管可以使用联合单位销量来表示，但是更多的人乐于使用销售额来表示盈亏临界点。

由于利润计算的公式为：

$$营业利润=销售额\times贡献毛益率-固定成本$$

令营业利润等于 0，此时的销售额为盈亏临界点销售额：

$$0=\text{盈亏临界点销售额}\times\text{贡献毛益率}-\text{固定成本}$$

$$\text{盈亏临界点销售额}=\frac{\text{固定成本}}{\text{贡献毛益率}}$$

$$\text{盈亏临界点销售额}=\text{单价}\times\text{盈亏临界点业务量}$$

$$\text{盈亏临界点销售额}=\frac{\text{固定成本}}{1-\text{变动成本率}}$$

$$\text{变动成本率}=\frac{\text{变动成本}}{\text{销售收入}}$$

企业销售额高于盈亏平衡点时，企业处于盈利状态；企业销售额低于盈亏平衡点时，企业处于亏损状态。企业通常通过运用产品组合的盈亏平衡点分析优化产品结构，提高获利水平。

例 3-3

盈亏临界点销售额的计算

资料：沿用例 3-2 的资料。

要求：计算盈亏临界点销售额。

解答：

$$\text{盈亏临界点销售额}=\frac{1\ 600}{\frac{2-1.2}{2}}=4\ 000(\text{元})$$

(3)盈亏临界点作业率

盈亏临界点的销售量只是一种绝对数，企业需要比对当前销售量与盈亏临界点的销售量，目的是使企业了解当前状况与盈亏临界点的差距。因此需要引入一个新的指标，即盈亏临界点作业率。盈亏临界点作业率是指盈亏临界点销售量占企业正常销售量的比重。所谓正常销售量，是指正常市场和正常开工情况下，企业的销售数量，也可以用销售金额来表示。

盈亏临界点作业率的计算公式如下：

$$\begin{aligned}\text{盈亏临界点作业率}&=\frac{\text{盈亏临界点销售量}}{\text{正常销售量}}\times 100\%\\&=\frac{\text{盈亏临界点销售额}}{\text{正常销售额}}\times 100\%\end{aligned}$$

这个比率表明企业保本的业务量在正常业务量中所占的比重。由于多数企业的生产经营能力是按正常销售量来规划的，生产经营能力与正常销售量基本相同。所以，盈亏临界点作业率还表明保本状态下的生产经营能力的利用程度。

例 3-4

盈亏临界点作业率的计算

资料：沿用例 3-2、例 3-3 资料，如果企业正常销售额为 5 000 元，盈亏临界点销售额为 4 000 元。

要求：计算盈亏临界点作业率。

解答：

$$盈亏临界点作业率=\frac{4\ 000}{5\ 000}\times100\%=80\%$$

计算表明，该企业的作业率必须达到正常作业的 80%以上才能取得盈利，否则就会发生亏损。

3.3.2.2 安全边际和安全边际率

安全边际(margin of safety)是指正常销售额或现有销售额超过盈亏临界点销售额的差额，它表明企业的销售额超过盈亏临界点的销售额之后，企业的利润空间大小，或者说是当前的销售额下降多少可以保证企业不亏损。

安全边际的计算公式如下：

安全边际＝正常销售额－盈亏临界点销售额

根据例 3-4 中的有关数据计算：

安全边际＝5 000－4 000＝1 000(元)

有时企业为了考察当年的生产经营安全情况，还可以用本年实际订货额代替正常销售额来计算安全边际。企业生产经营的安全性，还可以用安全边际率来表示，即安全边际与正常销售额(或当年实际订货额)的比值。安全边际率的计算公式如下：

$$安全边际率=\frac{安全边际}{正常销售额或当年实际订货额}\times100\%$$

根据例 3-4 的有关资料计算：

$$安全边际率=\frac{1\ 000}{5\ 000}\times100\%=20\%$$

按照国际惯例，安全边际率可用于经营安全性的测试，见表 3-1。

表 3-1　安全边际率

安全边际率	<10%	10%～20%	20%～30%	30%～40%	>40%
安全程度	非常危险	危险	值得注意	安全	非常安全

由于该产品安全边际率为 20%，因此从经营角度讲是危险的。

安全边际和安全边际率的数值越大，企业发生亏损的可能性越小，企业就越安全。安全边际率是相对指标，便于不同企业和不同行业的比较。

正常销售额＝盈亏临界点销售额＋安全边际

上述公式两端同时除以正常销售额得：

盈亏临界点作业率＋安全边际率＝1

根据例 3-4 中的有关数据计算：

盈亏临界点作业率＋安全边际率＝80%＋20%＝1

只有安全边际才能为企业提供利润，而盈亏临界点销售额扣除变动成本后只能为企业收回固定成本。安全边际部分的销售额减去其自身变动成本后成为企业息税前利润，即安全边际中的贡献毛益等于企业利润。

因为：

息税前利润(营业利润)＝销售收入－变动成本－固定成本
＝贡献毛益－固定成本
＝销售收入×贡献毛益率－固定成本
＝销售收入×贡献毛益率－盈亏临界点销售收入×贡献毛益率
＝(销售收入－盈亏临界点销售收入)×贡献毛益率

所以：

息税前利润＝安全边际×贡献毛益率 ②

根据例 3-4 中有关数据计算：

$$贡献毛益率=\frac{单价-单位变动成本}{单价}\times100\%=\frac{2-1.2}{2}\times100\%=40\%$$

安全边际＝5 000－4 000＝1 000(元)

营业利润＝安全边际×贡献毛益率＝1 000×40%＝400(元)

用常规的方法计算利润，也会得到相同的结果。

息税前利润＝销售收入－变动成本－固定成本
＝5 000－2 500×1.2－1 600＝400(元)

如果将公式两端同时除以销售收入得：

$$\frac{息税前利润}{销售收入}=\frac{安全边际}{销售收入}\times贡献毛益率$$

销售息税前利润率＝安全边际率×贡献毛益率

上式为我们提供了一种计算销售利润率的新方法，并且表明，企业要提高销售息税前利润率，就必须提高安全边际率(即降低盈亏临界点作业率)，或提高贡献毛益率(即降低变动成本率)。

例 3-5

计算销售息税前利润率

资料：沿用例 3-2、例 3-3、例 3-4 资料。

要求：用公式“总税前利润＝安全边际×贡献毛益率”和常规方法计算销售息税前利润率。

解答：销售息税前利润率＝安全边际率×贡献毛益率＝20%×40%＝8%

用常规的方法，可得到同样的结果：

$$销售息税前利润率=利润销售收入\times100\%=\frac{400}{5\ 000}\times100\%=8\%$$

总结：以上盈亏临界点与安全边际的确定见表 3-2。

表 3-2　盈亏临界点与安全边际的计算公式总结

表示方法		盈亏临界点	安全边际
实物量	指标	盈亏临界点销售量(Q_0)	安全边际量
	计算公式	$Q_0=\frac{\text{固定成本}}{\text{单价}-\text{单位变动成本}}=\frac{F}{P-V}$	安全边际量=正常销售量－盈亏临界点销售量 $=Q-Q_0$
金额	指标	盈亏临界点销售额(S_0)	安全边际额
	计算公式	$S_0=\frac{\text{固定成本}}{\text{贡献毛益率}}$	安全边际额=正常销售额－盈亏临界点销售额 $=S-S_0$
相对数/率	指标	盈亏临界点作业率	安全边际率
	计算公式	盈亏临界点作业率$=\frac{Q_0}{Q}$或$\frac{S_0}{S}$	安全边际率$=\frac{Q-Q_0}{Q}$或$\frac{S-S_0}{S}$
	关系公式	盈亏临界点作业率＋安全边际率=1 盈亏临界点销售额＋安全边际额=销售额	

注:(1)教材中安全边际均指安全边际额;

(2)盈亏临界点的销售额≠固定成本,而是$\frac{\text{固定成本}}{\text{贡献毛益率}}$;

(3)固定成本＋安全边际≠贡献毛益;

固定成本(盈亏临界点销售额的贡献毛益)＋安全边际的贡献毛益=贡献毛益。

总结:将安全边际与利润的关系制成表(见表 3-3)。

表 3-3　安全边际与利润的关系

关　　系	公　　式
计算利润	营业利润=安全边际额×贡献毛益率
计算销售利润率	销售利润率=安全边际率×贡献毛益率

提示:只有安全边际才能为企业提供利润,盈亏临界点所提供的贡献毛益等于固定成本,安全边际所提供的贡献毛益等于企业利润。

3.3.3 盈亏临界图

除了使用公式计算盈亏临界点外,还可以通过绘制形象化的盈亏临界图的方式,来表达有关因素之间的相互关系。与公式法相比,盈亏临界图更加形象直观、简明易懂,但是要依靠目测来绘制和读数,结果可能不十分精确,因此可以与公式法配合使用。常见的盈亏临界图有四种:基本式、贡献毛益式、利量式和单位式。

3.3.3.1 基本式盈亏临界图

基本式是盈亏临界图最基本的形式,其特点是将固定成本置于变动成本之下,表明固定成本不随业务量变动的特征。

绘制方法:建立直角坐标系,纵轴表示收入和成本,横轴表示产销量,然后绘出三条线。一是绘制固定成本线，在纵轴上确定固定成本数值，并以此为起点，绘制一条平行于横轴的直线，即为固定成本线。二是绘制总成本线，以单位变动成本为斜率，从纵轴截距向上绘制总成本线。三是绘制销售收入线，以单价为斜率，过原点及任意销售量下的销售额，确定销售收入线。基本式盈亏临界图见图 3-1 所示。

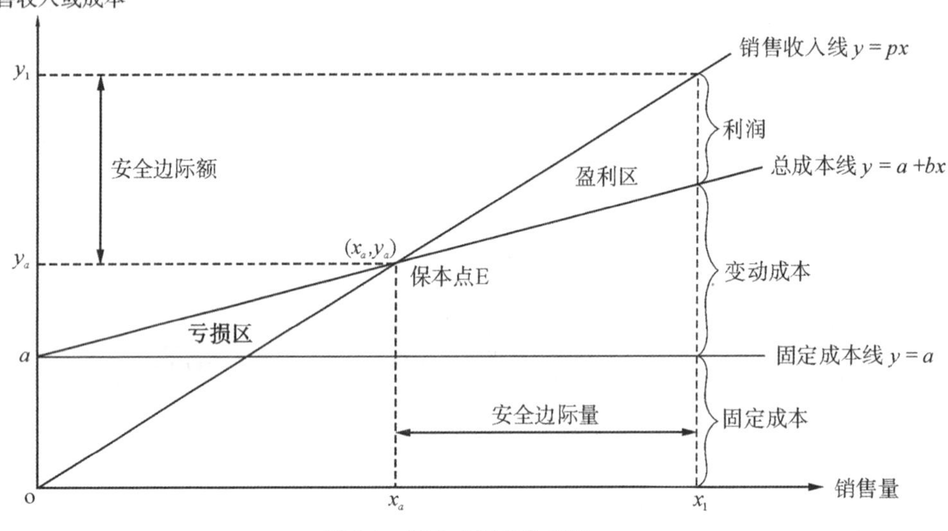

图 3-1　基本式盈亏临界图

由图 3-1 可以看出：①固定成本线与横轴之间的距离为固定成本，它不随产量增减而变动。②总成本线与固定成本线之间的距离为变动成本，它随产量变动成正比例变动。③总成本线与横轴之间的距离为总成本，它是固定成本与变动成本之和。④总收入线与总成本线相交的那一点即为盈亏临界点，由盈亏临界点向横轴画一条垂直线，与横轴相交的那一点，即为盈亏临界点销售量，与纵轴相交的那一点，即为盈亏临界点销售额。该点表明企业在此销售量下总成本与总收入相等，既没有利润，也不发生亏损。在此基础上，增加销售量，销售收入超过总成本，销售收入线与成本线的距离为利润值，形成利润区；反之，形成亏损区。

基本式盈亏临界图将固定成本置于变动成本之下，图中可清晰地揭示固定成本总额的不变性、盈亏临界点、利润三角区及亏损三角区等，能清晰地反映有关因素的变动对利润的影响，形象且直观，易于企业管理人员理解，对于提高经营管理工作的预见性和主动性有较大帮助。

3.3.3.2 贡献毛益式盈亏临界图

贡献毛益式盈亏临界图能直观地反映出贡献毛益，当固定成本等于贡献毛益时，即可确定盈亏临界点。与基本式盈亏临界图相比，销售收入线的绘制方法相同，不同的是总成本线的绘制过程。

贡献毛益式盈亏临界图绘制方法：从原点出发先画出变动成本线，然后以固定成本金额为起点画一条平行于变动成本线的总成本线。销售收入线与变动成本线的垂直距离是贡献毛益，贡献毛益与固定成本相等处的坐标即为盈亏临界点的销售量和销售额。贡献毛益式盈亏临界图如图 3-2 所示。

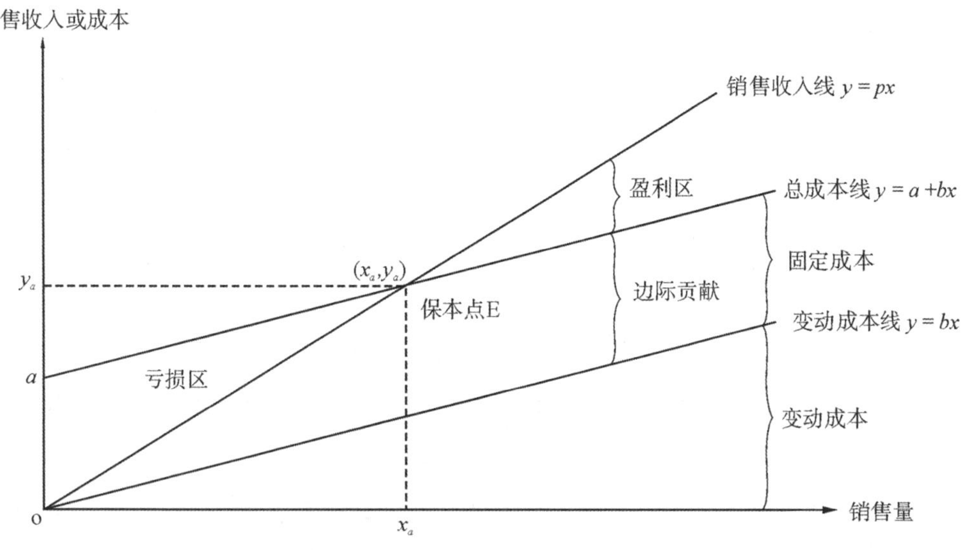

图 3-2　贡献毛益式盈亏临界图

贡献毛益式盈亏临界图与基本式盈亏临界图的区别在于：前者将固定成本置于变动成本之上，以便形象地反映贡献毛益的形成过程和构成，即产品的销售收入减去变动成本以后就是贡献毛益，贡献毛益减去固定成本就是利润；而后者则将固定成本线置于变动成本线之下，以便表明固定成本在相关范围内稳定不变的特征。

3.3.3.3 利量式盈亏临界图

利量式盈亏临界图也称为利润图，因为纵坐标的销售收入及成本因素均被省略，整个图形仅反映了销售量(收入)与利润之间的依存关系，无法反映成本与业务量之间的关系。绘制方法如下：

(1)以横轴代表销售量或销售收入，纵轴表示利润，确定在直角坐标系中。

(2)在纵轴负数区域中，以原点为起点确定固定成本总额长度的那个点$(0,-a)$，该点表示横轴为 0，即产销量为零，纵轴为负数的固定成本金额，企业亏损就是尚未补偿的固定成本。

(3)在横轴上任取一数值(如 x_1)，计算出相应利润(如 y_1)，将该点与固定成本点$(0,-a)$相连，确定利润线。

(4)利润线与横轴的交点为盈亏临界点，即代表利润等于零的销售量(收入)。

利量式盈亏临界图如图 3-3 所示。

从图 3-3 可以看出：

(1)当销售量为 0 时，企业的亏损额等于固定成本。

(2)当产品的销售价格及成本水平不变时，销售量越大，利润额越多，或者亏损额越少；反之，销售量越小，利润额越小，利润额也越少，或亏损额越多。

3.3.3.4 单位式盈亏临界图

单位式盈亏临界图反应单位产品售价、单位产品成本和单位产品利润间的关系。绘制方法如下：

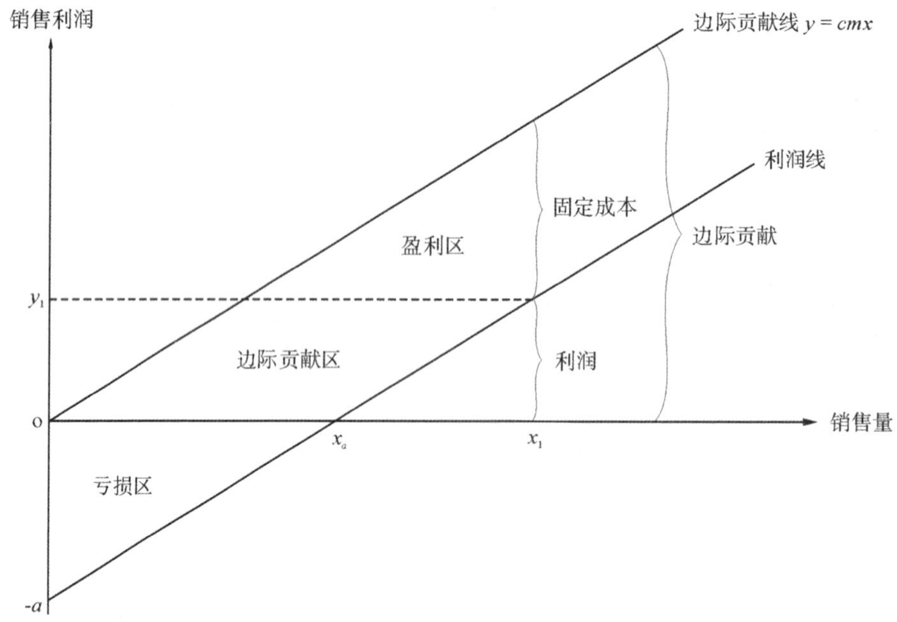

图 3-3　利量式盈亏临界图

(1)以横轴代表销售量或销售收入,纵轴表示销售单价、单位成本、单位利润,确定在直角坐标系中。

(2)绘制两条平行于横轴的线,上面一条是单位固定成本线,下面一条是单位变动成本线。

销售量与单位成本是负相关的,因此单位成本线是一条反比例函数曲线。单位式盈亏临界图如图 3-4 所示。

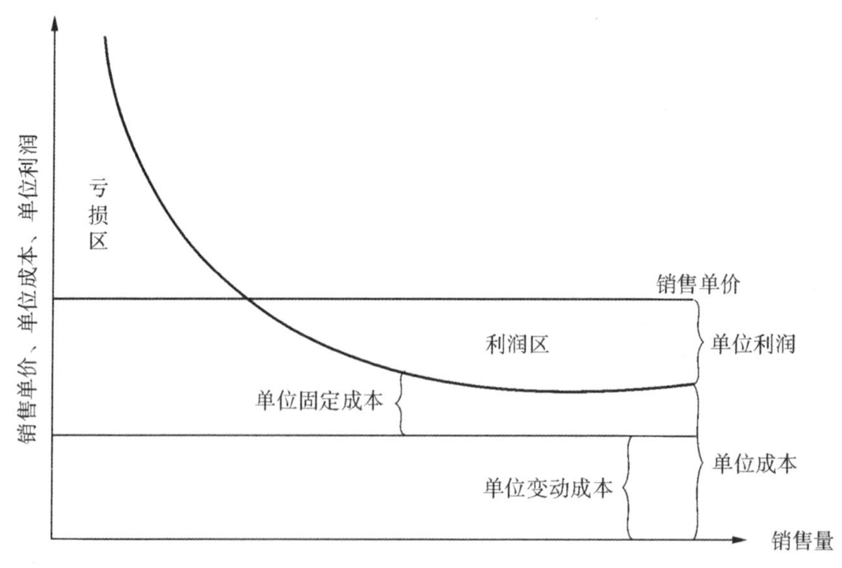

图 3-4　单位式盈亏临界图

3.3.4 多品种条件下的本量利分析

《管理会计应用指引第 401 号——本量利分析》规定，产品组合的盈亏平衡分析是在掌握每一种的贡献毛益率的基础上，按各种产品销售额的比重进行加权平均，据以计算综合贡献毛益率，从而确定多产品组合的盈亏平衡点。

$$综合贡献毛益率=\frac{所有产品的贡献毛益总额}{所有产品销售收入总额}$$

$$=\sum(该产品的销售百分比\times 该产品的贡献毛益率)$$

$$综合盈亏平衡销售额=\frac{固定成本}{综合贡献毛益率}$$

$$综合盈亏平衡销售额=\frac{固定成本}{1-综合变动成本率}$$

企业销售额高于盈亏平衡点时，企业处于盈利状态；企业销售额低于盈亏平衡点时，企业处于亏损状态。企业通常运用产品组合的盈亏平衡点分析优化产品组合，提高获利水平。

若要具体求某种产品的盈亏平衡销售额，应先求出该产品的销售百分比，然后乘以综合盈亏平衡销售额即可。

$$某种产品的销售百分比=\frac{该产品的销售额}{所有产品的销售额}\times 100\%$$

$$某种产品的盈亏平衡销售额=综合盈亏平衡销售额\times 某种产品的销售百分比$$

用求得的具体的盈亏平衡销售额除以该产品的单价，就得到该产品的盈亏平衡销售量：

$$某种产品的盈亏平衡销售量=\frac{该产品的盈亏平衡销售额}{该产品的销售单价}$$

例 3-6

多品种条件下的本量利分析

资料：某企业计划期内固定成本 21 600 元，同时生产甲、乙、丙三种产品（假定产销平衡），其产量、售价和成本数据如表 3-4 所示。

表 3-4　产量、售价和成本数据

项目	甲产品	乙产品	丙产品
产量（件）	500	1 000	1 250
销售单价（元/件）	25	7.5	4
单位变动成本（元/件）	20	4.5	3

要求：计算该企业的多品种的保本额。

解答：

$$甲产品的销售比重=\frac{甲产品销售额}{三种产品的销售额合计}\times100\%$$

$$甲产品的销售比重=\frac{500\times25}{500\times25+1\ 000\times7.5+1\ 250\times4}\times100\%$$

$$=\frac{12\ 500}{25\ 000}\times100\%=50\%$$

$$乙种产品的销售额比重=\frac{7\ 500}{25\ 000}\times100\%=30\%$$

$$丙种产品的销售额比重=\frac{5\ 000}{25\ 000}\times100\%=20\%$$

$$甲产品的贡献毛益率=\frac{单价-单位变动成本}{单价}\times100\%$$

$$=\frac{25-20}{25}\times100\%=20\%$$

$$乙产品的贡献毛益率=\frac{7.5-4.5}{7.5}\times100\%=40\%$$

$$丙产品的贡献毛益率=\frac{4-3}{4}\times100\%=25\%$$

$$综合贡献毛益率=\sum(某种产品的贡献毛益率\times该产品的销售比重)$$

$$多品种的贡献毛益率=20\%\times50\%+40\%\times30\%+25\%\times20\%=27\%$$

$$多品种的保本额=\frac{固定成本}{综合贡献毛益率}=\frac{21\ 600}{27\%}=80\ 000(元)$$

$$甲产品的保本额=80\ 000\times50\%=40\ 000(元)$$

$$乙产品的保本额=80\ 000\times30\%=24\ 000(元)$$

$$丙产品的保本额=80\ 000\times20\%=16\ 000(元)$$

3.3.5 实现目标利润条件下的本量利分析

前述盈亏平衡分析或保本分析是以企业利润为0即不盈不亏为前提的。然而，企业不会满足于盈亏平衡，更需要有盈利目标，否则就无法生存和发展。目标利润分析法(保利分析)是在本量利分析方法的基础上，计算为达到目标利润所需达到的业务量、收入和成本的一种利润规划方法。该方法反映市场的变化趋势、企业战略规划目标以及管理层需求等。保利分析是基于本量利基本关系原理进行的确保达到既定目标利润的分析。它主要研究如何确定保利点，以及有关因素变动的影响(即敏感分析，将于下一节讨论)。这里保利分析需确定的保利点，是在单价和成本水平一定的情况下，为确保预先确定的目标利润可以实现，而必须达到的销售量或销售额。多品种目标利润分析重在优化企业产品组合，将在经营决策中讨论。

3.3.5.1 实现目标利润销售量(保利量)分析

企业应结合市场情况、宏观经济背景、行业发展规划以及企业的战略发展规划等确定目标利润。保利量就是使企业实现目标利润(即目标税前经营利润，或以目标息税前利润代替)所需完成的业务量。企业要实现目标利润,在假定其他因素不变时,通常应提高销售数量或销售价格,降低固定成本或单位变动成本。

假设在没有企业所得税的情况下:

$$目标利润=单价\times销量-单位变动成本\times销量-固定成本$$

$$保利量=\frac{固定成本+目标利润}{单价-单位变动成本}$$

$$=\frac{固定成本+目标利润}{单位贡献毛益}$$

如果从税后利润来进行目标利润的规划和分析,更符合企业营运的需要。如果企业预测的目标利润是税后利润,保利量应是企业实现税后目标利润(即目标税后经营净利润,或以目标息前税后利润代替)所需达到的业务量:

$$税后目标利润=(单价\times销量-单位变动成本\times销量-固定成本)\times(1-企业所得税税率)$$

$$=税前目标利润\times(1-企业所得税税率)$$

即:

$$税前目标利润=\frac{税后目标利润}{1-企业所得税税率}$$

$$保利量=\frac{固定成本+\dfrac{税后目标利润}{1-企业所得税税率}}{单价-单价变动成本}$$

$$=\frac{固定成本+\dfrac{税后目标利润}{1-企业所得税税率}}{单位贡献毛益}$$

3.3.5.2 实现目标利润销售额(保利额)分析

保利额是企业为实现既定的目标利润所需的业务额。保利额可在保利量计算公式的基础上乘以单价加以计算,在不存在企业所得税的情况下,公式为:

$$保利额=\frac{固定成本+目标利润}{单价-单位变动成本}\times单价$$

$$=\frac{固定成本+目标利润}{贡献毛益率}$$

假设存在企业所得税,计算保利额的公式为:

$$保利额=\frac{固定成本+\dfrac{税后目标利润}{1-企业所得税税率}}{单位-单位变动成本}\times单价$$

$$=\frac{固定成本+\dfrac{税后目标利润}{1-企业所得税税率}}{贡献毛益率}$$

例 3-7

实现目标利润销售量、销售额的计算

资料:某企业生产和销售单一产品,产品价格为 50 元/件,单位变动成本为 25 元;固定成本为 50 000 元。

要求：

(1)如果将目标利润定为 40 000 元，实现目标利润的销售量、销售额是多少？

(2)如果将税后目标利润定为 36 000 元，所得税税率为 25%，实现税后目标利润的销售量、销售额是多少？

解答：(1)目标利润定为 40 000 元时，

$$保利量=\frac{50\ 000+40\ 000}{50-25}=3\ 600(件)$$

$$保利额=\frac{50\ 000+40\ 000}{(50-25)\div 50}=180\ 000(元)$$

(2)如果将税后目标利润定为 36 000 元，

$$保利量=\frac{50\ 000+36\ 000\div(1-25\%)}{50-25}=3\ 920(件)$$

$$保利额=\frac{50\ 000+36\ 000\div(1-25\%)}{(50-25)\div 50}=196\ 000(元)$$

企业在应用该工具方法进行如何提高销售量的策略分析时，可以根据市场情况的变化对销售价格进行调整，降价通常可能促进销售量的增加，提价通常可能使销售量下降；在市场需求极为旺盛的情况下，可以通过增加固定成本支出(如广告费、租赁设备等)、扩大生产能力来扩大销售量。

应该注意的是，实现目标利润销售量公式只能用于单种产品的目标利润管理；而目标利润销售额既可用于单种产品的目标利润管理，又可用于多种产品的目标利润管理。如果企业生产销售多种产品，可设置综合目标利润，其基本分析公式如下：

$$保利额=\frac{固定成本+综合目标利润}{综合贡献毛益率}$$

$$实现目标利润率的销售额=\frac{固定成本}{综合贡献毛益率-综合目标利润率}$$

企业在应用该工具方法进行优化产品产量结构的策略分析时，在既定的生产能力基础上，可以提高具有较高边贡献毛益率的产品产量。

3.3.5.3 实现目标利润的措施

目标利润是本量利分析的核心要素，它既是企业经营的动力和目标，也是本量利分析的中心。如果企业在经营中根据实际情况规划了目标利润，那么为了保证目标利润的实现，需要对其他因素做出相应调整。通常情况下企业要实现目标利润，在其他因素不变时，销售数量或销售价格应当提高，而固定成本或单位变动成本则应下降。

例 3-8

实现目标利润的措施

资料：沿用例 3-7 的资料，假定该公司将目标利润定为 58 000 元，不考虑所得税。

要求：从单个因素分析，影响目标利润的四个基本因素应该做怎样的调整？

解答：调整措施可选择如下四种方案中的任意一种：

(1)保利量 $=\dfrac{固定成本+目标利润}{单位贡献毛益}=\dfrac{50\ 000+58\ 000}{50-25}=4\ 320$（件）

(2)实现目标利润的单位变动成本 $=$ 单价 $-\dfrac{固定成本+目标利润}{销售量}$

$$=50-\frac{50\ 000+58\ 000}{3\ 600}=20（元）$$

(3)实现目标利润的固定成本 $=$ 贡献毛益 $-$ 目标利润

$$=(50-25)\times 3\ 600-58\ 000=32\ 000（元）$$

(4)实现目标利润的单价 $=$ 单位变动成本 $+\dfrac{固定成本+目标利润}{销售量}$

$$=25+\frac{50\ 000+58\ 000}{3\ 600}=55（元）$$

计算结果表明，该公司目标利润定为 58 000 元，比原来的目标利润增加 18 000 元。为确保现行目标利润的实现，从单个因素来看：销售数量应上升到 4 320 件，比原来的销售数量增加 720 件；或单位变动成本下降到 20 元，比原来的单位变动成本降低 5 元；或固定成本应下降到 32 000 元，比原来的固定成本降低 18 000 元；或销售单价上升为 55 元，比原来的售价增加 5 元。

3.3.6 敏感性分析

《管理会计应用指引第 402 号——敏感性分析》规定敏感分析，是指对影响目标实现的因素变化进行量化分析，以确定各因素变化对实现目标利润的影响及其敏感程度。企业在营运计划的制定、调整以及营运监控分析等程序中通常会应用到敏感性分析，敏感性分析也常用于长期投资决策等。在前边的盈亏临界分析中，曾认为除待求变量外的其他参数都是确定的。但是，实际上，由于市场的变化（原材料价格、产品价格、供求数量等波动）和企业技术条件（原材料消耗和工时消耗水平波动）的变化，会引起模型中的参数发生变化，使得原来计算出来的盈亏临界点、目标利润或目标销售量失去可靠性。经营者希望事先知道哪一个参数影响小，哪一个参数影响大，影响程度如何。他们掌握这些数据有重要的实用意义，可使之在情况发生变化后及时采取对策，调整企业计划，使生产经营活动经常被控制在最有利的状态之下。

企业在进行因素分析时，通过计算各因素的敏感系数，衡量因素变动对决策目标基准值的影响程度。企业可以进行单因素敏感性分析或多因素敏感性分析。

单因素敏感性分析，是指每次只变动一个因素而其他因素保持不变时所做的敏感性分析。敏感系数反映的是某一因素值变动对目标值变动的影响程度，在目标利润规划中，目标值为目标利润，变动因素为销售量、单价、单位变动成本和固定成本。敏感系数的绝对值越大，该因素越敏感。

多因素敏感性分析，是指假定其他因素不变时，分析两种或两种以上不确定性因素同时变化对目标的影响程度所做的敏感性分析。企业应根据敏感系数绝对值的大小对其进行排序，按照有关因素的敏感程度优化规划和决策。

有关因素只要有较小幅度变动就会引起利润较大幅度变动的，属于敏感性因素；有关因素虽有较大幅度变动但对利润影响不大的，属于弱敏感性因素。在短期利润规划决策中，销售量、单价、单位变动成本和固定成本都会对利润产生影响，应重点关注敏感性因素，及时采取措施，加强控制敏感性因素，确保利润规划的完成。

3.3.6.1 企业实际生产经营过程中存在的各种不确定因素

(1)销售量。在其他条件不变的情况下，产品销售量的变动，对利润产生同方向的影响。销售量增加，使销售收入和贡献毛益总额随之增加，保本点不变，从而使利润增加；反之，利润减少。

(2)产品单价。在其他条件不变的情况下，产品销售价格的变动，对利润产生同方向的影响。单价上升，销售收入和贡献毛益随之增加，使保本点降低，利润增加；反之，使保本点提高，利润减少。

(3)单位可变成本。在其他因素不变的情况下，单位可变成本的变化对利润产生反方向的影响。单位可变成本增加，贡献毛益相应减少，使保本点上升，利润减少；反之，使保本点降低，利润增加。

(4)固定成本。在其他因素不变的情况下，固定成本总额发生变化，不会影响销售收入及贡献毛益，但固定成本增加，需要由更多的贡献毛益来补偿，从而使保本点上升，利润减少；反之，使保本点下降，利润增加。

销售量、单价、单位变动成本和固定成本等因素的变化，都会对利润产生影响，但在影响程度上存在差别。因此，企业的决策人员需要分清楚哪些因素的变化比较敏感，哪些因素的变化不太敏感，从而分清主次。

反应敏感程度的指标为敏感系数，公式为：

$$敏感系数=\frac{目标值变动百分比}{因素值变动百分比}$$

式中，敏感系数若为正值，表明它与利润为同向增减关系；敏感系数若为负值，表明它与利润为反向增减关系。

影响利润的各项因素(如价格、单位变动成本、固定成本等)的影响程度，即敏感系数，即：利润对该因素的一阶偏导$\times\frac{该因素的原值}{利润的原值}$。利润对各项因素的敏感系数计算公式如下：

$$固定成本敏感系数=-\frac{FC}{P}$$

$$单位变动成本敏感系数=-\frac{V\times VC}{P}$$

$$单价敏感系数=\frac{V\times SP}{P}$$

$$销售量敏感系数=\frac{V\times(SP-VC)}{P}$$

上述公式推导过程如下：

$$固定成本敏感系数=\frac{\Delta P}{P_0}\Big/\frac{\Delta FC}{FC_0}=\frac{P_1-P_0}{P_0}\cdot\frac{FC_0}{FC_1-FC_0}=\frac{FC_0-FC_1}{P_0}\cdot\frac{FC_0}{FC_1-FC_0}=-\frac{FC_0}{P_0}$$

$$单位变动成本敏感系数=\frac{\Delta P}{P_0}\Big/\frac{\Delta VC}{VC_0}=\frac{P_1-P_0}{P_0}\cdot\frac{VC_0}{VC_1-VC_0}=\frac{V_0\cdot(VC_0-VC_1)}{P_0}\cdot\frac{VC_0}{VC_1-VC_0}$$

$$=-\frac{V_0\cdot VC_0}{P_0}$$

$$单价敏感系数=\frac{\Delta P}{P_0}\Big/\frac{\Delta SP}{SP_0}=\frac{P_1-P_0}{P_0}\cdot\frac{SP_0}{SP_1-SP_0}=\frac{V_0\cdot(SP_1-SP_0)}{P_0}\cdot\frac{SP_0}{SP_1-SP_0}$$

$$=\frac{V_0\cdot SP_0}{P_0}$$

$$销售量敏感系数=\frac{\Delta P}{P_0}\Big/\frac{\Delta V}{V_0}=\frac{P_1-P_0}{P_0}\cdot\frac{V_0}{V_1-V_0}=\frac{(V_1-V_0)\cdot(SP_0-VC_0)}{P_0}\cdot\frac{V_0}{V_1-V_0}$$

$$=\frac{(SP_0-VC_0)\cdot V_0}{P_0}$$

本量利分析中的敏感性分析(sensibility analysis)主要研究与分析有关参数发生多大变化会使盈利转为亏损，各参数变化对利润变化的影响程度，以及各因素变动时如何调整销量，以保证原目标利润的实现等问题。

3.3.6.2 敏感性分析的原理

(1)确定敏感性分析指标。敏感性分析的对象是具体的技术方案及其反映的经济效益。因此，技术方案的某些经济效益评价指标，例如息税前利润、投资回收期、投资收益率、净现值、内含报酬率等，都可以作为敏感性分析指标。

(2)计算该技术方案的目标值。一般将在正常状态下的经济效益评价指标数值，作为目标值。

(3)选取不确定因素。在进行敏感性分析时，并不需要对所有的不确定因素都考虑和计算，而应视方案的具体情况选取几个变化可能性较大，并对经济效益目标值影响作用较大的因素。例如：产品售价变动、产量规模变动、投资额变化等，或是建设期缩短，生产期延长等，这些都会对方案的经济效益产生影响。

(4)计算不确定因素变动时对分析指标的影响程度。若进行单因素敏感性分析时，则要在固定其他因素的条件下，变动其中一个不确定因素；然后，再变动另一个因素(仍然保持其他因素不变)，以此求出某个不确定因素本身对方案效益指标目标值的影响程度。

(5)找出敏感因素，进行分析，采取措施，以提高技术方案的抗风险能力。

例 3-9

本量利分析中的敏感性分析

资料：ABC 公司只生产一种产品，单价为 2 元，单位变动成本为 1.20 元，预计明年固定成本为 40 000 元，产销量计划达 100 000 件。假设没有利息支出和所得税。

要求：计算预期利润，进行敏感性分析。

解答：

$$P=100\ 000\times(2-1.20)-40\ 000=40\ 000(元)$$

有关的敏感性分析如下：

第一步:有关参数发生多大变化使盈利转为亏损

单价、单位变动成本、产销量和固定成本的变化,会影响利润的高低。这种变化达到一定程度,会使企业利润消失,进入盈亏临界状态,使企业的经营状况发生质变。敏感性分析的目的之一,就是提供能引起目标发生质变的各参数变化的界限,其方法称为最大最小法。

· 单价的最小值。单价下降会使利润下降,下降到一定程度,利润将变为零,它是企业能忍受的单价最小值。

设单价为 SP:

$$100\ 000 \times (SP - 1.20) - 40\ 000 = 0$$
$$SP = 1.60(\text{元})$$

单价降至 1.60 元,即降低 20%($=\frac{0.4}{2}$)时企业由盈利转入亏损。

· 单位变动成本的最大值。单位变动成本上升会使利润下降,并逐渐趋近于零,此时的单位变动成本是企业能忍受的最大值。

设单位变动成本为 VC:

$$100\ 000 \times (2 - VC) - 40\ 000 = 0$$
$$VC = 1.60(\text{元})$$

单位变动成本由 1.20 元上升至 1.60 元时,企业利润由 40 000 元降至零。此时,单位变动成本上升了 33%($=\frac{0.4}{1.2}$)。

· 固定成本最大值。固定成本上升也会使利润下降,并趋近于零。

设固定成本为 FC:

$$100\ 000 \times (2 - 1.20) - FC = 0$$
$$FC = 80\ 000(\text{元})$$

固定成本增至 80 000 元时,企业由盈利转为亏损,此时固定成本增加了 100%($=\frac{40\ 000}{40\ 000}$)

· 销售量最小值。销售量最小值,是指使企业利润为零的销售量。它就是盈亏临界点销售量。其计算方法在前面已介绍过。

$$B = \frac{40\ 000}{2 - 1.2} = 50\ 000(\text{件})$$

销售计划如果只完成 $50\% = \frac{50\ 000}{100\ 000}$,则企业利润为零。

第二步:各参数变化对利润变化的影响程度

各参数变化都会引起利润的变化,但其影响程度各不相同。有的参数发生微小变化,就会使利润发生很大的变动,利润对这些参数的变化十分敏感,我们称这类参数为敏感因素。与此相反,有些参数发生变化后,利润的变化不大,反应比较迟钝,称之为不敏感因素。

反映敏感程度的指标是敏感系数:

$$敏感系数=\frac{目标值变动百分比}{因素值变动百分比}$$

下面仍以例3-6中的数字为基础，进行敏感程度的分析。

· 单价的敏感程度。设单价增长20%，则：

$$SP=2\times(1+20\%)=2.40(元)$$

按此单价计算，利润为：

$$P=100\ 000\times(2.40-1.20)-40\ 000=80\ 000(元)$$

利润原来是40 000元，其变化率为：

$$目标值变动百分比=\frac{80\ 000-40\ 000}{40\ 000}=100\%$$

$$单价的敏感系数=\frac{100\%}{20\%}=5$$

这就是说，单价对利润的影响很大，从百分率来看，利润以5倍的速率随单价变化。涨价是提高盈利的最有效手段，价格下跌也将是企业的最大威胁。

经营者根据敏感系数知道，每降价1%，企业将失去5%的利润，必须格外予以关注。

· 单位变动成本的敏感程度。设单位变动成本增长20%，则：

$$VC=1.20\times(1+20\%)=1.44(元)$$

按此单位变动成本计算，利润为：

$$P=100\ 000\times(2-1.44)-40\ 000=16\ 000(元)$$

利润原来是40 000元，其变化率为：

$$目标值变动百分比=-\frac{40\ 000-16\ 000}{40\ 000}=-60\%$$

$$单位变动成本的敏感系数=-\frac{60\%}{20\%}=-3$$

由此可见，单位变动成本对利润的影响比单价要小，单位变动成本每上升1%，利润将减少3%。但是，敏感系数绝对值大于1，说明变动成本的变化会造成利润更大的变化，仍属于敏感因素。

· 固定成本的敏感程度。设固定成本增长20%，则：

$$FC=40\ 000\times(1+20\%)=48\ 000(元)$$

按此固定成本计算，利润为：

$$P=100\ 000\times(2-1.20)-48\ 000=32\ 000(元)$$

原来的利润为40 000元，其变化率为：

$$目标值变动百分比=\frac{32\ 000-40\ 000}{40\ 000}=-20\%$$

$$固定成本的敏感系数=-\frac{20\%}{20\%}=-1$$

这说明固定成本每上升1%，利润将减少1%。

· 销售量的敏感程度。设销量增长20%，则：

$$Q=100\ 000\times(1+20\%)=120\ 000(\text{件})$$

按此计算利润为：

$$P=120\ 000\times(2-1.20)-40\ 000=56\ 000(\text{元})$$

利润的变化率：

$$\text{目标值变动百分比}=\frac{56\ 000-40\ 000}{40\ 000}=40\%$$

$$\text{销量的敏感系数}=\frac{40\%}{20\%}=2$$

就本例而言，影响利润的诸因素中最敏感的首先是单价（敏感系数为5），其次是单位变动成本（敏感系数为−3），再次是销量（敏感系数为2），最后是固定成本（敏感系为−1）。其中敏感系数为正值的，表明它与利润为同向增减；敏感系数为负值的，表明它与利润为反向增减。

敏感系数提供了各因素变动百分比和利润变动百分比之间的比例，但不能直接显示变化后利润的值。为了弥补这种不足，有时需要编制敏感性分析表，列示各因素变动百分率及相应的利润值。如表3-5所示。

表3-5 单因素变动敏感性分析表

项目 \ 利润 \ 变动百分比	−20%	−10%	0	10%	20%
单价（元/件）	0	20 000	40 000	60 000	80 000
单位变动成本（元）	64 000	52 000	40 000	28 000	16 000
固定成本（元）	48 000	44 000	40 000	36 000	32 000
销量（件）	24 000	32 000	40 000	48 000	56 000

3.3.6.3 敏感性分析的评价

敏感性分析的优点：方法简便易行，分析结果易于理解，能为企业的规划、控制和决策提供参考。

敏感性分析的缺点：对决策模型和预测数据具有依赖性，决策模型的可靠程度和数据的合理性，会影响敏感性分析的可靠性。

3.3.7 本量利分析的评价

本量利分析的主要优点包括：可以广泛应用于规划企业经济活动和营运决策等方面，简便易行、通俗易懂和容易掌握。

本量利分析的主要缺点有：仅考虑单因素变化的影响，是一种静态分析方法，且对成本性态较为依赖。

3.4　本量利分析的扩展

3.4.1 不完全线性关系下的本量利分析

完全线性关系下的收入线和总成本线均为直线，两条直线的交点就是盈亏平衡点，亏损区域和盈利区域也由此点截然分开，也可用利润公式予以验证。但是，如果上述因素表现为不完全线性关系，情况就复杂了——收入线和总成本线就会表现为一条折线，两条折线的交点（即盈亏临界点）可能就不止一个了，而且，图中的数值还会变得更加模糊，亏损区域和盈利区域也可能不止一个，区域界限也变得模糊。

我们可以通过缩小分析范围的方式，将原本在整个业务范围内表现为不完全线性关系的收入与业务量、成本与业务量之间的关系，描述为完全的线性关系，并建立一个相应的、现行的本量利分析模型，进而使用相关方法进行盈亏平衡点和实现目标利润的分析。

不完全线性条件下的本量利分析就是将一个复杂的问题分解成若干个较为简单的问题，再以简单的方法进行本量利分析，得出结果。

3.4.2 非线性关系下的本量利分析

非线性条件是指，销售收入与产量不一定呈线性关系，总成本与产量也不一定呈线性关系。这时，用作图法得到的销售收入和总成本曲线的交点可能不止一个，用等式法计算的解也可能不止一个，但基本的分析原理没变。如图 3-5 所示。

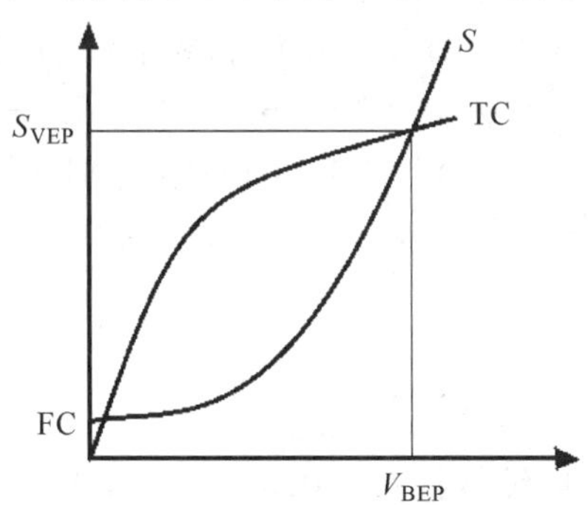

图 3-5　非线性关系下本量利分析

当收入或成本随业务量的增长呈现为一条直线时，其线性方程为 $y=bx$ 或者 $y=a+bx$；而当收入或成本随业务量的增长呈现为沿曲线而不是直线散布时，就要应用非线性回归。而非线性回归中最常用的方程式是：

$$y=a+bx+cx^2$$

式中，y 为收入或成本；x 为业务量；a 为常数；b 和 c 为自变量的系数。

非线性关系下的本量利分析，就是通过对有关数据的收集和加工，求取非线性回归方程的系数，再分别求 x 的一阶和二阶导数，以分别计算盈亏临界点和预计目标利润。

3.4.3 不确定情况下的本量利分析

售价、单位变动成本、固定成本有多个可能值时，对每一组可能值进行本量利分析，盈亏平衡点和保利点就有多个值。怎样才能得到一个确定值？这就需要转化为求期望值。因此，确定售价、单位变动成本、固定成本的概率分布，然后利用联合分布，就可以求出售价、单位变动成本、固定成本取每一组值的概率。通过每组值的盈亏平衡点和保利点，再结合发生的概率，就可以得到期望值。

3.5 Excel 应用

本量利分析本身并无复杂的理论和方法可言，但是本量利分析的计算工作量相当大，特别在因素分析时，如果变动的因素在一个以上，甚至全部因素都变动，那么其计算工作量就可想而知了。然而应用 Microsoft Excel 2016 电子表格(以下简称“Excel 电子表格”)进行本量利分析就会使本量利分析的计算工作大大简化。本节将举例说明如何使用“Excel 电子表格”进行本量利分析的步骤和方法。

用鼠标单击“开始”，再单击“程序”及其下拉菜单中的“Microsoft Excel”程序，即可启动“Excel 电子表格”，出现一张标为“Book1”的空白电子表格。在空白的电子表格中输入进行本量利分析相关资料，并另存为“本量利分析”。

输入公式计算保本点和保利点，用鼠标单击 B4 输入公式“＝B2－B3”，用鼠标单击 E2 单元格，输入公式“＝B5/(B2－B3)”，用鼠标单击 E3 单元格，输入公式“＝B5/(B4/B2)”，用鼠标单击 E4 单元格，输入公式“＝(B5＋B6)/(B2－B3)”，用鼠标单击 E5 单元格，输入公式“＝(B5＋B6)/(B4/B2)”，按下回车键就分别计算出保本量、保本额、保利量和保利额指标，即创建完成了一个本量利分析的基本模型。

3.5.1 盈亏临界点的测定

盈亏临界点指某种产品的销售收入恰好等于总成本时的销售量或销售额，在该点，既无盈利，也无亏损。盈亏临界点的测定，需要根据产品的有关数据资料，对本量利之间的关系进行分析。

例 3-10

用 Excel 确定盈亏临界点

资料：某产品固定成本为 12 000 元，单位可变成本为 100 元，售价为 210 元。

要求：确定盈亏临界点的销量

解答：

Excel 操作步骤如下：

在 A2、B2、C2 中分别键入固定成本、单位可变成本、售价，在单元格 D2 中键入公式"＝A2/(C2－B2)"，则 D2 中显示的数据即为所求，可知盈亏平衡点销量为 109 单位。如图 3-5 所示。

	A	B	C	D
1	固定成本	单位可变成本	售价	盈亏平衡点销量
2	12000	100	210	109

图 3-5

盈亏临界图作法如下：

(1)取销售量为 0，20，40，…，180，分别键入 A5，A6，…，A14，B5 中键入公式"＝12 000＋100 * A5"、C5 中键入公式"＝210 * A5"。将 B5、C5 中的公式分别复制到 B6:B14、C6:C14，得到数据如图 3-6 所示。

	A	B	C
4	销售量	总成本	总收入
5	0	12000	0
6	20	14000	4200
7	40	16000	8400
8	60	18000	12600
9	80	20000	16800
10	100	22000	21000
11	120	24000	25200
12	140	26000	29400
13	160	28000	33600
14	180	30000	37800

图 3-6

(2)选择 A4:C14，单击"插入—图表…"(或单击工具栏[图表向导]按钮)，显示"图表类型"对话框。

(3)选择"*XY* 散点图"及其子图"无数据点平滑线散点图"，单击[下一步]，显示"图表数据源"对话框。

(4)选择"系列产生在列"，单击[完成]，显示图表如图 3-7 所示。

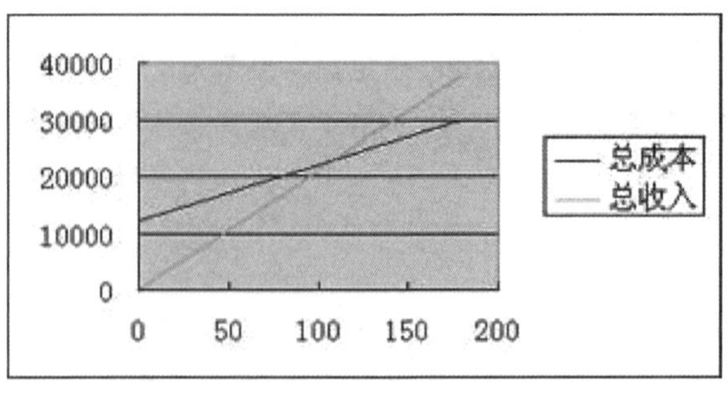

图 3-7

图 3-7 中 X 轴为销量,Y 轴为成本,两直线中较平缓的一条为总成本线,较陡峭的一条为总收入线,两直线交点为盈亏平衡点,该点 X 轴的坐标为 109,即当销量为 109 单位时盈亏平衡。位于平衡点左侧两直线所夹区域为亏损区,平衡点右侧两直线所夹区域为盈利区。

扫二维码观看视频,立刻掌握操作方法

3.5.2 目标利润下销量的测定

当产品的固定成本、单位可变成本、售价已知时,如果要实现一定的目标利润,可通过量本利分析确定相应的销量。

例 3-11

目标利润下销量的测定

资料:沿用例 3-10 的材料,固定成本、单位可变成本、售价不变。

要求:试测定销量达到多少时可获目标利润 5 000 元。

Excel 操作如下:

(1)建立计算表如图 3-8 所示,单元格 E18 中键入公式“=(C18-B18) * D18-A18”。

	A	B	C	D	E
17	固定成本	单位可变成本	售价	目标销量	目标利润
18	12000	100	210		-12000

图 3-8

(2)单击“E18”。执行菜单命令“工具一单变量求解”,显示“单变量求解”对话框,如图 3-9 所示。

(3)激活“目标值”文本框,键入“5 000”(即目标利润 5 000 元)。

(4)激活“可变单元格”文本框,键入“D18”(或单击“D18”),单击[确定]按钮,显示“单变量求解状态”对话框。

图 3-9

(5)单击[确定]按钮,显示计算结果如图 3-10 所示。

	A	B	C	D	E
17	固定成本	单位可变成本	售价	目标销量	目标利润
18	12000	100	210	155	5000

图 3-10

由图可知,要实现 5 000 元目标利润,目标销量需达到 155 单位。

扫二维码观看视频,立刻掌握操作方法

3.5.3 成本变化对利润影响的测定

成本包括固定成本和可变成本(变动成本)。在产品售价不变的情况下,成本的变化将会引起利润作反方向的运动,即成本上升,利润下降;反之,成本下降,利润上升。

譬如,产品原材料提价,引起可变成本上升,导致利润下降;广告可以促销产品,但广告费的支出又引起固定成本的上升。如此,在总成本上升的情况下,销量达到多少才能维持目标利润?

通过本量利分析,可以确定目标销量的增量,进而分析能否达到该增量,以便做出正确的经营决策。

例 3-12

成本变化对利润的影响

资料:例 3-11 中,产品固定成本上升 5 000 元,单位可变成本上升 330 元,售价不变。

要求:如果目标利润维持 5 000 元,则销量比原目标销量增加多少?

Excel 操作如下:

(1)建立计算表如图 3-11 所示。单元格 A22、B22、C22、E22 及 F22 中,分别键入公式"=A18+5 000"、"=B18+30"、"=C18"、"=D22-D18"、"=(C22-B22)*D22-A22"。

(2)参照例 3-11 用单变量求解法求解 D22 中的数据,由此导出 E22 中的数据(目标销量增量),结果如图 3-12 所示。

	A	B	C	D	E	F
21	固定成本	单位可变成本	售价	目标销量	销量增量	目标利润
22	17000	130	210		-155	-17000

图 3-11

	A	B	C	D	E	F
21	固定成本	单位可变成本	售价	目标销量	销量增量	目标利润
22	17000	130	210	275	120	5000

图 3-12

由图 3-12 可知，如要实现 5 000 元的目标利润，销量则要在原目标销量的基础上增加 120 单位。

扫二维码观看视频，立刻掌握操作方法

本章小结

本章主要对本量利分析的基本方法进行了探讨。

本量利分析是研究业务量、成本、价格、收入等各个因素变化对利润产生影响的一种定量分析方法，为企业的经营管理提供了非常有用的信息，例如盈亏临界点、安全边际、贡献毛益等，是企业进行经营管理的主要方法之一。主要知识点为：

1.本量利分析是以成本性态分析和变动成本法为基础，对企业一定时期内的成本、销售量、利润之间的依存关系所进行的分析。

本量利基本关系式：

$$营业利润=(单价-单位变动成本)\times销售量-固定成本$$

2.反映敏感程度的指标称为敏感系数。敏感系数为正数，说明它与利润为同向增减关系；如系数为负数，说明它与利润为反向增减关系。其计算公式为：

$$敏感系数=\frac{目标值变动百分比}{因素值变动百分比}$$

3.盈亏临界点是指获利等于零的销售水平。它可以利用许多方法来计算。盈亏临界点销售量的计算是用总固定成本除以单位贡献毛益而得。而盈亏临界点销售额的计算则是以总固定成本除以贡献毛益率而得。

4.达到目标利润的销售量可以利用总固定成本加上目标利润除以单位贡献毛益计算得出。

5.安全边际是指在一段期间内预计(实际)销售额和保本销售额之间的差额。它可以显示出目前销售水平高于保本销售额的量。

6.在生产多种产品的公司,盈亏临界点销售额的计算是以公司总固定成本除以全公司的贡献毛益率计算得出。

利用这个方法来计算保本点时必须假设销售组合是不变的。如果销售组合转移到低贡献毛益率的产品时,达到任何利润水平都需要更高的销售额。

关键概念

本量利分析:cost-volume-profit(CVP)analysis
盈亏临界点:breakeven point
安全边际:margin of safety
敏感性分析:sensitivity analysis
贡献毛益:contribution margin

相关阅读

低成本的差异化①

一说到差异化创新,大家首先联想到的就是强势投入,经常被提及的是占据公司销售收入 5%～10%左右的研发费用。似乎普遍为人接受的逻辑是:巨额的投入带来了巨大的创新能力。不过倘若就此认定创新只有高投入才能产生高回报,而低投入则难以产生飞跃式的创新,那就大错特错了。在这方面,能够为我们提供借鉴意义的是美国的商业银行(Commerce Bank)。

身处成熟的金融行业当中,这家银行曾经遭遇发展难题:要想拓展业务,惯常的做法就是提供最高的存款利率;但是,商业银行没有足够的资源支持这样的做法,除非它像其他银行那样降低服务质量。当时美国各人银行经常都是忙碌不已,其服务质量也往往难以满足普通顾客的要求。商业银行不想重复这样的业务拓展模式。按照传统的逻辑,许多公司认为自己所处行业的条件就是先天设定的,并且以此作为依据,来制定自己的公司战略。这样做的结果就是,公司往往会在战略思维上被强大的竞争对手牵着鼻子走,承担高额的成本。但商业银行选择了一条与众不同的道路。

起初,它改变了银行以往的惯例,一周七天都在各个支行提供服务,而且将服务时间破天荒地延长到晚上 11 点。对于那些只有休息时间才能够去银行办理业务的普通顾客而言,这意味着前所未有的便利。而且,商业银行还在每一家支行都设立了零钱兑换处,无论是不是银行的顾客,都可以免费使用这里的硬币兑换机。更重要的是,银行培养出了一批真诚为顾客服务的员工。与其他银行那些例行公事的职员不同,他们的服务往往能够赢得顾客的友谊。

但是,良好的银行环境、深受欢迎的报纸和咖啡、便利的银行设施以及友善的银行员

① 资料参见:余旭辉.低成本的差异化[J].21 世纪商业评论,2007(2):24-25.

工，所有这些都需要支付成本。这些制造了服务差异化的成本从何而来？不是来自银行自身，而是“羊毛出在羊身上”。商业银行让顾客来帮助自己解决这个问题：它在每一个市场上都提供最低的存款利率，而将节约下来的资金用于提供更好的顾客服务。对于较竞争对手更低的存款利率，一般的反应会是，这必然会导致业务的大量流失。但这并非银行的莽撞之举。在存款利率低多少这个问题上，商业银行经过了精细的算计。它将利率定在比一般水平低0.5%，因为通过调研分析，商业银行发现在这个利率水平上，顾客不会感觉到太大的差异，但是由这笔额外的收入所支撑起来的服务水平却完全是其他竞争对手难以提供的。很多顾客对这种便利的满意，要远远超出对这家银行存款利率稍低的不满，因此他们选择成为这家银行的忠实客户。因为这种几乎不太耗费成本的创新活动，商业银行成为美国成长最快的银行。

航空业的一个例子也可以证明这一点：不必投入太多的资金，稍微换一个角度，对产品做一些细微的，然而又是非常规的改变，就能获得较竞争对手成本更为低廉的差异化创新。

当飞机不再成为一种奢侈的交通工具，人们开始对长时间飞行的舒适性提高要求时，世界几大航空公司都在研究如何减少飞机上的座位，让每个乘客享有更大的空间，坐得更舒服一些。一般的思路是将飞机做得更大，增加座位空间，但这显然不是现实的选择，运营商不会抛弃大量还未到报废期的飞机而去定购新的产品；也可以对原有的飞机进行比较全面的改装，但价格也非常昂贵。因此，传统的飞机制造商对这一问题比较常见的解决方案，是将大型民用飞机减少座位数，让衍生型飞机服役于70～110座级飞机市场。但是，这样的飞机却保留着他们原来较重的重量和较高的使用成本，对航空公司而言也意味着不菲的代价。如何才能在不追加大量成本的情况下改善顾客的乘机体验？其实只需要航空公司自己做一点小小的改变，无须求助于要价昂贵的飞机制造商。在长期的飞行实践中，一些航空公司发现，其实有些航线的满载率常年都不高，大量的座位都处于空置状态，于是他们就开始“量体裁椅”，直接拆掉一些座椅，把这些闲置的空间让出来，令乘客得到更舒适的乘坐体验，从而成功地吸引和维护了很多乘客。这种方式看上去简直简单得令人吃惊，其结果却出奇有效。

所以说，有效的创新往往简单而专注，并且大多都是从细微处开始。它们也许并不宏大，但是却比那些自认为会改变一个行业的设想更加容易实现，也往往比大笔的研发资金更具回报率。

○ 练习题

一、单项选择题

1.息税前利润=(实际销售量－盈亏临界点销售量)×(　　)。

A.贡献毛益率　　B.单位利润　　C.单位售价　　D.单位贡献毛益

2.某企业只生产一种产品，单价6元，单位变动生产成本4元，单位销售和管理变动成本0.5元，销量为500件，则贡献毛益为(　　)元

A.650　　B.750　　C.850　　D.950

3.生产单一品种产品的企业,盈亏临界点销售额=(　　)。

A.盈亏临界点销售量×单位利润

B.固定成本总额÷贡献毛益率

C.固定成本总额÷(单价－单位变动成本)

D.固定成本总额÷综合贡献毛益率

4.生产多品种产品的企业测算综合盈亏临界点销售额=固定成本总额÷(　　)。

A.单位贡献毛益　　B.贡献毛益率

C.单价－单位变动成本　　D.综合贡献毛益率

5.下列因素中导致盈亏临界点销售量上升的是(　　)。

A.销售量上升　　B.产品单价下降

C.固定成本下降　　D.产品单位变动成本下降

6.在下列指标中,可据以判断企业经营安全程度的指标是(　　)。

A.盈亏临界点销售量　　B.贡献毛益

C.盈亏临界点作业率　　D.盈亏临界点销售额

7.在本量利分析中,必须假定产品成本的计算基础是(　　)。

A.完全成本法　　B.变动成本法　　C.吸收成本法　　D.制造成本法

8.已知甲公司本年变动成本率30%,盈亏临界点作业率80%,则甲公司本年的销售息税前利润率为(　　)。

A.14%　　B.24%　　C.56%　　D.6%

9.甲便利店销售一种新产品,销售单价10元,单位变动成本2元,年固定成本总额1 000万元,企业所得税税率25%,全年税后目标利润5 250万元。则该产品全年的保利额是(　　)万元。

A.10 000　　B.7 812.5　　C.6 250　　D.5 375

10.已知单价对利润的敏感系数为5,单位变动成本对利润的敏感系数为－3,固定成本的敏感系数为－1,销量的敏感系数为2。下列说法中不正确的是(　　)。

A.利润与单价和销量同向变动

B.为了确保企业下年度不亏损,单价下降的最大幅度为50%

C.单位变动成本比销量更敏感

D.利润等于固定成本

二、多项选择题

1.下列各项中,属于本量利分析基本假设的有(　　)。

A.总成本由固定成本和变动成本两部分组成

B.销售收入与业务量呈完全线性关系

C.产销平衡

D.产品产销结构稳定

2.在单一产品本量利分析中,下列表述成立的有(　　)。

A.盈亏平衡点作业率+安全边际率=1

B.变动成本率×营业毛利率=边际贡献率

C.安全边际率×边际贡献率=销售利润率

D.变动成本率+边际贡献率=1

3.甲公司的经营处于盈亏临界点,下列表述正确的有(　　)。。

A.安全边际等于零

B.经营杠杆系数等于零

C.贡献毛益等于固定成本

D.销售额等于销售收入线与总成本线交点处的销售额

4.在本量利分析中,假设其他因素不变,单位产品变动成本上升时,下列说法中正确的有(　　)。

A.安全边际下降　　B.盈亏临界点作业率下降

C.销售息税前利润率下降　　D.单位贡献毛益下降

5.下列各项指标中,与盈亏平衡点呈同向变化关系的有(　　)。

A.单位售价　　B.预计销量　　C.固定成本总额　　D.单位变动成本

6.关于安全边际,下列表述正确的有(　　)。

A.安全边际率=1-盈亏临界点作业率

B.安全边际是指实际或预期销售额超过盈亏临界点销售额的部分

C.安全边际率越大,企业发生亏损的可能性就越小

D.其他因素不变时,安全边际额越大,利润就越大

7.在贡献毛益为正的前提下,某产品单位变动成本和单价均降低1元。不考虑其他因素,下列说法正确的有(　　)。

A.贡献毛益率不变　　B.单位贡献毛益不变

C.盈亏临界点销售额不变　　D.盈亏临界点销售量不变

8.某公司生产销售甲、乙、丙三种产品,销售单价分别为20元、30元、40元;预计销售量分别为30 000件、20 000件、10 000件;预计各产品的单位变动成本分别为12元、24元、28元;预计固定成本总额为180 000元。按加权平均法进行产品的盈亏平衡分析,下列说法中正确的有(　　)。

A.综合边际贡献率为30%

B.综合盈亏平衡销售额为60万元

C.甲产品和乙产品的盈亏平衡销售额均为22.5万元

D.丙产品的盈亏平衡销售量为3 750件

9.下列两个指标之和为1的有(　　)。

A.安全边际率与贡献毛益率　　B.安全边际率与盈亏临界点作业率

C.盈亏临界点作业率与变动成本率　　C.变动成本率与贡献毛益率

E.贡献毛益率与盈亏临界点作业率

10.某产品单价8元,单位变动成本5元,固定成本3 000元,计划产销量1 000件,欲实现目标利润1 000元,应(　　)。

A.提高单价1元

B.降低单位变动成本1元

C.减少固定成本 1 000 元

D.提高单价 0.5 元,同时提高产销量 100 件并减少固定成本 150 元

三、判断题

1.贡献毛益率越高,反映产品销售提供的盈利金额越高。(　　)

2.贡献毛益率小的企业,必然是亏损企业。(　　)

3.若某企业盈亏临界点销售量是 500 件,当销售量为 501 件时,企业就会盈利;当销售量为 499 件时,企业就会亏损。(　　)

4.盈亏临界点作业率越大,说明企业经营安全性越高。(　　)

5.贡献毛益式盈亏临界图更符合变动成本法思路。(　　)

6.销售量的敏感系数就是经营杠杆系数。(　　)

7.不完全线性关系下,收入线与成本线表现为一条折线,盈亏临界点可能不止一个。(　　)

8.某一因素的敏感系数为正号,表明该因素的变动与利润的变动为反向关系。(　　)

9.安全边际是指正常销售额或现有销售额超过盈亏临界点销售额的差额。(　　)

10.在盈亏临界图中,总成本既定的情况下,销售价格越低,盈亏临界点越低。(　　)

四、名词解释

1.本量利分析

2.贡献毛益率

3.盈亏临界点

4.安全边际率

5.敏感系数

五、简答题

1.简述本量利分析的前提条件。

2.贡献毛益率指标的含义是什么?它和变动成本率的关系如何?

3.在本量利分析中,成本、数量和利润是什么关系?

4.敏感性分析的作用是什么?

5.本量利分析的扩展包括哪些情况?

六、计算分析题

1.资料:甲企业产销 A、B、C、D 四种产品,有关资料如下表所示。

单位:元

产品名称	销售数量(件)	销售收入	变动成本总额	单位贡献毛益	固定成本	利润(或亏损)
A		20 000		5	4 000	6 000
B	1 000	20 000			8 000	−1 000
C	4 000	40 000	20 000		9 000	
D	3 000		15 000	2		4 000

要求:计算填列表中空格。

2.资料:乙公司只生产一种产品,其20×5年销售收入为1 000万元,税前利润为100万元,变动成本率为60%.

要求:

(1)计算该公司20×5年的固定成本;

(2)假定20×6年该公司只追加20万元的广告费,其他条件均不变,试计算该年的固定成本;

(3)计算20×6年该公司盈亏临界点销售额。

3.资料:丙公司生产A、B、C三种产品,其固定成本总额为19 800元,三种产品的有关资料如下表所示。

品种	销售单价(元)	销售量(件)	单位变动成本(元)
A	2 000	60	1 600
B	500	30	300
C	1 000	65	700

要求:

(1)计算该公司的综合盈亏临界点销售额及各产品的盈亏临界点销售量;

(2)计算该公司营业利润。

4.资料:丁公司20×5年预计销售某种产品50 000件,若该产品变动成本率为50%,安全边际率为20%,单位贡献毛益为15元。

要求:

(1)预测20×6年该公司的盈亏临界点销售额;

(2)20×6年该公司可获得多少税前利润?

5.资料:甲公司拟加盟乙快餐集团,加盟经营协议期限15年,甲公司加盟时一次性支付给乙快餐集团450万元加盟费(分15年平均摊销),加盟期内,每年按年营业额的10%向乙集团支付特许经营权使用费和广告费。甲公司预计将于20×3年12月31日正式加盟,目前正进行加盟店20×4年度的盈亏平衡分析。

其他相关资料如下:

(1)餐厅面积400平方米,仓库面积100平方米,每平方米年租金2 400元。

(2)为扩大营业规模,新增一项固定资产,该资产原值300万元,按直线法计提折旧,折旧年限10年(不考虑残值)。

(3)快餐每份售价40元,变动制造成本率50%,每年正常销售量15万份。

(4)假设固定成本、变动成本率保持不变。

要求:

(1)计算加盟店年固定成本总额、单位变动成本;

(2)计算加盟店盈亏临界点销售额及正常销售量时的安全边际率;

(3)如果计划目标税前利润达到100万元,计算快餐应达到的销售量。

○ 案例分析

航空工业的本量利分析和定价[①]

西部航空运输公司目前正在考虑是否开通亚利桑那州的菲尼克斯至内华达州的拉斯维加斯的航线，此航线目的是服务于经常往来于两城市之间的旅游观光者。通过提供低票价服务，该航空公司希望能从此吸引那些采用其他交通工具的旅客。

而且该公司希望争取到那些周一至周五上午 6 点到下午 6 点间往来的商人，在这期间商人搭乘飞机的票价和关税将提高，用来降低这个时间段的客流量。公司认为，如果商务往来时间旅客的票价为 100 美元，而其余时间段位 80 美元，将会使两段时间区间内的旅客流量大体平衡。

运行这条航线，需要两架客容量 200 人的喷气式飞机，每架飞机每年的租金为 1 000 万美元，每年其他服务费用为 500 万美元。

航线开通需要一组乘务员，其薪水规模视飞行时间而定，每组乘务员每小时飞行的薪水为 800 美元。

燃料也受飞行时间影响，每小时的成本大约是 1 000 美元，菲尼克斯至拉斯维加斯的单程飞行时间是 45 分钟。

在整个过程中每位旅客的相关成本大约是 5 美元，它包括检票、代办人佣金和行李托运，食品与饮料服务成本大约为每位旅客 10 美元（这在商务时间内免费为顾客提供），航空公司希望在非商务时间内通过征收酒水费来补偿服务成本。

案例分析提示：

(1)如果周一到周五，每天每单程线上有 6 次商务航班和 4 次旅游航班，并且周六、周日每单程线上有 12 次旅游航班，那么每个航班平均要搭乘多少乘客才能达到损益平衡？

(2)每个航线上，达到损益平衡的装载系数是多少？

(3)如果西部航空公司开通菲尼克斯至拉斯维加斯的航班，飞机在半夜及上午 6 点之前没有运营要求，航空公司则考虑提供“Red-Die”服务，它将在午夜离开菲尼克斯，上午 6 点回来。市场调查表明，如果票价不高于 40 美元，“Red-Die”的搭乘率为 50%，班机运行费用将不变，但每周会增加 1 万美元的广告费用并负担食品饮料费用。如果市场调查是正确的，管理部门想知道保持损益平衡的最低票价是多少？

(4)思政思考题：党的二十大报告提出，要降低企业成本，提高企业竞争力。作为管理会计人员，应如何使用本量利分析原理为企业做到降本增效、提高竞争力？

---

① 资料参见：罗伯特・S.卡普兰，高级管理会计[M](第三版).东北财经大学出版社.

第 4 章

经营预测

思维导图

学习目标

经营预测通过对企业未来经济活动可能产生的经济效益和发展趋势做出科学的预计和推测，有助于企业做出正确决策，是企业编制计划、进行科学决策的重要组成部分。本章的内容包括预测概述、销售预测、成本预测、利润预测及资金需要量预测，学习具体目标包括：

◇知识目标

在理解经营预测的基本原则和程序的基础上，能够灵活运用经营预测的各种方法；理解销售预测与成本预测、利润预测、资金需要量预测之间的内在联系，掌握销售预测在企业管理会计中的运用。

◇能力目标

能够运用定量与定性预测方法完成销售预测、成本预测、利润预测及资金需要量预测；能够使用 Excel 进行预测分析。

◇思政目标

在理解预测分析的基础上，培养学生创业思维和团队意识，树立企业管理会计工作人员应结合企业实际为企业降本增效的观念。

4.1　经营预测概述

经营预测是指根据历史资料和现在的信息，运用科学的预测方法，对企业未来经济活动可能产生的经济效益和发展趋势做出科学的预计和推测的过程。对于制造业企业而言，经营预测的对象主要包括产品的销售量或销售额、生产成本、利润及资金需要量等方面的预测。

科学预测企业未来经营情况的前提是获取可靠、相关的会计资料及其他相关信息，对企业进行详尽而全面的内外部环境分析。由于不同企业所面临的内外部环境及预测对象存在差异性，因此在进行企业经营活动的预测分析时，需要根据预测对象的特点，选择适宜的预测方法。

4.1.1 经营预测的意义

“凡事预则立，不预则废。”在市场经济条件下，企业的生存和发展与市场息息相关，要想在激烈的市场竞争中立于不败之地，企业必须在掌握大量的第一手市场动态和发展数据等资料的基础上，对整个市场的发展趋势做出准确的预计和推测。科学的经营预测是企业做出正确经济决策的基础，是企业编制计划、进行科学决策的重要组成部分。

4.1.1.1 经营预测是企业进行经营决策的主要依据

在社会主义市场经济条件下，企业的生存发展与市场息息相关。企业的经营活动必须建立在正确经营决策的基础之上，而经营决策的做出离不开科学的经营预测。企业的经营预测就是要在销售预测的基础上，通过成本、利润和资金需要量的预测，为企业的经营决策提供合理依据。

4.1.1.2 经营预测是企业进行科学管理的基础

现代企业管理中大量采用全面预算、目标成本管理、绩效考评等科学管理手段，而这些手段都必须建立在科学的经营预测基础之上。科学的经营预测为科学管理提供了依据，有利于全面协调整个企业的经营活动，降低企业经营活动的盲目性，使企业的各种资源得到有效配置。

4.1.1.3 经营预测有利于提高企业的市场竞争力

企业依靠科学的经营预测，可以充分了解企业所面临的竞争格局和竞争对手的实力，通过采取合理的策略，在竞争中争取主动，逐步建立持久的竞争优势，从而提高企业的市场竞争力。

4.1.2 经营预测的基本原则

4.1.2.1 延续性原则

延续性原则是指在企业的经营活动过程中，过去和现在的某种发展规律将会在一定时间段内延续下去，并假设决定过去和现在发展的条件同样适用于未来。经营预测根据这一原则，可以将未来视为过去和现在的延伸并加以合理预计和推测。

4.1.2.2 相关性原则

相关性原则是指在企业的经营活动过程中，某些经济变量之间存在着相互依存与制约的关系。经营预测根据这一原则，可以利用这些经济变量之间的关系，对经营活动的发展规律进行研究和推测。

4.1.2.3 统计规律性原则

统计规律性原则是指在企业的经营活动过程中，对于某个经济变量多次观测的结果会呈现出某种统计规律性的情况。经营预测根据这一原则，可以利用概率分析及数理统计的方法推测企业经营活动的未来发展状况。

4.1.2.4 实事求是原则

实事求是原则是指必须以真实可靠的数据信息为依据开展预测活动。经营预测根据这一原则，在预测活动开展过程中，既要收集有利条件下的信息，也要收集不利因素的信息，对预测对象提出客观的、符合实际的预测结果。

4.1.2.5 成本效益原则

成本效益原则是指预测活动本身花费的成本不应该超出其带来的收益。在市场经济环境下，经济效益始终是企业管理追求的首要目标，应在企业成本管理工作中树立成本效益观念。

4.1.3 经营预测的程序

4.1.3.1 确定预测目标

经营预测的第一步是在确定预测对象的基础上，根据预测的具体对象和内容，确定预测的范围，并规定预测的时间期限和数量单位等。

4.1.3.2 收集数据和信息

经营预测有赖于系统、准确和全面的数据和信息，因此，在预测目标确定后，应当着手收集全面、可靠和相关的信息资料，并对数据进行加工和整理，获取开展经营预测的有用信息。

4.1.3.3 选择预测方法

经营预测方法是否科学、合理，直接影响到决策的正确性。预测方法多种多样，既有定性预测方法，也有定量预测方法，需要根据预测对象的特点以及收集到的信息，选择恰当的、切实可行的预测方法。

4.1.3.4 进行实际预测

运用所收集的信息和选定的预测方法，对预测对象进行具体的分析判断，并根据预测分析的结果，做出客观的预测结论。

4.1.3.5 对预测结果进行修正

随着时间的推移，需要根据形势的变化和采取的相应对策，对过去所做出的预测结论进行检查验证，检查过去的预测结论是否符合当前实际，对初步的预测结果进行修正，保证预测结果尽可能符合实际情况。

4.1.4 经营预测的基本内容

企业经营预测的对象包括对产品销售市场、产品生产成本、利润水平及企业资金需要量等方面的预测，因此，经营预测的基本内容主要包括销售预测、成本预测、利润预测及资金需要量预测。

4.1.4.1 销售预测

销售预测(forecast of sales)是指企业在分析历史销售资料和市场需求变化情况的基础上，运用一定的科学预测方法，估计和推算某种产品在未来一定时期的市场销售量(销售额)水平及变化趋势的过程。在竞争激烈的市场中，销售预测较其他预测起着关键作用，相应的也是企业经营预测最重要的依据。

4.1.4.2 成本预测

成本预测(forecast of cost)是指根据企业未来发展目标和有关资料，运用专门方法推测与估算未来成本水平及发展趋势的过程。

4.1.4.3 利润预测

利润预测(forecast of profit)是指在销售预测的基础上，根据企业未来发展目标和其他相关资料，预计、推测或估算未来应当达到和渴望实现的利润水平及其变动趋势的过程。

4.1.4.4 资金需要量预测

资金需要量预测(forecast of fund requirement)是指在销售预测、成本预测和利润预测的基础上，根据企业未来经营发展目标，考虑影响资金的各项因素，运用一定的方法估计和推算企业未来一定时期内或一定项目上所需要的资金数额、来源渠道、运用方向及其效果的过程。

4.1.5 经营预测的方法

经营预测方法是否科学、合理，直接影响到决策的正确性。概括起来，经营预测的方法可以分为两大类，即定性分析法和定量分析法。

4.1.5.1 定性分析法

定性分析法又称非数量分析法，是指预测人员根据丰富的实践经验和知识以及主观的分析判断能力，结合预测对象进行综合分析，对事物的未来状况和发展趋势做出推测的一类预测方法。它一般不需要进行复杂的定量分析，适用于缺乏完备的历史资料或有关变量间缺乏明显的数量关系等条件下的预测。

4.1.5.2 定量分析法

定量分析法又称数量分析法，是指在完整掌握与预测对象有关的各种定量资料的基础上，应用现代数学方法进行数据处理，并建立反映有关变量之间规律性联系的各类预测模型的方法体系。按照预测依据的不同，定量分析法可分为趋势预测分析法与因果预测分析法两大类。

4.1.5.3 两类方法的关系

定性分析法与定量分析法在实际应用中并非相互排斥，而是相互补充、相辅相成的。由于经济生活的复杂性，并非所有影响因素都可以进行定量分析，某些因素(例如政治经济形势的变动，消费倾向、市场前景、宏观环境的变化等)只具有定性的特征；再者，定量分析法虽然比较精确，但其本身也存在局限性，任何数学方法都不能概括所有复杂的经济变化情况，如果不结合预测期间的政治、经济、市场以及政策方面的变化情况，必然会导致预测结果脱离客观实际。因此，在实际工作中，应当将定量分析法和定性分析法结合应用，以提高经营预测的准确性和预测结论的可信性。

4.2 销售预测

销售预测是指企业在分析历史销售资料和市场需求变化情况的基础上，运用一定的科学预测方法，估计和推算某种产品在未来一定时期的市场销售量(销售额)水平及变化趋势的过程。销售预测是企业进行生产经营活动的起点，也是制定经营决策的基础，是开展其他经营预测的前提条件。随着社会主义市场经济体制的逐步建立和完善，市场竞争日趋激烈。在这种条件下，企业的生产经营必须以市场为导向，重视和加强企业的销售预测，使企业在激烈的市场竞争中得以生存和发展。因此，作为商品经营者的企业必然十分关心在未来一定时期内哪些产品适销对路，企业能在市场上占有多大份额，经营某项业务究竟能赚取多少利润，成本多高，需要多少资金等等。可见，在企业经营预测系统中，销售预测处于先导地位，它对于指导利润预测、成本预测及资金需要量预测，进行长短期决策，安排经营计划，组织生产等活动具有重要作用。

销售预测的基本方法可分为定性分析和定量分析两大类，这两大类方法同样适用于其他经营预测。下面结合销售预测分别介绍定性分析法和定量分析法的具体运用。

4.2.1 定性销售预测

当预测者对预测对象的数据资料(包括历史的和现实的数据资料)掌握不充分，或影响因素复杂,难以用定量方法加以描述时,可以采用定性分析法。该方法依靠预测者丰富的实践经验和知识,以及主观的分析判断能力,在考虑到政治、经济形势、消费倾向、市场前景、经济政策(宏观环境的变化)等因素对经济影响的前提下,在调查研究的基础上,对事物的性质和发展趋势进行预测和推断。定性预测的优点在于:注重事物发展在性质方面的预测,具有较大的灵活性,易于充分发挥人的主观能动性,方法简单且易于掌握。定性预测的缺点是:缺乏对事物发展在数量上的精确描述,预测结果易受主观因素的影响。

定性销售预测方法又分为判断分析法和调查分析法两大类。

4.2.1.1 判断分析法

判断分析法是由熟知市场情况、经验丰富的经营管理人员或专家通过对未来销售状况进行综合分析研究,对企业一定期间特定产品的销售量情况做出判断和预计的一种定性预测方法。参与判断预测的人员既可以是企业内部人员,如销售部门经理和销售人员,也可以是企业外界的人员,如有关推销商和经济分析专家等。

判断分析法具体包括以下三种方法:

(1)推销员判断法

推销员判断法是指由企业的推销人员根据他们的调查,将对特定预测对象的销售预测值填入卡片或表格,然后由销售经理对此进行综合分析以完成销售预测任务的一种方法。

采用该方法进行销售预测所需的时间短、费用低、简便易行,但对推销人员的要求较高,须通过销售员的调查反映真实情况,然而推销人员的素质各异,对产品市场销售形势的判断或估计过高,或估计过低,一定程度上会干扰预测结论。

例 4-1

运用推销员判断法进行销售预测

资料:ABC 公司的三名销售人员对 A 产品下一季度的销售量进行了预测,销售量预测表如表 4-1 所示。

表 4-1　销售量预测表

项目	销售量(件)	概率
甲销售员预测:		
最高销售	900	0.3
最可能销售	700	0.5
最低销售	400	0.2
乙销售员预测:		
最高销售	1 100	0.2
最可能销售	800	0.6
最低销售	600	0.2

续表

项目	销售量(件)	概率
丙销售员预测:		
最高销售	800	0.3
最可能销售	600	0.5
最低销售	400	0.2

要求:假定三名销售人员的预测具有相同的重要性,请对A产品下一季度的销售量进行预测。

解答:先用概率计算出每个预测者的期望值,然后用加权平均法加以综合。销售量估计计算表如表4-2所示。

表4-2 销售量估计计算表

项目	销售量(件)	概率	销售量×概率
甲销售员预测:			
最高销售	900	0.3	270
最可能销售	700	0.5	350
最低销售	400	0.2	80
期望值			700
乙销售员预测:			
最高销售	1 100	0.2	220
最可能销售	800	0.6	480
最低销售	600	0.2	120
期望值			820
丙销售员预测:			
最高销售	800	0.3	240
最可能销售	600	0.5	300
最低销售	400	0.2	80
期望值			620

由于三名销售人员的预测具有相同的重要性,则销售员方面的综合预测结果为:

$$\text{综合的预测销售量}=\frac{700+820+620}{3}\approx 713(\text{件})$$

(2)综合判断法

综合判断法是由企业召集有关经营管理人员,特别是那些最熟悉销售业务的销售主管人员,以及各地经销商负责人集中汇总情况,由他们根据多年的实践经验和判断能力对特定产品未来销售量进行判断和预测的一种定性分析方法。

这种分析方法能够集思广益,博采众长,快捷、实用,但预测结果也会受到有关人员主观判断能力的影响。因此,采用该方法时,应事前向预测人员提供近期有关政治、经济形势以及市场情况的资料,并在他们各自预测的基础上进行讨论、分析、综合平衡,最终做出结论。

(3)专家判断法

专家判断法是由见识广博的经济专家根据他们多年的实践经验和判断能力对特定产品的未来销售情况进行判断和预测的一种定性分析方法。专家判断法在实际应用中常常采取以下三种形式:

①专家个人意见集合法。该方法先向各个专家征求意见,要求他们对本企业销售额未来趋势和当前的状况做出独立的个人判断,然后再对此加以综合,确定预测值。用这种方法可以集中各方面专家从不同角度反映的意见,但由于每个专家掌握的信息资料有限,因此也不可避免地带有片面性。

②德尔菲法。德尔菲法是由美国兰德公司在20世纪40年代创立的一种定性预测方法。它是预测机构或人员通过向见识广、学有专长的有关专家发出调查表,由专家根据自己的业务专长和对预测对象的深入了解发表个人意见,经过多次反馈、综合、归纳各位专家的意见后,对有关产品在未来一定期间内的销售趋势做出预测判断。采用德尔菲法进行销售预测时,应尽量保证使各位专家之间互不通气,以避免因彼此地位、观点的不同等原因而对他们产生干扰和影响,使每位专家都能够根据自己的观点、方法和经验进行预测,同时对不同专家意见的征询应反复进行。为使各位专家在重复预测时能做出比较全面的判断,每次都应将上一次所有征询意见的结果进行整理归纳后,再反馈给专家。

德尔菲法具有匿名性、费用不高的特点,其预测结果的可靠性也较高。但此法比较费时,有时信函的回收率不高,影响预测的顺利完成。

③专家小组法,也称为专家会议法。它是由企业将各有关专家集中起来,通过召开不同形式的座谈会的方式,让专家针对预测对象交换意见并进行讨论,最后由企业综合各种意见做出预测的一种方法。

与德尔菲法各专家"背对背"的形式相反,这一方法是由专家小组"面对面"集体讨论和研究,相互启发和补充,因此对预测问题的分析研究更深入,预测结果较准确。但在专家会议中,有时易受心理因素影响,特别是权威人士的意见对其他专家影响较大。

4.2.1.2 调查分析法

调查分析法是指通过对有代表性顾客的消费意向的调查,了解市场需求的变化趋势,进行销售预测的一种方法。公司的销售取决于顾客的购买,顾客的消费意向是销售预测中最有价值的信息。如果通过调查,可以了解到顾客的预计购买量,顾客的财务状况和经营成果,顾客的爱好、习惯和购买力的变化,顾客购买本公司产品占其总需要量的比重和选择供应商的标准,有助于销售预测准确性的提高。

在调查时应注意:首先,选择的调查对象要具有普遍性和代表性,调查对象应能反映市场中不同阶层或行业的需要及购买需要;其次,调查的方法必须简便易行,使调查对象乐于接受调查；此外，对调查所取得的数据与资料要进行科学的分析，特别要注意去伪存真、去粗取精。只有这样，所获得的资料才具有真实性、代表性，才能作为预测的依据。

凡是顾客数量有限，调查费用不高，每个顾客意向明确又不会轻易改变的，均可以采用调查分析法进行预测。

调查分析法一般可从以下五个方面进行：

(1)调查商品所处的生命周期阶段。产品生命周期，是指产品从进入市场开始，直到最终退出市场为止所经历的市场生命循环过程。典型的产品生命周期一般可分为投入期、成长期、成熟期和衰退期四个阶段。不同阶段的产品销售量各不相同，从而成为调查分析的一个重要内容。

(2)调查消费者的情况。摸清消费者的经济情况、个人爱好、风俗习惯以及对商品的需求等因素，据以分析产品在未来一定时期的市场情况。

(3)调查市场竞争情况。了解竞争对手的市场占有情况及其采取的竞争措施，以比较本企业经营该商品的优势、劣势及市场占有率。

(4)调查商品的采购渠道。了解同类商品生产厂家及其他进货渠道的分布情况，以及这些厂家生产经营商品的花色、品种、质量、包装、价格及运输等方面的情况，并确定各因素对产品销售可能产生的影响。

(5)调查国内外和本地区的经济发展趋势。了解国内外和本地区的经济发展水平、发展趋势对商品销售量的影响。

将上述五个方面的调查资料进行综合、整理、加工、计算，就可对某种商品在未来一定时期内的销售情况进行预测。企业可以利用社会上的专门机构(如统计部门或同业协会的调研机构等)的调查资料中提供的某种产品的整个行业市场需求潜量，乘以本企业产品的市场占有率，计算出本企业产品的销售潜量。

4.2.2 定量销售预测

定量销售预测通过应用数学方法，对与销售有关的各种经济信息进行科学的加工处理，建立相应的数学模型，充分揭示各有关变量之间的规律性联系并得出相应的销售预测结论，具体方法可分为趋势预测分析法与因果预测分析法两大类。

4.2.2.1 趋势预测分析法

趋势预测分析法是指根据企业历史的、按时间顺序排列的一系列销售数据，应用一定的数学方法进行加工处理，按时间数列找出销售随时间而发展变化的趋势，借以预测未来发展趋势的分析方法。这种分析方法是假设事物的发展将遵循“延续性原则”，是可以预测的。属于这类方法的有算术平均法、加权平均法、指数平滑法、回归分析法和二次曲线法等。

(1)算术平均法

算术平均法又称简单平均法，是直接将过去若干时期实际销售量或销售额的算术平均数作为下期销售的预测值。这种方法的原理是一视同仁地看待“期内的各期销售量对未来预测销售量的影响”。用算术平均法预测销售量的计算方法比较简单,但它未考虑不同时期销售量变动对预测期的影响程度,把各个时期的销售差异平均化。因此,这种方法只适用于各期销售量或销售额比较稳定的商品预测分析,例如没有季节性变动的食品或日常用品等的销售预测。如果产品的销售量或销售额在选定的历史时期中呈现某种上升或下降的趋势,就不能简单地采用这种方法。这种方法的假设前提为将来的发展是过去的延续。算术平均法的计算公式为:

$$\overline{X}=\frac{\sum_{i=1}^{n}X_i}{n}$$

式中,$\overline{X}$ 为销售预测值,X_i 为第 i 个观察值,n 为观察值个数。

例 4-2

运用算术平均法进行销售预测

资料:ABC 公司只生产一种产品,20×8 年各月的销售量资料如表 4-3 所示。

表 4-3　销售量资料

单位:千件

月份	1	2	3	4	5	6	7	8	9	10	11	12
销售量(X)	25	23	26	29	24	28	30	27	25	29	32	32

要求:用算术平均法预测 20×9 年 1 月份的销售量。

解答:20×9 年 1 月预计销售量即为过去 12 个月份实际销售量的算术平均数。

$$\begin{aligned}\overline{X}&=\frac{\sum_{i=1}^{n}X_i}{n}\\&=\frac{25+23+26+29+24+28+30+27+25+29+32+32}{12}\\&=\frac{330}{12}=27.5(\text{千件})\end{aligned}$$

即该企业 20×9 年 1 月的销售量预计为 27 500 件。

(2)加权平均法

采用加权平均法进行销售预测,同样是将若干历史时期的销售量或销售额作为观察值,对历史销售资料进行加权平均处理,以加权平均数作为销售量或销售额预测值的一种方法。按照各个观察值与预测值不同的相关程度分别确定适当的权数,是运用加权平均法进行销售预测的关键。当各历史时期的销售量呈现增减趋势时,为了体现这种增减趋势,有必要将近期观察值的权数规定得大一些,远期观察值的权数规定得小一些,使预测值更接近近期的观察值。加权平均法的计算公式为:

$$\overline{X}=\sum_{i=1}^{n}X_i\omega_i$$

式中,$\overline{X}$ 为销售预测值;X_i 为第 i 个观察值;ω_i 为第 i 个观察值的权数,且满足 $\sum\omega_i$

$=1(0<\omega_i<1)$ 的条件；n 为观察值个数。

例 4-3

运用加权平均法进行销售预测

资料：ABC 公司只生产一种产品，20×8 年下半年各月的销售量资料如表 4-4 所示。

表 4-4 销售量资料

单位：千件

月份	7	8	9	10	11	12
销售量(X)	30	27	25	29	32	32

要求：根据以往销售经验，假设 7—12 月销售量的权数分别为 0.1，0.1，0.1，0.2，0.2，0.3，利用加权平均法预测 20×9 年 1 月份的销售量。

解答：20×9 年 1 月预计销售量即为过去 6 个月份实际销售量的加权平均数。

$$\begin{aligned}\overline{X} &= \sum_{i=1}^{n}\chi_i\omega_i \\ &=30\times0.1+27\times0.1+25\times0.1+29\times0.2+32\times0.2+32\times0.3 \\ &=30(\text{千件})\end{aligned}$$

即该企业 20×9 年 1 月的销售量预计为 30 000 件。

(3)指数平滑法

指数平滑法是根据前期销售量的实际数和预测数，以加权因子(即平滑指数)为权数，进行加权平均计算后作为预测期销售量的一种方法。这种方法实质上也是一种加权平均法，是以指数平滑系数 α 和$(1-\alpha)$为权数进行加权。其计算公式如下：

$$F_t=\alpha X_{t-1}+(1-\alpha)F_{t-1}$$

式中，F_t 为 t 期的销售预测值；X_{t-1} 为 $t-1$ 期的销售实际值；F_{t-1} 为 $t-1$ 期的销售预测值；α 为 $0<\alpha<1$ 的常数，亦称指数平滑系数。

例 4-4

运用加权平均法进行销售预测

资料：沿用表 4-3 所示销售量资料，设 α 为 0.3，20×8 年 12 月的预测值为 30 千件。

要求：用指数平滑法预测 20×9 年 1 月的销售量。

解答：20×9 年 1 月预计销售量

$$\begin{aligned}F_t &=\alpha X_{t-1}+(1-\alpha)F_{t-1} \\ &=0.3\times32+(1-0.3)\times30 \\ &=30.6(\text{千件})\end{aligned}$$

即该企业 20×9 年 1 月的销售量预计为 30 600 件。

采用指数平滑法进行销售预测的关键在于 α 值的选择，这是一个经验数据，取值范围通常在 0.3～0.7 之间。α 的取值越大，则近期实际数对本期预测值的影响越大；反之，近期预测数对本期预测值的影响越大。因此，进行近期预测或销量波动较大的预测，应采用较大的平滑系数；进行长期预测或销量波动较小的预测时，应采用较小的平滑系数。

与加权平均法相比，指数平滑法具有以下两个优点：第一，α 值可以任意设定，比较灵活方便；第二，在不同程度上考虑了以往所有各期的观察值，比较全面。但是平滑系数的确定带有一定的主观随意性。

4.2.2.2 因果预测分析法

因果预测分析法是利用事物发展的因果关系来推测事物发展趋势的方法。影响产品销售的因素是多方面的，既有企业外部因素，也有企业内部因素；既有客观因素，又有主观因素。在这些因素中，有些因素对产品销售起着决定性作用或与产品销售存在某种函数关系，只要找到与产品销售（因变量）相关的因素（自变量）以及它们之间的函数关系，就可以利用这种函数关系进行产品的销售预测。

因果预测分析法最常用的方法是回归分析法。回归分析法又包括回归直线法和多元回归法等。

（1）回归直线法

回归直线法也称一元回归分析法，它是假定预测对象销售量的变量因素只有一个，根据直线方程式 $y=a+bx$，按照数学上的最小二乘法来确定一条误差最小、最能正确反映自变量 x 与因变量 y 之间关系的直线。它的常数项 a 与系数 b 的值可按下列公式计算：

$$a=\frac{\sum y-b\sum x}{n}$$

$$b=\frac{n\sum xy-\sum x\sum y}{n\sum x^2-\left(\sum x\right)^2}$$

求出 a 与 b 的值后，结合自变量 x 的预测销售量或销售额，代入公式 $y=a+bx$，即可求得预测对象 y 的预测销售量或销售额。

例 4-5

运用回归直线法进行销售预测

资料：ABC 公司专门生产汽车轮胎，经调查发现，决定轮胎销售量的主要因素是汽车销售量。ABC 公司所处市场近 5 年的汽车、轮胎销售量统计资料如表 4-5 所示。

表 4-5　汽车、轮胎销售量统计资料

项目	20×1	20×2	20×3	20×4	20×5
汽车销售量 x（万辆）	10	12	15	18	20
轮胎销售量 y（万只）	64	78	80	106	120

要求：假定 ABC 公司轮胎的市场占有率是 18%，预计 20×6 年该市场的汽车销售量是 25 万辆，利用回归直线法预测 20×6 年 ABC 公司的轮胎销售量。

解答：根据给定资料，列表计算如表 4-6 所示。

表 4-6　回归预测计算表

年份	汽车销售量（万辆）x	轮胎销售量（万只）y	xy	x^2
20×1	10	64	640	100
20×2	12	78	936	144
20×3	15	80	1 200	225
20×4	18	106	1 908	324
20×5	20	120	2 400	400
$n=5$	$\sum x=75$	$\sum y=448$	$\sum xy=7\ 084$	$\sum x^2=1\ 193$

根据计算表的数值，计算 a 与 b 的值。

$$b=\frac{n\sum xy-\sum x\sum y}{n\sum x^2-\left(\sum x\right)^2}=\frac{5\times 7084-75\times 448}{5\times 1193-75^2}=5.35$$

$$a=\frac{\sum y-b\sum x}{n}=\frac{448-5.35\times 75}{5}=9.35$$

20×6 年轮胎预计市场销售量 $y=a+bx=9.35+5.35\times 25=143.1$（万只）

20×6 年该企业轮胎预计销售量 $=143.1\times 18\%=25.758$（万只）

即该企业 20×6 年轮胎销售量预计为 257 580 只。

（2）多元回归法

回归直线法解决了一个自变量的回归方程，但在实际生产经营活动中，影响经济变动的因素多种多样，在这种情况下，要预测未来的经济情况，必须考虑采用多个自变量，建立多元回归方程来进行预测。多元回归方程的表达式可以表示为：

$$y=a+b_1x_1+b_2x_2+b_3x_3+\cdots+b_nx_n$$

式中，y 为因变量；x_i 为影响因素（自变量）；b_i 为回归系数，即 x_i 变动一个单位时 y 的变动值。

4.3　成本预测

4.3.1 成本预测的意义

成本预测是成本管理的重要环节。它是在编制成本预算之前，根据企业的经营总目标和预测期可能出现的各个影响因素，采用定量和定性的分析方法，确定目标成本、预计成本水平和变动趋势的一种管理活动。

科学的预测是进行正确决策的依据。成本预测是企业进行产品设计方案选择、零件外购或自制、是否增加新设备、新产品是否投产等决策的基础。通过成本预测，可以掌握未来的成本水平及其变动趋势，便于确定目标成本；同时有利于找出降低成本的有效途径及应采取的措施，为编制成本计划，进行成本控制、成本分析和成本考核提供依据。

4.3.2 成本预测的分类与程序

4.3.2.1 成本预测的分类

(1)按预测时间长短进行分类

按预测时间长短进行分类，成本预测可以分为远期预测(3 年、5 年、10 年)和近期预测(月、季、年)。远期预测通常用于分析宏观经济变动对企业成本的影响(如生产力布局变动、经济结构变动、价格变动等)，为企业确定中长期预算和年度预算提供资料。近期预算着重分析影响成本的各个因素的变动，预算各种方案的成本指标，从中选择最优方案据以确定计划成本指标。在近期预测中，成本预测的侧重点是年度成本预测。

(2)按预测内容进行分类

按预测内容进行分类，成本预测可分为可比产品的成本预测和不可比产品的成本预测。可比产品是指以往年度正式生产过的产品，其历史成本资料比较健全和稳定。不可比产品是指企业以往年度没有正式生产过的产品，其成本水平无法与过去进行比较，因而就不能像可比产品那样通过采用下达成本降低指标的方法控制成本支出。但在新技术高速发展，产品更新换代加快的情况下，不可比产品的比重在不断上升，因此，为了全面控制企业费用支出，加强成本管理，除了对可比产品的成本进行预测以外，还应当对不可比产品成本进行预测。

4.3.2.2 成本预测的步骤

一般来说，成本预测的步骤包括：

(1)根据企业的经营总目标，提出初选的目标成本

目标成本是指企业在未来经营条件下，为确保实现合理的目标利润，在成本方面应当达到的目标。目标成本的确定通常采用以下两种方法。

方法一：在目标利润的基础上预测。即根据预计的销售量和价格水平计算出销售收入，并从中扣除事先确定的目标利润，得出目标成本。计算公式为：

目标成本＝预计单价×预计销售量－目标利润

＝预计销售收入－目标利润

方法二：以先进的成本水平作为目标成本。即从本企业的历史最好成本水平或者国内外同类产品的先进成本水平中选择，也可以按照本企业上年实际成本水平扣减成本降低率作为目标成本。该方法可以直接确定单位目标成本，但无法与目标利润联系起来。

(2)初步预测在当前生产经营条件下成本可能达到的水平，并找出与初选目标成本的差距

(3)提出各种成本降低方案，对比、分析各种成本方案的经济效果

(4)选择成本最优方案并确定正式目标成本

4.3.3 成本预测方法

成本预测方法主要包括历史资料分析法，此外还有因素预测法、定额测算法和预计成本测算法。

4.3.3.1 历史资料分析法

历史资料分析法是指在掌握有关成本、产量等历史资料的基础上，采用一定的方法进行数据处理，建立有关成本模型，并据此预测未来产品成本的一种方法。产品成本可分为固定成本和变动成本两部分，固定成本总额通常用 a 表示，单位变动成本通常用 b 表示。设总成本为 y，业务量为 x，通过建立一元一次数学模型 $y=a+bx$，就可以利用预测产销量 x 对未来总成本和单位变动成本的水平进行预测。运用这种方法的关键在于如何利用历史资料，确定总成本模型中的待定参数 a 和 b，确定 a 和 b 的常用的方法有高低点法、回归直线法和加权平均法。

(1)高低点法

高低点法是选用一定时期历史资料中的最高业务量和最低业务量的成本之差除以最高业务量和最低业务量之差，计算出单位变动成本 b，然后确定固定成本总额 a，从而进行成本预测的一种计算方法。高低点法是一种简易的预测方法，适用于企业产品成本的变动趋势比较稳定的情况。如果产品成本的变动幅度较大，采用此法会造成误差。

模型 $y=a+bx$ 中待定参数 a 和 b 的计算公式为：

$$b=\frac{\text{最高业务量的成本}-\text{最低业务量的成本}}{\text{最高业务量}-\text{最低业务量}}$$

$$a=\text{最高业务量的成本}-b\times\text{最高业务量}$$

或

$$\text{最低业务量的成本}-b\times\text{最低业务量}$$

例 4-6

运用高低点法进行成本预测

资料：ABC 公司 20×9 年上半年各月份的产品产量和总成本资料如表 4-7 所示。

表 4-7　20×9 年 1—6 月份产品总成本计算表

月份	产量(千件)x	总成本(万元)y
1	2.9	23.2
2	3.0	23.5
3	3.05	23.8
4	3.3	25.5
5	3.5	25.0
6	3.65	25.4
合计	19.4	146.4

要求：预计7月份产品产量为3 800件，试建立数学模型 $y=a+bx$，运用高低点法预测7月份的总成本。

解答：建立产品总成本与产量之间的一元一次数学模型

$$y=a+bx$$

$$b=\frac{\text{最高业务量的成本}-\text{最低业务量的成本}}{\text{最高业务量}-\text{最低业务量}}$$

$$=\frac{25.4-23.2}{3.65-2.9}=2.93$$

$$a=\text{最高业务量的成本}-b\times\text{最高业务量}=25.4-2.93\times3.65=14.71$$

若采用 $a=\text{最低业务量的成本}-b\times\text{最低业务量}=23.2-2.93\times2.9=14.70$，尾数误差是由于小数点保留造成的。

故建立的数学模型为：

$$y=a+bx=14.71+2.93x$$

20×9年7月份总成本预测值 $y=14.71+2.93\times3.8=25.84$（万元）

即该企业20×9年7月份总成本预计为25.84万元。

(2)回归直线法

回归直线法，亦称最小二乘法，它是根据若干期产量与成本的历史资料，运用最小二乘法公式，来预测成本或费用总额的一种方法。建立的总成本方程 $y=a+bx$ 中，常数项 a 与系数 b 的计算公式如下：

$$a=\frac{\sum y-b\sum x}{n}$$

$$b=\frac{n\sum xy-\sum x\sum y}{n\sum x^2-\left(\sum x\right)^2}$$

企业的历史成本资料中，单位产品成本变动幅度较大时，适宜采用回归直线法进行成本预测。

例4-7

运用回归直线法进行成本预测

资料：沿用例4-6资料。

要求：预计7月份产品产量为3 800件，试建立数学模型 $y=a+bx$，运用回归直线法预测7月份的总成本。

解答：根据给定资料，列表计算如表4-8所示。

表 4-8　20×9 年 1—6 月份产品总成本计算表

月份	产量(千件)x	总成本(万元)y	xy	x^2
1	2.9	23.2	67.28	8.41
2	3.0	23.5	70.50	9.0
3	3.05	23.8	72.59	9.3025
4	3.3	25.5	84.15	10.89
5	3.5	25.0	87.50	12.25
6	3.65	25.4	92.71	13.3225
合计	19.4	146.4	474.73	63.175

根据资料估计参数 a、b 的值为：

$$a=\frac{\sum y-b\sum x}{n}$$

$$=\frac{146.4-3.06\times 19.4}{6}$$

$$=14.51$$

$$b=\frac{n\sum xy-\sum x\sum y}{n\sum x^2-\left(\sum x\right)^2}$$

$$=\frac{6\times 747.73-19.4\times 146.4}{6\times 63.175-19.4^2}$$

$$=3.06$$

直线回归方程为：

$$y=a+bx=14.51+3.06x$$

该回归方程的常数项 $a=14.51$ 表示该时期的固定成本；$b=3.06$ 表示该时期的单位变动成本，表明产品产量每增加 1 000 件，总成本平均增加 3.06 万元。

20×9 年 7 月份总成本预测值 $y=14.51+3.06\times 3.8=26.14$(万元)

即该企业 20×9 年 7 月份总成本预计为 26.14 万元。

(3)加权平均法

除以上两种方法外，成本预测中还常采用加权平均法确定待定参数 a 和 b。加权平均法是指根据若干期固定成本总额和单位变动成本的历史资料，按照事先确定的权数进行加权，以计算加权平均的成本水平，从而建立成本预测模型，进而预测未来总成本的一种定量分析方法。权数的确定一般按照远小近大的原则。该方法需要各时期固定成本、单位变动成本的详细资料，适用于各期成本水平变动比较频繁的企业。

4.3.3.2 因素分析法

因素分析法是在对基期可比产品进行分析的基础上，结合未来各因素变动对产品成本的影响，测算未来可比产品成本降低额和降低率，进而预测未来可比产品成本的一种定量方法。

4.3.3.3 定额测算法

定额测算法是指利用定型产品的各种消耗定额及成本价格水平等资料，预计测算现有产品生产成本的定量分析法。

4.3.3.4 预计成本测算法

预计成本测算法一般用于新产品或改型产品的成本预测。对于前者，大多是根据设计、工艺和劳动等部门提供的有关新产品资料，考虑多种可能，并参考试生产阶段的有关数据进行成本估算和预测；对于后者，可在原有产品成本资料的基础上，只对改变后与原产品不同的地方进行成本估算和预测。

4.4　利润预测

4.4.1 利润预测的意义

利润是一项综合性很强的经济指标，是企业在一定会计期间进行经营活动的结果，是营业收入减去与之相配比的费用后的余额。利润预测是按照企业经营目标的要求，通过对影响利润变化的成本、产销量等因素的综合分析，对未来一定时间内可能达到的利润水平及其变化趋势所进行的科学预计和推测。利润预测是在销售预测和成本预测的基础上进行的。

利润预测对于企业进行生产经营决策意义重大，预期利润的高低会影响企业的投资、融资决策，以及股利政策的制定。

4.4.2 目标利润的预测分析

目标利润是指企业在未来一段时间内，经过努力应该达到的最优化利润控制目标，它是企业未来经营必须考虑的重要战略目标之一。目标利润应该反映未来企业可以实现的最佳利润水平，既先进又合理。为保证目标利润实现最大的可能性，在预测目标利润时必须以客观存在的市场环境、技术发展状况为背景，以现实参考为依据，不能脱离现实。目标利润必须经过反复测算、验证调整后方能最终确定，确定后的目标利润应保持相对稳定，不得随意更改。这一点体现在：目标利润一经确定，就应及时组织落实为实现目标利润在产量、成本、价格等方面必须达到的各项指标和有关措施，并作为编制全面预算的基础。

目标利润的预测步骤大致如下：

4.4.2.1 调查研究,确定利润率标准

利润率标准不宜定得过高或偏低,选择确定利润率的标准,一般可以参考近期平均利润率、历史最高水平的利润率或国际、全国、同行业、本地区和本企业的利润率。选择的指标主要包括销售利润率、产值利润率和资金利润率等。

4.4.2.2 计算目标利润基数

将选定的利润率标准乘以企业预期应达到的有关业务量及资金指标,便可测算出目标利润基数。基本公式是:目标利润基数=有关利润率标准×相关指标。式中,有关利润率标准可选择销售利润率、产值利润率和资金利润率,其对应的相关指标为产品销售收入、产品总产值、资金平均占用额,具体计算公式表示如下:

目标利润基数=销售利润率×预计产品销售额

目标利润基数=产值利润率×预计总产值

目标利润基数=资金利润率×预计资金平均占用额

4.4.2.3 确定目标利润修正值

目标利润修正值是对目标利润基数的调整额。一般可先将目标利润基数与测算利润(即按传统方式预测出来的利润额)进行比较分析,并按本量利分析的原理分项测算为实现目标利润基数而应采取的各项措施,即分别计算各因素的期望值,并分析其可能性。

若期望值与可能性相差较大,则适当修改目标利润,确定目标利润修正值。这个过程可反复测算多次,直至各项因素期望值具有现实可能性为止。

4.4.2.4 下达目标利润

最终下达的目标利润应该为目标利润基数与修正值的代数和。它应反映或能适应预算期企业可望实现的生产经营能力、技术质量保证、物资供应、人力配备及资金流转水平以及市场环境等约束条件。按调整措施修订后的诸因素测算的期望利润与目标利润应当口径一致。

例 4-8

目标利润的确定

资料:ABC 公司生产并销售甲产品,预计下一年度甲产品的销售收入总额为 250 000 元,同行业的销售利润率为 20%。

要求:根据以上资料,预测该公司下一年度的目标利润。

解答:

目标利润=预计销售收入总额×销售利润率=250 000×20%=50 000(元)

即该企业下一年度的目标利润为 50 000 元。

4.4.3 利润的敏感性分析

利润的敏感性分析是指专门研究制约利润的有关因素在特定条件下发生变化时对利润所产生影响的一种敏感性的分析方法。进行利润敏感性分析的主要目的是计算有关因素的

利润灵敏度指标，揭示利润与有关因素之间的相对关系，并利用灵敏度指标进行利润预测。

$$敏感系数=\frac{目标值变动百分比}{参考值变动百分比}$$

某因素的敏感系数越大，说明其变化对利润的影响程度越大，管理中应对其重点关注。实际工作中，为事先了解各因素的变化对利润的影响情况，便于利润预测和管理，各因素的敏感系数必须根据基期的有关数据直接测算。当影响利润的某一因素单独发生变化时，预测营业利润的计算公式为：

$$预测营业利润=基期营业利润\times(1+某因素敏感系数\times该因素变动百分比)$$

例 4-9

利润的敏感性分析

资料：ABC 公司生产并销售甲产品，甲产品的销售单价 $p=20$ 元/件，单位变动成本 $b=12$ 元/件，固定成本 $F=80\ 000$ 元，基期销售量 $Q=15\ 000$ 件。

要求：在其他因素不变的条件下，若下一年度甲产品的销售单价下降 10%，请对下一年度营业利润进行预测。

解答：

$$基期营业利润=(p-b)Q-F=(20-12)\times 15\ 000-80\ 000=40\ 000(元)$$

$$销售单价敏感系数=\frac{pQ}{(p-b)Q-F}=\frac{20\times 15\ 000}{40000}=7.5$$

$$预测营业利润=40\ 000\times(1-7.5\times 10\%)=10\ 000(元)$$

即下一年度营业利润预测值为 10 000 元。

4.4.4 经营杠杆系数在利润预测中的应用

4.4.4.1 经营杠杆系数

由于固定性经营成本的存在而导致息税前利润变动率大于产销量变动率（销售额变动率）的现象，称为经营杠杆效应。经营杠杆具有放大企业产销量变化对息税前利润变动的作用，这种影响程度是经营风险的一种测度。经营杠杆的大小一般用经营杠杆系数表示，它是企业计算息税前利润变动率与产销量变动率之间的比率。经营杠杆系数的定义表达式为：

$$经营杠杆系数(DOL)=\frac{息税前利润变动率(K_p)}{产销量变动率(K_x)}$$

4.4.4.2 经营杠杆系数在利润预测中的应用

（1）进行利润预测。在利润预测中，若只有销售业务量一项因素变动时，可以利用经营杠杆系数，根据未来产销量变动率，预测计划期目标利润。计算公式为：

$$利润变动率(K_p)=产销量变动率(K_x)\times经营杠杆系数(DOL)$$

$$预测利润额=基期利润\times(1+利润变动率)$$

例 4-10

运用经营杠杆系数进行利润预测

资料：ABC 公司只生产甲产品，已知本期销售量为 20 000 件，固定成本为 25 000 元，利润为 10 000 元，预计下一年度甲产品的销售量为 25 000 件。

要求：请对下一年度利润额进行预测。

解答：

$$产销量变动率(K_x)=\frac{25\ 000-20\ 000}{20\ 000}\times100\%=25\%$$

$$经营杠杆系数(DOL)=\frac{25\ 000+10\ 000}{10\ 000}=3.5$$

$$预测利润额=10\ 000\times(1+3.5\times25\%)=18\ 750(元)$$

即下一年度预计利润额为 18 750 元。

(2)反映企业的经营风险。根据经营杠杆的原理可知，在同一产销量水平上，经营杠杆系数越大，利润变动幅度就越大，从而经营风险也就越大。具体来讲，如果一个企业的经营杠杆率有所增加，就意味着该企业的销售量略有下降时，将使它的利润出现较大幅度的下降，那么该企业的业务经营就变得更冒风险。因此，在销售情况多变的企业内部，保持较低水平的经营杠杆率是有利的，即使产销量发生一定变动，也不会造成利润较大幅度的变动。

4.5 资金需要量预测

资金需要量的预测，就是以预测期企业生产经营规模的发展和资金利用效果的提高等为依据，在分析有关历史资料、技术经济条件和发展规划的基础上，运用数学方法，对预测期资金需要量进行科学的预计和测算。

资金需要量的预测在提高企业经营管理水平和企业经济效益方面具有十分重要的意义：(1)资金需要量的预测是进行经营决策的主要依据；(2)资金需要量的预测是提高经济效益的重要手段；(3)资金需要量的预测是编制资金预算的必要步骤。

资金需要量预测的方法主要有资金增长趋势预测法和预计资产负债表法。

4.5.1 资金增长趋势预测法

资金增长趋势预测法，就是运用回归分析法(最小二乘法)原理对过去若干期间销售收入(或销售量)及资金需要量的历史资料进行分析、计量后，确定反映销售收入与资金需用量之间的回归直线($y=a+bx$)，并据以推算未来期间资金需要量的一种方法。

影响企业资金总量变动的因素很多，但从短期经营决策角度看，引起资金发生增减变动的最直接、最重要的因素是销售收入。在其他因素不变的情况下，销售收入增加，往往意味着企业生产规模扩大，从而需要更多的资金；相反，销售收入减少，往往意味着企业生产规模缩小，所需资金也就随之减少。因此，资金需要量与销售收入之间存在内在的联系，利用这种联系可以建立数学模型，用以预测未来期间销售收入达到一定水平时的资金需要总量。建立的回归直线方程 $y=a+bx$ 中，常数项 a 与系数 b 的计算公式如下：

$$a=\frac{\sum y-b\sum x}{n}$$

$$b=\frac{n\sum xy-\sum x\sum y}{n\sum x^2-\left(\sum x\right)^2}$$

式中，x 为销售收入，y 为资金需要总量，n 为期数。

4.5.2 预计资产负债表法

预计资产负债表法是通过编制预计资产负债表来预计预测期的资产、负债和利润留存，从而测算外部资金需要量的一种方法。

资产负债表是反映企业某一时点资金占用（资产）和资金来源（负债和所有者权益之和）平衡状况的会计报表。企业增加的资产，必然是通过增加负债或者所有者权益的途径予以解决的。因此，通过预计资产的增减，可以确定需要从外部筹措的资金数额。

由于资产、负债要素中的许多项目与销售收入存在稳定的百分比关系，因此，可以根据预计销售收入和相应的百分比预计预测期的资产、负债各项目的数额，从而确定融资需求。预测外部资金需要量的步骤如下：

4.5.2.1 计算基期资产负债表项目数额与销售收入的百分比

（1）资产类项目

一般说来，该类项目中的货币资金（现金、银行存款）、应收账款和存货等项目的数额会因销售量的增长而增长，与销售量（或销售收入）的关系较为密切。而固定资产项目的数额是否会因销售量的变化而变化，取决于企业生产能力的利用情况，也就是要看基期的各种固定资产是否已被充分利用。如果企业生产能力尚未饱和，甚至大量闲置，可通过进一步挖掘生产潜力来增加产品产量，不必增加固定资产，因此固定资产项目的数额与销售收入增长无关；如已饱和，随着销售收入的增长，需要追加在固定资产方面投资所需要的资金。至于该类项目中的长期股权投资、无形资产等项目的数额一般不随销售收入的增加而增加。

（2）负债类项目

应付账款、应交税费及其他应付款等负债类项目的数额一般会随销售收入的增长而增长；而长期借款、长期应付款等长期负债类项目的数额，一般不随销售收入的增减而发生变动。

（3）所有者权益类项目

这类项目的数额一般不随销售收入变化而发生增减变化，在确定资金需要量时可以不加考虑。

此外，计划期（预测期）提取的固定资产折旧扣除计划期用于更新改造的数额后的余额和扣除发放股利后的税后利润等项目，通常也可以作为企业计划期追加资金的来源，因此，可以减少追加资金量，而零星资金支出的增加会增加资金需要量。

在以上分析的基础上，根据基期各敏感项目的数额及基期销售收入额，可按下列公式计算基期销售百分比：

$$各项目销售百分比=\frac{基期该项目金额}{基期销售收入}$$

4.5.2.2 预测资产负债表各项目数额

某项目预计数额＝预测年度销售收入×销售百分比

4.5.2.3 分析预测资金需要量，编制预计资产负债表

将资产类项目预计合计数减去负债类项目预计合计数，其差额就是在预测期所需要增加的资金数额。在计算出预测期增加资金数额的基础上，分析扣除企业内部形成的资金来源，如预测期提取的折旧扣除预测期用于更新改造后的余额、税后未分配的利润等，经分析调整后就可确定预测期资金需要量。

例 4-11

运用预计资产负债表法预测资金需要量

资料：ABC 公司 20×8 年 12 月 31 日的资产负债表如表 4-9 所示。20×8 年度实现销售收入 10 000 万元，扣除所得税后可获得 5%的销售净利润，固定资产折旧金额为 200 万元。

表 4-9 20×8 年 12 月 31 日资产负债表

单位：万元

资产	20×8 年	负债及所有者权益	20×8 年
货币资金	500	短期借款	1 000
应收账款	2 000	应付账款	2 500
存货	2 400	应交税费	100
固定资产	3 000	长期借款	1 200
长期股权投资	1 000	实收资本	4 000
可供出售金融资产	100	盈余公积	200
无形资产	1 000	未分配利润	1 000
合计	10 000	合计	10 000

要求：预计 20×9 年度销售收入将增加至 15 000 万元，假设企业目前的生产能力能够满足需要，净利润暂不分配，请运用预计资产负债表法对 ABC 公司 20×9 年的资金需要量进行预测。

解答：(1)计算基期资产负债表项目数额与销售百分比

首先将资产负债表中与预计随销售变动而变动的项目分离出来。在资产负债表中，资产要素中的货币资金、应收账款、存货属于敏感资产，其数额将随销售收入的增加而增

加;固定资产、长期股权投资、可供出售金融资产、无形资产在生产能力不需扩大的情况下,其数额大小与销售收入无关。负债与所有者权益要素中的应付账款、应交税费属于敏感负债,其数额将随销售收入的增加而增加;长期借款、实收资本、盈余公积和未分配利润等项目的数额不随销售收入的增加而增加;企业税后利润并未全部分配给投资者时,留存利润和折旧也将作为企业的资金来源。

根据基期各敏感项目的数额及基期销售收入额,可按下列公式计算基期销售百分比:

$$各项目销售百分比=\frac{基期该项目金额}{基期销售收入}$$

$$以货币资金项目为例,该项目销售百分比=\frac{500}{10\ 000}=5\%$$

其他各敏感项目的销售百分比计算如表 4-10 所示。

表 4-10 资产负债表项目的销售百分比

资产	销售百分比	负债及所有者权益	销售百分比
货币资金	5.0%	短期借款	不变动
应收账款	20.0%	应付账款	25.0%
存货	24.0%	应交税费	1.0%
固定资产	不变动	长期借款	不变动
长期股权投资	不变动	实收资本	不变动
可供出售金融资产	不变动	盈余公积	不变动
无形资产	不变动	未分配利润	—
合计	49.0%	合计	26.0%

从表 4-10 中可以看出,销售收入每增加 100 元,资产将多占用资金 49 元,但同时只增加 26 元的资金来源(利润留存和折旧部分未考虑在内),尚有 23 元的资金缺口。

(2)预测资产负债表各项目数额

根据敏感项目占销售收入的百分比预计 20×9 年资产负债表中各项目的数额。以货币资金项目为例,其 20×9 年预计数额为:

$$货币资金预计数额=15\ 000\times5\%=750(万元)$$

其他资产负债表项目的预计数额如表 4-11 所示。

表 4-11 预计 20×9 年 12 月 31 日资产负债表项目数额

单位:万元

资产	20×9 年(预计)	负债及所有者权益	20×9 年(预计)
货币资金	750	短期借款	1 000
应收账款	3 000	应付账款	3 750
存货	3 600	应交税费	150

续表

资产	20×9 年(预计)	负债及所有者权益	20×9 年(预计)
固定资产	3 000	长期借款	1 200
长期股权投资	1 000	实收资本	4 000
可供出售金融资产	100	盈余公积	200
无形资产	1 000	未分配利润	1 000
合计	12 450	合计	11 300

(3)分析预测资金需要量,编制预计资产负债表

从表 4-11 中可以看出,预测年度资产类项目预计合计数为 12 450 万元,减去负债类项目预计合计数 11 300 万元的差额 1 150 万元,即为预测期所需要增加的资金数额。

在计算出预测期增加资金数额的基础上,分析扣除企业内部形成的资金来源。预测年度内部形成的资金来源计算如下:

内部资金来源=净利润×净利润留存比率+折旧及摊销
=15 000×5%×1+200
=750+200=950(万元)

因此,

预测年度(20×9 年)所需追加的资金数额=1 150−950=200(万元)

预计在 20×9 年,企业将作如下调整:(1)未分配利润增加 750 万元(净利润留存)至 1 750万元;(2)需要融资 200 万元,假设通过短期借款方式筹资,则短期借款 200 万元增加至 1 200 万元;(3)因计提折旧减少固定资产 200 万元至 2 800 万元。20×9 年预计资产负债表如表 4-12 所示。

表 4-12 预计资产负债表

单位:万元

资产	20×8 年	20×9 年(预计)	负债及所有者权益	20×8 年	20×9 年(预计)
货币资金	500	750	短期借款	1 000	1 200
应收账款	2 000	3 000	应付账款	2 500	3 750
存货	2 400	3 600	应交税费	100	150
固定资产	3 000	2 800	长期借款	1 200	1 200
长期股权投资	1 000	1 000	实收资本	4 000	4 000
可供出售金融资产	100	100	盈余公积	200	200
无形资产	1 000	1 000	未分配利润	1 000	1 750
合计	10 000	12 250	合计	10 000	12 250

采用该种资金需要量预测方法的缺点是：该方法假设资产负债表各项目与销售收入保持稳定的百分比，可能与事实不符。因此，在实际预测当中，可以先进行资产负债表有关项目与销售收入的性态分析，然后再进行资金需要量的预测，以改进预测效果。

4.6　Excel 应用

利用 Excel 进行回归分析预测

资料：例 4-5 的资料数据。

要求：利用 Excel 软件中的回归分析功能进行销售预测。

解答：

第一步：启用 Excel 工作表，将例 4-5 的资料数据录入 Excel 工作表，如图 4-1 所示。

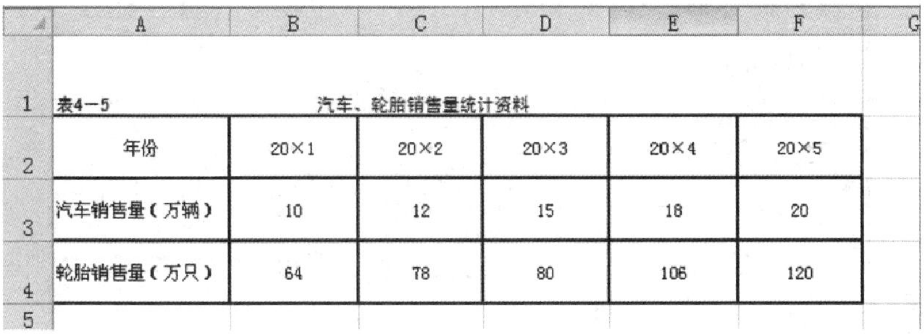

表4—5　汽车、轮胎销售量统计资料

年份	20×1	20×2	20×3	20×4	20×5
汽车销售量（万辆）	10	12	15	18	20
轮胎销售量（万只）	64	78	80	106	120

图 4-1

第二步：打开“数据分析”对话框。在 Excel 的“数据”下拉菜单中，点击“数据分析”选项，即可打开相应对话框，如图 4-2 所示。通常，初次使用“数据分析”功能时，在“数据”下

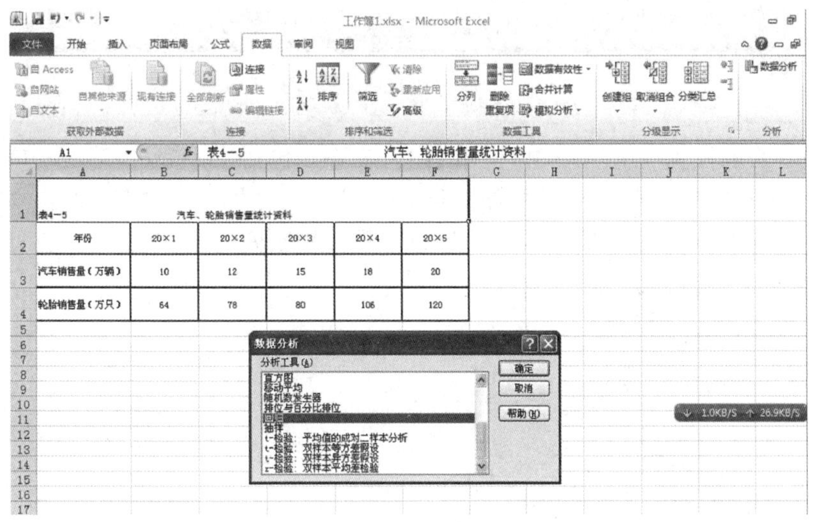

图 4-2

拉菜单中找不到“数据分析”选项，此时需要在“文件”菜单下单击“Excel 选项”，在“Excel 选项”对话框中点击“加载项”，在打开的对话框中选中“分析工具库”选项后，点击“转到”按钮，然后出现 Excel 加载宏界面，在“分析工具库”前方框内打钩，点击确定。

第三步：打开“回归”对话框。在“数据分析”对话框中选中“回归”，并点击“确定”后，即可打开“回归”对话框。

在“回归”对话框中，在“Y 值输入区域”小窗口中输入“＄B＄4：＄F＄4”，即轮胎销售量在 Excel 表格中所处区域位置(单元格 B4：F4，用鼠标选定即可)；在“X 值输入区域”小窗口中输入“＄B＄3：＄F＄3”，即汽车销售量在 Excel 表格中所处区域位置(单元格 B3：F3，用鼠标选定即可)，其余选项取默认值，如图 4-3 所示。点击“确定”后即可得到输出结果，如图 4-3 所示。

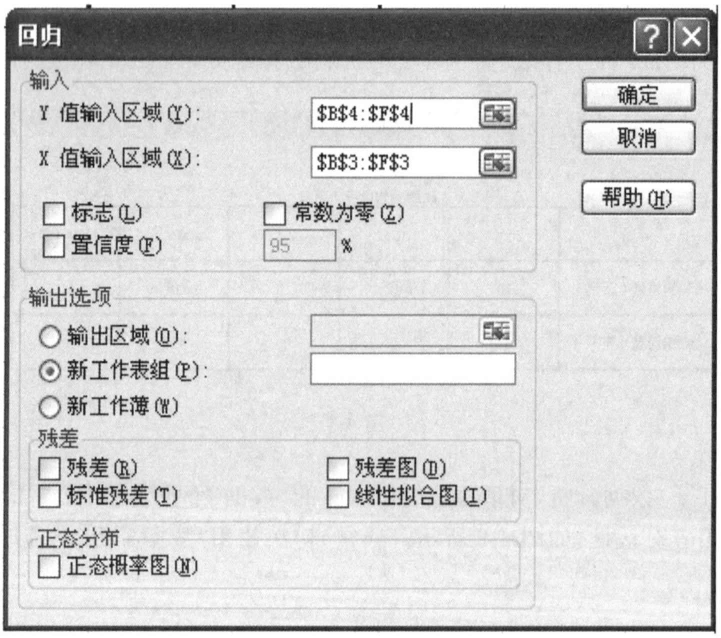

回归	
输入	确定
Y 值输入区域(Y)：$B$4:$F$4	取消
X 值输入区域(X)：$B$3:$F$3	帮助(H)
☐ 标志(L)　☐ 常数为零(Z)	
☐ 置信度(F)　95 %	
输出选项	
○ 输出区域(O)：	
◉ 新工作表组(P)：	
○ 新工作薄(W)	
残差	
☐ 残差(R)　☐ 残差图(D)	
☐ 标准残差(T)　☐ 线性拟合图(I)	
正态分布	
☐ 正态概率图(N)	

图 4-3

第四步：获取计算与分析结果，输出结果(图 4-4)包括三个表格，第三个表格中第一列数据即为轮胎销售量预测模型中的 a 和 b 值，它们分别为 9.305882 和 5.352941，回归方程即为 $y=9.305882+5.352941$，其结果和回归直线法做出的结果一致，但此处的计算结果更为精确。

	A	B	C	D	E	F	G	H	I
1	SUMMARY OUTPUT								
2									
3	回归统计								
4	Multiple	0.968985							
5	R Square	0.938931							
6	Adjusted	-1.66667							
7	标准误差	6.499472							
8	观测值	1							
9									
10	方差分析								
11		df	SS	MS	F	gnificance F			
12	回归分析	5	1948.471	389.6941	46.12514	#NUM!			
13	残差	3	126.7294	42.24314					
14	总计	8	2075.2						
15									
16		Coefficien	标准误差	t Stat	P-value	Lower 95%	Upper 95%	下限 95.0%	上限 95.0%
17	Intercept							5.5E+241	5.5E+241
18	X Variable 1							8.26E-08	8.26E-08
19	X Variable 2							-2E+242	1.7E+242
20	X Variable 3							0.788176	0.788177
21	X Variabl	9.305882	12.17472	0.764361	0.500273	-29.4395	48.05126	-29.4395	48.05126
22	X Variabl	5.352941	0.788177	6.791549	0.006526	2.844611	7.861271	2.844611	7.861271

图 4-4

扫二维码观看视频,立刻掌握操作方法

本章小结

经营预测是指根据历史资料和现在的信息,运用科学的预测方法,对企业未来经济活动可能产生的经济效益和发展趋势做出科学的预计和推测的过程。经营预测的一般程序为:(1)确定预测目标;(2)收集数据和信息;(3)选择预测方法;(4)进行实际预测;(5)对预测结果进行修正。经营预测的方法一般分为两大类,即定性分析法和定量分析法。

销售预测是指企业在分析历史销售资料和市场需求变化情况的基础上,运用一定的科学预测方法,估计和推算某种产品在未来一定时期的市场销售量(销售额)水平及变化趋势的过程。销售预测是企业进行生产经营活动的起点,是制定经营决策的基础,也是开展其他经营预测的前提条件。定性销售预测方法分为判断分析法和调查分析法两大类,定量销售预测方法分为趋势预测分析法与因果预测分析法两大类。

成本预测是成本管理的重要环节,是在编制成本预算之前,根据企业的经营总目标和预测期可能出现的各个影响因素,采用定量和定性的分析方法,确定目标成本、预计成本水平和变动趋势的一种管理活动。成本预测方法包括历史资料分析法、因素预测法、定额测算法和预计成本测算法。

利润预测是按照企业经营目标的要求,通过对影响利润变化的成本、产销量等因素的综合分析,对未来一定时间内可能达到的利润水平及其变化趋势所进行的科学预计和推测。

资金需要量的预测是以预测期企业生产经营规模的发展和资金利用效果的提高等为依据，在分析有关历史资料、技术经济条件和发展规划的基础上，运用数学方法，对预测期资金需要量进行科学的预计和测算。资金需要量预测的方法主要有资金增长趋势预测法和预计资产负债表法。

○ 关键概念

经营预测：operating forecasting
销售预测：forecast of sales
成本预测：forecast of cost
利润预测：forecast of profit
资金需要量预测：forecast of fund requirement
定性分析法：qualitative analysis method
定量分析法：quantitative analysis method
德尔菲法：delphi method
加权平均法：weighted average method
回归直线法：linear regression method

○ 相关阅读

70 年前的高科技：人脑云计算——德尔菲法[①]

一家出版社签下了一本著名的外版图书的中国版权。可是，版权方对出版社有承诺销售的要求：出版社承诺销售 10 万册，版权方要求版税率为 15%；承诺销售 20 万册，版税率为 12%；承诺销售 40 万册，版税率为 10%。

出版社对这本书的销售水平要有一个预测。预测 10 万册，卖了 40 万册，因为版税率高，出版社的收益就少了；预测 40 万册，卖了 10 万册，因为多付了 30 万册的版税，出版社的收益还是少。所以，准确预测销售水平，对出版社来说非常重要。

怎么预测呢？用大数据吗？可是出版社没有大数据。除了大数据、云计算、人工智能这些高大上的方法之外，有没有“土炼钢铁”的方法可以拿来就用呢？出版社可以尝试一种很土但是很有效的方法：德尔菲法。

德尔菲法是一种预测方法，20 世纪 40 年代由 O.赫尔姆和 N.达尔克首创，由 T.J.戈尔登和兰德公司进一步发展。古希腊有一座名城叫德尔菲，相传城中的阿波罗圣殿能预测未来。德尔菲法因此得名。简单来说，德尔菲法就是“把专家的独立观点不断收敛”的预测法。回到最初的案例，用德尔菲法来预测这本书的销量。

第一，邀请专家。从各个领域邀请 20 位真正权威的专家，比如，经验丰富的出版人，

---

① 资料参见：刘润.5 分钟商学院：工具篇[M].中信出版社，2017.

新华书店、机场书店等线下渠道负责人，当当、亚马逊、京东等电商渠道负责人，文化产业资深人士，读书俱乐部负责人，书评家，读者等等。同时，准备一些基础资料，比如同品类的书、同风格的书在过去几年的全渠道销量数据、作者的背景、图书内容等，作为专家们预测的依据。

第二，独立预测。不要把 20 位专家召集在一起开会讨论。一些专家的意见可能会影响另一些专家的判断请每位专家独立认真地根据提供的数据和自己的经验，提供三个数字：最低销售量、最高销售量和最可能销售量，并给出理由。比如，最少卖 25 万册；这个题材，这个作者，说不定能卖 70 万册；最有可能卖 40 万册。

第三，统计回归。把 20 位专家的意见收集起来，归纳整理后，匿名反馈给各位专家，然后请专家们参考别人的意见，对自己的预测重新考虑。接着，再把 20 位专家的意见收集起来，归纳整理后，再匿名反馈给各位专家，请专家做第三次预测、第四次预测。第四次预测时，大部分专家已经不再修改自己的意见，彼此的预测也越来越接近（专业术语叫"收敛"）。

第四，分析结果。经过计算，20 位专家最终预测出结果：最低销量平均是 26 万册，最高销量平均是 60 万册，最可能销量平均是 46 万册。

然后，用"主观概率加权平均法"，赋予最低销量 25％的概率，最高销量 25％的概率，最可能销量 50％的概率。专家们预测最终的销量是：

$$26\text{ 万册}\times 25\% + 60\text{ 万册}\times 25\% + 46\text{ 万册}\times 50\% = 44.5(\text{万册})$$

也就是说，德尔菲法预测的结果是：这本书能卖 44.5 万册。出版社可以大胆地和对方签署承销 40 万册、版税率 10％的合同了。千万不要小看德尔菲法。20 世纪中期，美国政府发动朝鲜战争时，兰德公司用德尔菲法预测：这场战争必败。政府完全没有采纳，结果一败涂地。从此以后，德尔菲法得到了广泛认可。

在概率树中，对条件发生的概率用德尔菲法做预测时，需要注意什么呢？

1.必须避免专家们面对面的集体讨论，而要由专家分别独立提出意见；

2.专家不一定是咨询公司，也可以是第一线的管理人员，甚至是客户。

○ 练习题

一、单项选择题

1.在企业的预测系统中，处于先导地位的是（　　）。

A.销售预测　　B.成本预测　　C.利润预测　　D.资金需要量预测

2.下列方法中属于专家们在互不通气情况下反复几次预测的方法是（　　）。

A.专家个人意见集合法　　B.专家小组法

C.德尔菲法　　D.综合判断法

3.（　　）一般适用于不具备完整的可靠历史资料，不能进行定量分析的企业。

A.判断分析法　　B.趋势预测分析法　　C.因果预测分析法　　D.产品寿命周期法

4.在采用加权平均法预测销售量时，确定的各期权数的数值应满足的要求是（　　）。

A.近小远大　　B.近大远小　　C.逐期递减　　D.前后一致

5.下列各种销售预测方法中，没有考虑远近期销售业务量对未来销售状况会产生不同影响的方法是（　　）。

A.移动平均法　　B.算术平均法　　C.加权平均法　　D.平滑指数法

6.下列销售预测方法中，属于因果预测分析的是（　　）。

A.指数平衡法　　B.移动平均法　　C.专家小组法　　D.回归直线法

7.假设平滑指数 $\alpha=0.6$，甲产品 9 月份的实际销售量为 600 千克，9 月份原预计销售量为 630 千克，则甲产品 10 月份的预计销售量为（　　）千克。

A.618　　B.600　　C.612　　D.630

8.已知某企业当年实现利润 20 000 元，预计下一年的销售量变动率为 10%，经营杠杆系数为 2.8，则下一年的利润预测额为（　　）元。

A.25 600　　B.24 000　　C.22 000　　D.560 000

9.甲公司计划在明年实现销售收入 800 000 元，若该公司每增加 1 元销售额需要筹资 0.45 元，且当年未分配利润为 200 000 元，则来年公司预计需要筹集的资金数额为（　　）元。

A.360 000　　B.160 000　　C.800 000　　D.200 000

10.运用销售百分比法预测资金需要量时，下列说法中错误的是（　　）。

A.货币资金、应收账款、存货等项目会随销售额的变动而变动，其变动额作为增加的资金需求量

B.应付账款、其他应付款等项目会随销售额的变动而变动，其变动额作为增加的资金需求量

C.预期的净利润都作为增加的资金供给量

D.预期的折旧额扣除用于更新改造后的资金可作为增加的资金供给量

二、多项选择题

1.定量分析法包括（　　）。

A.判断分析法　　B.专家小组法　　C.趋势预测分析法　　D.因果预测分析法

2.当预测销售量较为平稳的产品销量时，较为适宜的预测方法为（　　）。

A.算术平均法　　B.移动平均法　　C.因果预测分析法　　D.判断分析法

3.较大的平滑指数可用于（　　）情况的销量预测。

A.近期　　B.远期　　C.波动较大　　D.波动较小

E.长期

4.平滑指数法实质上属于（　　）。

A.算术平均法　　B.因果预测分析法

C.趋势预测分析法　　D.特殊的加权平均法

5.经营杠杆系数可通过以下（　　）公式计算。

A.利润变动率÷业务量变动率　　B.业务量变动率÷利润变动率

C.基期贡献边际÷基期利润　　D.基期利润÷基期贡献边际

6.目标利润的预测,需要了解和掌握企业历史上利润率的最高水平以及当前同行业或社会平均的利润率水平,从中选择某些先进、合理的利润率作为预测基础。可供选择的利润率主要有(　　)。

A.销售利润率　　B.产值利润率　　C.负债利润率　　D.资金利润率

7.影响目标利润的因素有(　　)。

A.产品单价　　B.产品单位变动成本

C.产品销售量　　D.固定成本

8.下列各项中,属于企业为实现目标利润应当采取的措施有(　　)。

A.在其他因素不变的情况下,提高单价

B.在其他因素不变的情况下,增加销售量

C.在其他因素不变的情况下,降低固定成本

D.在其他因素不变的情况下,降低单位变动成本

E.采取综合措施

9.具有生产能力潜力的企业采用销售百分比法预测资金需要量时,下列各项中应当列入随销售额变动的资产项目有(　　)。

A.应收账款　　B.存货　　C.货币资金　　D.固定资产

10.德尔菲法的特点有(　　)。

A.保密性　　B.反馈性

C.召开各种形式的座谈会　　D.集中判断

三、判断题

1.预测是为决策服务的,有时候也可以代替决策。(　　)

2.定性分析法与定量分析法在实际应用中是相互排斥的。(　　)

3.成本预测是其他各项预测的前提。(　　)

4.销售预测中的算术平均法适用于销售量略有波动的产品的预测。(　　)

5.因果预测法就是回归分析法。(　　)

6.在产品寿命的不同周期阶段,销售量的发展趋势是不同的。(　　)

7.目标利润基数可以按不同的利润率标准计算。(　　)

8.对利润敏感度指标进行排列时,单价的敏感度指标总是最高。(　　)

9.由于运用的前提和原理不同,因此定量分析法和定性分析法只能独立用于具体的预测分析项目,不可结合使用。(　　)

10.资金预测是在销售预测前必须进行的预测,因为销售预测是以资金预测为前提的预测。(　　)

四、名词解释

1.经营预测

2.销售预测

3.资金增长趋势预测法

4.定量销售预测

5.德尔菲法

五、简答题

1.简述经营预测的程序和方法。

2.简述定性分析法和定量分析法的区别与联系。

3.采用调查分析法进行销售预测时应当注意的问题有哪些?

4.如何预测资金需要量?

5.算术平均法与加权平均法各自的适用范围是什么?

六、计算分析题

1.资料:A 企业 1—6 月份销售甲产品的实际情况和预计情况如下表所示。

月份	1	2	3	4	5	6
实际销售量(台)	1 250	1 235	1 165	1 206	1 204	1 194
预计销售量(台)	1 200	1 000	1 300	1 200	1 170	1 350

要求:(1)采用算术平均法预测该企业 7 月份甲产品的销售量;

(2)采用加权平均法预测该企业 7 月份甲产品的销售量(假定 1—6 月份销售量的权数分别为 0.1,0.1,0.1,0.2,0.2,0.3);

(3)采用指数平滑法预测该企业 7 月份甲产品的销售量(假定平滑系数 $\alpha=0.7$)。

2.资料:B 机床厂只产销甲机床,20×9 年计划产量为 120 台,该厂近五年的机床产量及历史成本数据如下表。

年度	产量(台)x	总成本(元)y
20×4	20	16 000
20×5	80	29 200
20×6	60	32 400
20×7	40	26 800
20×8	100	46 000

要求:

(1)采用高低点法预测该厂 20×9 年的总成本和单位成本;

(2)采用回归直线法预测该厂 20×9 年的总成本和单位成本。

3.资料:C 企业 20×9 年预计下年度资金平均占用额为 400 000 元,同行业的资金利润率为 15%。企业生产并销售甲产品,甲产品单价为 50 元/件,单位变动成本为 40 元/件,下年度实际生产并销售甲产品 20 000 件,固定成本为 120 000 元。

要求:通过计算分析该企业是否达到目标利润。

4.资料:D 企业 20×8 年 12 月 31 日的资产负债表如下表所示。20×8 年度实现销售收入 8 000 万元,扣除所得税后可获得 5%的销售净利润,固定资产折旧金额为 100 万元。假设 20×9 年度销售收入增加到 12 000 万元;利润留存率为 70%;企业目前的生产能力能够满足需要。

20×8 年末资产负债表

单位:万元

资产	20×8 年	负债及所有者权益	20×8 年
货币资金	500	短期借款	1 000
应收账款	2 000	应付账款	1 500
存货	2 400	应交税费	100
固定资产	2 000	长期借款	1 200
长期股权投资	1 100	实收资本	4 000
无形资产	1 000	未分配利润	1 200
合计	9 000	合计	9 000

要求:根据以上资料预测该企业 20×9 年度的资金需要量,并编制预计资产负债表。

5.资料:E 企业只生产一种产品,已知本期销售量为 20 000 件,固定成本为 25 000 元,利润为 10 000 元,预计下一期销售量为 25 000 件。

要求:计算经营杠杆系数并预计下期利润额。

○ 案例分析

2003 年美的电器年报分析及经营预测①

在原材料成本增加、空调压缩机短缺等不利因素的影响下,2004 年空调行业依然保持了火爆的销售势头。据估计,2004 年空调内销增长率将超过 40%,出口增长率将超过 100%。作为行业内的知名企业——美的电器(000527),2004 年上半年的空调销售也取得了不错的业绩,预计美的电器 2004 年的空调销量将突破 600 万台,压缩机销量也将达到 560 万台左右。但是,若想对美的电器进行全面的分析,还不能只看空调一种产品。

一、空调拉着小家电跑

美的电器是一家以家用空调为核心业务的家电类上市公司。受益于空调行业的高速成长,2003 年美的电器取得了不俗的业绩,公司主营业务收入达 137.6 亿元,同比增长 26.63%,主营业务利润 30.3 亿元,同比增长 9.86%,实现利润总额 3.72 亿元,比上年下降 6.06%,其中净利润 1.68 亿元,同比增长 8.63%(见表 1)。

---

① 资料参见:王明德.2003 年美的电器年报分析及经营预测[J].电器,2004(11):44-46.

表 1　主要盈利产品 2003 年经营情况

主要产品	产品销售收入(百万元)	产品销售成本(百万元)	毛利率(%)	市场占有率(%)
空调	7 033.48	5 165.32	26.56	15
风扇	1 105.22	955.17	13.58	34
电饭煲	768.01	602.36	21.57	32
压缩机	979.32	702.76	28.24	12
电视	923.92	857.14	7.23	30

资料来源:上市公司年报

公司主营业务收入大幅增长,但净利润增长幅度却不大,其原因主要在于小家电业务的亏损。从公司的财务报表看,2003 年,美的电器的小家电业务亏损超过 2 亿元。不过从我们了解到的情况看,美的小家电业务一直处于行业龙头地位,其生产规模和市场占有率都很高,而且进入时间也较早,产品成熟程度和营销管理水平并不低。从经营角度分析,很难理解目前小家电业务入不敷出的现状,所以美的电器在小家电领域是否存在隐藏利润现象目前还不好判断。美的小家电业务中,电风扇和电饭煲是盈利的,而微波炉、洗碗机、厨具等其他小家电产品基本上都是亏损的。有传言说美的可能剥离小家电业务到集团公司,目的是想通过提高业绩来进行额度更大的再融资,但公司方面的权威说法是做大做强小家电业务,2004 年的具体目标则是继续减亏。从 2003 年经营情况来看,如果小家电业务全部剥离的话,美的电器的每股收益将从目前的 0.35 元大幅提高到 0.75 元,经过测算如果美的电器的小家电业务能够减亏一半,公司的每股收益就可提高 0.20元。

2003 年,美的空调销量大约在 380 万台,销售收入为 70.33 亿元,较 2002 年增长 24.06%,收入增长幅度应该说并不算大,产品价格下降是制约收入增长的主要原因。2004 年上半年,空调行业销售形势喜人,内销、出口均有较大幅度的增长,而且在原材料价格大幅上涨后竞争形势更有利于优势企业,因此美的、格力等优势企业 2004 年的经营情况更乐观。估计美的空调 2004 年的销量增长应在 50%以上,全年销量可以达到 600 万台甚至更高,空调整机销售收入增长率可超过 40%,即 2004 年空调整机实现销售收入 98 亿元或更高。

受空调销量迅速提高影响,2003 年以来压缩机供给开始出现缺口。在此背景下,美的自身配套能力强大的优势开始发挥积极作用。美的拥有美芝压缩机厂 60%的股份,2003 年美芝的压缩机产量约 400 万台,市场占有率超过 14%。但美的空调大约只有 25%使用美芝压缩机,自给率并不高。2004 年美芝压缩机产量预计增长 40%以上,规模可达到 560 万台左右,由于外部供应形势紧张,2004 年自给率预计可以提高到 40%以上。

2003 年,在原材料价格大幅上涨之后,空调行业的品牌整合速度明显加快,部分生产规模不大的小品牌开始大规模淘汰出局。目前美的空调在国内市场的占有率已经位居前三名。

二、空调同行业分析

从同行业上市公司横向比较情况看(见表 2)，2003 年美的空调销量为 380 万台，规模仅次于格力(海尔空调有一部分由集团控制，不在上市公司统计范围内，海尔品牌空调的全部销量为 400 万～500 万台)。

表 2　主要上市公司 2003 年空调产品经营情况比较

公司	销售(万台)	销售收入(亿元)	毛利率(%)
格力	516	100.42	17.57
美的	380	70.33	26.56
海尔	320	59.96	12.44
春兰	170	31.16	18.61
科龙	150	26.8	24.03

说明：美的销量从公司证券部获得，海尔销量为公司证券部估算数据，春兰、科龙销量为国都证券研究中心估算数据。

资料来源：上市公司年报、国都证券研究中心

主要上市公司中美的空调的毛利率是最高的。我们分析格力空调的毛利率较低主要是因其特殊的分销体制决定的，格力目前仍保留着庞大的中间分销商队伍，为保证中间商的利益而有所压价的销售机制是格力毛利率偏低的主要原因。

为分析 2004 年美的电器在同行企业中的优势，我们选择了格力电器、青岛海尔、春兰股份、科龙电器四家主要公司进行比较(见表 3)。

表 3　主要相关上市公司估值情况比较

公司	每股净资产(元)	每股收益(元)	收盘价(元)	市净率	市盈率	EV/EBIT
美的电器	4.90	0.35	8.77	1.71	25.33	6.88
格力电器	4.05	0.63	11.65	2.78	18.55	6.28
青岛电器	6.76	0.46	5.72	1.25	18.55	7.81
春兰股份	5.84	0.12	5.89	1.01	49.76	13.17
科龙电器	2.83	0.20	6.02	2.09	29.54	5.32
均值	4.88	0.35	7.61	1.77	28.34	7.89

说明：股价为 2004 年 7 月 30 日数据，财务数据为 2003 年年报数据。

资料来源：财华信息

从指标比较结果看，美的电器的主要财务、价值指标均处于行业平均水平附近，似乎并无太多引人注目的地方，但容易被市场忽视的是美的电器的上述业绩是在小家电业务亏损 2.48 亿元的基础上取得的。从目前情况看，美的小家电业务 2004 年减亏已成定局，剥离亏损的威灵电机也对公司经营构成利好，而且与东芝开利合作推向深入后空调压缩机技术水平将日趋提高。

总体来看，美的的空调业务经营情况还是很稳健的。据了解，2004 年上半年美的空

调内销量增长 50%以上，出口量较 2003 年同期增长超过 100%，2004 年全年业绩大幅提升已经有了可靠基础。

三、新增产能分布

空调器：2004 年年初，美的子公司广东美的制冷设备有限公司与 YUTA COMPANY 签署共同投资协议，决定合资成立美的武汉制冷设备有限公司。协议规定合资公司初始注册资本为 1 000 万美元，其中美的制冷出资 750 万美元，持股 75%；YUTA COMPANY LIMITED 出资 250 万美元，持有 25%股份；随后美的又将 20%的股份转让给了东芝开利，美的仍然控股。该合资公司规划在 2004 年至 2006 年三年间共计投资人民币 7.6 亿元，在武汉经济技术开发区建成年产 250 万台空调的生产基地。计划 2004 年完成首期投资 1.9 亿元，形成 60 万台产能。

2003 年，美的还完成了家用空调技改扩能项目建设，该项目投资 12 071 万元，投产后新增家用空调综合产能 100 万台，新增空调钣金配套产能 130 万台。

空调压缩机：2004 年 4 月，美的与日本东芝开利株式会社签订共同投资成立广东美芝精密制造有限公司的协议，协议规定合资公司初始注册资本为 774 万美元，其中美的出资 464.4 万美元，东芝开利出资 309.6 万美元。该合资公司计划 2005 年 3 月前完成首期投资 1.6 亿元，形成年产 100 万台压缩机的生产能力；合资公司最终产能将达到 300 万台。

另外，2003 年通过扩能改造，美芝压缩机厂的产能由原来的 300 万台提高到 400 万台。

小家电：微波炉新工厂项目共投资 9 414 万元，目前产能达到 450 万台。风扇合资项目共投入 22 772 万元，于 2003 年底开始投入生产，由于公司未披露该数据，我们也没有去实地调研，因此产能数据目前还不清楚。

四、出售资产对盈利的影响

2004 年 6 月，美的将其在内部重组调整后下属子公司美的制冷、芜湖制冷、商用空调、武汉制冷中持有的 20%股权转让给东芝开利。其中美的制冷 20%股权的转让价格为 6 960 万元；芜湖制冷 20%股权的转让价格为 18 257 万元；商用空调 20%股权的转让价格为 1 460 万元；武汉制冷 20%股权的转让价格为 1 323 万元。上述交易总计交易价款为 28 000 万元。美的此举的意图主要是希望通过引入战略合作伙伴获得空调领域的核心技术，增强长久竞争实力，但此次出让股权短期内将分流公司利润。按 2003 年空调产品大约 5.4 亿元的净利润水平静态估算，此次股权转让每年将分流利润 1.07 亿元。

威灵电机是美的电器和美的集团共同投资设立的一家公司，其中美的电器控股 75%，美的集团控股 25%。该公司主要生产经营塑封电机、铁壳电机等产品。2004 年上半年，美的电器将持有威灵电机 75%的股份全部转让给了集团公司，转让价格为 18 619.48万元，当初美的电器的投资额为 15 126.5 万元，此次股权转让可形成投资收益 3 493万元（公司披露的数据是 3 673.61 万元，多出部分可能是集团支付给上市公司的延期补偿金）。威灵电机近年来持续亏损，2003 年度亏损 1 958.8 万元，其中美的电器权益亏损1 469.1万元。转让威灵电机给集团公司对上市公司来说等于甩掉一个包袱，此次转让预计将对 2004 年的盈利产生明显的正面影响。

五、拨开谜团用数据说话

如果了解美的电器的组成，我们就不难从产品分类角度入手把美的产品分为空调系列和小家电系列两大类。空调系列主要是空调器、空调压缩机和电机，由于威灵电机已从上市公司中剥离出去，因此空调系列产品我们只分析空调整机和压缩机；小家电系列主要是电饭煲、电风扇、微波炉、洗碗机等产品。我们对美的电器未来两年业绩的预测(见表 4)。

1.2004 年美的业绩预测框架

空调整机产品：综合内销和出口因素，我们认为 2004 年美的空调销量可增 55%左右。毛利率下降约 10%到 24%，据此计算，销售收入可增长 50%左右。预测 2004 年期间费用率降至 18%左右，由此推算空调整机产品的净利润率可达到 6%，提供净利润约 6.33亿元。

空调压缩机：压缩机产量 2003 年大约在 400 万台，我们分析 2004 年可增至 560 万台左右，全年毛利率水平达到 23%，预测 2004 年压缩机销售收入至少增长 32%，即达到 12.92亿元的水平。据此推算压缩机产品净利润率可达到 5%，预测 2004 年美芝压缩机产品可提供净利润 0.65 亿元。

小家电产品：我们分析得到，2004 年美的的小家电业务至少可以减亏 50%。收入规模测算上，预测 2004 年小家电整体销售收入可增长 20%左右，达到 57.9 亿元左右的水平。最终保守预测小家电业务 2004 年整体亏损 0.79 亿元。

盈利预测：主营业务收入＝105.5 亿元(空调整机)＋12.92 亿元(压缩机)＋57.9 亿元(小家电)＝176.32 亿元；营业利润＝6.33 亿元(空调整机)＋0.65 亿元(压缩机)－0.79 亿元(小家电)＋0.095 亿元(其他业务利润估算值)＝6.285 亿元；每股收益 0.553 元；每股净资产 5.39 元；净资产收益率 10.26%。

2.2005 年业绩预测框架

空调整机产品：预测 2005 年空调销量增长 40%，毛利率下降约 5%到 23%的水平。据此计算销售收入可增长 35%左右，预测公司整体期间费用率上升到 18.5%，由此推算空调整机产品的净利润率为 4.5%。据上述假设计算出 2005 年空调整机销售收入为 142.43亿元，提供净利润 6.41 亿元。

空调压缩机：预测 2005 年压缩机产量增长 20%，达到 670 万台左右。我们分析压缩机供求形势将在 2005 年达到平衡，预测 2005 年压缩机销售收入增长 20%左右，实现销售收入 15.5 亿元，毛利率下降到 22%，净利润率为 3.5%，预测 2005 年压缩机产品提供净利润 0.54 亿元。

小家电产品：预测目前亏损的小家电产品 2005 年盈亏达到平衡，小家电产品销售收入增长率仍在 20%左右，由此计算 2005 年小家电产品销售收入为 69.48 亿元。预测电风扇和电饭煲两个产品继续盈利，两个产品提供的净利润增长 15%，达到 0.52 亿元。

盈利预测：主营业务收入＝142.43 亿元(空调整机)＋15.5 亿元(压缩机)＋69.48 亿元(小家电)＝227.41 亿元；营业利润＝6.41 亿元(空调整机)＋0.54 亿元(压缩机)＋0.52 亿元(小家电)＋0.096 亿元(其他业务利润估算值)＝7.566 亿元；每股收益 0.580 元；每股净资产 5.93 元；净资产收益率 9.78%。

表 4　美的电器业绩预测

盈利	主要收入（万元）	净利润（万元）	每股收益（元）	每股净资产（元）	净资产收益率（%）
2002(实际)	1 086 715.68	15 456.68	0.32	4.53	7.04
2003(实际)	1 376 138.10	16 790.95	0.35	4.9	7.06
2004(预测)	1 763 200.00	26 793.68	0.553	5.39	10.26
2005(预测)	2 274 100.00	28 142.86	0.58	5.93	9.78

资料来源：上市公司年报、国都证券研究中心

案例分析提示：

(1)对你所熟知的产品或业务进行调查，收集资料，对未来需求情况进行预测。

(2)写出预测分析报告。

(3)提出关于这一产品或业务未来的发展策略。

(4)思政思考题：党的二十大报告提出，“要坚持以推动高质量发展为主题，把实施扩大内需战略同深化供给侧结构性改革有机结合起来，增强国内大循环内生动力和可靠性”，在企业经营预测中，管理会计人员应如何贯彻该要求？

第 5 章

短期经营决策

思维导图

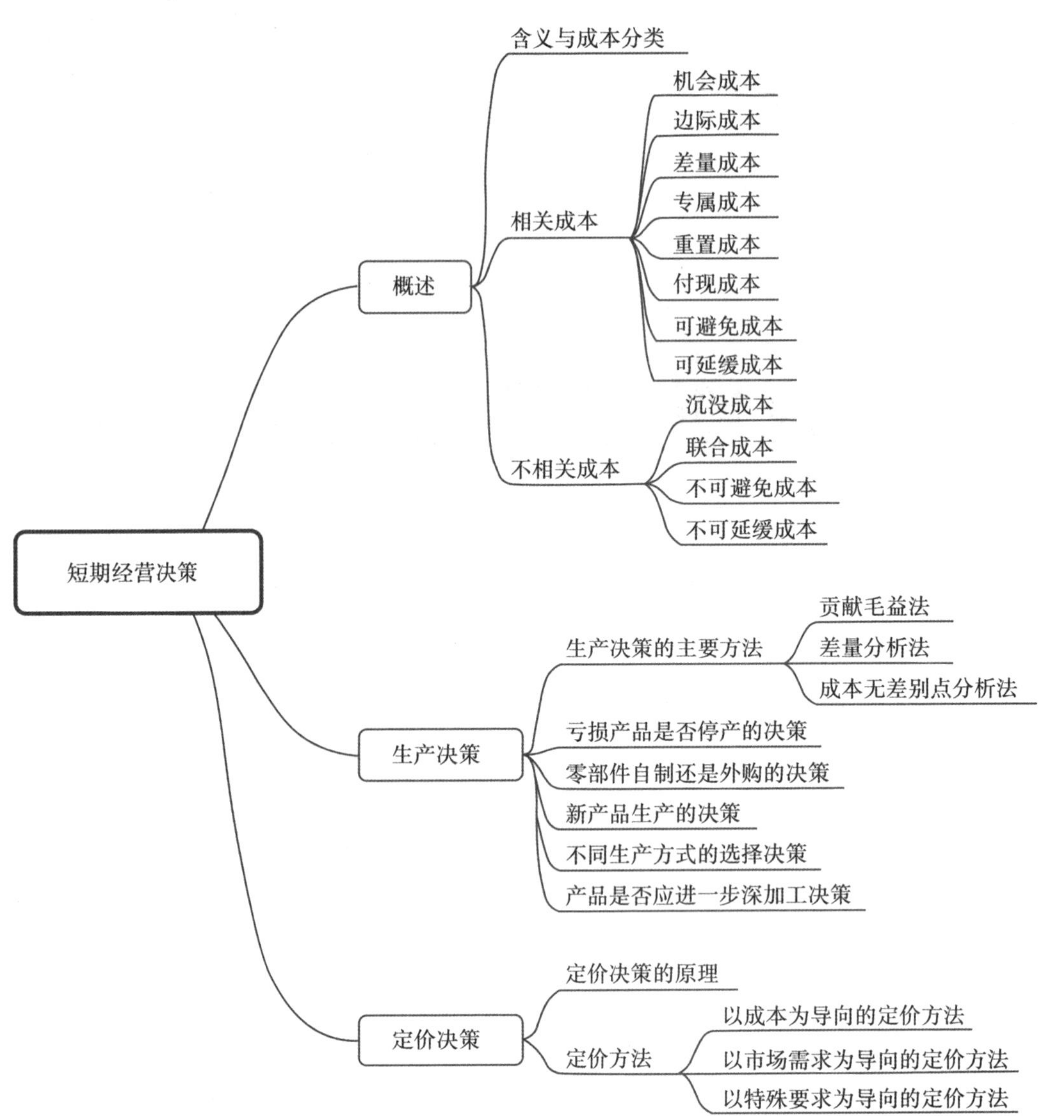

学习目标

短期经营决策是指其所决策的事项只影响一个年度的盈利，仅对当年的收支盈亏产生影响的事项进行的决策，本章主要内容包括生产决策和定价决策。学习具体目标包括：

◇知识目标

掌握短期经营决策的内容、决策方法以及经营决策理论，用以分析和解决生产和定价问题。

◇能力目标

能够分析确定决策的类型；运用决策方法选择方案；能够使用 Excel 进行决策分析。

◇思政目标

在理解决策分析的基础上，培养学生的创业思维和团队意识，树立企业管理会计工作人员应结合企业实际为企业降本增效、提升价值的观念。

5.1 短期经营决策概述

企业管理的重心在经营，而经营的重心在决策。决策按影响期长短，可分为短期经营决策和长期投资决策。本章专门研究短期经营决策。短期经营决策指其所决策的事项只影响一个年度的盈利与亏损，或者说仅对当年的收支盈亏产生影响的事项进行的决策，主要包括生产决策和定价决策。短期决策的重点在于怎样使现有的人力、物力和财力得到充分、合理、有效的利用，以取得最佳的经济效益。

5.1.1 短期经营决策的内容

短期经营决策的具体内容较多，可概括为生产决策、定价决策两类。

生产决策指在短期内，围绕生产什么新产品、采用何种生产方式生产、自制还是外购、要不要进一步加工半成品和是否停产亏损产品等问题进行的决策。

定价决策指在短期内，围绕如何确定销售产品价格问题而进行的决策。定价决策方法通常包括以成本为导向的定价方法、以市场需求为导向的定价方法、以特殊要求为导向的定价方法等。

5.1.2 短期经营决策的基本概念

5.1.2.1 相关成本

(1)机会成本。机会成本是指经营决策中选择某个最优方案而放弃次优方案的可计量价值，也可以理解为是不选其他方案而付出的代价。在财务会计中，由于机会成本不构成企业的实际成本支出，故不在任何会计账户中记录。企业经营管理中，经济资源总是有限的，选择某一经营方案必然意味着要放弃其他的获利机会，因此管理会计决策中应考虑机会成本因素。

例 5-1

ABC 公司现有一机器设备，可以用来生产 A 产品也可以用于出租。如果选择生产 A

产品，其收入为 50 000 元，成本费用为 20 000 元，可以获利 30 000 元；选择出租可获得租金 25 000 元。如果选择用于生产，则必然放弃出租方案，则放弃的租金收入 25 000 元应作为生产 A 产品的机会成本，由 A 产品负担。在做决策时，考虑机会成本后便可以看出，用机器设备生产 A 产品比用来出租可以多获利 5 000 元。

(2)边际成本。边际成本是指当产品产量发生无限小变化时成本的变化量。在管理会计中，边际成本是产量每增加或减少 1 个单位所引起的成本变动额。

(3)差量成本。广义的差量成本是指一个备选方案的预期成本和另一个备选方案的预期成本之差。狭义的差量成本是指某一备选方案由于增加或减少产量而形成的成本之差。

差量收入和差量成本相对应，是指两个备选方案的预期收入之差。差量收入减去差量成本就能够得到差量利润。

例 5-2

ABC 公司现需要 1 000 个 A 零件，可以自制可以外购。如果自制，单位变动成本为 4 元，固定成本 800 元；外购单价为 7 元。自制或外购决策成本计算如表 5-1 所示。

表 5-1　自制、外购决策成本计算表

项　　目	外购	自制	差量成本
采购成本(元)	1 000×7=7 000		
变动成本(元)		1 000×4=4 000	
固定成本(元)		800	
总成本(元)	7 000	4 800	2 200

(4)专属成本。专属成本是指可以明确归属到某种、某批产品或某个项目(部门)成本之中的固定成本。例如开发某种新产品而购置专用机器设备的购置成本。专属成本是与决策有关的成本，必须予以考虑。

(5)重置成本。重置成本指目前从市场上购置一项原有资产所需要支付的成本。有些备选方案需要动用企业现有的资产，在分析评价时不能根据账面成本来估计，而应该以重置成本为依据。例如，ABC 公司有一种库存商品，其账面单位成本为 200 元，重置成本为 250 元。若按历史成本考虑，售价定为 230 元，那么可获利 30 元；但是这种商品出售后再依据重置成本补进时，反而每件亏损 20 元。不难看出，重置成本在决策中是不可忽视的重要因素。

(6)付现成本。付现成本是指需要在将来或最近期间支付现金的成本，是一种未来成本。付现成本是在某项决策需要付现但又要全面衡量该项决策在经济上是否真正有利时，应予以认真考虑的，尤其是在企业资金紧张时更应慎重对待。

(7)可避免成本。当决策改变时，这项成本可以避免其数额发生变化，这样的成本就是可避免成本。例如，利用挖掘潜力、改进劳动组织的办法去代替原先增加人员的方案节省下来的人工支出，就是可避免成本。

(8)可延缓成本。是指已经选定,但可以延期实施而不会影响大局的某方案相关联的成本。

5.1.2.2 不相关成本

(1)沉没成本。沉没成本是指过去已发生,且无法由现在或未来的任何决策改变的成本。可见沉没成本是对现在或将来的任何决策都无影响的成本,所以在决策时不予考虑。

例 5-3

ABC 公司有一处厂房,原始价值为 100 000 元,已计提折旧 20 000 元,现由于生产能力扩张,导致该厂房无法满足现有生产需求,在做出继续使用旧厂房还是购建新厂房决策时,应该考虑的因素是旧厂房的变现价值、购建新厂房的成本和新厂房能够带来的收益和节约的成本,而旧厂房的已提折旧则属于沉没成本,故无须加以考虑。

(2)联合成本。指需要由多种产品或多部门共同负担的成本,如管理人员工资、几种产品共同的设备折旧等。联合成本是和决策无关的成本,决策时可以不予考虑。

(3)不可避免成本。是指通过管理决策行动而不能改变其数额的成本。例如,企业现有的厂房、建筑物等固定资产的年折旧费。

(4)不可延缓成本。指即使财力有限也必须在企业计划期间发生,否则就会影响企业大局的已选定方案的成本。例如,企业旧厂房被暴雨冲击而发生较大裂痕,必须在计划期间内大修,否则会造成严重后果。

需要特别指出的是,将成本划分为相关成本和不相关成本两大类对于企业进行短期经营决策具有十分重要的意义,它可以使企业在决策中避免把精力耗费在收集那些无关紧要的信息和资料上,减少得不偿失的劳动。当然,在实际的决策中,我们一定要根据具体情况作细致的分析,切不可根据一般的原则进行机械的分类。

5.1.3 短期经营决策的步骤

5.1.3.1 明确决策问题和目标

在一项决策做出之前,企业首先应该明确是否接受客户的订单、生产何种产品等问题。弄清楚这些问题后,就应该对决策的标准进行界定。只有明确决策问题和目标以后,才能进行下一个步骤。

5.1.3.2 收集相关资料

明确决策问题和目标后,就应该收集与决策有关的资料,充分考虑资料的有用性,哪些资料是有用的,哪些资料是无用的,找到与决策有关的资料才能制定备选方案。

5.1.3.3 制定备选方案

在收集相关资料和数据后,应充分考虑现实与可能,设计制定各种可能实现的目标和备选方案。备选方案的制定要集思广益,要尽可能详细,以便分析各个方案的优劣。

5.1.3.4 对备选方案做出评价,选择最优方案

评价方案应该从定性和定量两个角度来进行,从各个方面分析方案的可行性和优劣。这一过程是正确决策的关键。

5.1.3.5 决策方案的实施与控制

在方案的实施过程中，可能出现不曾预料的新情况，这就需要对原方案进行调整和修改。对方案实施过程的监控，可以保证决策的顺利进行。

5.2 生产决策

生产决策是企业短期经营决策的重要内容，是针对企业短期内（或者当前经营规模范围内）是否生产、生产什么、怎样组织生产等问题进行的相关决策。典型的生产决策包括亏损产品是否需要停产的决策、零部件自制还是外购的决策、特殊订单是否接受的决策、限制资源如何最有效利用的决策、产品是否进一步深加工的决策等。

5.2.1 生产决策的基本方法

5.2.1.1 贡献毛益分析法

贡献毛益分析法是指在成本性态分析的基础上，通过对比各备选方案贡献毛益的大小来确定最优方案的分析方法。

在这里，"贡献"指企业的产品或劳务对企业利润目标实现所做的贡献。传统会计认为只有当收入大于完全成本时，才形成贡献；而管理会计则认为只要收入大于变动成本就形成了贡献。由于固定成本总额在相关范围内不随着业务量的增减而变动，因此收入减去变动成本后的差额（即贡献毛益）越大，则减去不变的固定成本后的余额（即利润）也越大。简而言之，贡献毛益的大小反映了备选方案对企业目标利润所做贡献的大小，但当决策中涉及追加专属成本时，就无法直接使用贡献毛益大小进行比较，此时，应该使用剩余贡献毛益指标，即该方案的贡献毛益与专属成本之差。

运用贡献毛益法进行备选方案选择时，应该注意以下几点：

第一，如果不存在专属固定成本，通过比较不同备选方案的贡献毛益总额即可进行择优选择。

第二，如果存在专属固定成本，应计算并比较备选方案的剩余贡献毛益（贡献毛益总额减专属固定成本后的余额），进行择优选择。

第三，如果企业的某项资源（如原材料、人工工时、机器小时等）受到限制，应通过计算并比较各备选方案的单位资源贡献毛益额进行择优选择。

第四，贡献毛益总额的大小取决于单位产品贡献毛益额大小和产品的产销量，择优选择时应选择贡献毛益总额最大的方案。也就是说决策时，不能只根据单位产品的贡献毛益额来进行择优选择，因为单位产品贡献毛益额大的产品，未必能提供最大的贡献毛益总额。

例 5-4

ABC 公司现有的生产能力是 50 000 机器工时，现有生产能力利用程度为 80%。现准备用剩余生产能力开发新产品 A、B 或 C。新产品的有关资料如表 5-2 所示。

表 5-2　新产品相关资料表

项　　目	A 产品	B 产品	C 产品
单位产品定额工时(小时)	3	3	4
销售单价(元)	20	30	40
单位变动成本(元)	16	20	30

根据对新产品的考察，生产 C 产品需要增加专属设备 3 000 元。在 A、B、C 产品市场销售不受限制的情况下，采用贡献毛益法做出该企业生产哪种产品的决策。

企业现有剩余机器工时 10 000 小时，根据以上已知数据编制分析表，如表 5-3 所示

表 5-3　新产品决策分析表

项　　目	生产 A 产品	生产 B 产品	生产 C 产品
最大产量(件)	3 333	3 333	2 500
单位销售价格(元)	20	30	40
单位变动成本(元)	16	20	30
单位贡献毛益(元)	4	10	10
专属成本(元)			3 000
贡献毛益总额(元)	13 332	33 330	25 000
剩余贡献毛益总额(元)			22 000
单位产品定额工时(小时)	3	3	4
单位工时贡献毛益(元)	1.33	3.33	2.2

从分析来看，生产 B 产品最为有利。首先 B 产品的贡献毛益总额 33 330 比 A 和 C 产品大，另外 B 产品的单位工时贡献毛益额为 3.33，大于 A 产品的单位工时贡献毛益 1.33，C 产品的单位工时贡献毛益 2.2。可以看出不论从贡献毛益总额来判断，还是从单位工时贡献毛益额来判断，B 产品的生产方案是最优的。

需要注意的是，尽管 B 和 C 产品的单位贡献毛益额相同，但是由于 B 产品的产量远远大于 C 产品，其贡献毛益总额仍然是最大的。

5.2.1.2 差量分析法

差量指的是两个备选方案同类指标间的数量差异。差量包括差量收入、差量成本和差量损益三类。差量收入则指两个备选方案预期收入之间的数量差异；差量成本指两个备选方案预期成本之间的数量差异；差量损益指差量收入和差量成本之间的数量差异。差量分析法即将两个备选方案的收入、成本进行比较，计算其差量收入、差量成本、差量损益，并在此基础上选择最优方案的一种方法。

差量的三个类别间关系可用下列公式表示：

差量收入＝A 方案预期收入－B 方案预期收入
差量成本＝A 方案预期成本－B 方案预期成本
差量损益＝A 方案预期损益－B 方案预期损益
＝差量收入－差量成本

如果差量损益＞0 时，说明 A 方案可取，反之说明 B 方案可取。

另外需要注意的是，差量分析法仅适用于两个方案间的比较，如果要在多个方案间选择，则需要进行两两比较、分析，逐步筛选，才能选择出最优方案。

例 5-5

ABC 公司现计划生产 A 产品或 B 产品，两种产品的预期售价、销量和单位变动成本资料如表 5-4 所示。请根据以下资料，做出生产哪种产品对企业较为有利的决策。

表 5-4　产品销售、成本资料表

项　　目	A 产品	B 产品
预期销售数量(件)	800	600
预期销售单价(元)	42	50
单位变动成本(元)	25	30

首先，计算生产 A 产品和生产 B 产品的差量收入。

差量收入＝(42×800)－(50×600)
＝33 600－30 000
＝3 600(元)

其次，计算生产 A 产品和生产 B 产品的差量成本。

差量成本＝(25×800)－(30×600)
＝20 000－18 000
＝2 000(元)

最后，计算差量损益。

差量损益＝3 600－2 000
＝1 600(元)

通过分析，可以看出生产 A 产品比生产 B 产品多获利 1 600 元，所以应选择生产 A 产品。如果计算结果差量损益为负值，即为差量损失，则应选择生产 B 产品。

颠倒两种产品的分析位置重新分析，会发现其计算结果相同，可见差量分析法并不严格要求哪种方案是比较方案，哪种方案是被比较方案，只要遵循同一处理原则，就可以得出正确结论。

5.2.1.3 成本无差别点分析法

成本按照性态来进行分析,任何方案的总成本都可以表达为 $y=a+bx$。当在两个方案中进行择优选择时,如果这两条直线不平行,则必定有交点,这个交点对应的就是两个方案成本相等时的产销量,即为两个方案的成本无差别点。成本无差别点是指在该业务量水平上,两个不同方案的总成本相等,但当高于或低于该业务量水平时,不同方案就具有了不同业务量优势区域。利用成本无差别点分析法的原理就是,对比不同方案的不同业务量优势区域,进行最优化方案的选择。

设:x 为成本无差别点业务量;a_1、a_2 为方案 1、方案 2 的固定成本总额;b_1、b_2 为方案 1、方案 2 的单位变动成本;y_1、y_2 为方案 1、方案 2 的总成本。则两个方案的总成本直线方程为:

$$\begin{cases} y_1=a_1+b_1x \\ y_2=a_2+b_2x \end{cases}$$

根据在成本无差别点上两个方案总成本相等的原理,令 $y_1=y_2$,则 $a_1+b_1x=a_2+b_2x$,公式变形以后可以得到无差别点的业务量 $x=\dfrac{a_2-a_1}{b_1-b_2}$。成本无差别点如图 5-1 所示。

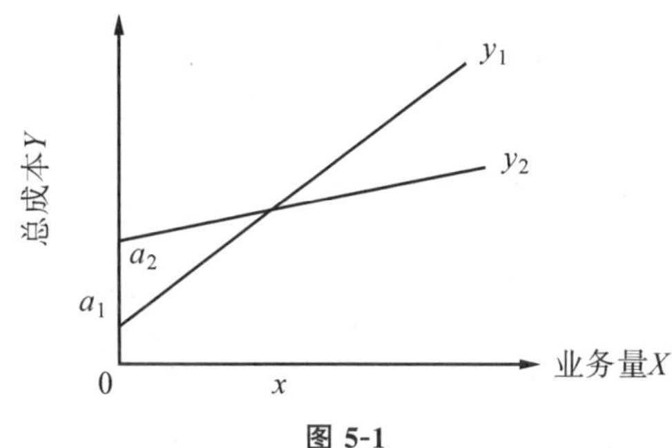

图 5-1

可见,整个业务量被成本无差别点分割为两个区域:$0\sim x$ 和 $x\sim+\infty$(见图 5-1)。在成本无差别点 x 上,由于方案 1 和方案 2 的总成本相等,因此两个方案都可取;而低于或高于该点,方案 1 和方案 2 如何选择,应通过选取数据代入 y_1 和 y_2 两个公式来确定。

例 5-6

ABC 公司现生产某一机器配件,有两种工艺方案可以供选择。有关成本数据如表 5-5 所示。

表 5-5　新旧工艺成本数据

工艺方案	固定成本总额(元)	单位变动成本(元)
新方案	500 000	300
旧方案	400 000	500

根据以上数据,利用产量成本关系,确定新、旧总成本公式如下:

$$\begin{cases}\text{新方案 } y_1 = 500\ 000 + 300x \\ \text{旧方案 } y_2 = 400\ 000 + 500x\end{cases}$$

令 $y_1 = y_2$，则 $x = \dfrac{500\ 000 - 400\ 000}{500 - 300} = 500$(件)，得到成本无差别点产量为 500 件。

(1)当产量<500 件时，假定产量为 400 件，新旧方案的总成本为：

新方案：

$$y_1 = 500\ 000 + 300x = 500\ 000 + 300 \times 400 = 6\ 200\ 000$$

旧方案：

$$y_2 = 400\ 000 + 500x = 400\ 000 + 500 \times 400 = 6\ 000\ 000$$

即旧方案优于新方案。

(2)当产量>500 件时，假定产量为 600 件，新旧方案的总成本为：

新方案：

$$y_1 = 500\ 000 + 300x = 500\ 000 + 300 \times 600 = 6\ 800\ 000$$

旧方案：

$$y_2 = 400\ 000 + 500x = 400\ 000 + 500 \times 600 = 7\ 000\ 000$$

即新方案优于旧方案。

(3)当产量=500 件时，新旧方案的总成本为：

新方案：

$$y_1 = 500\ 000 + 300x = 500\ 000 + 300 \times 500 = 6\ 500\ 000$$

旧方案：

$$y_2 = 400\ 000 + 500x = 400\ 000 + 500 \times 500 = 6\ 500\ 000$$

即新方案与旧方案总成本无差别，均可取。

5.2.2 新产品生产的决策

制造类企业经常会面临生产何种新产品的问题，也就是企业不能同时满足多种产品的生产需求，必须根据现有的资源条件，在各种产品之间做出选择。选择的标准为生产哪种产品在经济上最为合算，能为企业提供更多的利润。此类决策所采用的方法一般以贡献毛益法和差量分析法为主。

例 5-7

ABC 公司现有 A、B 两种产品在产，由于剩余生产能力有限，计划投产新产品 C 或 D 其中一种。企业的固定成本为 2 500 元，并不因为新产品投产而增加。其他数据资料如表 5-6 所示。

表 5-6　产品数据资料

项　　目	A 产品	B 产品	C 产品	D 产品
产销数量(件)	200	100	150	80
销售单价(元)	80	65	90	45
单位变动成本(元)	64	36	65	28

该企业的固定成本为 2 500 元，并不因为新产品投产而增加。所以只要分别计算出 C、D 产品提供的贡献毛益，经过对比便可做出决策，详见表 5-7。

表 5-7　产品贡献毛益计算表

项　　目	C 产品	D 产品
销售数量(件)	150	80
销售单价(元)	90	45
单位变动成本(元)	65	28
单位贡献毛益(元)	25	17
贡献毛益总额(元)	3 750	1 360

经过计算，C 产品的贡献毛益总额大于 D 产品的贡献毛益总额 2 390 元(3 750－1 360)，可见生产 C 产品优于 D 产品。

例 5-8

依照上例，加入 C 产品有专属固定成本，该成本表现为专用设备折旧费 2 610 元，D 产品有专属固定成本 150 元，则有关分析如表 5-8 所示。

表 5-8　产品剩余贡献毛益计算表

项　　目	C 产品	D 产品
贡献毛益总额(元)	3 750	1 360
专属固定成本(元)	2 610	150
剩余贡献毛益额(元)	1 140	1 210

在存在专属固定成本的情况下，C 产品的剩余贡献毛益额比 D 产品少了 70 元(1 210－1 140)，因此生产 D 产品优于生产 C 产品。

5.2.3 亏损产品是否停产或转产的决策

在会计核算中，亏损产品如果继续生产只会给企业的财务成果带来负面影响。但从管理会计的成本性态分析的角度来看，对于亏损产品，决不能简单地予以停产，而是应该综合考虑企业各种产品的经营状况、生产能力的利用和有关因素的影响，做出停产、继续生产、转产和出租等最优选择。

亏损产品如果停产的话，闲置下来的生产能力无法被用于其他方面，即生产能力无法转移，可以采用贡献毛益来进行决策，只要贡献毛益为正数，该产品就不应该停产；反之则应该停产。因为生产能力无法转移的情况下，停产亏损产品只能减少其变动成本，并不减少其固定成本。如果继续生产亏损产品，其所提供的贡献毛益还可以补偿一部分固定成本；而停产亏损产品不但不会减少亏损，反而会扩大亏损。

例 5-9

ABC 公司本年度生产 A、B、C 三种产品，其销售量、销售单价和成本资料如表 5-9 所示。要求做出下年度亏损产品是否应停产的决策分析。

表 5-9　产品销售、成本资料

项　　目	A 产品	B 产品	C 产品	合计
销售收入总额(元)	32 000	30 000	43 000	105 000
变动成本总额(元)	18 000	24 000	31 000	72 000
贡献毛益总额(元)	14 000	6 000	12 000	33 000
固定成本分摊额(元)	7 314.29	6 857.14	9 828.57	24 000
营业利润(元)	6 685.71	(857.14)	2 171.43	8 000

备注：A、B、C 三种产品共同固定成本为 24 000 元，按产品销售收入分摊额为 7 314.29 元、6 857.14 元和 9 828.57 元。

由上表可以看出，本年度 B 产品亏损 857.14 元，但是下年度 B 产品不应停产，这是因为 B 产品的贡献毛益总额为 6 000 元。由于固定成本总额 24 000 元不论 B 产品停产与否总要发生，如果盲目地停产 B 产品，其原来负担的 6 857.14 元应由 A、C 产品分别负担，其结果如表 5-10 所示。

表 5-10　停产 B 产品后利润计算表

项　　目	A 产品	C 产品	合计
销售收入总额(元)	32 000	43 000	75 000
变动成本总额(元)	18 000	31 000	49 000
贡献毛益总额(元)	14 000	12 000	26 000
固定成本分摊额(元)	10 240	13 760	24 000
营业利润(元)	3 760	(1 760)	2 000

从以上分析结果可以看出，将原来亏损 B 产品停产的话，不但不会增加利润，还会使原来的利润降低 6 000 元。这是因为停产 B 产品，失去了 B 产品的贡献毛益，将它原来负担的固定成本由 A、C 负担，反而造成了整个企业的利润下降。因此，在其他条件不变的情况下，维持 B 产品的生产较为有利。

例 5-10

接例 5-9，假设该公司在停产 B 产品后，可将剩余生产能力转产 D 产品，其售价为 90 元，单位变动成本为 60 元，通过市场销售预测，D 产品一年可销售 800 件。要求决策出是否应停止 B 产品而转产 D 产品。

在转产决策中，只要转产的 D 产品提供的贡献毛益总额（有专属固定成本时为剩余贡献毛益总额）大于亏损的 B 产品提供的贡献毛益总额，就应作出转产的决策。具体决策过程详见表 5-11。

D 产品的贡献毛益总额＝90×800－60×800＝24 000（元）

表 5-11　转产 D 产品决策表

项　　目	A 产品	C 产品	D 产品	合计
销售收入总额（元）	32 000	43 000	72 000	147 000
变动成本总额（元）	18 000	31 000	48 000	97 000
贡献毛益总额（元）	14 000	12 000	24 000	50 000
固定成本分摊额（元）	5 224.49	7 020.41	11 755.1	24 000
利润总额（元）	8 775.51	4 979.59	12 244.9	26 000

从表 5-11 的分析结果可看出，转产 D 产品，可使整个企业的利润总额从 8 000 元上升到 26 000 元，因此证明转产方案是完全可行的。

5.2.4 追加订货决策

企业利用剩余生产能力，除开发新产品以外还可以考虑是否接受客户的追加订货。是否接受追加订货决策包括两种情况，应区别对待。第一种情况，追加订货价格与正常订货价格一致，此时只要企业有剩余生产能力即可接受追加订货。第二种情况，追加订货价格远远低于正常订货价格，甚至低于单位产品成本，这种情况只要追加订货价格略高于单位变动成本，并能补偿专属成本，追加订货便可以接受。

例 5-11

ABC 公司原来生产 A 产品，年生产能力为 10 000 台，公司目前开工率为 70%。A 产品市场销售单价为 90 元，平均单位成本为 60 元，其中变动成本 50 元，固定制造费用 10

元。现有以客户拟出价56元订购A产品2 000台，并且该客户提出要更改A产品的外观款式，该加工厂需购置一台专用设备，设备价值1 000元。要求根据上述资料做出是否接受追加订货的决策分析。

从上述资料可以看出，客户每台只出价56元，低于平均单位成本60元，而且如果接受该订单的话，该设备加工厂还得购置1 000元的专用设备，从表面上看此订单是没办法接受的。但是从管理会计的角度分析，由于接受该订货是利用的企业剩余的生产能力3 000台(10 000×30%=3 000)，除了专属成本需要考虑外，原有产品的固定成本和该项决策无关，无须考虑。只要客户的出价高于A产品单位变动成本，能使专属固定成本得到补偿，其剩余贡献毛益额为正数即可接受。

接受此订单的剩余贡献毛益额=(56－50)×2 000－1 000=11 000(元)

因此该公司应该接受此项订货。

5.2.5 半成品(联产品)是否深加工的决策

半成品是指企业已经完成一部分的加工程序，但尚未成为最终完工的产品。联产品指同一生产工序同时生产出来多种产品，其中价值相对较大的几种称为联产品，价值较小的产品称为副产品。

半成品在出售时，售价和成本都低于进一步加工后的产成品，在做要不要进一步加工的决策时，一般采用差量分析法来判断进一步加工后追加的收入和追加的成本，如果追加的收入＞追加的成本，则应选择进一步加工；如果追加的收入＜追加的成本，则应选择出售半成品。

联产品可以在分离后就出售，也可以分离后继续加工出售。分离前的成本属于联合成本，分离后继续加工追加的变动成本和专属固定成本，成为可分成本。联合成本是沉没成本，决策时不予考虑；可分成本是与决策相关的成本，决策时应予以考虑。联产品是否进一步加工的决策，主要判断继续加工后的销售收入是否超过可分成本，如果超过的话，则进一步加工方案最优；反之，则分离后立即出售最优。

例 5-12

ABC公司生产A产品2 600件，每件变动成本为14元，固定成本2元，售价为26元。如果将A产品进一步加工成B产品的话，售价可提高到40元，但单位变动成本会增加到25元，另外还会发生专属固定成本500元。

追加的收入=(40－26)×2 600=36 400(元)

追加的成本=(25－14)×2 600+500=29 100(元)

可见追加的收入大于追加的成本，因而进一步加工是有利的。需要注意的是，在做决策时并没有考虑到单位固定成本2元，这是因为这一部分固定成本加工前、加工后均存在，属于与决策无关的沉没成本。

例 5-13

ABC公司生产的A产品在继续加工过程中,可分离出甲、乙两种联产品。A产品售价500元,单位变动成本320元,甲产品分离后即销售,单位售价为400元;乙产品单位售价550元,可进一步加工成丙产品销售,丙产品售价为620元,需追加单位变动成本50元。

(1)分离前的联合成本按甲、乙两种产品的售价分配。

$$\text{甲产品分离后的单位变动成本}=320\times\frac{400}{400+550}\approx134.74(\text{元})$$

$$\text{乙产品分离后的单位变动成本}=320\times\frac{550}{400+550}\approx185.26(\text{元})$$

(2)由于甲产品分离后的售价400元大于分离后的单位变动成本134.74元,故分离后销售是有利的。

(3)乙产品进一步加工需追加的成本为50元,进一步加工后的销售收入为620元,而分离后乙产品的销售收入为550元,则

$$\text{差异收入}=620-550=70(\text{元})$$

差异收入70元大于可分成本50元,可见乙产品进一步加工是有利的。

5.2.6 自制或外购零部件决策

对于自身具有机械加工能力的企业而言,时常会面临零部件是自制还是外购的决策问题。这类决策通常只考虑自制方案和外购方案成本的高低,在相同质量并保证及时供货的情况下,优先选择成本较低方案。

影响自制和外购的因素有很多,因而所采用的决策分析方法也不尽相同,但一般都采用成本无差别点、差量成本分析法进行。

例 5-14

ABC公司每年需要某一专用零件1 800件,可以自制也可以外购,外购每件价格20元。现该公司有无法移作他用的多余生产能力可以用来生产,但每年将增加固定成本4 000元,自制单位变动成本16元。要求做出该零件是外购还是自制的经营决策。

用成本无差别点分析法分析,过程如下:

设自制成本表达公式为

$$y_1=a_1+b_1x=4\ 000+16x$$

外购成本表达公式为

$$y_2=a_2+b_2x=0+20x$$

则成本无差别点

$$x=\frac{a_1-a_2}{b_2-b_1}=\frac{4\ 000-0}{20-16}=1\ 000(\text{元})$$

题目中已知每年专用零件需求量为 1 800 件＞成本无差别点 1 000 件，故自制的方案最优。

例 5-15

沿用例 5-14，如果该公司多余的生产能力不用来生产专用零件，可以用作对外出租，每年可获得租金收入 3 500 元。要求做出该零件是外购还是自制的经营决策。

在计算比较外购、自制两个方案总成本时，应将租金 3 500 元作为自制方案的机会成本，决策时加以考虑。

自制方案的总成本＝变动成本＋专属固定成本＋机会成本
＝16×1 800＋4 000＋3 500
＝36 300(元)
外购方案的总成本＝20×1 800＝36 000(元)

计算结果表明，考虑到机会成本后，选择外购的方案是有利的，比自制方案成本少 300 元。

5.2.7 不同生产方式的选择

生产方式也称生产工艺，是指加工制造产品或零部件所使用的机器、设备及加工方法的总称。同一种产品或零部件往往可以采用不同的工艺进行加工。一般而言，工艺越先进，固定成本越高，单位变动成本越低；工艺越落后，其固定成本较低，但单位变动成本却较高。选择不同的生产工艺来加工产品时，只要确定不同工艺的成本无差别点，就可以根据产量确定选择何种生产工艺最为有利。

例 5-16

ABC 公司计划生产甲产品，共有 A、B、C 三种不同的工艺方案，其成本资料如表 5-12 所示。

表 5-12　产品工艺方案成本资料

单位：元

工艺方案	专属固定成本	单位变动成本
A	1 000	2
B	800	6
C	600	8

根据表 5-12 的资料，可绘制不同工艺生产成本图，如图 5-2 所示。

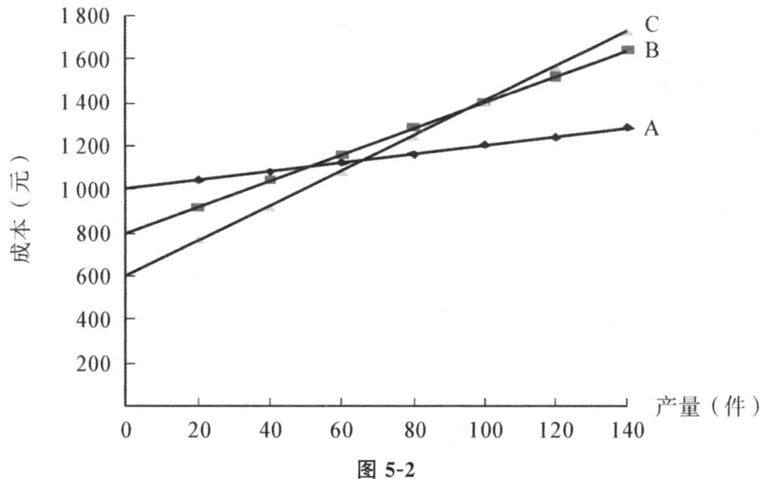

图 5-2

设 X_{AC}、X_{BC}、X_{AB} 三个成本分界点的产量分别为 x_1、x_2、x_3 则三个成本分界点的产量可计算如下：

$$\begin{cases} 1\,000+2x_1=800+6x_1 \\ 600+8x_2=800+6x_2 \\ 1\,000+2x_3=600+8x_3 \end{cases}$$

可以得到 $x_1=50$(件)，$x_2=100$(件)，$x_3\approx 67$(件)

于是整个产量区就被划分成 0～50 件、50～67 件、67～100 件、100 件以上四个区域。从图 5-2 可以看出，在 0～50 件、50～67 件的区域内，C 方案最优；67～100 件、100 件以上两个区域内，A 方案最优。

5.2.8 约束资源最优利用决策

约束资源，是指企业实际拥有的资源能力小于需要的资源能力的资源，即制约企业实现生产经营目标的瓶颈资源，也称最紧缺资源，如流动资金、原材料、劳动力、生产设备、技术等要素及要素投入的时间安排等。

每个企业、组织可能都有自己的最紧缺资源，有的企业最缺关键技术人才，有的企业最缺关键设备，有的企业最缺资金，有的企业最缺水，有的企业最缺电。约束资源满足不了企业的所有需要，因资源有限，就存在企业如何来安排生产的问题，即优先生产哪种产品，才能最大限度地利用好约束资源，让企业产生最大的经济效益。我们把这种决策称为约束资源最优利用决策。这类决策也是企业在日常生产经营活动中经常会遇到的决策问题。在这类决策中，通常是短期的日常的生产经营安排，因此固定成本对决策没有影响或者影响很小。决策原则主要是考虑如何安排生产才能最大化企业贡献毛益，这里需要运用一个核心指标——单位约束资源边际贡献，它等于单位产品贡献毛益除以该单位产品耗用的约束资源量。即：

$$单位约束贡献毛益=\frac{单位产品贡献毛益}{该单位产品耗用的约束资源量}$$

使用单位约束资源贡献毛益进行决策的方法可称为单位约束资源贡献毛益分析法，本质上是一种贡献毛益分析法。

例 5-17

资料：甲企业生产 A、B 两种产品，这两种产品的有关数据资料如表 16-7 所示。该企业生产这两种产品时都需用同一项机器设备进行加工，该机器设备属于该企业的约束资源。该设备每月能提供的最大加工时间是 12 000 分钟。根据目前市场情况，该企业每月销售 A 产品 4 000 件，A 产品每件需要该设备加工 2 分钟；该企业每月销售 B 产品 7 000 件，B 产品每件需要该设备加工 1 分钟。企业生产需要该设备加工时间是每月 15 000 分钟(4 000×2+7 000×1)，而该设备能提供的加工时间是每月 12 000 分钟，无法完全满足生产需要。

要求：分析该企业如何安排生产，才能最有效地利用该项机器设备？

表 5-13　A、B 产品相关数据

项　　目	A 产品	B 产品
销售单价(元)	25	30
单位变动成本(元)	10	18
单位贡献毛益(元)	15	12
贡献毛益率(%)	60	40

从表 5-13 可以看出，产品 A 的单位贡献毛益为 15 元，产品 B 的单位贡献毛益是 12 元。是否应该先生产产品 A？从最优利用约束资源角度，紧缺机器 1 分钟可以生产 1 件产品 B，创造贡献毛益是 12 元；同样 1 分钟，用来生产产品 A，只能生产 0.5 件，创造的贡献毛益是 15/2=7.5(元)。如表 5-14 所示。

表 5-14　单位限制资源贡献毛益计算表

项　　目	A 产品	B 产品
单位产品贡献毛益(元)	15	12
每件产品需要加工时间(分钟)	2	1
单位约束资源贡献毛益(元/分钟)	7.5	12

从最优利用约束资源角度看，同样的时间，优先用来生产产品 B 效益高。因此，该企业可以优先安排生产产品 B，剩余的机器加工资源再来安排生产产品 A，这样能产生最大的经济效益。如表 5-15 所示。

表 5-15　最有效利用紧缺机器的生产安排

项　　目	生产安排
产品 B 的产销量	7 000 件
产品 B 对紧缺机器加工时间需求	7 000×1=7 000(分钟)
能提供的紧缺机器加工时间/月	12 000 分钟
安排产品 B 生产后剩余加工时间	12 000−7 000=5 000(分钟)
可用于产品 A 的机器加工时间	5 000 分钟
可用于加工产品 A 的产量	5 000/2=2 500(件)

如表 5-15 所示，现在最优的生产安排是优先安排生产产品 B，生产产品 B 7 000 件，剩余生产能力安排生产产品 A，可生产产品 A 2 500 件。在这样的生产安排下，该企业能产生的最大总贡献毛益为 7 000×12+2 500×15=121 500(元)。该类决策最关键的指标是“单位约束资源贡献毛益”。

5.3　定价决策

产品价格是影响企业经营成果的重要因素，产品价格制定适当与否将会直接关系到产品的市场竞争地位和市场占有率。如果产品价格制定过低，企业产品销售收入减少，利润下降；产品价格制定过高，可能会使企业的销量下降，收入减少，利润随之降低。因此企业在制定产品价格时一定要考虑到所有影响产品价格的因素，尽量使产品价格处于合理的水平，实现企业利润最大化。

一般来说，影响产品价格制定的因素主要包括成本因素、市场需求因素、竞争因素、商品的市场生命周期因素等。

5.3.1 定价决策的影响因素

5.3.1.1 成本因素

成本是产品定价的基础。从长期来看，产品价格应等于总成本加合理的利润，否则企业将无利可图；从短期来看，产品价格应高于平均变动成本，以便掌握盈亏情况，减少经营风险。

5.3.1.2 市场需求因素

市场需求是影响产品定价的另一个重要的因素，一般来讲需求旺盛会使价格上升，需求低迷会使价格下降。

5.3.1.3 竞争因素

产品竞争的激烈程度会影响到产品价格的制定，竞争越激烈，对价格的影响也越大。由于竞争影响定价，企业在制定产品价格时必须充分了解竞争者状况，来确定合理的产品价格。

5.3.1.4 商品的市场生命周期

如果将商品拟人化，其市场生命周期包括四个阶段，即投入期、成长期、成熟期和衰退期，在不同的生命周期内定价策略应有所不同。投入期，既要补偿高成本，又要为市场所接受；成长期和成熟期应扩大产品销售、扩大市场份额，要求稳定价格以开拓市场；衰退期一般应采取降价措施，以便充分发掘老产品的经济效益。

5.3.2 以成本为导向的定价方法

以成本为导向的定价方法，是依据产品在生产和销售中所发生的成本费用进行产品定价的方法，其思路是产品的价格应首先补偿企业的成本，其次再考虑利润。具体的做法是通常在产品成本的基础上，加上一定数额的利润和税金来确定产品的价格，也就是采用成本加成定价方法。

5.3.2.1 完全成本加成定价法

完全成本加成定价法是在按完全成本法计算的产品成本的基础上，加上一定的目标利润指定产品价格的方法。其计算公式为：

产品价格＝单位产品完全成本×(1＋加成率)

5.3.2.2 变动成本加成定价法

变动成本加成定价法是以产品的变动成本为基础，加上一定数额的贡献毛益作为指定产品价格的方法。其计算公式为：

产品价格＝单位产品变动成本×(1＋加成率)

例 5-18

ABC 公司年度预计生产甲产品 4 000 件，预计直接材料 50 元，直接人工 30 元，变动性制造费用 20 元，固定成本总额 80 000 元。考虑了合理的期间费用、营业税金及附加和期望利润的加成率为 40%。要求采用完全成本定价法计算该产品的销售价格。

$$\begin{aligned}\text{甲产品的销售价格} &= \text{单位产品完全成本}\times(1+\text{加成率})\\ &= \left(50+30+20+\frac{80\ 000}{4\ 000}\right)\times(1+40\%)\\ &= 168(\text{元})\end{aligned}$$

例 5-19

接例 5-17，假定考虑了固定成本和期望贡献毛益的加成率为 60%，要求采用变动成本法下的成本加成定价法计算该产品的销售价格。

$$\begin{aligned}\text{甲产品的销售价格} &= \text{单位产品变动成本}\times(1+\text{加成率})\\ &= (50+30+20)\times(1+60\%)\\ &= 160(\text{元})\end{aligned}$$

5.3.3 以市场需求为导向的定价方法

以成本为导向的价格决策方法只考虑到企业的成本情况，而不考虑需求因素，因而从企业全局的角度来看，所确定的产品价格未必能取得最大的产销收入和产品利润。为此，产品价格制定过程中，必须考虑市场需求状况，分析销售收入、成本利润和价格之间的关系。以需求为导向的定价方法主要以弹性定价法为主。

弹性定价法是指在制定产品价格时考虑到价格弹性因素的产品定价方法。价格弹性因素即需求价格弹性，具体反映需求变动率和价格变动率之比，反映价格变动引起需求变动的方向和程度。需求价格弹性的大小取决于产品的需求程度、可替代性和费用占消费者收入的比重等，其表示公式如下：

$$E_P = \frac{\Delta Q/Q}{\Delta P/P}$$

其中 E_P 为需求价格弹性系数；Q 为基期需求量；ΔQ 为需求变动量；P 为基期单位产品价格；ΔP 为价格变动数。当企业掌握了某种产品的需求价格弹性后，就可以利用需求价格弹性公式来预测价格变动的最优方向和幅度。

例 5-20

ABC 公司计划生产并销售甲产品 18 000 件，上年每件的销售价格是 360 元，销售量为 15 000 元，该产品的价格弹性大致在－3.8 左右。要求计算计划期单位产品的售价。

设计划期甲产品的售价为 P_1，上年售价为 P_0。则代入已知条件可得到公式：

$$-3.8 = \frac{(18\,000-15\,000)/15\,000}{(P_1-360)/360}$$

$P_1 = 341.05$（元）

5.3.4 以特殊要求为导向的定价方法

在实际的企业生产经营中，往往在满足正常渠道的生产销售后，还拥有剩余生产能力，此时如果遇到一些出价比较低的追加订货便被称为特殊要求订货。

5.3.4.1 在企业生产能力允许范围内的特殊要求定价方法

当企业剩余的生产能力完全能够满足追加订货的生产需求，即接受追加订货不影响其正常的生产和销售时，只要追加订货价格大于单位变动成本，便可以接受订货。这是因为无论是否接受追加订货，固定成本已经成为沉没成本不会发生变动，追加订货所提供的贡献毛益将转化为利润，从而增加企业的利润总额。相关决策公式如下：

追加订货价格＞单位变动成本

追加后新增的利润＝追加订货数量×（追加订货价格－单位变动成本）

例 5-21

ABC 公司生产甲产品，生产能力为 250 件，正常产销量为 180 件，固定成本为 1 200 元，单位变动成本为 50 元，正常销售价格为 80 元。现有一客户出价 55 元欲订购 50 件。

因为追加订货价格 55 元>单位变动成本 50 元，所以该客户追加订货可以接受。追加订货对利润的影响分析见表 5-13。

表 5-16　追加订货对利润影响分析表

项　目	正常销售	追加订货	合计
营业收入(元)	14 400	2 750	17 150
变动成本(元)	9 000	2 500	11 500
贡献毛益(元)	5 400	250	5 650
固定成本(元)	1 200	—	1 200
营业利润(元)	4 200	250	4 450

经过分析可以看出，追加订货使企业的贡献毛益增加 250 元，由于固定成本已经全部有正常的销售负担，新增的 250 元的贡献毛益全部转化为利润，也就是说追加订货可使企业的利润增加 250 元。

5.3.4.2 超过企业生产能力范围的特殊定价决策

如果追加的订货数量超过了企业剩余的生产能力，接受追加订货的办法是企业要么减少一部分正常的生产和销售，要么扩大生产能力。

如果企业通过减少部分正常的生产和销售来满足追加订货要求的话，则应按照以下要求定价才能增加企业的利润。

$$\text{追加订货价格} > \text{单位变动成本} + \frac{\text{因减少正常销售而损失的贡献毛益}}{\text{追加订货数量}}$$

$$\text{追加后新增的利润} = \text{追加订货数量} \times (\text{追加订货价格} - \text{单位变动成本}) - \text{因减少正常销售而损失的贡献毛益}$$

如果企业通过扩大生产能力用来接收追加订货，则会相应增加固定成本，则应按照以下要求定价才能增加企业的利润。

$$\text{追加订货价格} > \text{单位变动成本} + \frac{\text{新增专属固定成本}}{\text{追加订货数量}}$$

$$\text{追加后新增的利润} = \text{追加订货数量} \times (\text{追加订货价格} - \text{单位变动成本}) - \text{新增专属固定成本}$$

例 5-22

接例 5-21，假设该客户订货数量为 80 件，订货出价仍为 55 元。要求判断能否接受该项订货？

客户订货数量为 80 件，而企业保证正常产销量后剩余的生产能力仅能满足 70 件，如果要接受该项订货，就必须减少正常生产和销售的产品 10 件。因此要使企业的利润增加，订货价格就必须满足：

$$追加订货价格>单位变动成本+\frac{因减少正常销售而损失的贡献毛益}{追加订货数量}$$

$$追加订货价格>50+\frac{(80-50)\times 10}{80}=53.75(元)$$

由于该客户出价 55 元，因此可以接受这项订货。

例 5-23

接例 5-22，如果该客户的订货数量为 80 件，最高出价仍为 55 元，企业为不影响正常的生产和销售需增加专属固定成本 420 元。

则

$$追加订货价格>单位变动成本+\frac{新增专属固定成本}{追加订货数量}$$

$$追加订货价格>50+\frac{420}{80}=55.25(元)$$

由于客户出价为 55 元，低于计算的追加订货价格，故不能接受此项订货。

5.3.5 定价策略

定价策略指的是企业制定价格所依据的原则和技巧的总称，一般来说企业的定价策略可分为以下几种类型：新产品定价策略、系列产品定价策略、心理定价策略、分期收款定价策略和折扣定价策略。

5.3.5.1 新产品定价策略

比较常见的新产品定价策略有撇脂定价法和渗透定价法两种。撇脂定价法是指在新产品刚投入市场，尚未出现竞争产品时便制定较高的市场价格，以保证初期迅速收回成本并高额获利，当产品步入成长成熟阶段，竞争加剧后逐步降价的方法；渗透定价法和前者正好相反，在新产品投放市场初期以较低的价格开拓市场，争取顾客，赢得竞争优势后再提价。

撇脂定价法一般应用在同类竞争产品差异较大、能满足较大市场需求、弹性小，不容易仿制的新产品；渗透定价法一般用于同类产品差别不大、需求弹性大、易于模仿、市场前景光明的新产品。

5.3.5.2 系列产品定价策略

系列产品主要指配套使用的产品（如洗护系列产品）。系列产品制定产品价格时，可规定两组价格，即整套价格和单品价格，前者价格一般低于后者之和。

5.3.5.3 心理定价策略

心理定价策略主要是零售企业针对顾客消费心理而采取的定价策略。尾数定价法是最常见的一种心理定价策略，即采取非整数的形式，以达到引起消费者购买欲望、增加销售量的目的。这种方法一般应用在中低档商品中，如产品价格尾数多为 8、9。

整数定价法与尾数定价法正好相反，是以整数为商品定价的一种方法，一般应用于高档商品，可提高商品身价，刺激消费者购买欲望。

心理折扣定价法是利用大多数消费者购物的折扣偏好来定价的措施。采用心理折扣价格，即标明原价后再打折，将折扣前后的价格同时列出，从而吸引消费者。这种方法一般应用在不太知名的、市场接受程度较低的或销路不太好的商品。

5.3.5.4 分期收款定价策略

分期收款定价策略指在制定价格时，将延付的利息考虑在各期收款的价格中，这种方法适用于价格偏高的耐用消费品，如汽车和住房。

5.3.5.5 折扣定价策略

折扣定价策略主要包括数量折扣、现金折扣、交易折扣和季节性折扣。

数量折扣是按照购买者的购买数量多少而给予的价格折扣，购买数量越多，折扣越多；反之则越少。

现金折扣指按购买者付款期限长短而给予的价格折扣，这样能够鼓励购买者及早付款，加快企业资金周转。

交易折扣的实质是卖方对买方提供商业服务所给予的报酬，具体做法是按照中间商在商品流通过程中负担职能的大小而给予的价格折扣，一般批发商获得的交易折扣较多，零售商获得的较少。

○ 本章小结

短期经营决策指其所决策的事项只影响一个年度的盈利与亏损，或者说仅对当年的收支盈亏产生影响的事项进行的决策，包括生产决策、定价决策和定价策略等。

生产决策指在短期内，围绕生产什么新产品、采用何种生产方式生产、自制还是外购、要不要进一步加工半产品和是否停产亏损产品等问题进行的决策。生产决策具体可以采用贡献毛益分析法、差量分析法和成本无差别点分析法来进行分析决策。

定价决策指在短期内，围绕如何确定销售产品价格问题而进行的决策。定价决策方法通常包括以成本为导向的定价方法、以市场需求为导向的定价方法、以特殊要求为导向的定价方法。定价策略指的是企业制定价格所依据的原则和技巧的总称，一般来说企业的定价策略可分为以下几种类型：新产品定价策略、系列产品定价策略、心理定价策略、分期收款定价策略和折扣定价策略。

○ 关键概念

机会成本：opportunity cost

边际成本：marginal cost

差量成本：differential cost

沉没成本：sunk cost

○ 相关阅读

纠缠于沉没成本——你为什么应该忽视过去[①]

电影很糟糕。1 小时后我对妻子耳语说："走吧，我们回家吧。"她回答："肯定不行，我们不能白花 30 欧元买电影票。""这算不上什么理由。"我抗议说，"30 欧元已经花掉了，你在纠缠于沉没成本。""你那没完没了的思维错误啊。"她说道。说到"思维错误"时她的嘴里好像含着什么苦涩的东西似的。

第二天召开营销会议。广告宣传的影响已经连续 4 个月远远低于预期了，我主张立即停止此事。广告部负责人用下列理由反驳我："我们已经投入了这么多钱作宣传，要是现在停下来，那些钱就全都打水漂了。"他也是在抓住沉没成本不放手。

一位朋友被一段问题恋情折磨多年。那女人一次次欺骗他。每当他逮住她时，她都后悔不迭地回来，恳求他的原谅。虽然再跟这个女人维持关系早就没有意义了，他还是一次次接受了她。当我与他谈论此事时，他向我解释道："我在这段恋情中投入了那么多感情，现在离她而去是错误的。"这是典型的纠缠于沉没成本。

每个决定，不管是私人的还是业务上的，始终是在不确定的情况下作出的。我们的设想，有可能兑现，也有可能落空。任何时候我们都可能离开选取的小道，并承担后果，比如中断项目。这种不确定情形下的权衡是理性行为。然而，在我们已经投入特别多的时间、金钱、能量、爱等因素之后，沉没成本令人难以放手、难以释怀。于是已经投资的钱就成了继续做下去的理由，即使客观来看坚持下去毫无意义。投资越多，沉没成本就越大，将项目继续做下去的理由就越充分。

股市投资人经常成为沉没成本的受害者。他们在决定是否出售股票时常以买入价作为参照。当股价高于买入价时，就卖掉股票；如果股价低于买入价，就抱住不卖。这是不理智的，绝不可以让买入价处处扮演角色。唯一有效的是股市未来的前景(和可选投资未来的行情)。每个人都会出错，特别是在股市里。纠缠于沉没成本的不幸，其关键就是：你投资一只股票亏的钱越多，你越是抱紧它不放。

为什么会有这种荒谬行为呢？因为人类想努力表现得坚韧，坚韧是我们发出的可信信号。我们害怕矛盾。如果我们决定中断一个项目，我们就在制造矛盾：承认从前的想法与今天不同。继续执行一个无意义的项目是在推迟这一疼痛认识。那样我们就显得更坚韧。

协和式飞机是一个亏本的国有项目的典型例子。即使英、法两个合作伙伴早就认识到了，永远别指望超音速飞机的运营，他们还是继续投入巨资——只为了保住国家的脸面。放弃就等于投降。因此纠缠于沉没成本经常也被叫作协和式飞机效应。它不仅导致成本巨大，而且还会造成后果严重的错误决定。越南战争被延长的理由正是如此："我们已经为这场战争牺牲了这么多士兵的性命，此刻放弃将是错误的。"

---

① 资料参见：罗尔夫・多贝里.清醒思考的艺术：你最好让别人去犯的 52 种思维错误[M].朱刘华，译.中信出版社，2016.

“我们已经行驶了这么远……”“我已经读了这本书的这么多页……”“我已经花了两年时间接受这个培训了……”从这种句子可以看出，你是如此与沉没成本难舍难分的。

有许多好理由支持你继续投资下去，但如果你只是因为舍不得已经做出的投资而决定继续做某件事，这就不是一个好理由了。理性的决定意味着忽视已经投入的成本。你已经投资了什么并不重要，唯一重要的是现在的形势及你对未来的评估。

○ 练习题

一、单项选择题

1.有关产品是否进行深加工决策中，深加工前的半成品成本属于（　　）。

A.相关成本　　B.重置成本　　C.机会成本　　D.沉没成本

2.在经济决策中选择最优方案放弃次优方案，而造成的次优方案潜在收益损失，即（　　）

A.增量成本　　B.加工成本　　C.机会成本　　D.专属成本

3.甲公司生产乙产品，生产能力为 500 件，目前正常订货量为 400 件，剩余生产能力无法转移。正常销售单价 80 元，单位产品成本 50 元，其中变动成本 40 元。现有客户追加订货 100 件，报价 70 元，甲公司如果接受这笔订货，需要追加专属成本 1 200 元。甲公司若接受这笔订货，将增加利润（　　）元。

A.8 000　　B.20 000　　C.18 000　　D.30 000

4.企业去年生产某亏损产品的贡献毛益 3 000 元，固定成本是 1 000 元，假定今年其他条件不变，但生产该产品的设备可对外出租，一年的增加收入为（　　）元时，应停产该种产品。

A.2 001　　B.3 100　　C.1 999　　D.2 900

5.在短期经营决策中，企业不接受特殊价格追加订货的原因是买方出价低于（　　）

A.正常价格　　B.单位产品成本

C.单位变动生产成本　　D.单位固定成本

6.在零部件自制或外购的决策中，如果零部件的需用量尚不确定，应当采用的决策方法是（　　）

A.相关损益分析法　　B.差别损益分析法

C.相关成本分析法　　D.成本无差别点法

7.甲公司生产乙产品，生产能力为 500 件，目前正常订货量为 400 件，剩余生产能力无法转移。正常销售单价 80 元，单位产品成本 50 元，其中变动成本 40 元。现有客户追加订货 150 件，报价 70 元，甲公司如果接受这笔订货，需要追加专属成本 1 200 元，并且会影响正常订单减少 50 件销量。分析甲公司若接受这笔订货，将增加利润（　　）元。

A.13 000　　B.20 000　　C.18 000　　D.30 000

8.某企业常年生产需用的某部件以前一直从市场上采购，单价为 8 元/件，预计明年单价将降为 7 元/件。如果明年企业追加投入 12 000 元专属成本，就可以自行制造该部件，预计单位变动成本为 5 元/件，则外购与自制方案的成本无差别点业务量为（　　）。

A.12 000 件　　B.6 000 件　　C.4 000 件　　D.1 400 件

9.如剩余生产能力无法转移,在何种情况下,亏损产品应停产?(　　)

A.该亏损产品的单价大于其单位变动成本

B.该亏损产品的单位贡献毛益大于零

C.该亏损产品的变动成本率大于 1

D.该亏损产品的贡献毛益大于零

10.在定价决策中,对于那些同类竞争产品差异性较大,能满足较大市场需要、弹性大、不易仿制的新产品最好采用(　　)。

A.撇脂策略　　B.渗透策略　　C.弹性定性策略　　D.先低后高策略

二、多项选择题

1.下列成本中属于相关成本的有(　　)。

A.专属成本　　B.共同成本　　C.可延缓成本　　D.不可延缓成本

2.短期经营决策分析主要包括(　　)。

A.生产经营决策分析　　B.定价决策分析

C.销售决策分析　　D.战略决策分析

E.战术决策分析

3.下列各项中属于经营决策相关成本的有(　　)

A.增量成本　　B.机会成本　　C.专属成本　　D.沉没成本

E.不可避免成本

4.当剩余生产能力无法转移时,亏损产品不应停产的条件有(　　)

A.该亏损产品的变动成本率大于 1　　B.该亏损产品的变动成本率小于 1

C.该亏损产品的贡献毛益大于 0　　D.该亏损产品的单位贡献毛益大于 0

E.该亏损产品的贡献毛益率大于 0

5.以下有关新产品定价的表述中正确的有(　　)。

A.撇脂性定价法在新产品试销初期通常价格较高

B.渗透性定价法在新产品试销初期通常价格较低

C.撇脂性定价法适用于产品的生命周期较长的产品

D.渗透性定价是一种短期的市场定价策略

6.某企业生产所需要的甲零件可以自制也可以外购。如果自制单位成本为 80 元,企业目前有足够的生产能力,且剩余能力无法转移;如果外购,外购成本每件 70 元,则下列表述正确的是(　　)

A.外购成本低,应选择外购

B.如果自制的单位变动成本小于 70 元,则选择自制

C.如果选择自制的边际贡献大于外购的边际贡献,则选择自制

D.只要自制的边际贡献大于 0 就应选择自制

7.下列各项中,可以作为企业产品定价目标的有(　　)。

A.保持或提高市场占有率　　B.应对和避免市场竞争

C.实现利润最大化　　D.树立企业形象

8.差量成本这一概念经常用于(　　)的决策。

A.不同生产能力利用率下的成本差别

B.接受追加订货

C.零部件是外购还是自制

D.某项不需用的设备是出租还是出售

E.半成品直接出售还是加工为成品后再出售

9.下列各项中属于生产经营决策的有(　　)。

A.调价的决策　　B.深加工的决策

C.最优售价的决策　　D.生产工艺技术方案的决策

10.影响企业制定产品价格的基本因素有(　　)。

A.同类产品市场销量　　B.需求因素

C.竞争因素　　D.成本因素

三、判断题

1.科学的决策就是其决策结果没有误差或错误的决策。(　　)

2.在生产经营决策中,确定决策方案必须通盘考虑生产经营能力、相关业务量、相关收入和相关成本等因素。(　　)

3.机会成本是指应由中选的最优方案负担的,按所放弃的其他方案最低收益计算的那部分资源损失。(　　)

4.在短期经营决策中,所有的固定成本或折旧费都属于沉没成本。(　　)

5.在“是否接受低价追加订货的决策”中,如果追加订货量大于剩余生产能力,必然会出现与冲击正常生产任务相联系的机会成本。(　　)

6.因为企业采用先进的生产工艺技术,可以提高劳动生产率,降低劳动强度,减少材料消耗,可能导致较低的单位变动成本,所以在不同生产工艺技术方案的决策中,应无条件选择先进的生产工艺技术方案。(　　)

7.对于那些与同类产品差别不大、需求弹性大、易于仿制、市场前景光明的新产品,在定价时应当采用撇脂定价策略。(　　)

8.“薄利多销”是市场经济的一般原则,不受商品的价格弹性大小的制约。(　　)

9.新产品的价格制定,不可以采用以成本为基础的定价决策方法。(　　)

10.对于亏损产品来说,没有是否应当增产的考虑。(　　)

四、名词解释

1.专属成本

2.贡献毛益分析法

3.差量分析法

4.成本无差别点分析法

5.撇脂定价法

五、简答题

1.短期经营决策中,常见的相关成本与不相关成本有哪些?

2.简述贡献毛益分析法的思路。

3.折扣定价策略包括哪些类别？简述每种折扣定价策略的含义。

4.如何运用差量分析法进行决策？

5.定价决策的影响因素有哪些？

六、计算分析题

1.资料：某企业尚有一定闲置设备台时，拟用于开发一种新产品，现有 A、B 两个品种可供选择。A 品种的单价为 100 元/件，单位变动成本为 60 元/件，单位产品台时消耗定额为 2 小时/件，此外，还需消耗甲材料，其单耗定额为 5 千克/件；B 品种的单价为 120 元/个，单位变动成本为 40 元/个，单位产品台时消耗定额为 8 小时/个，甲材料的单耗定额为 2 千克/个。假定甲材料的供应不成问题。

要求：用单位资源贡献毛益分析法做出开发哪种品种的决策，并说明理由。

2.资料：某厂生产 A 产品，其中零件下个年度需 18 000 个，如外购每个进价 60 元。如利用车间生产能力进行生产，每个零件的直接材料费 30 元，直接人工费 20 元，变动制造费用 8 元，固定制造费用 6 元，合计 64 元。假设该车间的设备不接受自制任务，也不作其他安排。

要求：(1)决策下个年度零件是自制还是外购。

(2)假定上题中自制零件方案需增添专用设备两台，每台价值 100 000 元，使用期限 5 年，假定没有残值，按直线法计提折旧，每年为 40 000 元。根据这一变化，判断该厂零部件是自制有利还是外购有利。

3.资料：某企业只生产一种产品，全年最大生产能力为 1 200 件。年初已按 100 元/件的价格接受正常任务 1 000 件，该产品的单位完全生产成本为 80 元/件(其中，单位固定生产成本为 25 元)。现有一客户要求以 70 元/件的价格追加订货。

要求：请考虑以下不相关情况，为企业做出是否接受低价追加订货的决策，并说明理由。

(1)剩余能力无法转移，追加订货量为 200 件，不追加专属成本；

(2)剩余能力无法转移，追加订货量为 200 件，但因有特殊要求，企业需追加 1 000 元专属成本；

(3)同(1)，但剩余能力可用于对外出租，可获租金收入 5 000 元；

(4)剩余能力无法转移，追加订货量为 300 件；因有特殊要求，企业需追加 900 元专属成本。

4.资料：某企业常年生产需用的某部件以前一直从市场上采购。一直采购量在 5 000 件以下时，单价为 8 元；达到或超过 5 000 件时，单价为 7 元。如果追加投入 12 000 元专属成本，就可以自行制造该部件，预计单位变动成本为 5 元。

要求：用成本无差别点法为企业做出自制或外购 A 零件的决策，并说明理由。

5.资料：某汽车齿轮厂生产汽车齿轮，可用普通铣床、万能铣床或数控铣床进行加工，有关资料如下：

成本项目	普通铣床	万能铣床	数控铣床
单位变动成本(元)	2.4	1.2	0.6
专属成本(元)	90	180	360

要求：利用成本无差别点分析法进行加工方案决策。

案例分析

明尼唐公司经营决策[①]

明尼唐公司决定生产并向批发商出售一类非常成功的滑雪板。公司决定在一年中开展多元化经营，以使收入更稳定。公司正在考虑生产越野滑雪板。

经过大量研究，越野滑雪板生产线终于开发成功。由于公司管理层当局比较保守，总裁决定今冬只引进一类新型的滑雪板。如果产品经营比较成功，再开始进行其他扩张计划。

被选中的是一种大众化的有特殊绲边的滑雪板，批发价为每副 80 美元。由于现有的生产能力可以利用，生产滑雪板无须发生额外的固定费用。滑雪板生产总的固定费用为 125 000 美元，其中很大一部分将分配给新产品。

用估计的生产和销售数量 10 000 件作为预期产量，会计部门制定的每副滑雪板及绲边的成本数据见下表。

基础数据表

单位：美元

直接人工	35
直接材料	30
间接费用总额	15
合计	80

明尼唐公司与一家分包商联系，商讨从其购买绲边的事宜。从分包商处购买，每条绲边的价格为 5.25 美元，即每副 10.50 美元。如果明尼唐公司接受这个购买建议，那么估计直接人工和变动间接费将减少 10%，直接材料成本将减少 20%。

案例分析提示：

(1)明尼唐公司应当自制还是外购绲边？

(2)明尼唐公司对绲边的可承受的最高购买价格是多少？对你的答案进行适当的解释。

(3)调整估计后的销量是 12 500 副，而非 10 000 副。在新的产量水平上，为生产所需的绲边，必须以 10 000 美元的租金租用额外的设备。即使销量增加至 30 000 副(30 000 是第三年的生产目标)，上述增量成本也是唯一的新增固定成本。在这种情况下，明尼唐公司应当自制还是外购绲边？

(4)何种非定量因素会影响明尼唐公司对自制或外购绲边的选择？

(5)思政思考题：结合国内及国际市场形势，分析企业在自制或外购零件时，如何做到在降低企业成本的同时，提高企业竞争力？

---

① 资料参见：孙茂竹，等.管理会计学(第 8 版)[M].中国人民大学出版社，2018.

第 6 章

存货决策

思维导图

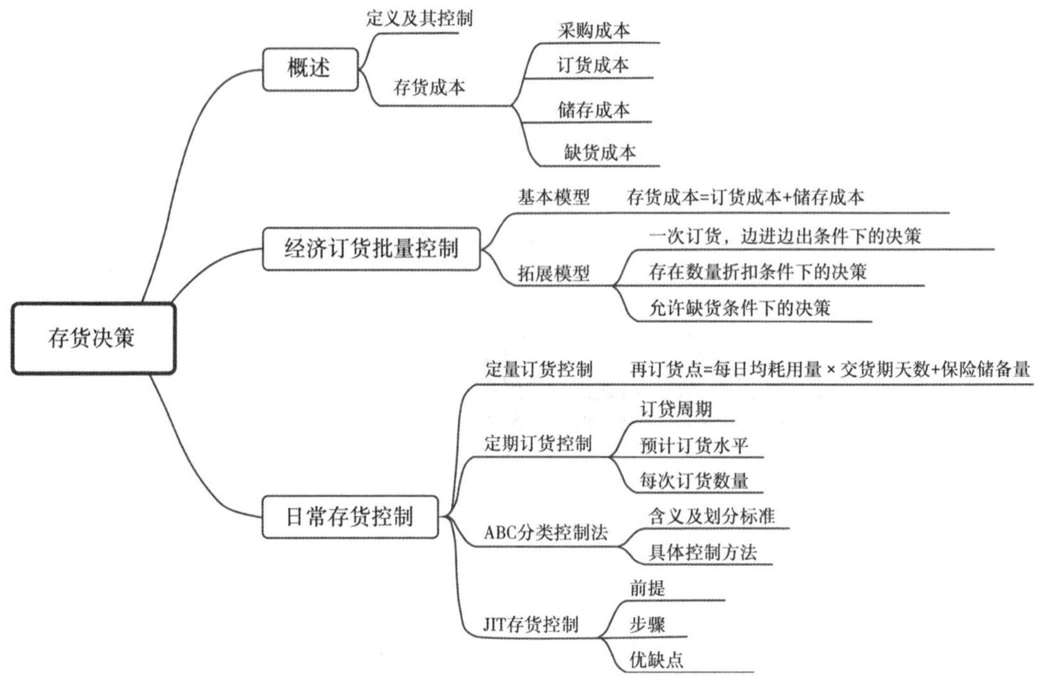

学习目标

本章的内容包括存货控制的概念，存货成本的构成及其决策相关性，经济订货批量模型及其扩展，定量订货控制、定期订货控制、ABC 分类控制和 JIT 存货控制等方法。学习具体目标包括：

◇知识目标

理解经济订货批量模型的基本原理，熟练掌握各种存货控制模型和方法。

◇能力目标

能够运用存货经济订货批量的基本模型和扩展模型进行存货管理；能够使用 Excel 进行存货成本分析。

◇思政目标

在理解存货经济订货批量的基础上，培养学生的成本与效率意识，为企业提高存货管理效率、创造经济效益服务。

6.1　存货控制概述

存货在企业流动资产中通常占有比较大的比重。存货控制对整个企业的财务状况和经营成果有重要影响。本章将从存货成本的构成出发，阐述存货最优储存水平的确定及存货日常控制的主要方法。

6.1.1 存货及存货控制

存货是指企业在生产经营过程中，为销售或耗用而储存的各种资产。在制造业企业，存货主要包括各种原材料、燃料、包装物、委托加工材料、低值易耗品、在产品、产成品和商品等。

为保证生产经营活动持续而均衡地进行，无论是生产制造企业，还是商品流通等企业，都必须储备一定数量的存货。首先，为了保证企业生产的不间断，必须有一定的原材料储备；其次，为满足产品销售的经常化、批量化，必须有足够的产成品储备；再次，为避免或减少生产中可能出现的失误和意外事故造成的损失，也应该有一定的保险存储量。作为企业经营管理的重要组成部分，存货管理的任务就在于如何恰当地控制存货存储量，在保证生产和销售正常进行的情况下，尽可能降低存货成本、提高资金使用效率。

如何使存货保持“最优的水平”，是企业管理中的一个重要课题。存货过多，将占用过多资金，影响企业流动资金的使用，不仅不能充分利用财力、物力，还要承担存货过时、变质、损毁的风险，并增加保险费用、储存费用和利息支出；若存货不足，又会影响企业生产经营活动正常进行，造成停工待料、销售中断、利润减少。上述无论哪种情况，都会导致经济上的重大损失。这就需要采用科学的方法，对存货进行有效的管理控制。

6.1.2 存货成本

存货成本通常包括采购成本、订货成本、储存成本和缺货成本。

6.1.2.1 采购成本

采购成本是由购买存货而发生的买价和运杂费构成，其总额等于采购数量与单位采购成本的乘积。

在采购总量既定的情况下，采购成本不受采购次数和每次采购量多少的影响(假设物价水平稳定且无数量折扣)，是订货批量决策的无关成本；但当供应商为扩大销售而采用数量折扣等优惠方法时，采购成本就成为与决策相关的成本了。

6.1.2.2 订货成本

订货成本是指为订购存货而发生的各种成本，包括在订货过程中发生的差旅费、运输费、采购人员工资、采购部门办公费等与存货的取得相关的成本。

订货成本分为两部分：一部分是与订货次数直接相关的变动订货成本，如差旅费、邮资、电话电报费等支出，是决策的相关成本；一部分是与订货次数无关的为维持一定的采购能力而发生的各期金额相对稳定的成本，如采购机构的办公费、折旧费等，是决策无关成本。

6.1.2.3 储存成本

储存成本是指储存存货而发生的各种费用，包括仓储费、保险费、残损霉损、占用资金应付的利息等。

储存成本也可分为两部分：一部分是与储存量呈正比例变动的变动储存成本，如存货资金的应计利息、存货的破损和变质损失、存货的保险费等，是决策的相关成本；一部分是与储存量的多少没有直接关系的固定性储存成本，如仓库折旧、仓库职工的固定月工资等，是决策无关成本。

6.1.2.4 缺货成本

缺货成本是指由于存货储存不足，不能及时满足生产和销售的需要而给企业带来的损失，包括停工待料损失、紧急订货追加的成本损失、商品存货不足而失去的创利额与企业信誉等。缺货成本大多属于机会成本，由于单位缺货成本往往大于单位储存成本，所以尽管计算比较困难，也应该采取一定的方法估算单位缺货成本，作为决策参考。

缺货成本是否属于决策相关成本，主要看企业是否允许出现缺货。在允许缺货情况下，缺货成本与存货量呈反向变动，属于决策相关成本；不允许缺货的情况下，缺货成本属于无关成本。

6.2 经济订货批量控制

订购批量是指每次订购货物的数量。在存货全年需求量既定的情况下，降低订购批量，将会增加订购批次，从成本的角度来看，在降低了存货的储存成本同时，却使订货成本增加了。反之增加订购批量将会减少订购批次，从而使存货储存成本增加，订货成本降低。因此，存货决策的目的就是确定经济订货批量，即在保证生产或销售顺利进行的前提下，可以使存货相关成本最低的订购批量。

6.2.1 经济订货批量的基本模型

经济订货批量的基本模型，又称为简单条件下的经济订货批量模型，并假设：

(1)存货单价不变且不存在数量折扣；

(2)不允许缺货；

(3)存货一次性到货并入库；

(4)存货的日耗用量为已知的常数。

在上述前提下，存货模型可用图 6-1 表示。其中，横轴表示时间，$0-t$、$t-2t$、$2t-3t$ 分别表示三个订货周期；纵轴表示存货库存量，Q 表示能立即补足的订货量。因为存货水平介于零到订货量 Q 之间，平均存货量等于订货量的一半，即 $Q/2$。

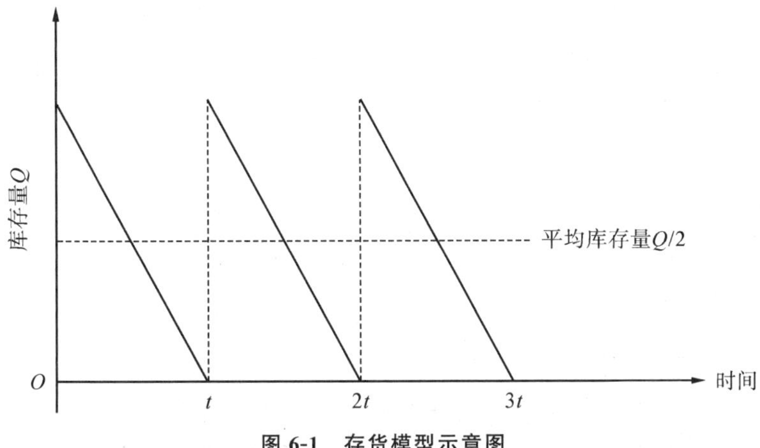

图 6-1　存货模型示意图

由于企业不允许缺货，即每当存货数量降至零时，下一批订货便会随即全部购入，故不存在缺货成本。此时与存货订购批量、批次直接相关的就只有订货成本和储存成本两项。存货年成本合计 T 就等于年订货成本加上年储存成本，即：

$$T = \text{年订货成本} + \text{年储存成本}$$

$$= \frac{A}{Q} \times P + \frac{Q}{2} \times C \qquad (6\text{-}1)$$

式中，A 表示存货全年需要量；Q 表示订货批量；P 表示每批订货成本；C 表示单位存货年储存成本。

年订货成本、年储存成本及年成本合计的图形见图 6-2。

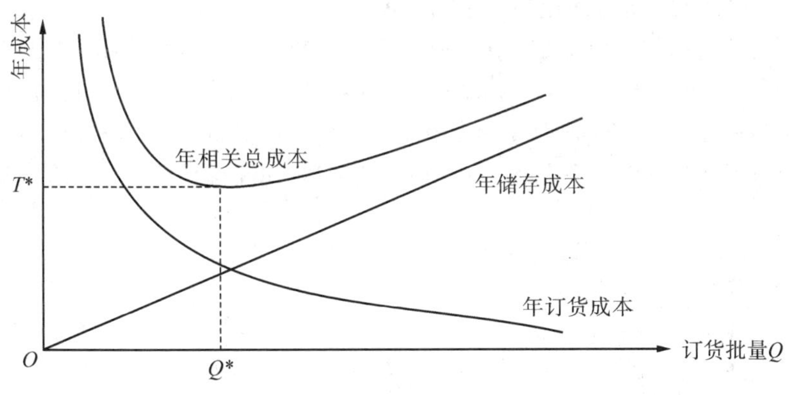

图 6-2　经济订货批量基本模型图

从图 6-2 可以看出，年相关总成本是一条凹形曲线，其最低点在横轴上所对应的订货批量值(Q^*)即是使相关总成本达到最低值(T^*)的经济订货批量。

令

$$\frac{\mathrm{d}T}{\mathrm{d}Q} = 0$$

由此解得：

$$经济订货批量\ Q^* = \sqrt{\frac{2AP}{C}} \tag{6-2}$$

$$最佳订货批次\ N^* = A/Q^* = \sqrt{\frac{AC}{2P}}$$

将公式(6-2)代入公式(6-1)式，可得：

$$T^* = \sqrt{2PAC}$$

例 6-1

某公司每年耗用某轻型材料 40 000 千克，每批订货成本为 25 元，材料年平均储存成本为 8 元。则材料的经济订货批量、经济订货批次、最低相关总成本依次为：

$$Q^* = \sqrt{\frac{2AP}{C}} = \sqrt{\frac{2\times25\times40\ 000}{8}} = 500(千克)$$

$$N^* = \sqrt{\frac{AC}{2P}} = \sqrt{\frac{40\ 000\times8}{2\times25}} = 80(批)$$

$$T^* = \sqrt{2PAC} = \sqrt{2\times25\times40\ 000\times8} = 4\ 000(元)$$

6.2.2 经济订货批量模型的扩展

上述经济订货批量基本模型所假设的条件，在实际经济生活中往往很难得到满足。因此，需要对其进行扩展，以确定不同情况下的经济订购批量，降低成本。

6.2.2.1 一次订货，边进边出条件下的决策

经济订货批量的基本模型是假定一次订购的货物一次性全部入库，但在实际工作中，也存在一次订货，货物陆续到达入库的情况。这种情况下，由于存货边进边出，进库速度必定大于出库速度。而当一次订货全部到达后，有关存货将只出不进，其库存量不断下降。在库存量下降到零时，下一批订货又将分批到达，如此循环往复。其存货库存情况见图 6-3。

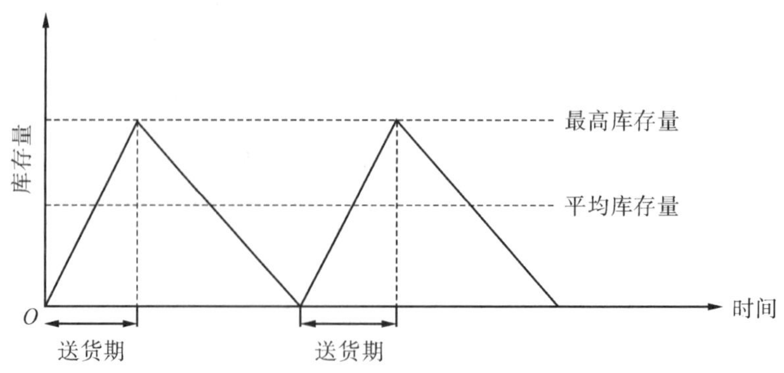

图 6-3 边进边出条件下的库存图

若存货每日入库量为 x，每日耗用量为 y，则：

$$平均库均量=\frac{Q(1-\frac{y}{x})}{2}$$

由于年成本合计等于年存储成本与年订货成本之和，因此

$$T=\frac{PA}{Q}+\frac{Q(1-\frac{y}{x})}{2}\times C \tag{6-3}$$

以 Q 为自变量，对公式(6-3)求一阶导数并令其为零，得：

$$Q^{*}=\sqrt{\frac{2PA}{C-\frac{Cy}{x}}} \tag{6-4}$$

将 Q^{*} 值代入公式(6-3)，得：

$$T^{*}=\sqrt{2PAC(1-\frac{y}{x})} \tag{6-5}$$

例 6-2

某公司生产甲产品，全年需要 A 材料 10 000 千克，每日入库量为 340 千克，每日耗用 238 千克，每次订货成本为 120 元，每千克 C 材料年储存成本为 2 元。则：

$$Q^{*}=\sqrt{\frac{2\times 10\ 000\times 120}{2-\frac{2\times 238}{340}}}=2\ 000(千克)$$

计算结果表明，在 A 材料陆续到达、陆续使用的条件下，其经济订货批量为 2 000 千克。此时，年成本合计为：

$$T^{*}=\sqrt{2\times 10\ 000\times 120\times 2\times(1-\frac{238}{340})}=1\ 200(元)$$

6.2.2.2 存在数量折扣条件下的决策

为了鼓励购买者多购买商品，供应商对大量购买商品常常实行数量折扣价，即规定每次购买量达到某一数量界限时，给予价格优惠。于是，购买者就可以利用数量折扣价，取得较低商品价、较低运输费和较低年订购费用的机会。在有数量折扣的决策中，订货成本、储存成本和采购成本的年成本合计最低的方案，才是最优方案。

例 6-3

某公司每年需用甲材料 1 500 千克，每千克甲材料的年储存成本 0.5 元，每次订货费用 81.67 元。供应商提出若每次订购数量达到 750 千克时，可获得 2%优惠折扣；不足 750 千克时，单价为 50 元。该材料的经济订货批量计算，可以分如下三步进行：

第一步：计算没有数量折扣时的经济订货批量

$$Q^* = \sqrt{2 \times 1\,500 \times \frac{81.67}{0.5}} = 700(\text{千克})$$

第二步:计算不考虑数量折扣时的年成本合计

采购成本 $= 1\,500 \times 50 = 75\,000$(元)

订货成本 $= \frac{1\,500}{700} \times 81.67 = 175$(元)

储存成本 $= \frac{700}{2} \times 0.5 = 175$(元)

年成本合计 $= 75\,000 + 175 + 175 = 75\,350$(元)

第三步:考虑数量折扣时的年总成本

在给予数量折扣的进货批量范围内,无论进货量是多少,单位存货进价都是相同的。而相关总成本的变动规律是:进货批量越小,年总成本就越低。

采购成本 $= 1\,500 \times 50 \times (1-2\%) = 73\,500$(元)

订货成本 $= \frac{1\,500}{750} \times 81.67 = 163.34$(元)

储存成本 $= \frac{750}{2} \times 0.5 = 187.5$(元)

年成本合计 $= 73\,500 + 163.34 + 187.5 = 73\,850.8$(元)

由计算结果可知,在现有条件下,该公司经济订货批量为 750 千克。这时,支付的相关总成本最低,为 73 850.8 元。

6.2.2.3 允许缺货条件下的决策

良好的存货管理不应该出现缺货的现象,但在实际工作中,由于供应和耗用的不确定性,难免会出现缺货现象。在允许缺货的情况下,企业对经济订货批量的确定,除了要考虑订货成本和储存成本,还应该考虑缺货成本,以使其存货成本达到最低水平。

在允许缺货的经济批量模型中,库存量与时间的关系如图 6-4 所示。其中,Q_s 为最大缺货量,$(Q-Q_S)$为最高库存量。如果发生缺货,就向顾客发出延期交货单,一旦补充进货,则首先满足延期交货单的需求,即采取缺货预约的管理方式。

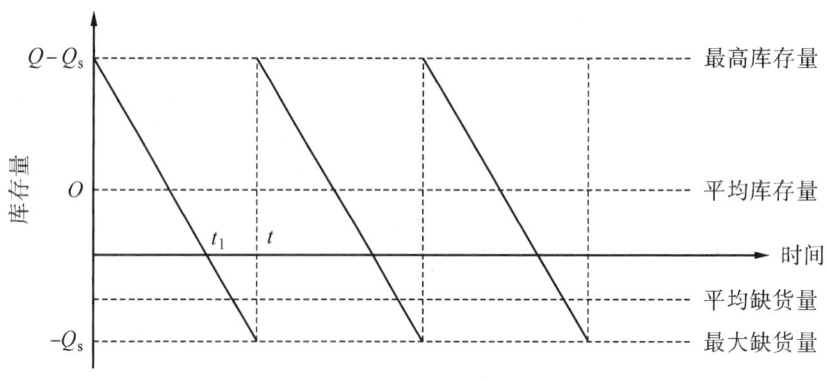

图 6-4 允许缺货条件下的库存

设 t 为两次采购间隔时间，t_1 表示其中库存量为正的时间，t_2 表示其中库存量为负的时间，d 表示单位时间内存货的需要量。由于

$$t_1=\frac{Q-Q_s}{d}$$

$$t_2=\frac{Q_s}{d}$$

$$t=t_1+t_2=\frac{Q}{d}$$

所以

$$\text{平均库存量}=\frac{(Q-Q_s)t_1}{2t}=\frac{(Q-Q_s)^2}{2Q}$$

依照同样的方法，得：

$$\text{平均缺货量}=\frac{Q_st_2}{2t}=\frac{Q_s^2}{2Q}$$

记 S 为单位缺货成本，则在 t 期间内，

$$\text{订货成本}=\frac{AP}{Q}$$

$$\text{储存成本}=\frac{C\ (Q-Q_s)^2}{2Q}$$

$$\text{缺货成本}=\frac{SQ_s^2}{2Q}$$

因此，缺货情况下的相关总成本的计算公式为：

$$T=\frac{AP}{Q}+\frac{C\ (Q-Q_s)^2}{2Q}+\frac{SQ_s^2}{2Q} \tag{6-6}$$

以 Q 和 Q_s 为自变量，对公式(6-6)求偏导数，并令其为零，求得缺货情况下的经济订货批量、最大允许缺货量和最低相关总成本分别为：

$$Q^*=\sqrt{2AP(\frac{1}{C}+\frac{1}{S})}$$

$$Q_s^*=\frac{Q^*}{C+S}\cdot C$$

$$T^*=\sqrt{\frac{2PACS}{C+S}}$$

例 6-4

某公司全年需要甲材料 40 000 千克，允许缺货，每次订货成本 25 元，每千克材料年储存成本为 8 元，缺货成本为每千克 2 元。则该公司对甲材料的经济订货批量、最大缺货量及年最低相关总成本分别为：

$$Q^*=\sqrt{2\times40\ 000\times25\times(\frac{1}{8}+\frac{1}{2})}=1\ 118(\text{千克})$$

$$Q_s^* = \frac{1118 \times 8}{8+2} = 894(\text{千克})$$

$$T^* = \sqrt{\frac{2 \times 40\ 000 \times 25 \times 8 \times 2}{8+2}} = 1\ 788(\text{元})$$

因此该在允许缺货的条件下，甲材料的经济订货批量为 1 118 千克，最大缺货量为 894 千克，这样可使其年成本合计保持在最低水平 1 788 元。

6.3 日常存货控制

在存货管理中，要使存货经常保持在最佳水平上，除了确定存货经济订购批量，还要加强对存货的有效控制。存货控制常用的方法有以下四种。

6.3.1 定量订货控制

定量订货控制是以事先确定的经济批量为定量采购基础，对比现有库存材料储备量和固定的再订货点，来决定是否采购。在这种方法下，当某种存货的实际库存量下降到事先确定的再订货点时，马上按经济订货批量组织订货，一旦原有库存下降到保险储备量时，新订的货物刚好到达，实际库存量即恢复到以前的最高水平。

再订货点是指企业需要再次购进存货时的库存量。如果订货过早，会增加存货的储备量，造成物资积压；如果订货过迟，存货储备不足，一旦供货不及时，就会影响生产和销售的需要。

再订货点＝每日平均耗用量×交货期天数＋保险储备量

例 6-5

某公司每年需用 A 材料 10 000 千克，每批订货成本为 600 元，每千克 A 材料全年平均储存成本为 12 元，假定 A 材料平均每日消耗 45 千克，订货提前期为 8 天，保险储备量为 60 千克。则 A 材料的经济订货批量、再订货点依次为：

$$Q^* = \sqrt{\frac{2 \times 10\ 000 \times 600}{12}} = 1\ 000(\text{千克})$$

$$RP = 45 \times 8 + 60 = 420(\text{千克})$$

因此，当 A 材料库存量下降到 420 千克时，就需要立即订货 1 000 千克。

6.3.2 定期订货控制

定期订货控制是在事先确定的固定采购周期的基础上，根据预计的定期采购标准与各采购日的实际库存量之间的差额，以此作为每次实际采购量的一种采购方式。这种存货控制方法的特点是，订货周期固定，订货数量不固定，没有固定的订货点。它也以实现最低存货总成本为目标，确定订货周期、预计订货水平和每次订货数量。

6.3.2.1 订货周期的确定

订货周期，是指相邻两次订货的间隔天数，它通常受到企业全年需用材料量、耗用情况以及供应方生产批量和供货特点等因素的影响。在定期订货控制下，订货周期是固定不变的，但要按照能使存货总成本达最低水平的原则来确定一个最经济的订货周期。

记 Q 为每次订货数量，A 为全年货物需要量，则以年为单位的订货周期 T_0 为：

$$T_0=\frac{Q}{A}$$

每次订货数量为：

$$Q=T_0A \tag{6-7}$$

将式(6-7)代入式(6-1)，得：

$$T=\frac{P}{T_0}+\frac{CT_0A}{2}$$

以 T_0 为自变量，求 T 的一阶导数并令其为零，求得经济订货周期 T_0^* 为：

$$T_0^*=\sqrt{\frac{2P}{AC}}$$

例 6-8

某公司生产耗用甲材料，全年需要甲材料 2 400 件，每批订货成本 10 元，每件年储存成本 1.2 元，则甲材料的经济订货周期 T_0^* 为：

$$T_0^*=\sqrt{\frac{2P}{AC}}=\sqrt{\frac{2\times10}{2\ 400\times1.2}}=0.083(\text{年})$$

或

$$T_0^*=0.083\times360=30(\text{天})$$

本例甲材料订货周期也可用下列方法计算。

首先，计算经济订货批量 Q^*：

$$Q^*=\sqrt{\frac{2\times2\ 400\times10}{1.2}}=200(\text{件})$$

其次，计算年经济订货批次 N^*：

$$N^*=\frac{2\ 400}{200}=12(\text{次})$$

再次，计算经济订货周期 T_0^*：

$$T_0^*=\frac{360}{12}=30(\text{天})$$

6.3.2.2 预计订货水平的确定

预计订货水平是指每次订货后货物应达到的特定数量，这一数量必须保证满足提前期和两次供货的间隔时间内生产经营活动对某种货物的正常需要。

记 L_0 为预计订货水平，T_t 为提前期，T_i 为供应周期，d 为每天平均需要量，I 为保险储备量，则：

$$L_0=(T_t+T_i)d+I$$

例 6-9

承例 6-8，该公司甲材料保险储备量为 15 件，提前期为 15 天，供应周期为 30 天，每天平均需要量为 15 件，则甲材料预计订货水平：

$$L_0=(15+30)\times15+15=690(\text{件})$$

6.3.2.3 每次订货数量的确定

在定期采购方式下，材料存货控制的特点是定期组织采购，但每次实际采购数量不固定。那么采购数量具体数值取决于每次订购前实际盘点的结果。

记 Q_1 为订货前存货实际盘存量，Q_2 为在本次订货时尚未到达的以往订货，则实际订货数量 Q 为：

$$Q=L_0-Q_1-Q_2$$

例 6-10

承例 6-9，某公司甲材料在前三个订货周期的实际盘存量依次为 100 件、110 件、140 件，则甲材料这三次实际订货量依次为：

$$Q_{100}=690-100=590(\text{件})$$

$$Q_{110}=690-110=580(\text{件})$$

$$Q_{140}=690-140=550(\text{件})$$

6.3.3 ABC 分类控制法

制造业企业的存货品种繁多，存货之间的数量和价值也有一定的差异，因此对这些存货实行全面统一的管理和控制是非常困难的。针对这种情况，企业可以试采用 ABC 分类控制法对存货进行分类管理，即对不同的存货采取不同的管理对策，以达到最经济合理的管理目的。

6.3.3.1 ABC 分类控制法的含义及其划分标准

ABC 分类控制法，又称重点管理法，是指将全部存货按占用资金量的大小，按一定的标准，划分为 A、B、C 三类，采取有区别、分主次的办法和措施，对各类存货进行相应控制的方法。

ABC 分类的一般划分标准，见表 6-1。

表 6-1　ABC 分类的一般划分标准

存货种类	金额比重(%)	实物量比重(%)
A 类	70～80	5～10
B 类	15～20	20～30
C 类	5～10	50～70

6.3.3.2 ABC 分类控制法的运用

A、B、C 三类存货的划分没有固定的标准，只是一种分析存货的原则。对 A、B、C 三类存货按照各类物资的重要程度不同，一般采取下列控制方法：

(1)A 类存货的控制。A 类存货特点是品种和实物量少，占用资金多，故应进行重点控制。控制措施有：一是计算确定其经济订货批量、再订货点，使日常存货量达到最优水平；二是采用永续盘存制，对存货的收发结存进行严密监视，当存货数量达到再订货点时，应及时通知采购部门组织进货；三是随时对存货的动态情况进行跟踪，发现问题，立即纠正。

(2)B 类存货的控制。由于 B 类存货介于 A 类、C 类物资之间，占用资金次于 A 类存货，控制不必像对 A 类存货那样严格，但也不能过于宽松。其控制要求是：确定每种存货的经济订货批量、再订货点，并采用永续盘存制对存货的收发结存情况进行反映和监督，但一般不需经常逐项进行对比分析，只需定期进行分类的检查即可。

(3)C 类存货的控制。相对而言，C 类存货的特点是品种和实物量多，但资金占用量很少，因此企业可采用一些简单的方法进行管理，如“红线法”和“双箱法”是适应这类存货的特点而被广泛采用的方法，前者是企业在储存材料的容器中划一条警戒线，当库存量下降到警戒线时就向外发出订单，补充存货；后者是企业将存货分为大小两箱储存，当大箱内的存货用完时即向外发出订单补充存货，同时以小箱内的存货维持正常生产需求。

ABC 分类控制法特别适用于那些原材料库存量大、品种繁多、价值差别大的企业，通过对存货实施分类管理，能有效提高管理效率，同时也能降低存货管理的成本。依据 ABC 分类控制法的原理，在存货品种多达数百种或上千种甚至更多的情况下，也可将全部存货划分为五类或十类不等，以更充分地体现分清主次、突出重点、区别对待的原则，达到更好的分类控制效果。ABC 分类控制法在企业经营管理中不仅用于存货控制，而且也常用于生产管理、销售管理等方面。

例 6-11

某公司生产中需用 8 种材料，各种材料的有关资料见表 6-2。

表 6-2　某公司有关生产资料情况表

存货编号	年耗用量(件)	单价(元)	总成本(元)
001	5 500	2.00	11 000
002	1 500	40.00	60 000
003	15 000	0.05	750

续表

存货编号	年耗用量(件)	单价(元)	总成本(元)
004	500	160	80 0 000
005	2 000	8.00	16 000
006	3 000	2.5	7 500
007	4 000	2.5	10 000
008	18 000	0.25	4 500

根据表 6-2 的资料，将总成本从大到小的顺序重新排列，按分类标准对其分类，见表 6-3。

表 6-3 某公司材料 ABC 分类表

存货类别	存货编号	总成本			领用数量	
		金额	比例(%)	各类材料占总成本(%)	领用总量	各类材料占领用量(%)
A	004 002	800 000 60 000	42 32	74	2 000	4
B	005 001 007	160 000 110 000 10 000	8 6 5	19	11 500	23
C	006 008 003	75 000 45 000 750	4 3 0	7	36 000	73
合计	8	189 750	100	100	49 500	100

要有效控制 A、B、C 三类存货，应根据具体情况，进行有区别、有重点的控制。其中 A 类存货虽然只占年耗用量的 4%，但其成本占总成本 74%，属于量少而价高的重要物资；C 类存货占领用量的 73%，但金额只占总成本的 7%，属于量多而低价的物资；B 类存货则介于 A 类和 B 类存货之间。

6.3.4 JIT 存货控制(零存货控制)

JIT 存货控制，是 20 世纪七八十年代起源于日本丰田汽车公司的一种新兴的生产管理模式。在该体系中，材料只有在使用之前才从供应商处订货，产品在有需求或接到订单时才生产并立即送货，存货储备时间和生产中的等待时间被尽量压缩。按 JIT 存货控制的理念，存货的存在是一种浪费，必须通过仔细地规划使库存量最小甚至为零，因此 JIT 存货控制又称零存货控制。

6.3.4.1 JIT 存货控制实施的前提条件

(1)供应商必须能够及时提供物料。

(2)物料质量可靠。

(3)生产区域组织合理,对生产区域进行符合逻辑、易于产品流动的规划。

(4)生产系统要有很强的灵活性,为改变产品品种而进行的生产设备调整时间接近零。

(5)实行有效的、预防性的设备维修工作。

(6)工人具有多种技能,能适应多种工种。

(7)工人、工程技术人员、经理及其他人员有解决突出问题的能力。

(8)企业所有人员团结一致,不断提高产品质量。

6.3.4.2 JIT 存货控制实施的基本步骤

建立 JIT 存货控制需要很长时间,它需要企业文化和管理方式发生巨大的变革。这不是轻易就能完成的。然而,采取适时制的企业的竞争力将大大提高,因而能获得较高收益。实施适时制,主要采取六项步骤。

(1)准备工作

准备阶段的工作包括:进行管理培训,高级管理层对 JIT 存货控制制度的支持,各级管理人员都要明确各自的职责,企业要制定目标和实施计划,对员工进行培训和激励等,使所有员工都参与 JIT 存货控制的建设。

(2)实行全面质量管理

全面质量管理是与 JIT 存货控制紧密联系的。JIT 存货控制的各环节,在全面质量管理的条件下,才能协调一致,也只有实行全面质量管理,在每一个环节上把好质量关,使之尽力实现"零缺陷",才能实现"零存货"。

(3)对现行系统进行分析

在实施 JIT 存货控制之前,首先要对现行的制造系统进行仔细的分析和解剖。

(4)工艺和产品的设计

JIT 存货控制要求企业的生产线具有很强的柔性。一些高科技的企业成功地把适时制与柔性制造系统结合在一起,它们采用标准件降低了 JIT 存货控制系统的复杂程度。技术人员、营销人员和工人应该一起共同发展稳定有效的产品组合。

(5)使供应商成为 JIT 存货控制的一部分

供应商能及时向企业提供优质的材料,是 JIT 存货控制运行的必要条件。把企业 JIT 存货控制与供应商的 JIT 存货控制联结在一起,使供应商成为企业 JIT 存货控制的一部分,可以保证物料供应的及时性和可靠性。

(6)不断改善

JIT 存货控制需要根据变化的情况,不断改进、调整和完善。从理论上讲,存货的存在是一种资源的浪费;从现实来看,存货的存在又是不可避免的,甚至是有利于生产经营活动正常进行的。因此,企业一方面应该不断改善经营管理,为最终实现零库存而奋斗;另一方面又应该面对现实,使库存维持在某一特定的水平,做到资源浪费最少而又能保证生产经营正常进行,这就是企业库存控制的较高境界。

6.3.4.3 JIT 存货控制的优缺点

JIT 存货控制的优点是降低库存成本,减少从订货到交货的加工等待时间,提高生产效率,降低废品率、再加工和担保成本。但 JIT 存货控制要求企业内外部全面协调和配合，一旦供应链被破坏，或企业不能在很短时间内根据客户要求调整生产，企业生产经营的稳定性将会受到影响，经营风险加大。另外，为了保证能够按照合同的约定小量频繁配送，供应商可能要求额外加价，企业因此丧失了从其他供应商那里获得更低价格的机会收益。

○ 本章小结

存货是企业在生产经营过程中为销售或耗用而储存的各种资产，它为维持企业的正常生产和经营发挥着重要的作用。存货成本通常包括采购成本、订货成本、储存成本和缺货成本。

存货决策的目的就是确定经济订货批量，即在保证生产或销售顺利进行的前提下，可以使存货相关成本(订货成本和储存成本)最低的订购批量。经济订货批量基本模型所假设的条件，在实际经济生活中往往很难得到满足。因此，可以将其扩展为一次订货，边进边出条件下的决策、存在数量折扣条件下的决策、允许缺货条件下的决策模型。

在存货管理中，要使存货经常保持在最佳水平上，除了确定存货经济订购批量，还要加强对存货的有效控制。存货控制常用的方法有以下四种：定量订货控制、定期订货控制、ABC 分类控制法和 JIT 存货控制。定量订货控制是以事先确定的经济批量为定量采购基础，对比现有库存材料储备量和固定的再订货点，来决定是否采购；定期订货控制是在事先确定的固定采购周期的基础上，根据预计的定期采购标准与各采购日的实际库存量之间的差额，以此作为每次实际采购量的一种采购方式；ABC 分类控制法，是指将全部存货按占用资金量的大小，按一定的标准，划分为 A、B、C 三类，采取有区别、分主次的办法和措施，对各类存货进行相应控制的方法；JIT 存货控制，是指材料只有在使用之前才从供应商处订货，产品在有需求或接到订单时才生产并立即送货，存货储备时间和生产中的等待时间被尽量压缩。

○ 关键概念

存货(inventory)
经济订货批量(economic order quantity，EOQ)
再订货点(reorder point，RP)
JIT 存货控制(just-in-time)

○ 相关阅读

大数据时代下的云会计与企业存货决策[①]

随着全球经济一体化加快和市场竞争加剧，云会计因其成本低、效率高、易于拓展、可

① 资料参见：程平，徐云云.大数据时代下的云会计与企业存货决策[N].中国会计报，2015-07-17.

定制性强等优势受到了中小企业的广泛关注。大数据以其数据量大、处理速度快、类型多样、蕴藏着巨大的商业价值等优势，成为企业形成新型的战略资产和企业核心竞争力的重要基础，为企业科学合理的经营决策提供了有效的支撑。高速发展的物联网利用射频识别技术（RFID）、传感器技术、纳米技术、智能嵌入技术等，通过信息传感设备，按约定的协议在任何物品之间进行信息交换和通信，实现智能化识别、定位、跟踪、监控和管理，作为云会计平台的前端已成为获取大数据的最佳途径。

存货决策作为企业日常经营过程中营运资金管理的一环，对企业的正常生产经营、稳健发展都具有十分重要的作用。存货的成本管理、控制系统管理、库存管理都是企业存货决策中的重要任务，云会计、物联网等技术的发展确保了企业获取存货实时信息，大数据分析则为企业做出科学合理的存货决策提供了分析基础。

一、云会计使存货的成本管理更方便

存货管理的目标是在保证生产或销售经营需要的前提下，最大限度地降低存货成本，即采购成本、订货成本、储存成本、缺货成本等。如何在存货的成本与收益间进行利弊权衡，实现二者的最佳组合是企业需要考虑到的重要问题。存货的目的是便于维持均衡生产以及降低产品成本，提供原材料保证生产的正常进行，提供产品储备来满足需求量增加的企业市场。存货不足不能及时满足生产和销售的需要会给企业带来损失，而存货过多将导致储存成本增加从而影响企业利益。如何对存货的成本进行管理控制是企业存货决策中的一大重难点。

以物联网技术为前端，大数据分析为后端的云会计平台，能够在时空分离的环境下获取到不同地区采购、储存等信息，以便于企业的存货成本管理，有效降低其成本。例如，要考察距离企业较远地区供应商的产品时，通常需要采购人员进行实地探访了解当地市场行情，这将产生数额不小的采购业务费用。而在云会计平台上，通过分布式的数据中心可采集到该项产品的平均价格、市场行情等，再由大数据中心结合该区域具体信息对其进行分析，无须人员到现场，最终通过云会计平台直接向企业呈现分析结果，有助于减少采购人员的出差次数，降低企业的差旅费用。

二、云会计使存货控制系统更精确

为提高企业整体运作效率，企业对存货的管理普遍采用 ABC 控制系统、适时制库存控制系统（JIT）等。在 ABC 控制系统中需要对 A 类高价值存货，即品种数量较少但价值很高的存货进行重点控制，严格管理，确保不可缺货；对 B 类中等价值存货进行次重点管理；而对 C 类低价值存货，即品种数量多但价值较少的存货一般管理。如何准确区分 ABC 三类存货并进行分类控制是企业需要解决的问题。JIT 管理强调只在使用存货之前才要求供应商送货，从而将存货数量减到最小，实现物资供应、生产、销售连续同步运动，在提高生产效率、减少储存成本的同时，需要考虑到与供应商协同接洽的问题。

企业和供应商可以通过物联网同时获得存货的使用情况。在数据显示该批存货需要补充时，物联网得到传感信息的反馈及时提醒企业补给，通知供应商做好供货准备，并给出下一订货批量的预计时间及数量要求。这样加强了企业与供应商的信息沟通与交流，使 JIT 控制系统得到更好的实施。

三、云会计使存货的库存管理更可控

大型企业的库存点通常是遍及全国各地。各地消费者的需求均有不同，这就会产生有库存差异的情况。通过云会计平台前端的物联网技术可以获取到每个库存点的存货情况，再结合后端的分布式数据中心对所有的大数据进行汇总分析，直接在库存点之间进行存货的调配，并根据分析结果对以后的货物分配进行优化。消费者在网上购买商品时，云会计平台会自动选择就近且有货的库存点进行智能化发货。在存货的运输与存储过程中还会涉及安全问题，尤其是高价值的存货一旦损失，将会对企业造成严重影响。而云会计平台下物联网技术的运用，就可以做到存货信息流和物流的统一，对存货去向形成监控，具有极强的监测功能，每隔一段时间将存货信息反馈给企业，即便出现丢失情况也能及时追回，确保了存货的安全性。

○ 练习题

一、单项选择题

1.在经济订货批量控制中，如果当年的储存成本和订货成本相等，则全年的相关总成本（　　）。

A.最大　　B.最小　　C.适中　　D.等于零

2.某公司全年需用X材料18 000件，计划开工360天。该材料订货日至到货日的时间为5天，保险储备量为100件。该材料的再订货点是（　　）件。

A.100　　B.150　　C.250　　D.350

3.根据存货的经济订货基本模型，影响经济订货批量的因素是（　　）。

A.购置成本　　B.每次订货变动成本

C.固定储存成本　　D.缺货成本

4.按照ABC分类法，品种少且单位价值低的材料（　　）。

A.属于C类存货　　B.属于B类存货

C.属于A类存货　　D.不属于A、B、C中的任何一类

5.假定没有数量折扣，价格与采购量之间存在的关系为（　　）。

A.正相关的关系　　B.相关的关系　　C.负相关的关系　　D.无关的关系

6.在不同的情况下，经济批量控制相关成本所包含的内容是（　　）。

A.相同的　　B.不同的　　C.不变的　　D.变化无常的

7.在允许缺货的情况下，衡量是否达到经济订货批量的关键标志是（　　）。

A.订货成本与储存成本相等

B.订货成本与储存成本之和最低

C.缺货成本与储存成本之和最低

D.订货成本、储存成本和缺货成本之和最低

8.某企业全年需要甲材料240吨，每次进货成本为40元，每吨材料的年储存成本为12元，则每年的最佳进货次数为（　　）。

A.3次　　B.4次　　C.6次　　D.9次

9.某公司存货年需求量为36 000千克,经济订货批量为600千克,一年按360天计算,则最佳订货期为(　　)天。

A.6　　B.1.67　　C.100　　D.60

10.下列关于存货保险储备的表述中,正确的是(　　)。

A.较低的保险储备可降低存货缺货成本

B.保险储备的多少取决于经济订货量的大小

C.最佳保险储备能使缺货损失和保险储备的储存成本之和达到最低

D.较高的保险储备可降低存货储存成本

二、多项选择题

1.在以下有关存货控制ABC分类法的描述中,正确的有(　　)。

A.A类存货金额巨大,但是品种数量较少

B.C类存货金额巨大,但是品种数量较少

C.对A类存货应该重点控制

D.对B类存货应该重点控制

E.对C类存货应该重点控制

2.在以下有关经济订货批量特征的描述中,正确的有(　　)。

A.与存货的年度总需求量成正比　　B.与每次订货的变动成本成反比

C.与单位存货的年储存成反比　　D.与存货的交易成本与正比

E.与存货的购置成本成正比

3.下列各项中,属于材料采购批量控制内容的有(　　)。

A.计算全年最高的相关总成本　　B.计算全年最低的相关总成本

C.计算全年最低的相关订货数量　　D.利用相关模型计算经济订货批量

E.在经济批量的基础上计算经济订货次数

4.下列项目中,属于变动性存货储存成本内容的有(　　)。

A.库存短缺紧急额外购入成本　　B.存货的过期损失

C.存货占用资金的应计利息　　D.仓库费用

E.存货的破损变质损失

5.在严格限制条件下,开展经济批量控制必须考虑的相关总成本包括(　　)。

A.相关订货成本　　B.相关生产成本　　C.相关运输成本　　D.相关储存成本

E.相关销售成本

6.根据材料经济订货批量控制的理论,下列各项中,属于缺货成本构成内容的有(　　)。

A.停工待料损失

B.企业因储存不当而造成的损失

C.对客户延期交货而支付的违约罚金

D.企业因失去及时供货信用而损失的商誉

E.因采取临时性补救措施而发生的额外采购支出

7.下列各项因素中,能够影响再订货点的有(　　)。

A.交货期　　B.材料日均消耗量

C.保险储备量

D.保管毁损量

E.保质期

8.下列各项中,属于建立存货经济进货批量基本模型假设前提的有(　　)。

A.一定时期的进货总量可以较为准确地预测

B.允许出现缺货

C.存货被均衡耗用

D.存货的价格稳定

9.根据存货经济批量模型,下列各项中,导致存货经济订货批量增加的情况有(　　)。

A.单位储存成本增加

B.存货年需求量增加

C.订货固定成本增加

D.单位订货变动成本增加

10.存货对绝大部分制造业企业来说是必需的,因为(　　)。

A.保证企业不间断的生产对原材料等的需要,应有一定的储存量

B.满足产品销售批量化、经常化的需要,应有足够的半成品、产成品储存量

C.保证企业均衡生产并降低生产成本,应有一定的储存量

D.避免或减少经营中可能出现的失误和意外事故对企业造成的损失,应有一定的储存量

E.零星采购物资价格较高,整批购买价格有优惠,出于价格考虑,应有一定的储存量

三、判断题

1.存货管理的目标是在保证生产和销售需要的前提下,最大限度地降低存货成本。(　　)

2.当某种存货的数量比重达到 70%左右时,可以将其划为 A 类存货,进行重点控制。(　　)

3.全年经济订货次数等于材料全年需用量除以经济批量得到的数值。(　　)

4.在材料经济订货批量控制的基本模型中,采购成本属于相关成本。(　　)

5.在存在商业折扣时,全年经济订货次数的计算公式与简单条件下的相关公式相同。(　　)

6.陆续到货会使得材料年均储存量发生变动,进而会导致订货成本模型有所改变。(　　)

7.保险储备量是指为保证防止材料意外毁损而事先准备的储存量。(　　)

8.存货管理中,较高的保险储备增加了储存成本,但降低了缺货成本。(　　)

9.在允许缺货的情况下,缺货成本与决策无关。(　　)

10.在某种存货全年的需求量已经确定的情况下,降低订购批量,必然会提升订购的次数。(　　)

四、名词解释

1.经济订货批量

2.再订货点

3.定期订货控制

4.缺货成本

5.ABC 分类控制法

五、简答题

1.在存货决策中需要考虑哪些成本?

2.存货存在数量折扣条件下,企业应该如何决策?

3.存货的 ABC 分类控制法的含义及其划分标准是什么?

4.在适时制(JIT 存货控制)下,存货被认为对企业的经营有哪些负面影响?

5.简述零存货控制的优缺点。

六、计算分析题

1.资料:某企业每年需耗用 A 材料 45 000 件,每件存货的年储存成本为 20 元,平均每次订货的成本为 180 元,A 材料全年平均单价为 240 元。假定不存在数量折扣,不会出现陆续到货和缺货的现象。

要求:

(1)计算 A 材料的经济批量;

(2)计算 A 材料年度最佳订购批数;

(3)计算 A 材料的相关订货成本;

(4)计算 A 材料的相关储存成本;

(5)计算 A 材料的年相关总成本。

2.资料:某企业生产甲产品,全年需要 A 材料 20 000 千克,每日送货量 100 千克,每日消耗量 90 千克,每次订货成本 200 元,每千克 A 材料年储存成本为 5 元。

要求:计算 A 材料经济订货批量和年总成本。

3.资料:某企业全年需用 A 零件 2 400 个,每件每年储存成本为 0.6 元,每次订货成本为 55 元。供应商规定,每次订货量不足 800 个时,单价为 50 元;每次订货量达到 800 个时,可获得 3%的价格优惠。

要求:对是否应考虑按数量折扣购买做出决策。

4.甲公司是一家制造类企业,全年平均开工 250 天。为生产产品,全年需要购买 A 材料 250 000 件,该材料进货价格为 150 元/件,每次订货需支付运费。订单处理费等变动费用 500 元,材料年单位变动储存成本为 10 元/件。A 材料平均交货时间为 4 天。该公司 A 材料满足经济订货基本模型各项前提条件。

要求:

(1)利用经济订货基本模型,计算 A 材料的经济订货批量和全年订货次数。

(2)计算按经济订货批量采购 A 材料的年存货相关总成本。

(3)计算 A 材料每日平均需用量和再订货点。

5.丙公司是一家设备制造企业,每年需要外购某材料 108 000 千克,现有 S 和 T 两家符合要求的材料供应企业,他们所提供的材料质量和价格都相同。公司计划从两家企业中选择一家作为供应商。相关数据如下:

(1)从 S 企业购买该材料,一次性入库。每次订货费用为 5 000 元,年单位材料变动储存成本为 30 元/千克。假设不存在缺货。

(2)从 T 企业购买该材料,每次订货费用为 6 050 元,年单位材料变动储存成本为 30 元/千克。材料陆续到货并使用,每日送货量为 400 千克,每日耗用量为 300 千克。

要求:

(1)利用经济订货基本模型,计算从 S 企业购买材料的经济订货批量和相关存货总成本。

(2)利用经济订货扩展模型,计算从 T 企业购买材料的经济订货批量和相关存货总成本。

(3)基于成本最优原则,判断丙公司应该选择哪家企业作为供应商。

○ 案例分析

7-Eleven 让临时工负责订货①

7-Eleven 便利店诞生于美国,前身是成立于 1927 年的"南方公司"。由于店铺的营业时间是从早上 7 点开始到晚上 11 点结束,1946 年南方公司正式将改名为 7-Eleven,从而真正的揭开了便利店时代的序幕。南方公司于 1974 年授权日本伊藤洋华堂公司成立 7-Eleven,日本 7-Eleven 在创始人兼 CEO 铃木敏文的领导下迅速发展壮大,到 1990 年门店已发展到近 4 000 家。而美国南方公司却因经营状况恶化而逐步衰败,日本伊藤洋华堂公司于 1991 年取得南方公司过半股权,美国南方公司因此成为日本企业。

收购后,铃木敏文先生开始援助并重建南方公司,按日本 7-Eleven 的商业模式对南方公司的便利店进行重组改革。铃木先生发现,南方公司的店面不仅产品的陈列方式犹如无人管理的仓库般杂乱无章,缺货的情况也十分严重。顾客看到这样的便利店,不可能愿意再来光顾第二次。因此,重组的第一步,必须经历一次"破坏性"的巨大变革,改变一直以来的固有工作方式。

铃木先生发现门店无法提升利润的另一大原因是,最贴近顾客的店铺居然把订货这一重要环节交由他人负责。门店的员工不负责采购订货的缘由有两点:一是由于南方公司拥有几个大规模的配套物流中心,并且各个中心都采用独立核算制,所以他们通常会大量采购产品,按照自己的想法直接"强塞"给各家门店销售;二是因为生产商和批发商的"巡回销售(Route Sales)"这种渠道服务来自美国的连锁店理论,在零售业内被视为理所当然的通行做法。而对店铺而言,不用自行订货产品就会自动上门,便习惯于这种方便又合理的做法。

铃木先生对这一现状实行了 180 度的大改革。采购订货是店铺的特权,只有让最清楚消费者动向的一线员工决定采购怎样的产品、采购多少数量,并实行自主订货,然后有责任心地销售自己所订购的产品,才能获得可观的利润。

铃木先生反复强调这一点,并在美国推行了"单品管理"制度。在引进 POS 系统之

---

① 案例参见:铃木敏文.零售的哲学[M].顾晓琳,译.江苏文艺出版社,2014.

前，他让店员们每天分早晚两次手工记录下陈列的产品数量，借此让他们学会把控销售情况，了解什么产品畅销，什么产品滞销。当他们彻底掌握了这一能力后，我正式导入 POS 系统，进一步提高单品管理的精度。

利用 POS 系统获得了销售数据后，美国 7-Eleven 也和日本一样，针对每一件产品当日的销量情况验证前日的订货假设，再建立第二天哪种产品会热销的假设，以此为基础采购订货，接着再通过第二天的实际结果验证假设的合理性。就这样，单品管理的流程正式在美国展开了运作。

坚持重复这一流程不仅有助于提升门店的营业额，更重要的是提升了店内员工的主观能动性，改变了他们对待工作的态度，这才是让濒临绝境的店铺重获新生的关键所在。

尤其在美国，被门店雇佣的临时工，只需按照员工手册做些单一的杂活。店长根本不会委派他们负责诸如订货采购的重要工作。推翻这一规定，让平时经常站在收银机前的临时工也有订货采购的权限。原本他们只能按照上级指示做些简单工作，现在也可以挑战自我，开动脑筋寻找产品热销的原因，进行解决问题的"真正工作"。虽然增加了工作上的负担，但也让员工萌发了对工作的热情，理解了工作的价值。日本也同样如此，当店内的员工充满热情和工作干劲时，加盟店自然更加能吸引顾客进店消费，利润也随之产生。

当看到一家店铺的改革出现了成效，一开始持反对意见的店长们也迅速改变了既定的做法，由此在美国门店间形成了良性循环。如此，铃木先生不仅改善了门店的运营情况，还打包出售了前文提到的物流中心，将物流工作全部外包，最终实现了经营层面的合理性，使南方公司的经营状况焕然一新。

案例分析提示：

(1)零售企业的存货管理有什么特点？案例中南方公司的存货管理存在什么问题？

(2)铃木先生对存货管理做出了哪些改进？

(3)思政思考题：党的二十大报告中提出，"要坚持以推动高质量发展为主题，把实施扩大内需战略同深化供给侧结构性改革有机结合起来，增强国内大循环内生动力和可靠性"，参考本案例中的零售企业，你认为我国的超市应如何进行存货管理？

第 7 章

长期投资决策

思维导图

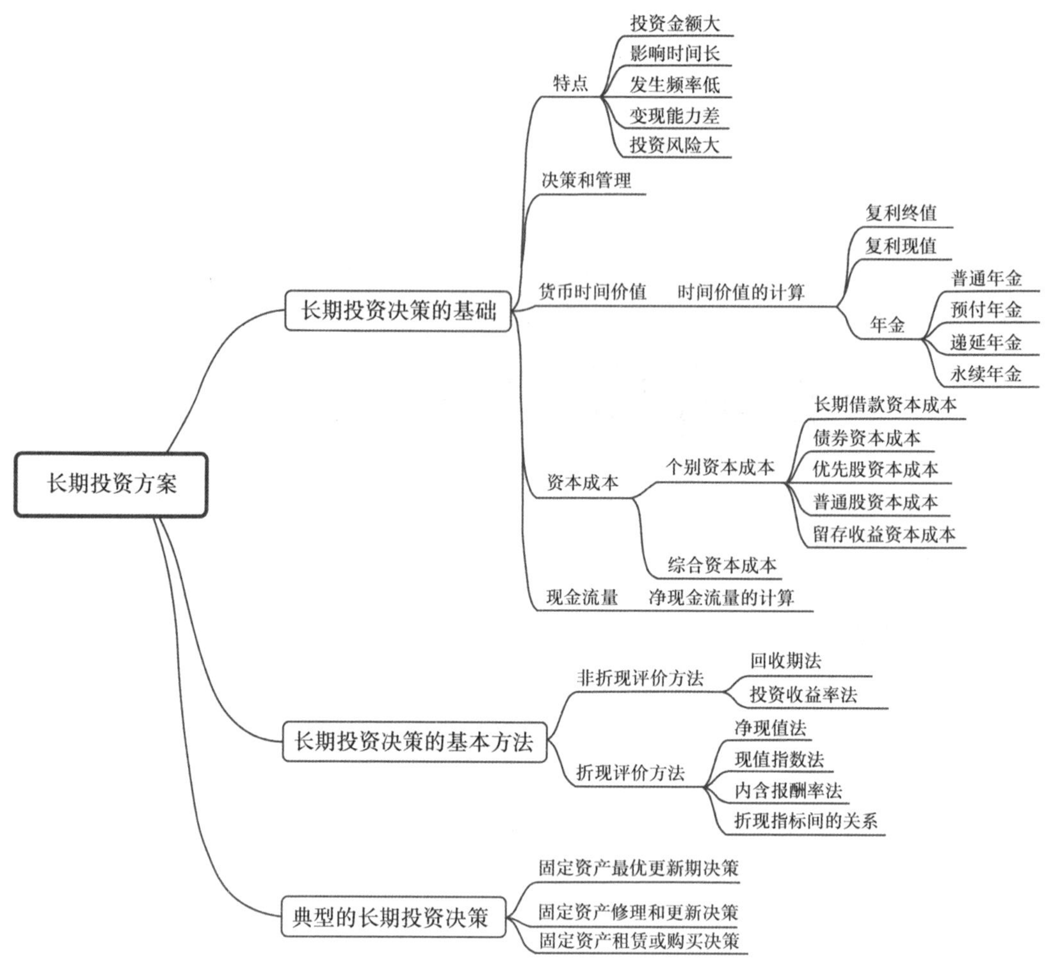

学习目标

本章的内容包括长期投资决策的基础、长期投资决策的基本方法、典型的长期投资决策。学习具体目标包括：

◇知识目标

了解长期投资决策的特点以及决策与管理，理解和掌握货币时间价值、资本成本和现金流量的基本原理和计算方法，理解和掌握长期投资决策的基本方法，掌握固定资产最优更新期决策、固定资产修理和更新决策、固定资产租赁或购买决策的基本原理和方法。

◇能力目标

能够综合运用货币时间价值、资本成本、现金流量以及长期投资决策的基本原理和基本方法，解决长期投资决策中的实际问题。

◇思政目标

能够在理解和掌握长期投资决策基本理论和基本方法的基础上，结合国家产业发展政策，理解长期投资决策对企业、国家、社会的重要意义，牢固树立社会责任意识，增强社会责任感。

7.1　长期投资决策基础

7.1.1 长期投资的含义、特点

7.1.1.1 长期投资的含义

长期投资是指企业将资金长期投向某一项目，既包括将资金长期投向企业外部其他单位的项目，如购买债券、股票等决策，也包括将资金长期投向本企业内部的项目，如购建厂房、设备、生产线等固定资产，或者对现有固定资产进行改、扩建和更新改造等项目。管理会计中的长期投资主要是指企业购置固定资产，或对企业现有固定资产进行改建、扩建和更新改造等规划企业未来发展方向、规模的投资项目。在企业的整个投资中，长期投资具有十分重要的地位，关乎企业的成败，对企业的生存与发展、未来盈利能力、长期偿债能力等都具有重大影响。

7.1.1.2 长期投资的特点

(1)投资金额大

长期投资往往涉及企业的生产能力，需要投入大量的资金。长期投资所形成的资产往往在企业总资产中占有相当大的比重，对企业未来现金流量和财务状况具有决定性的影响。

(2)影响时间长

长期投资所涉及的作用期较长，往往需要几年甚至几十年才能收回投资。特别是作为决定企业发展方向的战略性投资，直接决定了企业未来的生产经营方向。

(3)发生频率低

长期投资的对象涉及的是企业生产能力和生产条件，一旦生产能力和生产条件形成，不会经常加以改变。因此长期投资的决策不会经常发生，属于企业的非程序性决策，往往没有相类似的决策可供参照比较。

(4)变现能力差

长期投资的对象大多是变现能力较差的长期资产，变现起来相当困难，不是无法实现，就是代价太大。

(5)投资风险大

由于长期投资数额大、影响时间长且变现能力差，与其他投资相比，长期投资存在很多的不确定性，因此投资风险大不言而喻。

7.1.2 长期投资的决策和管理

长期投资决策是对企业的长期投资项目的现金流进行全面的预测、分析、评价和选择的过程，是企业管理者和财务人员面临的重要问题。长期投资一旦决策失误，对企业的未来生产经营活动、长期经济效益和长期偿债能力都将产生重大而深远的影响，甚至可能导致企业破产。因此，企业要对长期投资项目进行深入的调查研究、严格的可行性论证。长期投资决策的程序详见表 7-1。

表 7-1　长期投资决策程序表

步　骤	要　点
第 1 步：项目提出	根据企业长远发展战略，中长期投资计划和投资环境的变化来确定，在把握良好投资计划的情况下提出。长期投资项目可以由企业管理当局或高层管理人员，也可以由企业的各级管理部门及相关部门领导提出。
第 2 步：项目评价	项目评价主要涉及四项工作：一是对备选投资方案进行适当分类，为分析评价准备；二是计算有关项目的建设周期，预算有关项目投产后的收入、费用和经济效益，预测有关项目的现金流量；三是运用各种投资评价指标，将各项投资按可行性程度排序；四是写出详细的评价报告。
第 3 步：项目决策	在对长期投资方案进行可行性评价的基础上，由企业高层管理人员或相关部门经理做出最后决策。投资额小的战术性项目投资或维持性投资，一般由部门经理做出，特别重大的投资项目还需要报董事会或股东大会批准。
第 4 步：项目执行	在投资项目的实施过程中，应对项目进度、质量、施工成本和工程概算进行监督、控制和审核，防止施工过程中的舞弊行为，确保工程质量，保证按时完成。
第 5 步：项目再评价	在投资项目的执行过程中，应注意原投资决策是否合理，是否正确。一旦情况出现新的变化，就要随时根据变化的情况做出新的评价，以免造成更大的损失。

为了确保长期投资决策质量及对其进行跟踪管理，企业应建立健全长期投资管理的制度体系，根据组织架构特点，设置能够满足投资管理活动所需的，由业务、财务、法律及审计等相关人员组成的投资委员会或类似决策机构，对重大投资事项和投资制度建设等进行审核，有条件的企业可以设置投资管理机构，组织开展投资管理工作。此外，企业还应及时进行回顾和分析，检查和评估投资管理的实施效果，不断优化投资管理流程，改进投资管理工作。

7.1.3 货币时间价值

货币时间价值，又称资金时间价值，是指货币经历一定时间的投资和再投资所增加的价值。在商品经济中，存在这样一种现象：今天你将100元钱存入银行，假定利息率为5%，一年后的今天，你将会得到105元。其中的100元是本金，5元的利息就是这100元钱经过一年时间的投资所增加的价值，该利息就是货币时间价值。但并非所有货币都具有时间价值，货币具有时间价值的前提条件是货币只有当作资本投入生产和流通后才能产生增值。货币时间价值是客观存在的经济范畴。任何企业的财务活动都是在特定的时空中进行的。离开了时间价值因素，就无法正确计算不同时期的财务收支，也无法正确评价企业盈亏。因此，货币时间价值是企业进行财务决策的基础。企业的长期投资支出金额巨大、投资及产生收益的时间长、投资风险较大，因而在长期投资决策中必须考虑货币的时间价值。

7.1.3.1 现值和终值

在考虑货币时间价值，分析资金运动和现金流量时首先应明确现值和终值两个基本概念。现值是指在未来某一时点上的一定数额的资金折合成现在的价值，在商业上俗称"本金"，通常记作P。终值是指现在一定数额的资金经过一段时期后的价值，在商业上俗称"本利和"，通常记作F。终值与现值是一定数额的资金在前后两个时点上对应的价值，其差额就是货币时间价值。在现实生活中，计算利息时的本金、本利和相当于货币时间价值理论中的现值和终值。

7.1.3.2 货币时间价值的计算

为了计算方便，本章假定有关字母的含义：I——利息；F——终值，即本利和；P——现值，即本金；i——利率（或折现率）；n——期数。

(1)单利的计算

单利是指计算利息时只按本金计算利息，其所生利息不再加入本金重复计算利息，即本能生利，利不能生利。目前我国银行存贷款一般都采用单利计算利息。

单利终值是指现在的一定量资金按单利计算的未来价值。其计算公式是：

$$F=P+I=P+P\times i\times n=P(1+i\times n)$$

式中$(1+i\times n)$为单利终值系数。

单利现值是指在未来某一时点上的一定量资金折合成现在的价值。其计算公式是：

$$P=\frac{F}{1+i\times n}$$

式中$\frac{1}{1+i\times n}$为单利现值系数。

从上述公式可以看出，单利的终值与单利的现值互为逆运算，单利终值系数与单利现值系数互为倒数。

(2)复利的计算

复利是指不仅本金计算利息，而且本期所生利息在下期并入本金一起计算利息，即本能生利，利也能生利，俗称"利滚利"。货币时间价值通常是按复利计算的。

复利终值是指现在一定量资金按复利计算的未来价值。计算复利终值时，每期期末计算的利息应加入下期的本金形成新本金，再计算下期的利息，逐期滚算，其计算原理如

表 7-2 所示。

表 7-2 复利终值计算公式的推导过程

期初本金 P	利息 I	期末终值 F(本利和)
第 1 期 $P_1=P$	$I_1=P\times i$	$F_1=P_1+I_1=P(1+i)$
第 2 期 $P_2=P_1+I_1=P(1+i)$	$I_2=P_2\times i=P(1+i)\times i$	$F_2=P_2+I_2=P(1+i)^2$
第 3 期 $P_3=P_2+I_2=P(1+i)^2$	$I_3=P_3\times i=P(1+i)^2\times i$	$F_3=P_3+I_3=P(1+i)^3$
…	…	…
第 $n-1$ 期 $P_{(n-1)}=P(1+i)^{n-2}$	$I_{(n-1)}=P_{(n-1)}\times i$ $=P(1+i)^{n-2}\times i$	$F_{n-1}=P_{n-1}+I_{n-1}$ $=P(1+i)^{n-1}$
第 n 期 $P_n=P_{(n-1)}+I_{n-1}$ $=P(1+i)^{n-1}$	$I_n=P_n\times i=P(1+i)^{n-1}\times i$	$F_n=P_n+I_n=P(1+i)^n$

由表 7-2 可得，n 期复利终值的计算公式为：

$$F_n=P(1+i)^n$$

式中的$(1+i)^n$ 为“1 元的复利终值系数”，记为$(F/P,i,n)$，可查“1 元的复利终值系数表”求得。上式也可以写为：

$$F_n=P(F/P,i,n)$$

即：

复利终值=现值×复利终值系数

复利现值是指未来一定时间的特定资金按复利计算的现在价值。由 n 期复利终值计算公式可推导求得：

$$P_n=F_n/(1+i)^n=F_n(1+i)^{-n}$$

式中的$(1+i)^{-n}$为“1 元的复利现值系数”，记为$(P/F,i,n)$，可查“1 元的复利现值系数表”求得，上式也可以写为：

$$P_n=F(P/F,i,n)$$

即：

复利现值=终值×复利现值系数

(3)年金的计算

年金是指一定时期内等额、定期的系列收付款项，通常记为 A。如折旧、租金、养老金、等额分期付款、等额分期收款以及零存整取等都是年金问题。年金的形式多种多样，根据其每次收付发生的时点不同，可分为普通年金、预付年金、递延年金、永续年金。

普通年金，又称后付年金，是指一定期限内每期期末等额收付的系列款项。普通年金终值是指一定时期内每期期末等额收付的复利终值之和。其计算原理如表 7-3 所示。

表 7-3　普通年金终值计算原理

每期年金(A)	第 n 期终值
第 1 期:A	$A(1+i)^{n-1}$
第 2 期:A	$A(1+i)^{n-2}$
第 3 期:A	$A(1+i)^{n-3}$
…	…
第 $n-1$ 期:A	$A(1+i)^{1}$
第 n 期:A	$A(1+i)^{0}$

由表 7-3 可知,普通年金终值的计算公式及其推导如下:

$$\begin{aligned} F &= FA_1+FA_2+FA_3+\cdots\cdots+FA_{(n-1)}+FA_{(n)} \\ &= A(1+i)^{n-1}+A(1+i)^{n-2}+A(1+i)^{n-3}+\cdots\cdots+A(1+i)^{1}+A(1+i)^{0} \end{aligned} \tag{7-1}$$

将式(7-1)两端同时乘以$(1+i)$,得:

$$(1+i)F=A(1+i)^{n}+A(1+i)^{n-1}+A(1+i)^{n-2}+\cdots\cdots+A(1+i)^{2}+A(1+i)^{1} \tag{7-2}$$

用(7-2)式减去式(7-1),得:

$$\begin{aligned} i\times F &= A(1+i)^{n}-A \\ &= A\times[(1+i)^{n}-1] \end{aligned}$$

所以:

$$F=A\times\frac{(1+i)^{n}-1}{i}$$

式中的$\frac{(1+i)^{n}-1}{i}$称为“1 元年金的终值系数”,记为:$(F/A,i,n)$,可查“1 元年金的终值系数表”求得。

上式也可以写为:

$$F=A(F/A,i,n)$$

即:

普通年金终值=年金×普通年金终值系数

如果已知普通年金终值,求普通年金的金额,则需要用到偿债基金系数。偿债基金是指为了使年金终值达到既定金额,每年年末应收付的年金数额。偿债基金的计算实际上是年金终值的逆运算,其计算公式是:

$$A=F\times\frac{i}{(1+i)^{n}-1}$$

上式中的分式$\frac{i}{(1+i)^{n}-1}$称作“偿债基金系数”,记作$(A/F,i,n)$,等于普通年金终值系数的倒数。

普通年金现值是指一定时期内每期期末等额收付的复利现值之和。其计算原理如表

7-4 所示。

表 7-4 普通年金现值计算原理

每期年金(A)	第 n 期现值
第 1 期:A	$A(1+i)^{-1}$
第 2 期:A	$A(1+i)^{-2}$
第 3 期:A	$A(1+i)^{-3}$
…	…
第 $n-1$ 期:A	$A(1+i)^{-(n-1)}$
第 n 期:A	$A(1+i)^{-n}$

由表 7-4 可知,普通年金现值的计算公式及其推导如下:

$$\begin{aligned}P &= PA_1+PA_2+PA_3+\cdots\cdots+PA_{(n-1)}+PA_{(n)}\\ &=A(1+i)^{-1}+A(1+i)^{-2}+A(1+i)^{-3}+\cdots\cdots+A(1+i)^{-(n-1)}+A(1+i)^{-n}\end{aligned} \tag{7-3}$$

将(7-3)式两端同时乘以(1+i),得:

$$(1+i)P=A(1+i)^{0}+A(1+i)^{-1}+A(1+i)^{-2}+\cdots\cdots+A(1+i)^{-(n-2)}+A(1+i)^{-(n-1)} \tag{7-4}$$

用(7-4)式减去(7-3)式,得:

$$\begin{aligned}i\times P &= A-A(1+i)^{-n}\\ &=A[1-(1+i)^{-n}]\end{aligned}$$

所以:

$$P=A\,\frac{1-(1+i)^{-n}}{i}$$

式中的$\frac{1-(1+i)^{-n}}{i}$称为"1 元年金的现值系数",记为:$(P/A,i,n)$,可查"1 元年金的现值系数表"求得。上式也可以写为:

$$P=A(P/A,i,n)$$

即:

普通年金现值=年金×普通年金现值系数

如果已知普通年金现值,求普通年金的金额,则需要用到资本回收系数。年资本回收额是指为了使年金现值达到既定金额,每年年末应收付的年金数额。年资本回收额的计算公式为:

$$A=P\times\frac{i}{1-(1+i)^{-n}}$$

上式中的分式$\frac{i}{1-(1+i)^{-n}}$称作"资本回收系数",记作$(A/P,i,n)$,等于年金现值系数的倒数。

除普通年金外，还有以下三种年金：

①预付年金

预付年金，又称即付年金，是指一定期限内每期期初等额收付的系列款项。预付年金与普通年金的区别仅在于收付款时间的不同。预付年金终值是指一定时期内每期期初等额收付款项的复利终值之和。将普通年金视为标准年金，预付年金终值与普通年金终值之间的关系如图 7-1 所示。由图可知：n 期预付年金与 n 期普通年金的收付次数相同，收付发生的时间不同，利用图形变换将 n 期预付年金转化为 $(n+1)$ 期普通年金，然后求 n 期预付年金的终值。

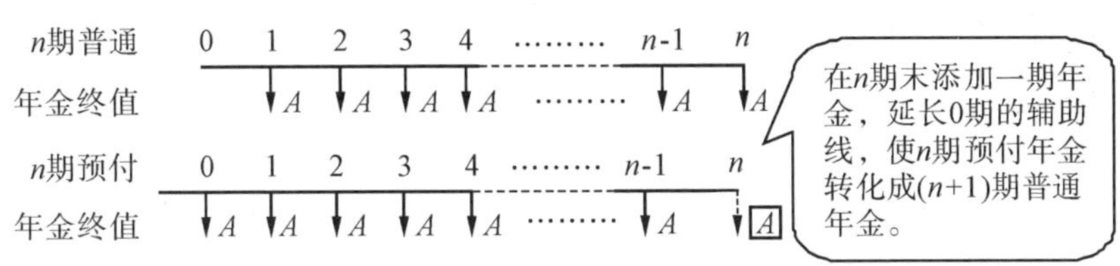

图 7-1　预付年金终值计算原理图

$$
\begin{aligned}
n \text{ 期预付年金终值 } FA &= FA_{(n+1)} - A \\
&= A(F/A, i, n+1) - A \\
&= A[(F/A, i, n+1) - 1]
\end{aligned}
$$

即：

预付年金终值＝年金×预付年金终值系数

式中的 $[(F/A, i, n+1)-1]$ 称为“预付年金终值系数”，可查“1 元年金的终值系数表”的 $(n+1)$ 期的值，然后减去 1 便可得到对应的 n 期预付年金终值系数。

预付年金现值是指一定时期内每期期初等额收付款项的复利现值之和。将普通年金视为标准年金，预付年金现值与普通年金现值之间的关系如图 7-2 所示。

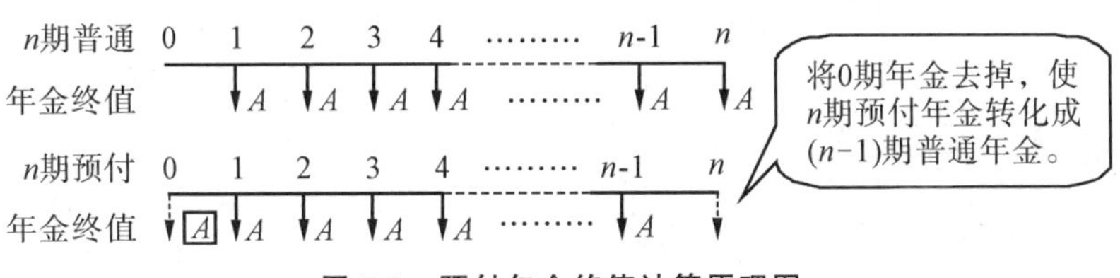

图 7-2　预付年金终值计算原理图

由图 7-2 可知：n 期预付年金与 n 期普通年金的收付次数相同，收付发生的时间不同，利用图形变换将 n 期预付年金转化为 $(n-1)$ 期普通年金，然后求 n 期预付年金现值。

$$
\begin{aligned}
n \text{ 期预付年金现值 } PA &= PA_{(n-1)} + A \\
&= A(P/A, i, n-1) + A \\
&= A[(P/A, i, n-1) + 1]
\end{aligned}
$$

即：

预付年金现值＝年金×预付年金现值系数

式中的[$(P/A,i,n-1)+1$]称为“预付年金终值系数”，可查“1 元年金的现值系数表”的$(n-1)$期的值，然后加上 1 便可得到对应的 n 期预付年金现值系数。

②递延年金

递延年金是指第一次收付发生在第二期或以后各期的年金。递延年金是普通年金的特殊形式。假设递延期为 m，从第 $m+1$ 期开始连续 n 期发生等额收付款项。

递延年金终值与递延期数无关，其计算方法与普通年金终值相同。递延年金现值的计算方法有三种。

第一种方法：假设递延期也有年金，先求出$(m+n)$期的年金现值，再减去递延期的年金现值。其计算公式是：

$$\begin{aligned}\text{递延年金现值 } P_A &= A\times(P/A,i,n+m)-A\times(P/A,i,m)\\ &= A\times[(P/A,i,n+m)-(P/A,i,m)]\end{aligned}$$

第二种方法：先将递延年金视为普通年金，求出其递延期末的年金现值，再将此现值转换成第 0 期期初的现值。其计算公式是：

$$\text{递延年金现值 } P_A = A\times(P/A,i,n)\times(P/F,i,m)$$

第三种方法：先将递延年金视为普通年金，求出其普通年金终值，再将此终值转算成第 0 期期初的现值。其计算公式是：

$$\text{递延年金现值 } P_A = A\times(F/A,i,n)\times(P/F,i,n+m)$$

③永续年金

永续年金是指无限期支付的年金。在实际生活中，优先股股利、无限期债券、奖励基金等都属于永续年金。由于永续年金期数无限，没有终止的时间，因此永续年金没有终值。永续年金现值可以从普通年金现值的计算公式中推导出来：

$$P_A = A\times\frac{1-(1+i)^{-n}}{i}$$

由普通年金的现值计算公式：

当 $n\to\infty$时，$P_A=\dfrac{A}{i}$即永续年金现值公式。

7.1.4 资本成本

资本成本又称资金成本，是指企业资本结构中各种长期资金使用代价的综合。资本成本的计算对企业的投资决策、筹资决策、营运资金管理等都具有重要意义。从企业进行长期投资的角度来看，资本成本是评价投资项目、决定投资项目取舍的一个重要标准。只有当投资项目的投资报酬率高于资本成本时，投资项目才可能被采纳，否则就必须舍弃。

在长期投资决策中涉及的资本成本主要有个别资本成本和综合资本成本两类。个别资本成本是指单一筹资方式的资本成本，包括银行借款成本、公司债券成本、普通股成本、优先股成本和留存收益成本等。而综合资本成本是对各种个别资本成本进行加权平均而得到的资本成本。

7.1.4.1 个别资本成本

资本成本包括资本筹资费用和资本使用费用。资本筹资费用是指企业在资本筹措过程中为获取资本而付出的代价，如银行借款手续费，因发行股票、公司债券而支付的发行费等。筹资费用通常在资本筹集时一次支付的，在资本使用过程中不再发生，因此，可视为筹资数额的一项扣除。资本使用费用是指企业在资本使用过程中因使用资本而付出的代价，如向银行等债权人支付的利息，向股东支付的股利等。使用费用是因为使用了他人的资本而必须支付的，是资本成本的主要内容。因此，个别资本成本在数额上等于每种长期资金的年实际占用费与其筹资净额的比值。其计算公式是：

$$K=\frac{D}{P-F}\text{或}K=\frac{D}{P(1-f)}$$

上式中，K 表示资本成本率，D 表示资金年实际占用费，P 表示该项资金的筹资总额，F 表示资金筹集费用，f 表示筹资费率，f 等于 F/P。

在企业的资本结构中，长期资金可分为债务资本和权益资本两大类，其中债务资本可分为长期借款和债券，权益资本可分为普通股、优先股和留存收益。下面分别对企业的各类长期资本的资本成本计算做一一介绍。

(1)长期借款的资本成本

与长期借款相关的成本包括借款利息和借款手续费。借款利息在税前支付，因此计算长期借款的资本成本时必须考虑这种节税效应。长期借款资本成本的计算公式为：

$$K_l=\frac{I(1-T)}{L(1-f)}\text{或}K_l=\frac{i(1-T)}{(1-f)}$$

上式中，K_l 表示长期借款的资本成本率，I 表示长期借款的年利息费用，i 表示长期借款的年利率，L 表示长期借款的筹资总额，T 表示所得税税率，f 表示筹资费率。

(2)债券的资本成本

与债券相关的成本包括债券利息和债券发行费用，与长期借款资本成本的计算方法相似。债券资本成本的计算公式为：

$$K_b=\frac{I_b(1-T)}{B(1-f_b)}\text{或}K_b=\frac{r(1-T)}{(1-f_b)}$$

上式中，K_b 表示债券的资本成本率，I_b 表示债券的年利息，r 表示债券的年利率，B 表示债券的筹资总额，T 表示所得税税率，f_b 表示债券筹资费率。

(3)优先股的资本成本

从资本成本角度看，优先股和企业债券最大的区别在于企业债券的利息可以在税前列支，而优先股股利必须从税后利润中支付。因此，和债务资本成本相比，优先股资本成本少了节税效应的影响。优先股资本成本的计算公式是：

$$K_p=\frac{D_p}{P(1-f_p)}$$

上式中，K_p 表示优先股的资本成本率，D_p 表示优先股股利，P 表示优先股筹资额，f_p 表示优先股筹资费率。

(4)普通股资本成本

普通股股利从税后利润中支付，和优先股资本成本一样，普通股资本成本计算时不用考虑所得税的影响。普通股的使用费用具有很大的不确定性。一般而言，普通股比优先股的风险更大，因而资本成本更高。普通股资本成本的计算方法主要有股利增长模型法和资本资产定价模型法两种。

股利增长模型法是依照股票投资的收益率不断提高的思路计算普通股成本。假定资本市场有效，股票的市场价格与价值相等，股利以固定的年增长率递增，则普通股的资本成本计算公式为：

$$K_c=\frac{D_c}{P_c(1-f_c)}+G$$

上式中，K_c 表示普通股资本成本率，D_c 表示预期普通股年股利额，P_c 表示普通股筹资额，f_c 表示普通股筹资费率，G 表示普通股利年增长率。

资本资产定价模型法是利用著名的资本资产定价模型来计算普通股资本成本的方法。资本资产定价模型法的基本思路是，普通股资本成本应等于股东要求的股权投资收益率，即无风险收益率加上风险报酬率。这种方法的优点在于它具有较为普遍的适用性。运用该模型计算普通股成本时，不需要估计公司的长期增长率，且不论企业是否发放股利，或者股利是否稳定增长，都能较为有效地减少主观因素的影响。这种方法下普通股资本成本的计算公式为：

$$K_c=R_f+\beta(R_m-R_f)$$

上式中，K_c 表示普通股资本成本率，R_f 表示无风险报酬率，β 表示股票的贝塔系数，R_m 表示平均风险股票必要报酬率。

(5)留存收益资本成本

留存收益也是企业税后净利润形成的，属于股东权益的一部分，其实质是所有者向企业的追加投资。留存收益的资本成本表现为股东追加投资要求的报酬率，其计算与普通股成本相同，但留存收益资本成本无须考虑筹资费用。计算公式为：

$$K_r=\frac{D_c}{P_r}+G$$

上式中，K_r 表示留存收益资本成本率，D_c 表示预期普通股年股利额，P_r 表示留存收益筹资额，G 表示普通股利年增长率。

7.1.4.2 综合资本成本

企业的筹资方式往往不是单一的，因此还必须计算企业总的平均资本成本，即综合资本成本。综合资本成本是指多元化筹资方式下的平均成本，反映了企业资本成本整体水平的高低。综合资本成本也被称为加权平均资本成本，是以各类资本占企业全部资本的比重为权数，对个别资本成本进行加权平均确定的资本成本。其计算公式是：

$$K_w = \sum_{i=1}^{n} K_i W_i$$

上式中，K_w 表示加权平均资本成本，K_i 表示第 i 类个别资本成本，W_i 表示第 i 种个别资本占企业全部资本的比重（权数）。

在计算综合资本成本时，个别资本占企业全部资本的权数确定通常可以采用三种方法，即账面价值权数法、市场价值权数法和目标价值权数法。按账面价值确定各类资本的权数，资料容易取得，简单易行，但当资本的账面价值与市场价值差别较大时，如股票、债券的市场价格发生较大变动，计算结果会与实际有较大的差距，从而导致结果的偏误；市场价值权数法是指以各类资本的市场价格确定权数，这种方法计算的加权平均资本成本能反映公司目前的实际状况。为了弥补证券市场价格变动频繁所带来的不便，在具体计算时也可选用平均价格；目标价值权数法是指以各类资本未来预计的目标市场价值确定权数。这种权数能体现期望的资本结构，但由于企业很难客观合理地确定证券的目标价值，因而使得这种计算方法难以推广。

7.1.5 现金流量

7.1.5.1 现金流量的含义

现金流量是在投资活动中，由于引进一个投资项目而引起的现金支出或现金收入增加的数量。这里的“现金”是一个广义的概念，它不仅包括货币资金，同时也包含了与项目相关的非货币资源的变现价值。如在投资某项目时，投入了企业原有的固定资产，这时的“现金”就包含了该固定资产的变现价值，或其重置成本，即假设该固定资产不用于此项目，而是将其变卖所可能获得的“现金”收入；或者假设不投入该固定资产，而是用“现金”重新购置一台相似的固定资产将可能带来的“现金”流出。长期投资决策中的现金流量包括现金流出量、现金流入量和净现金流量三个具体概念。

(1)现金流出量

投资项目的现金流出量是指该项目引起的企业现金支出的增加额。

例如，企业新建一条生产线，通常会引起以下现金流出：

①生产线投资。购置生产线的价款可能是一次性支出，也可能分几次支出。

②流动资金投资。由于该生产线扩大了企业的生产能力，引起对流动资产需求的增加。企业需要追加的流动资金，也是购置该生产线引起的，因此应列入该项目的现金流出量。

(2)现金流入量

投资项目的现金流入量，是指该项目所引起的企业现金收入的增加额。

例如，企业新建一条生产线，通常会引起下列现金流入：

①营业现金流入。增加的生产线扩大了企业的生产能力，使企业销售收入增加。扣除有关的付现成本以及所得税增量后的余额，是该生产线引起的一项现金流入。

营业现金流入＝营业收入－付现成本－所得税

付现成本在这里是指需要每年支付现金的成本。成本中不需要每年支付现金的部分称为非付现成本，其中主要是折旧费、摊销费。因此，付现成本可以用成本减折旧和摊销费来估计。即：

付现成本 ＝成本－(折旧＋摊销费)

②项目终了时生产线出售(报废)时的残值收入。项目终了时生产线出售或报废的残值收入，应当作为投资项目的一项现金流入。

③项目终了时收回的流动资金。一般假设当项目结束时将全部收回流动资金投资。因此，该生产线出售(报废)时企业可以收回流动资金，收回的资金可以用于别处，应将其作为该方案的一项现金流入。

(3)净现金流量

净现金流量(记作 NCF)，也称为现金净流量，是指一定期间现金流入量和现金流出量的差额。这里所说的"一定期间"，有时是指 1 年内，有时是指投资项目持续的整个年限内。流入量大于流出量时，净流量为正值；反之，净流量为负值。无论是在经营期内还是在建设期内，都有净现金流量；建设期内的净现金流量一般小于或等于零；经营期内的净现金流量多为正值。

7.1.5.2 现金流量的估算

在进行长期投资决策时，准确估计现金流量的数额和时间分布，并据以评价投资项目的可行性，是决策的关键步骤，只有提高投资项目现金流量预测的准确度，才能够保证在此基础上做出的决策具有较高的可信度。在确定投资方案相关的现金流量时，应遵循的最基本的原则是：只有增量现金流量才是与项目相关的现金流量。所谓增量现金流量，是指接受或拒绝某个投资方案后，企业总现金流量因此发生的变动。只有那些由于采纳某个投资项目引起的现金支出增加额，才是该项目的现金流出；只有那些由于采纳某个投资项目引起的现金流入增加额，才是该项目的现金流入。

(1)项目计算期

项目计算期，是指投资项目从投资建设开始到最终清理结束的整个过程所经过的全部时间，包括建设期和经营期两部分。建设期是指项目资金正式投入、建设开始到项目建成投产为止所需要的时间，建设期的第一年初称为建设起点，建设期的最后一年末称为投产日。项目计算期的最后一年年末称为终结点，假定项目最终报废或清理均发生在终结点。从投产日到终结点之间的时间间隔就是经营期。当建设期为零时，项目计算期就等于经营期。项目计算期可用如下数轴表示，0 表示第一年初，1 即代表第一年的年末，又代表第二年的年初，以下以此类推，s 代表建设期：

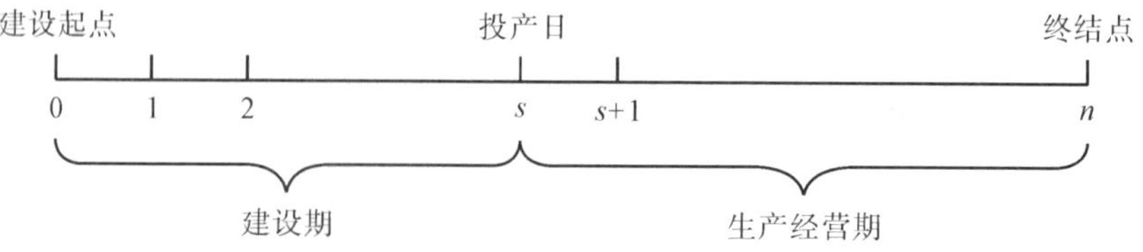

图 7-3 长期投资项目现金流量

(2)项目计算期净现金流量的估算

在整个项目计算期的各个阶段,都有可能发生现金流量,因此必须逐年估算。长期投资决策的依据主要是净现金流量,净现金流量(*NCF*)是指在项目计算期内由每年现金流入量与同年现金流出量之间的差额所形成的序列指标,在估算出投资项目每年的现金流入量和现金流出量之后,可根据如下公式计算出净现金流量。净现金流量的理论计算公式为:

$$\text{某年净现金流量}(NCF_t)=\text{该年现金流入量}-\text{该年现金流出量}$$
$$=CI_t-CO_t\ (t=0,1,2,\cdots)$$

为简化净现金流量的计算,也可以根据项目计算期不同阶段上的现金流入量和现金流出量的具体内容,直接计算各阶段的净现金流量。

①建设期现金流量的估算

建设期的现金流量主要是建设投资和流动资金投资,建设投资与流动资金投资合称项目的原始投资。其中:建设投资包括在建设期内发生的固定资产投资、无形资产投资和开办费投资等各项投资;流动资金投资是指在投资项目中发生的用于生产经营期周转使用的营运资金投资(即垫支流动资金),一般假设当项目结束时将全部收回流动资金投资。假设投资项目的全部原始投资均在建设期内投入,则建设期净现金流量可按以下简化公式计算:

$$\text{建设期某年净现金流量}(NCF_t)=-\text{该年原始投资额}$$
$$=-I_t\ (t=0,1,\cdots,s,s\geqslant 0)$$

式中,I_t 代表第 t 年原始投资额,s 为建设期年数。

②经营期现金流量的估算

经营期的现金流量主要包括营业收入、付现成本(经营成本)以及税金。其中:营业收入的大小受经营期内有关产品各年预计单价和预测销售量的影响;付现成本,又称经营成本,是指在经营期内为满足正常生产经营而动用现实货币资金支付的成本费用;税金主要是指不包括在付现成本中的会引起企业的现金流出的各项税款,这里主要是指所得税。经营期各年(经营期最后一年除外)的净现金流量可按以下简化公式计算:

$$\text{经营期某年净现金流量}(NCF_t)=\text{营业收入}-\text{付现成本}-\text{所得税}$$
$$=\text{营业收入}-(\text{成本}-\text{折旧}-\text{摊销费})-\text{所得税}$$
$$=\text{利润}+\text{折旧}+\text{摊销费}-\text{所得税}$$
$$=\text{利润}\times(1-\text{所得税率})+\text{折旧}+\text{摊销费}$$
$$=\text{净利润}+\text{折旧}+\text{摊销费}$$
$$=E_t+D_t+A_t\ (t=s+1,s+2,\cdots,n-1)$$

式中,E_t 代表第 t 年净利润;D_t 代表第 t 年折旧;A_t 代表第 t 年摊销费;s 为建设期年数;n 为项目计算期年数。

③终结点现金流量的估算

在经营期的最后一年末是项目的终结点,终结点会发生回收固定资产残值和回收流动资金的现金流量,回收的固定资产残值和回收的流动资金统称为回收额,因此经营期最后一年的净现金流量应按以下简化公式计算：

经营期最后一年的净现金流量(NCF_n)＝净利润＋折旧＋摊销费＋回收额

例 7-1

ABC 公司准备购置一条生产线，现有两个方案可供选择：方案Ⅰ需要投资 10 万元，使用寿命 5 年，采取直线法计提折旧，5 年后设备报废无残值，投产后每年的销售收入为 8 万元，每年的付现成本为 3 万元。方案Ⅱ需要投资 12 万元，使用寿命 5 年，也采取直线法计提折旧，5 年后设备预计残值为 2 万元，投产后每年的销售收入为 10 万元，付现成本第 1 年为 4 万元，以后随着设备磨损，每年将逐年增加 4 000 元的修理费，设备投产时需垫支流动资金 3 万元。假定所得税率为 25%，投资的必要报酬率为 10%，两个方案的建设期均为零，除折旧外两个方案均不存在摊销费。要求：试对两个方案各年的现金流量进行估算。

解答：长期投资项目现金流量估算的步骤如下：

第一步：估算建设期的现金流量。建设期的现金流量通常为现金流出量，包括固定资产投资额、无形资产投资额和垫支流动资金额。本例中两个方案的建设期均为零，因此只需要估算建设起点也就是第一年初的现金流量：

方案Ⅰ建设起点的净现金流量 NCF_0＝－100 000 元

方案Ⅱ建设起点的净现金流量 NCF_0＝－(120 000＋30 000)＝－150 000 元

第二步：估算经营期各年的现金流量(经营期最后一年除外)。

经营期净现金流量＝净利润＋折旧＋摊销费

方案Ⅰ每年折旧费$=\dfrac{100\ 000}{5}=20\ 000$(元)

方案Ⅱ每年折旧费$=\dfrac{120\ 000-20\ 000}{5}=20\ 000$(元)

表 7-5　方案Ⅰ经营期各年净现金流量计算表

单位：元

项　　目	经营期(不包括最后一年)			
	第 1 年	第 2 年	第 3 年	第 4 年
1.销售收入	80 000	80 000	80 000	80 000
2.付现成本	30 000	30 000	30 000	30 000
3.折旧	20 000	20 000	20 000	20 000
4.税前利润	30 000	30 000	30 000	30 000
5.所得税	7 500	7 500	7 500	7 500
6.净利润	22 500	22 500	22 500	22 500
7.净现金流量	42 500	42 500	42 500	42 500

表 7-6　方案Ⅱ经营期各年净现金流量计算表

单位：元

项　目	经营期（不包括最后一年）			
	1	2	3	4
1.销售收入	100 000	100 000	100 000	100 000
2.付现成本	40 000	44 000	48 000	52 000
3.折旧	20 000	20 000	20 000	20 000
4.税前利润	40 000	36 000	32 000	28 000
5.所得税	10 000	9 000	8 000	7 000
6.净利润	30 000	27 000	24 000	21 000
7.净现金流量	50 000	47 000	44 000	41 000

表中数字计算说明：

税前利润＝销售收入－付现成本－折旧

所得税＝税前利润×所得税率

净利润＝税前利润－所得税

净现金流量＝净利润＋折旧

由表 7-5 可知：

方案Ⅰ第 1 年至第 4 年的净现金流量 NCF_{1-4}＝42 500 元

由表 7-6 可知：

方案Ⅱ第 1 年的净现金流量 NCF_1＝50 000 元

方案Ⅱ第 2 年的净现金流量 NCF_2＝47 000 元

方案Ⅱ第 3 年的净现金流量 NCF_3＝44 000 元

方案Ⅱ第 4 年的净现金流量 NCF_4＝41 000 元

第三步：分析终结点（经营期最后一年即第 5 年）的现金流量。终结点的现金流量相比经营期其他各年，还应考虑设备报废时的残值收入以及收回垫支的流动资金。方案Ⅰ设备报废时无残值收入，方案Ⅱ设备报废时残值收入为 20 000 元，报废时收回垫支的流动资金为 30 000 元。方案Ⅰ和方案Ⅱ终结点（第 5 年）的净现金流量可按以下公式计算：

经营期最后一年（终结点）的净现金流量＝净利润＋折旧＋回收额

方案Ⅰ经营期最后一年（第 5 年）的净利润

＝(80 000－30 000－20 000)×(1－25%)

＝22 500 元

方案Ⅰ经营期最后一年（第 5 年）的净现金流量

NCF_5＝22 500＋20 000＋0

　　＝42 500 元

方案Ⅱ经营期最后一年(第 5 年)的净利润

=[100 000-(40 000+4 000×4)-20 000]×(1-25%)

=18 000 元

方案Ⅱ经营期最后一年(第 5 年)的净现金流量

NCF_5 =18 000+20 000+20 000+30 0 000

=88 000 元

第四步:确定项目计算期内各年的净现金流量,并画出现金流量图。

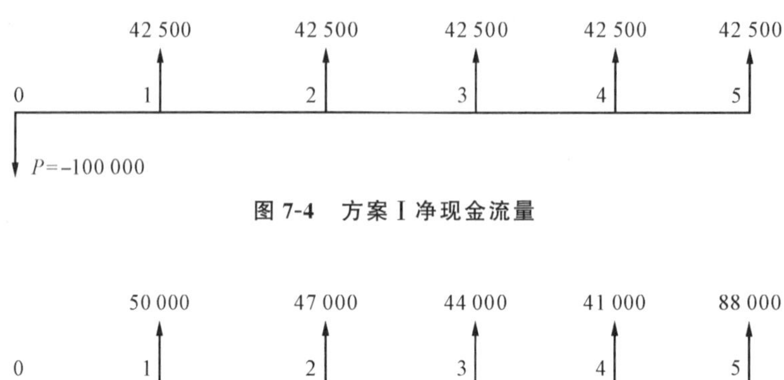

图 7-4　方案Ⅰ净现金流量

50 000　47 000　44 000　41 000　88 000

0　1　2　3　4　5

P=-150 000

图 7-5　方案Ⅱ净现金流量

7.2　长期投资决策的基本方法

对投资项目评价时使用的指标分为两类:一类是非折现指标,即没有考虑时间价值因素的指标,主要包括回收期、投资收益率等;另一类是折现指标,即考虑了时间价值因素,采用贴现现金流法计算的指标,主要包括净现值、现值指数、内含报酬率等。根据分析评价指标的类别,长期投资决策的方法,也被分为非折现的评价方法和折现的评价方法两种。

7.2.1 非折现的评价方法

非折现的评价方法不考虑货币时间价值,把不同时间的货币收支看成是等效的,亦被称为静态评价法,在项目投资决策时主要起辅助作用。

7.2.1.1 回收期法

(1)回收期法的基本原理

回收期是指投资项目的未来净现金流量与原始投资额相等时所经历的时间,即原始投资额通过未来现金流量回收所需要的时间。由于未考虑货币时间价值,回收期指标是项目投资决策的次要指标。回收期法是最早使用的投资评价方法,它是用项目回收投资的速度来衡量投资项目的一种方法。投资者希望投入的资本能以某种方式尽快地收回来，如果收回的时间长，所担风险就越大。因而，投资项目回收期的长短是投资者十分关心的问题，也是评价方案优劣的标准之一。用回收期法评价方案时，回收期越短越好。只有回收期指标小于或等于基准投资回收期的投资项目才具有财务可行性。

(2)回收期的计算

回收期有“包括建设期的投资回收期”(记为 PP)和“不包括建设期的投资回收期”(记为 PP')两种形式，当建设期为零时，二者相等。计算回收期的方法如下：

方法 1：特殊方法

如果一个项目的投资均发生在建设期内，经营期前若干年每年净现金流量相等，且其合计大于或等于原始投资额，则可按以下简化公式计算项目回收期：

$$\mathrm{PP}'=\frac{\text{原始投资额}}{\text{每年相等的净现金流量}}$$

$$\mathrm{PP}=\text{不包括建设期的回收期}+\text{建设期}$$

方法 2：一般方法

如果投资项目的现金流量不满足应用上述特殊方法的条件，应把每年的净现金流量逐年加总，根据累计净现金流量来确定回收期，可按下式计算回收期：

$$\mathrm{PP}=\text{累计净现金流量首次出现正值的年份}-1+\frac{\text{该年初尚未收回的投资}}{\text{该年净现金流量}}$$

$$\mathrm{PP}'=\text{包括建设期的回收期}(PP)-\text{建设期}$$

例 7-2

根据例 7-1 的分析结果，试计算方案Ⅰ和方案Ⅱ的回收期

解答：(1)根据方案Ⅰ的现金流量的特点，选用特殊方法。

$$\mathrm{PP}=\frac{100\ 000}{42\ 500}=2.35(\text{年})$$

(2)根据方案Ⅱ的现金流量的特点，选用一般方法。方案Ⅱ各年的净现金流量及累计净现金流量见表 7-7。

表 7-7　方案Ⅱ各年的净现金流量及累计净现金流量

单位：元

项目＼年份	0	1	2	3	4	5
净现金流量	－150 000	50 000	47 000	44 000	41 000	88 000
累计净现金流量	－150 000	－100 000	－53 000	－9 000	32 000	12 000

$$PP=(4-1)+\frac{9\ 000}{41\ 000}=3.22(\text{年})$$

(3)回收期法的评价

回收期法的优点是能够直观地反映原始投资的回收期限，便于理解，计算简便，能够

利用回收期之前的净现金流量信息。它的缺点在于不仅忽视时间价值,而且没有考虑回收期以后的收益。事实上,有战略意义的长期投资往往早期收益较低,而中后期收益较高。回收期法优先考虑急功近利的项目,可能导致放弃长期成功的方案。

7.2.1.2 投资收益率法

(1)投资收益率法的基本原理

投资收益率法是一种较早使用的投资评价方法,它通过计算投资项目投产后正常生产年份的投资收益率来判断投资项目优劣。投资者希望投入的资本能获取较高的收益率,如果收益率越低,所担风险就越大。因此,用投资收益率法评价投资项目时,投资收益率越高越好。只有投资收益率指标小于或等于基准投资收益率的投资项目才具有财务可行性。

(2)投资收益率的计算

投资收益率(记作 ROI),又称投资报酬率,是指经营期年均净收益占原始投资额的百分比。投资收益率是项目投资决策的辅助指标,其计算公式如下:

$$\text{投资收益率(ROI)}=\frac{\text{年平均净收益}}{\text{原始投资额}}\times 100\%$$

例 7-3

根据例 7-1 的分析结果,试计算方案Ⅰ和方案Ⅱ的投资收益率。

解答:方案Ⅰ的投资收益率

$$ROI=\frac{22\ 500}{100\ 000}=22.5\%$$

方案Ⅱ的投资收益率

$$ROI=\frac{(30\ 000+27\ 000+24\ 000+21\ 000+18\ 000)\div 5}{150\ 000}=16\%$$

(3)投资收益率法的评价

投资收益率法的主要优点在于计算简便,并且使用的是普通会计的收益和成本概念,容易接受和掌握。它的缺点是没有考虑货币时间价值因素,分子、分母计算口径的可比性较差,无法直接利用净现金流量信息。

7.2.2 折现的评价方法

折现的评价方法,是指考虑货币时间价值的评价方法,亦被称为动态评价法。

7.2.2.1 净现值法

(1)净现值法的基本原理

净现值法就是用投资项目的净现值进行投资评价的基本方法。净现值法所依据的原理是:假设预计的现金流入在年末肯定可以实现,并把原始投资看成是按设定折现率借入的。当净现值为正数时,偿还本息后该项目仍有剩余的收益;当净现值为零时,偿还本息后一无所获;当净现值为负数时,该项目收益不足以偿还本息。因此,只有净现值大于或等于零的投资项目才具有财务可行性。

(2)净现值的计算

净现值(记作 NPV),是指在项目计算期内,按设定折现率或基准收益率计算的各年净现金流量现值的代数和。计算净现值的一般方法是根据净现值的定义,直接利用净现值的理论公式进行计算。计算公式如下:

$$净现值(NPV)=\sum_{t=0}^{n}(第\ t\ 年的净现金流量\times 第\ t\ 年的复利现值系数)$$

式中,n 为项目计算期年数。

例 7-4

根据例 7-1 的分析结果,试计算方案Ⅰ和方案Ⅱ的净现值。

解答:

(1)

$$\begin{aligned}方案Ⅰ的净现值\ NPV &= 42\ 500(P/A,10\%,5)-100\ 000\\ &= 42\ 500\times 3.7908-100\ 000=61\ 109(元)\end{aligned}$$

(2)

$$\begin{aligned}方案Ⅱ的净现值\ NPV &= [50\ 000(P/F,10\%,1)+47\ 000(P/F,10\%,2)+44\ 000(P/F,10\%,3)+\\ &\quad 41\ 000(P/F,10\%,4)+88\ 000(P/F,10\%,5)]-150\ 000\\ &= (50\ 000\times 0.9091+47\ 000\times 0.8264+44\ 000\times 0.7513+41\ 000\times\\ &\quad 0.6830+88\ 000\times 0.6209)-150\ 0\ 000\\ &= 49\ 995.20(元)\end{aligned}$$

(3)净现值法的评价

净现值法的优点是充分考虑了货币时间价值以及项目计算期内的全部净现金流量;缺点是计算繁琐、无法直接反映投资项目的实际收益率水平,而且由于净现值指标是绝对数指标,因此只能反映投资的效益而不能反映投资的效率。

7.2.2.2 现值指数法

(1)现值指数法的基本原理

现值指数法就是用现值指数对投资项目进行评价的方法。现值指数(记作 PI)也叫获利指数,是指投产后按设定折现率或基准收益率折算的各年净现金流量的现值合计与原始投资的现值合计之比。现值指数可以看成是 1 元原始投资可望获得的现值净收益,因此,可以作为评价方案的一个指标,只有现值指数大于或等于 1 的项目才具有财务可行性。

(2)现值指数的计算

现值指数的计算公式为:

$$现值指数(PI)=\frac{投产后各年净现金流量的现值合计}{原始投资的现值合计}$$

当建设期为零,且原始投资在建设起点一次投入时,计算公式为:

$$现值指数(PI)=\frac{投产后各年净现金流量的现值合计}{原始投资额}$$

例 7-5

根据例 7-1 的分析结果,试计算方案Ⅰ和方案Ⅱ的现值指数。

解答:(1)方案Ⅰ的现值指数

$$PI=\frac{161\ 109}{100\ 000}\approx 1.6$$

(2)方案Ⅱ的现值指数

$$PI=\frac{199\ 995.2}{150\ 000}\approx 1.33$$

(3)现值指数法的评价

现值指数法的优点在于能够反映资金投入和总产出之间的关系,现值指数也是相对数,反映投资的效率,可以解决不同投资项目间的净现值指标缺乏可比性的问题;缺点是无法直接反映投资项目的实际收益率水平。

7.2.2.3 内含报酬率法

(1)内含报酬率法的基本原理

内含报酬率法是根据投资项目本身内含报酬率来评价项目优劣的一种方法。内含报酬率(记作 IRR),也叫内部收益率,是指投资项目实际可望达到的收益率,或者说是使投资项目净现值为零的折现率。内含报酬率是方案本身的投资报酬率,因此,只有内含报酬率大于或等于基准收益率或资金成本的投资项目才具有财务可行性。

(2)内含报酬率的计算

将内含报酬率作为设定折现率计算项目的净现值,所得的结果恰好等于零,即内含报酬率满足如下等式:

$$NPV=\sum_{t=0}^{n}[NCF_t\times(P/F,IRR,t)]=0$$

计算内含报酬率通常可以采用特殊方法和一般方法。

方法 1:特殊方法

若项目建设期为零,全部投资均于建设起点一次投入,且项目投产后的净现金流量表现为普通年金的形式时,可以直接利用年金现值系数计算内含报酬率。当完全满足上述应用条件时,由于:

$$NPV=投产后每年相等的净现金流量\times(P/A,IRR,n)-原始投资额=0$$

因此,内含报酬率 IRR 可以按下式确定:

$$(P/A,IRR,n)=\frac{原始投资额}{投产后每年相等的净现金流量}$$

式中,$(P/A,IRR,n)$是 n 期、设定折现率为 IRR 的年金现值系数。

根据计算出来的年金现值系数$(P/A,IRR,n)$,查期数为 n 的年金现值系数表,若在系数表上恰好能找到和计算出的$(P/A,\mathrm{IRR},n)$值相等的系数，则该系数所对应的折现率就是所求的项目内含报酬率。若不能在系数表上找到与$(P/A,\mathrm{IRR},n)$值相等的系数，则可利用内插法计算内含报酬率：

$$\mathrm{IRR}=r_m+\frac{D_m-(P/A,\mathrm{IRR},n)}{D_m-D_{m+1}}\times(r_{m+1}-r_m)$$

式中，D_m 和 D_{m+1}是系数表上同期略大及略小于$(P/A,\mathrm{IRR},n)$的两个临界值，r_m 和 r_{m+1}是相应的折现率。

方法 2：一般方法

如果不能完全满足特殊方法所要求的条件，内含报酬率的计算，通常需要采用“逐步测试法”。其计算步骤如下：

第一步，估计一个折现率，用它来计算项目的净现值。

第二步，如果净现值为正数，说明项目本身的报酬率超过估计的折现率，应提高折现率后进一步测试；如果净现值为负数，说明项目本身的报酬率低于估计的折现率，应降低折现率后进一步测试。

第三步，经过多次测试，找到净现值为正负的两个相邻的贴现率，然后用内插法求出近似的内含报酬率。

即可按下面的公式计算内含报酬率 IRR：

$$\mathrm{IRR}=r_m+\frac{\mathrm{NPV}_m-0}{\mathrm{NPV}_m-\mathrm{NPV}_{m+1}}\times(r_{m+1}-r_m)$$

式中，NPV_m 和 NPV_{m+1}是最为接近零的两个净现值正负临界值，r_m 和 r_{m+1}是相应的折现率。

例 7-6

根据例 7-1 的分析结果，试计算方案Ⅰ和方案Ⅱ的内含报酬率。

解答：

(1)方案Ⅰ的内含报酬率

根据方案Ⅰ的现金流量的特点，即项目建设期为零，全部投资均于建设起点一次投入，且项目投产后的净现金流量表现为普通年金的形式，可采用特殊方法。首先，求出年金现值系数：由公式 $P=A(P/A,i,n)$得：

$$(P/A,i,5)=\frac{100\ 000}{42\ 500}=2.3529$$

其次，利用内插法求内含报酬率

查表：28%	年金现值系数＝2.5320
IRR	年金现值系数＝2.3529
32%	年金现值系数＝2.3452

$$\frac{32\%-\mathrm{IRR}}{32\%-28\%}=\frac{2.3452-2.3529}{2.3452-2.5320}$$

解得：IRR≈31.84％

（2）方案Ⅱ的内含报酬率

根据方案Ⅱ的现金流量的特点，应选用一般方法即逐步测试法。其步骤如下：

第一步：估计一个折现率，用它来计算项目的净现值。

当折现率＝10％，NPV＝49 995.2（元）

第二步：提高贴现率，寻找净现值大于0和净现值小于0的两个值，经多次测试，计算出，I＝20％，NPV＝4906.1，I＝24％，NPV＝－8 668.4。

第三步：利用内插法计算IRR，如下：

I＝20％	NPV＝4 906.1
IRR＝？	NPV＝0
I＝24％	NPV＝－8 668.4

$$\frac{24\%-IRR}{24\%-20\%}=\frac{-8\ 668.4-0}{-8\ 668.4-4\ 906.1}$$

解得：IRR≈21.45％

（3）内含报酬率法的评价

内含报酬率的优点是充分考虑了货币的时间价值，可以直接反映投资项目的实际收益水平，易于理解，容易被人接受，又不受行业基准收益率高低的影响，比较客观。其缺点在于计算过程复杂，通常需要经过多次的测算。

7.2.2.4 折现指标之间的关系

首先，三个折现指标（净现值NPV、现值指数PI、内含报酬率IRR）是长期投资决策所依据的主要指标，它们之间存在同方向变动关系，在对同一个投资项目进行财务可行性评价时，会得出相同的结论。三个折现指标满足下列关系式：

若NPV＞0，则PI＞1，IRR＞设定折现率或基准收益率；

若NPV＝0，则PI＝1，IRR＝设定折现率或基准收益率；

若NPV＜0，则PI＜1，IRR＜设定折现率或基准收益率。

其次，三个折现指标都是正指标，除净现值是绝对数指标，其余都是相对数指标。净现值和现值指数的计算都必须首先确定折现率，且它们的大小与折现率高低密切相关，只有内含报酬率无须事先确定折现率。另外，内含报酬率的计算过程中会用到净现值。

7.2.3 长期投资决策方法的选择

7.2.3.1 长期投资项目的性质

长期投资决策的关键，就是选择适当的决策方法，而投资项目的不同性质影响着决策方法的选择。投资项目可分为独立方案和互斥方案两大类，这种分类是以两个以上投资项目的相对关系而言的。所谓独立方案，是指两个以上的投资项目互不影响，可以同时并存，选择某一方案并不排斥选择另一方案。例如，在资金充足的情况下，某企业拟投资兴建一条新生产线同时购置一辆运输汽车，它们之间并不冲突，可以同时进行，因此是完全独立的投资项目。所谓互斥方案，是指两个以上投资项目之间不能同时并存，必须相互代替。例如，进行固定资产更新，保留旧固定资产就不能购入新设备，购买新设备就必须出售或报废旧设备，它们是互斥的。

至于独立方案，采用某一项目，并不排除其他项目也被采用的可能性，因此各方案的决策也是独立的，不存在方案之间的比较问题，独立投资方案是否可行，可以直接计算各方案的净现值、现值指数、内含报酬率等指标，只要各方案能达到标准要求，方案都是可行的，各种项目投资决策的方法均可适用。财务管理中的项目投资决策，主要涉及互斥方案的决策。而对于互斥方案，由于彼此之间存在排它性，只能在若干可供选择的方案中选择一个最佳方案，因此存在着各方案间的对比比较问题。

7.2.3.2 独立方案的投资决策

独立投资方案互相并不排斥，可以同时采用，因此决策首先要分析各方案本身是否具备财务可行性，评价其财务可行性也就是对其做出最终决策的过程。对于一组独立方案中的任何一个方案，都存在着“接受”或“拒绝”的选择。只有完全具备或基本具备财务可行性的方案，才可以接受；完全不具备或基本不具备财务可行性的方案，只能拒绝。判断一个方案是否具备财务可行性的标准如下：

(1)完全具备财务可行性的条件

若一个方案同时满足以下条件时，该方案完全具备财务可行性：(1)净现值 NPV≥0；(2)现值指数 PI≥1；(3)内含报酬率 IRR≥基准折现率；(4)投资回收期(含建设期)PP≤$n/2$(n 为项目计算期)，或者不含建设期的投资回收期 PP′≤$p/2$(p 为项目经营期)；(5)投资收益率 ROI≥基准投资收益率。

(2)完全不具备财务可行性的条件

若一个方案同时不满足以下条件时，该方案完全不具备财务可行性：(1)NPV<0；(2)PI<1；(3)IRR<基准折现率；(4)PP>$n/2$(n 为项目计算期)，或者 PP′>$p/2$(p 为项目经营期)；(5)ROI<基准投资收益率。

(3)基本具备财务可行性的条件

若一个方案的主要指标处于可行区间(NPV≥0，PI≥1，IRR≥基准折现率)，但次要指标或辅助指标处于不可行区间(PP>$n/2$，PP′>$p/2$ 或 ROI<基准投资收益率)，则该方案基本具备财务可行性。

(4)基本不具备财务可行性的条件

若一个方案的主要指标处于不可行区间，次要指标或辅助指标处于可行区间，则该方案基本不具备财务可行性。

例 7-7

根据例 7-1、7-2、7-3、7-4、7-5、7-6 的分析结果，试分析方案Ⅰ和方案Ⅱ的财务可行性情况。

解答：(1)从方案Ⅰ的评价指标来看，净现值 NPV>0，现值指数 PI>1，内含报酬率 IRR>投资的必要报酬率，投资回收期(含建设期)PP<n/2(n 为项目计算期)，投资收益率 ROI>基准投资收益率。可见，方案Ⅰ完全具备财务可行性的条件。(2)从方案Ⅱ的评价指标来看，净现值 NPV>0，现值指数 PI>1，内含报酬率 IRR>投资的必要报酬率，投资收益率 ROI>基准投资收益率，而投资回收期（含建设期）PP>$n/2$（n 为项目计算期），可见，方案Ⅱ基本具备财务可行性的条件。

7.2.3.3 互斥方案的投资决策

互斥投资方案互相排斥，不能同时并存，决策的实质在于选择最优方案。互斥方案的投资决策是在多个互斥方案已经具备财务可行性的前提下，利用具体决策方法比较各个方案的优劣，从而最终选出一个最优方案的过程。具体的决策方法主要有净现值法、差额投资内含报酬率法、年等额净回收额法和计算期统一法等，其中年等额净回收额法和计算期统一法是前面所介绍的三个折现的评价方法的变形和应用，应根据互斥方案的特点选择相应的决策方法。

（1）净现值法

净现值法适用于原始投资相同且项目计算期相等的多个互斥方案的比较决策，该法的决策标准是：在所有方案中，净现值最大的方案为最优方案。

（2）差额投资内含报酬率法

差额投资内含报酬率法是指在两个原始投资额不同但项目计算期相等的方案的差量净现金流量的基础上，计算出差额内含报酬率，并据以判断方案孰优孰劣的方法。差额投资内含报酬率的计算方法和内含报酬率完全一样，只是所依据的是差额净现金流量。该法的决策标准是：当差额内含报酬率指标大于或等于基准收益率或设定折现率时，原始投资额大的方案较优；反之，则投资少的方案为优。差额投资内含报酬率法最典型的应用就是更新改造项目的投资决策，当该项目的差额内含报酬率指标大于或等于基准收益率或设定折现率时，应当进行更新改造；反之，就不应当进行此项更新改造。

（3）年等额净回收额法

年等额净回收额法是指根据所有投资方案的年等额净回收额指标的大小来选择最优方案的决策方法。该法适用于原始投资不相同、特别是项目计算期不同的多方案比较决策。某方案的年等额净回收额等于该方案净现值与资本回收系数（年金现值系数的倒数）的乘积，计算公式如下：

$$\text{某方案年等额净回收额}=\text{该方案净现值}\times\text{资本回收系数}$$

或

$$\text{某方案的年等额净回收额}=\text{该方案净现值}\times\frac{1}{\text{年金现值系数}}$$

年等额净回收额法的决策标准是：在所有方案中，年等额净回收额最大的方案为优。

（4）计算期统一法

所谓计算期统一法就是为了满足时间可比性的要求，采用一定的方法为多个互斥方案确定一个统一的计算分析期，在此基础上计算各个方案的评价指标，从而选择最优方案的方法。该法主要适用于项目计算期不相等的多个互斥方案的比较决策。根据确定统一的计算分析期的思路不同，该法又可分为方案重复法和最短计算期法。

方案重复法。方案重复法是将各方案项目计算期的最小公倍数确定为统一的计算分析期，进而计算相关评价指标，并据此进行多方案比较决策的一种方法。

最短计算期法。最短计算期法又称最短寿命法，是指先将所有方案的净现值均还原为等额年回收额，再以等额年回收额作为项目的净现金流量按照最短的计算期来计算出相应的净现值，进而根据调整后的净现值指标进行多方案比较决策的一种方法。

例 7-8

ABC 公司准备投资一个完整工业建设项目，所在的行业基准折现率（资金成本率）为10％，分别有 A、B、C 三个方案可供选择。

(1)A 方案的有关资料见表 7-8。

表 7-8　A 方案各年的净现金流量及折现的净现金流量

单位：元

项目＼计算期	0	1	2	3	4	5	6	合计
净现金流量	－60 000	0	30 000	30 000	20 000	20 000	30 000	—
折现的净现金流量	－60 000	0	24 792	22 539	13 660	12 418	16 935	30 344

已知 A 方案的投资于建设期起点一次投入，建设期为 1 年，该方案年等额净回收额为 6 967 元。

(2)B 方案的项目计算期为 8 年，包括建设期的静态投资回收期为 3.5 年，净现值为 50 000 元，年等额净回收额为 9 370 元。

(3)C 方案的项目计算期为 12 年，包括建设期的静态投资回收期为 7 年，净现值为 70 000元。

要求：(1)计算 A、B 方案包括建设期的静态投资回收期；

(2)计算 A、B 方案的净现值。

(3)评价 A、B、C 三个方案的财务可行性。

(4)计算 C 方案的年等额净回收额。

(5)按计算期统一法的最短计算期法计算 B 方案调整后的净现值(计算结果保留整数)。

(6)分别用年等额净回收额法和最短计算期法做出投资决策(已知最短计算期为 6 年，A、C 方案调整后净现值分别为 30 344 元和 44 755 元)。

(7)用方案重复法做出投资决策。

解答：

(1)A 方案第三年的累计净现金流量＝30 000＋30 000＋0－60 000＝0

所以该方案包括建设期的静态投资回收期＝3

(2)A 方案净现值＝折现的净现金流量之和＝30 344(元)

(3)对于 A 方案：由于净现值(30 344 元)＞0

包括建设期的投资回收期＝6/2 年＝3(年)

所以该方案完全具备财务可行性；

对于 B 方案：由于净现值(50000 元)＞0

包括建设期的静态投资回收期为3.5年＜4(8/2)年

所以该方案完全具备财务可行性；

对于C方案：

由于净现值(70 000元)＞0

包括建设期的静态投资回收期为7年＞6(12/2)年

所以该方案基本具备财务可行性

(4)C方案的年等额净回收额＝净现值×$(A/P,10\%,12)$

＝70 000×0.1468＝10 276(元)

(5)三个方案的最短计算期为6年

B方案调整后的净现值 NPV_B ＝年等额净回收额×$(P/A,10\%,6)$

＝9 370×4.3553＝40 809(元)

(6)年等额净回收额法：

A方案的年等额净回收额＝6 967(元)

B方案的年等额净回收额＝9 370(元)

C方案的年等额净回收额＝10 276(元)

因为C方案的年等额净回收额最大,B方案次之,A方案最小

所以C方案最优,其次是B方案,A方案最差。

最短计算期法：

A方案调整后的净现值＝30 344(元)

B方案调整后的净现值＝40 809(元)

C方案调整后的净现值＝44 755(元)

因为C方案调整后的净现值最大,B方案次之,A方案最小

所以C方案最优,其次是B方案,A方案最差。

(7)方案重复法：

$$NPV_A = 30\ 344\times[1+(P/F,10\%,6)+(P/F,10\%,12)+(P/F,10\%,18)]$$
$$=62\ 599.672(元)$$

$$NPV_B=50\ 000\times[1+(P/F,10\%,8)+(P/F,10\%,16)]=84\ 205(元)$$

$$NPV_C=70\ 000\times[1+(P/F,10\%,12)]=92\ 302(元)$$

因为C方案的净现值最大,所以C方案最优。

7.3 几种典型的长期投资决策

7.3.1 固定资产最优更新期的决策

固定资产使用到一定时间,就必须要进行更新,用更先进或更经济的固定资产来替

代。那么固定资产究竟何时更新对企业最有利，如何确定固定资产的最优更新期，这个问题应该从固定资产的经济寿命来考虑。使某项固定资产的年平均成本达到最低的使用期限就称为该项固定资产的经济寿命，也称为固定资产的最优更新期。

要确定固定资产的最优更新期，就必须计算固定资产在使用期限内各年的年平均成本。如果某年的年平均成本最低，则该年末即为该固定资产的最优更新期，如果不在此时更新，那么随后固定资产的年平均成本就会逐年递增，继续使用该固定资产在经济上就不合算了。在计算固定资产年平均成本时，可以先计算固定资产某年更新前的现值总成本，然后再利用资本回收系数计算固定资产某年更新的年平均成本。能够使固定资产年平均成本最低的那一年就是固定资产的最优更新期。

与固定资产相关的总成本包括两部分，一部分是固定资产的运行费用，另一部分是消耗在使用年限内的固定资产本身的价值。运行费用又包括固定资产的能源消耗及维护修理费用等，固定资产每年发生的运行费用会随着固定资产的不断老化而逐年上升。消耗在使用年限内的固定资产本身的价值是以固定资产在更新时能够按照其折余价值变现为前提的，它等于设备的购入价与更新时的变现价值之差。因此，以购入固定资产的时点为起始点，固定资产在更新前的现值总成本可以用如下公式计算：

$$\text{固定资产的现值总成本} = C - \frac{S_n}{(1+i)^n} + \sum_{t=1}^{n} \frac{C_t}{(1+i)^t}$$

上式中 C 表示固定资产的原值，S_n 表示第 n 年时的固定资产折余价值，C_t 表示第 t 年的设备运行成本，n 表示设备拟被更新的年份，i 表示折现率，是企业设定的投资报酬率。

固定资产的年平均成本可以看作是以上述现值总成本为现值、i 为折现率、期数为 n 的普通年金，因此固定资产的年平均成本可以用如下公式计算：

$$\text{固定资产的年平均成本} = \frac{C - \dfrac{S_n}{(1+i)^n} + \displaystyle\sum_{t=1}^{n} \frac{C_t}{(1+i)^t}}{(P/A, i, n)}$$

利用上述公式可以计算出若干个不同的固定资产更新期的年平均成本，通过比较，选出使年平均成本最小的更新年限，即为固定资产的最优更新期。

例 7-9

ABC 公司的一项固定资产购买价格为 8 万元，预计使用寿命为 8 年，无残值，采用直线法计提折旧。该企业的综合资本成本率为 10%，各年折旧额、折余价值及运行费用如表 7-9 所示。

表 7-9　ABC 公司固定资产成本项目表

单位：元

更新年限	1	2	3	4	5	6	7	8
折旧额	10 000	10 000	10 000	10 000	10 000	10 000	10 000	10 000
折余价值	70 000	60 000	50 000	40 000	30 000	20 000	10 000	0
运行费用	10 000	10 000	11 000	12 000	13 000	15 000	19 000	28 000

解答：

根据固定资产年平均成本的计算公式和上述资料，可以计算出各年的年平均成本，计算结果如表 7-10 所示。

表 7-10　ABC 公司固定资产年平均成本

单位：元

更新年限	折余价值①	现值系数②	折余价值的现值③=①×②	运行费用④	运行费用现值⑤=④×②	n 年更新时运行费用现值合计⑥ = $\sum$⑤	现值总成本⑦=③+⑥	(P/A,10%,n)⑧	年平均成本⑨=⑦/⑧
1	70 000	0.9091	63 637	10 000	9 091	9 091	72 728	0.9091	80 000
2	60 000	0.8264	49 584	10 000	8 264	17 355	66 939	1.7355	38 570.44
3	50 000	0.7513	37 565	11 000	8 264.3	25 619.3	63 184.3	2.4869	25 406.85
4	40 000	0.683	27 320	12 000	8 196	33 815.3	61 135.3	3.1699	19 286.19
5	30 000	0.6209	18 627	13 000	8 071.7	41 887	60 514	3.7908	15 963.39
6	20 000	0.5645	11 290	15 000	8 467.5	50 354.5	61 644.5	4.3553	14 153.90
7	10 000	0.5132	5 132	19 000	9 750.8	60 105.3	65 237.3	4.8684	13 400.15
8	0	0.4665	0	28 000	13 062	73 167.3	73 167.3	5.3349	13 714.84

从上表可知，该项固定资产在第 7 年更新时年平均成本最低，因此，第 7 年是该设备的最优更新期。

7.3.2 固定资产修理或更新的决策

固定资产修理或更新决策是指在现有生产能力不变的情况下，选择对固定资产进行大修理后继续使用，还是将旧固定资产淘汰，重新购买运行费用更低的新固定资产使用。由于假定新旧固定资产生产能力相同，则企业的销售收入不变，现金流入量也不变，只是固定资产使用成本发生变化。由于新旧固定资产的使用寿命往往不同，因此固定资产修理或更新决策需要比较两个方案的年平均成本进行决策。由于固定资产的维修费用、运行成本和折旧费都可以在税前扣除，因此，在计算年平均成本时，应考虑这种节税效应带来的成本节约，节约的所得税额可以看作是一项现金流入或者看作是现金流出的减少。

例 7-10

ABC 公司有一台旧设备，年折旧额为 10 000 元，重置成本为 30 000 元，年运行成本为6 000元，如果继续使用，需要在第一年初和第二年初各进行一次大修理，每次的大修理费用为 6 000 元，预计还可使用 3 年，3 年后报废无残值。如果购买新设备，则需花费85 000元的购置费用，使用寿命 8 年，年运行成本 3 000 元，不需大修理，8 年后可收回残值5 000元。新旧设备的生产能力相同，且生产的产品质量无差异。该企业采用直线法计提折旧,综合资本成本率为 10%,企业所得税率为 25%。请问该企业应该对旧设备大修理后继续使用还是购买新设备?

解答:

方案一:继续使用旧设备

设备重置成本=30 000 元

大修理费用现值=6 000(1−25%)+6 000(1−25%)×$(P/F,10\%,1)$=8 590.95 元

折旧节约的所得税额现值=10 000×25%×$(P/A,10\%,3)$=6 217.25 元

运行成本现值=6 000(1−25%)×$(P/A,10\%,3)$=11 191.05 元

总现值成本=30 000+8 590.95−6 217.25+11 191.05=43 564.75 元

继续使用旧设备的年平均成本=43 564.75/$(P/A,10\%,3)$≈17 517.69 元

方案二:购置新设备

新设备购置成本=85 000 元

回收残值的现值=5 000×$(P/F,10\%,8)$=2 332.5 元

折旧节约的所得税额现值=$\frac{85\ 000-5\ 000}{8}$×25%×$(P/A,10\%,8)$=13 337.25 元

运行成本现值=3 000(1−25%)×$(P/A,10\%,8)$=12 003.53 元

总现值成本=85 000−2 332.5−13 337.25+12 003.53=81 333.78 元

继续使用旧设备的年平均成本=81 333.78/$(P/A,10\%,8)$≈15 245.61 元

从上述计算结果可以看出,购买新设备的年平均成本低于继续使用旧设备的年平均成本,因此该企业应当淘汰旧设备,购置新设备。

7.3.3 固定资产租赁或购买决策

在进行固定资产租赁或购买决策时,通常情况下,租赁和购买的固定资产的生产能力和运营费用基本相同,因此仅需要比较两种方案所带来的成本支出差异。本节所指的固定资产租赁是经营租赁,固定资产租赁和购买的主要区别在于:租赁是分期逐次支出,而购买则是在开始时一次性支出。在进行决策时,应考虑租赁费用和节税收益两个因素。由于经营租赁费用可在税前列支,所以企业可以得到节税收益;而企业购置固定资产,每年可计提折旧,折旧费用可以税前列支,因此也可以起到节税效应。

例 7-11

ABC 公司因生产需要使用一台某型号的设备,若自行购买,需支付 80 000 元,可用 8 年,预计无残值,直线法折旧。若从外部租赁,则每年需支付租金 15 000 元,租期 8 年。已知该企业的综合资本成本率为 10%,所得税率 25%,请为该企业做出租赁或购买的决策。

解答:

(1)自行购买固定资产的支出

固定资产买价=80 000 元

折旧节约的所得税额现值$=\frac{80\ 000}{8}\times 25\%\times(P/A,10\%,8)=13\ 337.25$ 元

支出的总现值$=80\ 000-13\ 337.25=66\ 662.75$ 元

(2)从外部租赁固定资产的支出

租赁费用现值$=15\ 000\times(P/A,10\%,8)=80\ 023.5$ 元

租赁费用节约的所得税额现值$=15\ 000\times 25\%\times(P/A,10\%,8)=20\ 005.88$ 元

支出的总现值$=80\ 023.5-20\ 005.88=60\ 017.62$ 元

上述计算结果表明，租赁设备的支出现值小于购买设备的支出现值，因此该企业不应自行购买，而应从外部租赁设备。

7.4 Excel 应用

长期投资决策的折现指标充分考虑了货币时间价值以及项目计算期内的全部净现金流量，使决策更为科学和准确，但计算十分繁琐且难度较大。利用 Excel 中的插入函数可以方便地进行各种长期投资决策折现指标的计算。由于现值指数 PI 的计算相对简单，只需要用计算出的 NPV 值除以原始投资额的现值，因此利用 Excel 计算长期投资决策折现指标常用到的财务函数只有函数 NPV 和函数 IRR 两个，下面以 Excel 2013 为例进行介绍。

函数 NPV 的功能是通过使用贴现率以及一系列未来支出（负值）和收入（正值），返回一项投资的净现值。函数语法为 NPV(rate，value1，value2，…)，其中：Rate 为某一期间的贴现率，是一固定值；value1，value2，…代表支出及收入的 1 到 254 个参数(Excel 2003 为 29 个参数)，value1，value2，…在时间上必须具有相等间隔，并且都发生在期末。NPV 函数使用 value1，value2，… 的顺序来解释现金流的顺序。所以务必保证支出和收入的数额按正确的顺序输入。如果参数为数值、空白单元格、逻辑值或数字的文本表达式，则都会计算在内，如果参数是错误值或不能转化为数值的文本，则被忽略，如果参数是一个数组或引用，则只计算其中的数字，数组或引用中的空白单元格、逻辑值、文本或错误值将被忽略。此外，有一点必须特别注意，函数 NPV 假定投资开始于 value1 现金流所在日期的前一期，并结束于最后一笔现金流的当期。函数 NPV 依据未来的现金流来进行计算。如果第一笔现金流发生在第一个期的期初，则第一笔现金必须添加到函数 NPV 的结果中，而不应包含在 values 参数中。

函数 IRR 的功能是返回由数值代表的一组现金流的内部收益率。这些现金流不必为均衡的，但作为年金，它们必须按固定的间隔产生，如按月或按年。内部收益率为投资的回收利率，其中包含定期支付（负值）和定期收入（正值）。函数语法为 IRR(values，guess)，其中 Values 为数组或单元格的引用，包含用来计算返回的内部收益率的数字，Values 必须包含至少一个正值和一个负值，以计算返回的内部收益率。函数 IRR 根据数值的顺序来解释现金流的顺序。故应确定按需要的顺序输入了支付和收入的数值，如果

数组或引用包含文本、逻辑值或空白单元格，这些数值将被忽略。函数中的 Guess 为对函数 IRR 计算结果的估计值。Microsoft Excel 使用迭代法计算函数 IRR。从 guess 开始，函数 IRR 进行循环计算，直至结果的精度达到 0.00001%。如果函数 IRR 经过 20 次迭代，仍未找到结果，则返回错误值 #NUM!。在大多数情况下，并不需要为函数 IRR 的计算提供 guess 值。如果省略 guess，则自动假设它为 0.1(10%)。如果函数 IRR 返回错误值 #NUM!，或结果没有靠近期望值，可用另一个 guess 值再试一次。

下面以正文中表 7-11 中的数据为例进行说明。

表 7-11　方案Ⅱ各年的净现金流量及累计净现金流量

单位：元

项目＼年份	0	1	2	3	4	5
净现金流量	－150 000	50 000	47 000	44 000	41 000	88 000
累计净现金流量	－150 000	－100 000	－53 000	－9 000	32 000	12 000

首先，需要将各年的净现金流量情况录入到 Excel 工作表中，注意输入各年净现金流量数值时，中间不应留空格，50 000 应输入为 50000，否则可能会因无法识别为数据引起错误。如图 7-6 所示：

	A	B	C	D	E	F	G
1	项目＼年份	0	1	2	3	4	5
2	净现金流量	-150000	50000	47000	44000	41000	88000
3	NPV						
4	IRR						
5	PI						

图 7-6　录入净现金流量数据

7.4.1 净现值(NPV)

单击 B3 单元格，再单击工具栏内的“f_x”即“插入函数”按钮，弹出“插入函数”对话框，单击“或选择类别(C)”，选择“财务”类，在“选择函数(N)”中，选择“NPV”函数名。如图 7-7 所示。

按下“确定”按钮，弹出“NPV”函数的“函数参数”编辑框。单击参数“Rate”，输入贴现率 0.1，再单击“Value1”，用鼠标选择单元格区域 C2：G2，5 年的资料被选定，按下“确定”按钮，该方案 5 年的现金净流量现值就计算出来了，金额是 200 000 元。如图 7-8 所示。

本例中初始投资发生在第 1 年年初，所以这笔现金流本身就是现值，不需要贴现，所以不应放在 VPV 函数中贴现，而应该直接在 NPV 函数之后加上初始投资的净现金流量，从而计算出所要计算的投资项目的净现值。本例中，净现值＝200 000＋(－150 000)＝50 000 元。

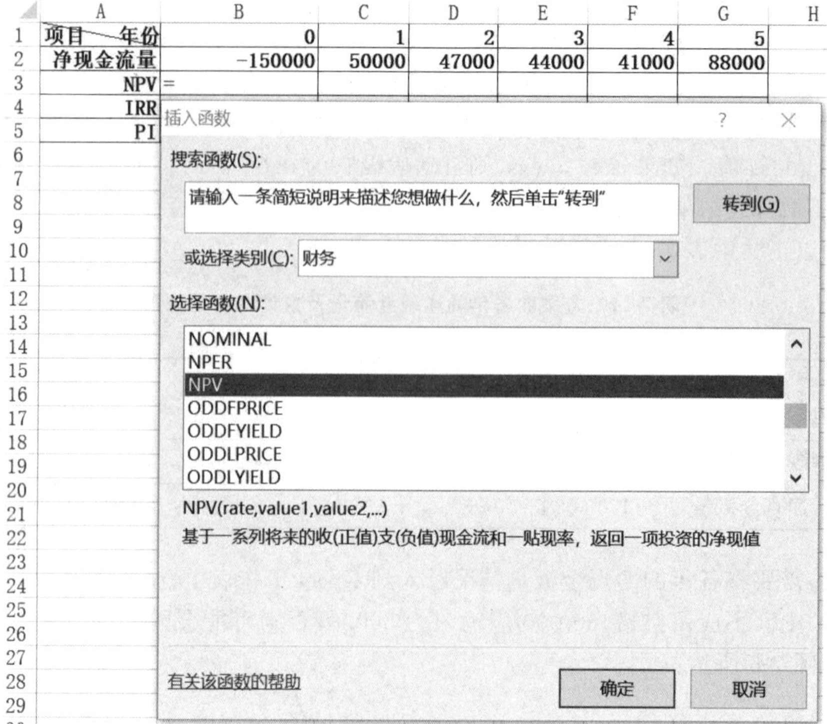

图 7-7 净现值计算(一)

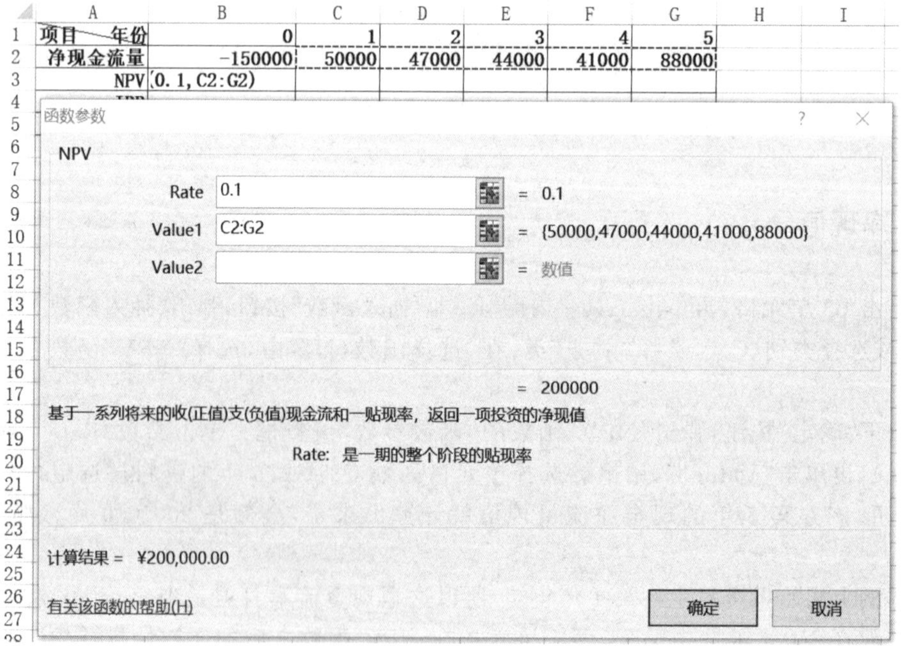

图 7-8 净现值计算(二)

本例也可以在 B3 单元格直接输入"＝NPV(0.1,C2:G2)＋B2",按回车键即可得到净现值等于 50 000 元。如图 7-9 所示。

文件　开始　插入　页面布局　公式　数据　审阅　视图

B3　fx　=NPV(0.1,C2:G2)+B2

	A	B	C	D	E	F	G
1	项目　年份	0	1	2	3	4	5
2	净现金流量	-150000	50000	47000	44000	41000	88000
3	NPV	¥50,000.00					
4	IRR						
5	PI						

图 7-9　净现值计算(三)

7.4.2 现值指数(PI)

上一步已用 NPV 函数算出该方案 5 年的现金净流量现值是 200 000 元,计算现值指数(PI)只需单击单元格 B4,输入公式"＝－200 000/B2",按下回车,就能直接算出该方案的现值指数了,本例的现值指数是 1.33。如图 7-10 所示。

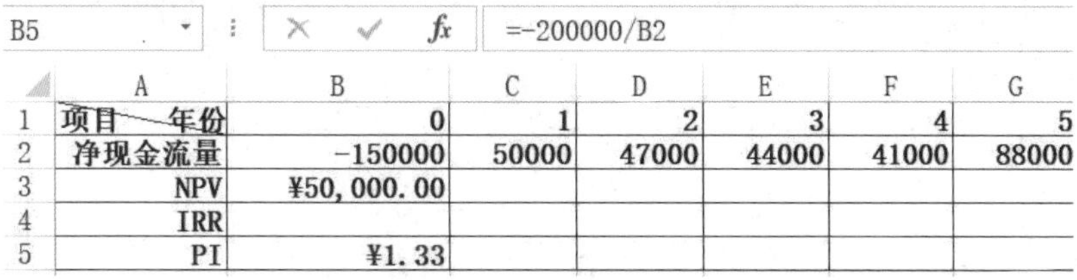

B5　fx　=-200000/B2

	A	B	C	D	E	F	G
1	项目　年份	0	1	2	3	4	5
2	净现金流量	-150000	50000	47000	44000	41000	88000
3	NPV	¥50,000.00					
4	IRR						
5	PI	¥1.33					

图 7-10　现值指数计算

7.4.3 内含报酬率(IRR)

单击单元格 B4,单击工具栏内的"f_x"即"插入函数"按钮,弹出"插入函数"对话框,单击"或选择类别(C)",选择"财务"类,在"选择函数(N)"中,选择"IRR"函数名,调出"IRR"内含报酬率函数。如图 7-11 所示。

按下"确定"按钮,弹出"IRR"函数的"函数参数"编辑框。单击参数"Values"编辑框右边的红色箭头"折叠编辑框"按钮,拖动鼠标选择单元格区域 B2:G2,该方案各年的现金流量就被选定,"Guess"可选择 0.1 或者忽略。如图 7-12 所示。

单击"确定"按钮,该方案的内含报酬率就会显示在单元格 B4 中,本例的内含报酬率为 21.38%。

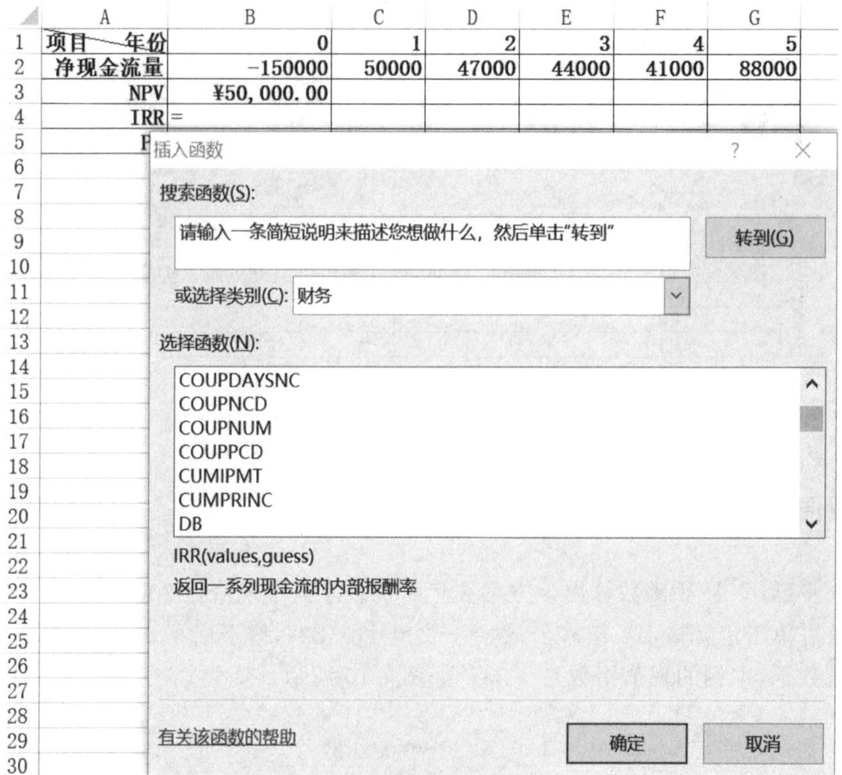

图 7-11 内含报酬率计算(一)

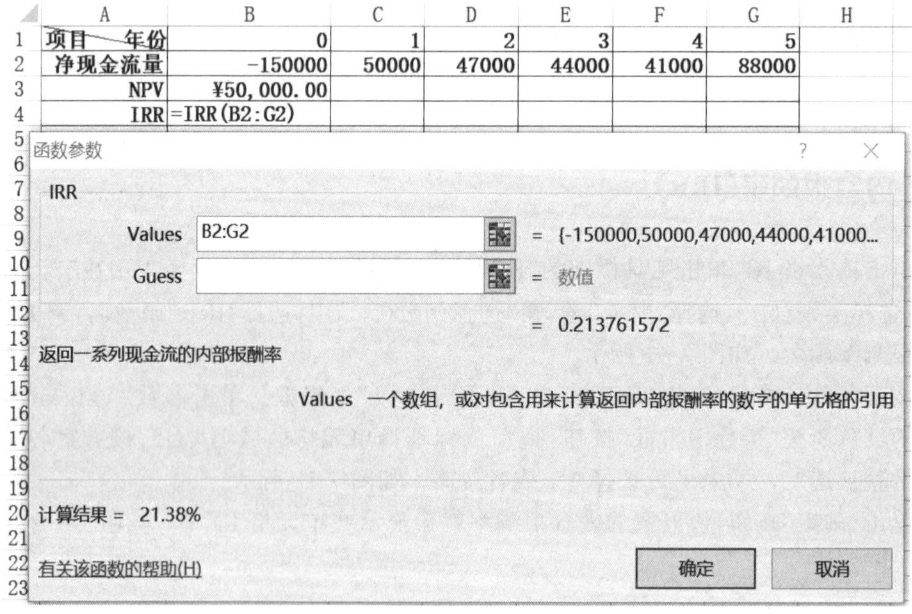

图 7-12 内含报酬率计算(二)

扫二维码观看视频，立刻掌握操作方法

○ 本章小结

长期投资决策是对企业长期投资项目的现金流进行全面的预测、分析、评价和选择的过程，是企业管理者和财务人员面临的重要问题。货币时间价值是指货币经历一定时间的投资和再投资所增加的价值。一般以利息率表示货币的时间价值。货币时间价值原理正确地揭示了不同时点上资金之间的换算关系，是企业进行长期投资决策的重要基础。资本成本又称资金成本，是指企业资本结构中各种长期资金使用代价的综合。从企业进行长期投资的角度来看，资本成本是评价投资项目、决定投资项目取舍的一个重要标准。只有当投资项目的投资报酬率高于资本成本时，投资项目才可能被采纳，否则就必须舍弃。

现金流量是长期投资决策的重要依据，是指一个投资项目引起的企业现金支出和现金收入增加的数量。现金流量涉及现金流出量、现金流入量和净现金流量三个具体概念。长期投资决策时使用的指标分为两类：一类是非折现指标，主要包括回收期、投资收益率等；另一类是折现指标，主要包括净现值、现值指数、内含报酬率等。独立投资方案是否可行，可以直接计算各方案的净现值、现值指数、内含报酬率等指标，只要各方案能达到标准要求，方案都是可行的，各种项目投资决策的方法均可适用。而互斥方案的投资决策方法主要有净现值法、差额投资内含报酬率法、年等额净回收额法和计算期统一法等。典型的长期投资决策包括固定资产最优更新期的决策、固定资产修理或更新的决策以及固定资产租赁或购买决策。

○ 关键概念

货币的时间价值(time valve of money)
单利(simple interest)
复利(compound interest)
现值(present value)
终值(future value)
年金(annuity)
资本成本(capital cost)
综合资本成本(weighted average cost of capital)
长期投资(long-term investment)
现金流量(cash flow)
回收期(payback period)
投资收益率(return on investment)

净现值(net present value)
现值指数(profitability index)
内含报酬率(internal rate of return)

○ 相关阅读

对常用投资决策指标的补充评价[①]

面对日益激烈的市场环境和许多不可预测的风险,企业要想保持竞争优势,就必须发现并选择新的项目进行投资。同时,由于企业资金的稀缺性,如何利用有限的资金使企业获得更高的报酬,显得尤为重要。有时,一个项目投资的成败直接关乎企业的生存和发展。这些都有赖于决策者能否在投资决策过程中做出合理、正确的抉择。项目投资决策必须关注其经济效益评价,同时,还应兼顾环境和社会效益,实现三者的共赢,在项目投资决策过程中,通过综合考虑经济效益、环境和社会效益,更好地为投资决策提供依据。除了对项目运用净现值等指标进行评价外,为了综合评价项目的各个方面,还需要对偿债能力、项目风险、社会效益、环境效益等方面进行补充评价,这些补充评价极其重要,甚至在项目决策中起着关键性作用。

一、偿债能力评价

对于时间长、规模大的项目,资金的充足与否直接决定了项目的进展。由于资金需要量大,往往需要从银行筹集资金,债务资本面临还本付息的压力,因此衡量企业的偿债能力很有必要。通常运用的偿债能力评价指标主要有资产负债率、借款偿还期等。

二、抗风险能力评价

由于企业面临环境的复杂性、信息的不对称性和项目本身的不确定性,项目投资需要面临不可预测的风险,因此,有效地识别所面临的风险,并将风险因素纳入到项目投资决策的整个过程,显得尤为重要。敏感性分析就是研究各种不确定因素的变化,对所决策的经济指标(净现值、内含报酬率)的影响和影响程度。找出主要的敏感因素,分析、测算,寻找其不确定性的原因,使投资决策者看到项目经济指标的全面变动,找到两个临界值,采取一定的措施,实施调节和控制,尽可能地避免不利因素的影响。

三、项目投资决策的社会和环境效益评价

随着经济和社会的不断发展,资源和环境遭到严重破坏。目前,整个社会已经强烈意识到可持续发展的重要性,追求资源、生态、社会与经济利益的共赢。投资的社会和环境效益评价,主要评估项目投资对于环境和社会效益的影响,例如减少碳排放、资源节约、减少废弃物排放等。

---

① 资料参见:温素彬,刘冰.管理会计工具及应用案例——项目投资决策的评价工具及应用[J].会计之友,2016(21):134-136.

○ 练习题

一、单项选择题

1.甲拟存入一笔资金以备三年后使用。假定银行三年期存款年利率为5%,甲三年后需用的资金总额为34 500元,则在单利计息情况下,目前需存入的资金为(　　)元。

A.30 000　　B.29 803.04　　C.32 857.14　　D.31 5 000

2.在下列各项中,无法计算出确切结果的是(　　)。

A.后付年金终值　　B.即付年金终值　　C.递延年金终值　　D.永续年金终值

3.某公司从本年度起每年年末存入银行一笔固定金额的款项,若按复利使用最简便算法计算第n年末可以从银行取出的本利和,则应选用的时间价值系数是(　　)。

A.复利终值数　　B.复利现值系数

C.普通年金终值系数　　D.普通年金现值系数

4.有一项年金,前3年无流入,后5年每年年初流入500万元,假设年利率为10%,其现值为(　　)万元。

A.1994.59　　B.1565.68　　C.1813.48　　D.1423.21

5.在不考虑筹款限制的前提下,下列筹资方式中个别资本成本最高的通常是(　　)。

A.发行普通股　　B.留存收益筹资　　C.长期借款筹资　　D.发行公司债券

6.存在所得税的情况下,以"利润+折旧"估计经营期净现金流量时,"利润"是指(　　)。

A.利润总额　　B.净利润　　C.营业利润　　D.息税前利润

7.已知某投资项目按14%折现率计算的净现值大于零,按16%折现率计算的净现值小于零,则该项目的内部收益率肯定(　　)。

A.大于14%,小于16%　　B.小于14%

C.等丁15%　　D.大于16%

8.某投资方案,当贴现率为16%时,其净现值为338元;当贴现率为18%时,其净现值为-22元,该方案的内含报酬率为(　　)

A.15.88%　　B.16.12%　　C.17.88%　　D.18.14%

9.如果某投资项目的相关评价指标满足以下关系:NPV>0,PI>1,IRR>Ic,PP>n/2,则可以得出的结论是(　　)。

A.该项目基本具备财务可行性　　B.该项目完全具备财务可行性

C.该项目基本不具备财务可行性　　D.该项目完全不具备财务可行性

10.在下列方法中,不能直接用于项目计算期不相同的多个互斥方案比较决策的方法是(　　)。

A.净现值法　　B.方案重复法

C.年等额净回收额法　　D.最短计算期法

二、多项选择题

1.下列各项中,属于普通年金形式的项目有(　　)。

A.零存整取储蓄存款的整取额　　B.定期定额支付的养老金

C.年资本回收额　　D.偿债基金

2.下列关于资金时间价值系数关系的表述中,正确的有(　　)。

A.普通年金现值系数×投资回收系数=1

B.普通年金终值系数×偿债基金系数=1

C.普通年金现值系数×(1+折现率)=预付年金现值系数

D.普通年金终值系数×(1+折现率)=预付年金终值系数

3.递延年金具有如下特点(　　)。

A.年金的第一次支付发生在若干期之后

B.年金的现值与递延期无关

C.年金的终值与递延期无关

D.现值系数是普通年金值系数的倒数

4.在计算个别资本成本时,需要考虑所得税抵减作用的筹资方式有(　　)。

A.银行借款　　B.长期债券　　C.优先股　　D.普通股

5.采用净现值法评价投资项目可行性时,所采用的折现率通常有(　　)。

A.投资项目的资金成本高　　B.投资的机会成本率

C.行业平均资金收益率　　D.投资项目的内部收益率

6.完整的工业投资项目的现金流入主要包括(　　)。

A.营业收入　　B.回收固定资产变现净值

C.固定资产折旧　　D.回收流动资金。

7.在项目计算期不同的情况下,能够应用于多个互斥投资方案比较决策的方法有(　　)。

A.差额投资内部收益率法　　B.年等额净回收额法

C.最短计算期法　　D.方案重复法

8.如果某投资项目完全具备财务可行性,且其净现值指标大于零,则可以断定该项目的相关评价指标同时满足以下关系:(　　)。

A.获利指数大于 1

B.净现值率大于等于零

C.内部收益率大于基准折现率

D.包括建设期的静态投资回收期大于项目计算期的一半

9.甲公司拟投资一条生产线。该项目投资期限 5 年,资本成本 12%,净现值 200 万元。下列说法中,正确的是(　　)。

A.项目现值指数大于 1　　B.项目折现回收期大于 5 年

C.项目内含报酬率小于 12%　　D.项目内含报酬率大于 12%

10.甲企业计划生产 M 产品。现有旧设备一台,原值 5 000 万元,已提折旧 3 500 万元,账面价值 1 500 万元。如使用旧设备生产 M 产品,需对其进行技术改造,追加支出

1 000万元；企业也可购入新设备生产 M 产品，新设备市价 2 000 万元，可将旧设备作价 1 200万元以旧换新。下列关于企业改造旧设备或购买新设备的决策中，正确的有(　　)。

A.旧设备的已提折旧与决策无关

B.旧设备的以旧换新作价与决策无关

C.旧设备的账面价值属无关成本

D.改造旧设备比购买新设备多支出 200 万元

三、判断题

1.货币的时间价值，是指货币经过一定时间的投资和再投资所增加的价值。它可以用社会平均资金利润率来计量。(　　)

2.在有关资金时间价值指标的计算过程中，普通年金现值与普通年金终值是互为逆运算的关系。(　　)

3.随着折现率的提高，未来某一款项的现值将逐渐增加。(　　)

4.净现值法可直接用于对寿命期不同的互斥投资方案进行决策。(　　)

5.在利率和计息期相同的条件下，复利现值系数与复利终值系数互为倒数。(　　)

6.资本成本是投资人对投入资本所要求的最低收益率，也可作为判断投资项目是否可行的取舍标准。(　　)

7.某企业正在讨论更新现有的生产线，有两个备选方案：A 方案的净现值为 400 万元，内含报酬率为 10%；B 方案的净现值为 300 万元，内含报酬率为 15%，据此可确认定 A 方案较好。(　　)

8.现金净流量是现金流入量与现金流出量的差额，其数值一定大于零。(　　)

9.在评价投资项目的财务可行性时，如果静态投资回收期或投资利润率的评价结论与净现值指标的评价结论发生矛盾，应当以净现值指标的结论为准。(　　)

10.在应用差额投资内部收益率法对固定资产更新改造投资项目进行决策时，如果差额内部收益率小于行业基准折现率或资金成本率，就不应当进行更新改造。(　　)

四、名词解释

1.普通年金

2.现金流量

3.货币时间价值

4.资本成本

5.内含报酬率

五、简答题

1.简述年金的概念及种类。

2.影响资本成本的因素有哪些?

3.长期投资决策的基本方法有哪些?

4.如何估算长期投资项目现金流量?

5.如何进行互斥方案的投资决策?

六、计算分析题

1.资料:已知宏达公司拟于2015年初用自有资金购置设备一台,需一次性投资100万元。经测算,该设备使用寿命为5年,税法亦允许按5年计提折旧;设备投入运营后每年可新增利润20万元。假定该设备按直线法折旧,预计的净残值率为5%;不考虑建设安装期和公司所得税。

要求:(1)计算使用期内各年净现金流量。

(2)计算该设备的静态投资回收期。

(3)计算该投资项目的投资利润率。

(4)如果以10%作为折现率,计算其净现值。

2.资料:某企业拟进行一项固定资产投资,该项目的现金流量表(部分)如下:

单位:万元

年份	建设期		经营期					合计
	0	1	2	3	4	5	6	
净现金流量	−1 000	−1 000	100	1 000	(B)	1 000	1 000	2 900
累计净现金流量	−1 000	−2 000	−1 900	(A)	900	1 900	2 900	—
折现净现金流量	−1 000	−943.4	89	839.6	1 425.8	747.3	705	1 863.3

要求:(1)计算或确定下列指标:静态投资回收期、净现值、原始投资现值、净现值率和现值指数。

(2)评价该项目的财务可行性。

3.资料:某企业的一项固定资产购买价格为12万元,预计使用寿命为6年,期满后无残值,采用直线法计提折旧。该企业的综合资本成本率为10%,各年折旧额、折余价值及运行费用如下表所示。请问该项固定资产应何时更新对企业最有利?

单位:元

更新年限	1	2	3	4	5	6
折旧额	20 000	20 000	20 000	20 000	20 000	20 000
折余价值	100 000	80 000	60 000	40 000	20 000	0
运行费用	10 000	11 000	14 000	19 000	27 000	38 000

4.资料:某企业因生产需要使用一台某型号的设备,若自行购买,需支付100 000元,可用10年,预计无残值,直线法折旧。若从外部租赁,则每年需支付租金12 000元,租期10年。已知该企业的综合资本成本率为10%,所得税率25%,请为该企业做出租赁或购买的决策。

5.蓝光公司现有五个投资项目,公司能够提供的资金总额为250万元,有关资料如下:

A 项目初始的一次投资额 100 万元，净现值 50 万元。

B 项目初始的一次投资额 200 万元，净现值 110 万元

C 项目初始的一次投资额 50 万元，净现值 20 万元。

D 项目初始的一次投资额 150 万元，净现值 80 万元

E 项目初始的一次投资额 100 万元，净现值 70 万元

要求：

(1)计算各方案的现值指数

(2)选择公司最有利的投资组合

○ 案例分析

基于贴现现金流法的 N 公司项目投资决策①

N 公司现计划一项石英管高科技生产项目，涉及多项设备、建筑等投资建设活动。若新项目建成，将大大提高石英管的产品质量及应用范围。为了保证投资能够实现企业预期经济效益并为公司利益相关者创造价值，在项目实施之前，N 公司采用贴现现金流法对该投资项目的可行性进行合理判断。

一、公司投资项目简介

根据 N 公司的市场分析及估算，预计项目总投资达 6 453 万元，其中，建设投资约 4 653万元，铺底流动资金约 1 800 万元。项目预计新建 10 058.4 平方米的生产作业厂房，上新钨锅、熔炉等多项设备价值约 3 302.1 万元，产能约 3 420 吨/年。其中，透明管年产 2 340 吨，无臭氧管年产 360 吨，滤紫外线管年产 720 吨。项目建设期为两年。

二、公司项目投资决策流程

(一)总体思路

1.判断项目投资方案类型

在选择适用的投资决策方法前，N 公司首先分析了该项目投资方案属于独立投资方案还是互斥投资方案。N 公司该项目的接受或放弃并不影响其他项目的考虑和选择，并且项目投资不受资金、人力等限制，该项目与其他项目互不依赖、互不排斥，故判定该项目投资方案属于独立投资方案。

2.选择项目投资决策方法

为了分析项目投资方案的可行性，N 公司选择了贴现现金流法的以下方法进行决策：

(1)净现值法。当净现值(NPV)大于零时，意味着项目具有可行性。

(2)内含报酬率法。当内含报酬率(IRR)大于资本成本时，意味着项目具有可行性。

由于该投资方案属于独立投资方案，净现值法和内含报酬率法得出的结论应是相同的。

---

① 资料参见：温素彬，柴梦蝶.贴现现金流法：解读与应用案例[J].会计之友，2021(9).

3.项目投资决策方法的实施

N 公司项目投资决策方法的具体实施主要按照以下流程进行：

(1)建设投资及流动资金估算；

(2)资金筹措计划；

(3)收入及费用估算；

(4)现金流量估算；

(5)净现值与内含报酬率的计算及可行性分析。

(二)具体应用流程

1.建设投资及流动资金估算

N 公司该项目的建设投资主要包括土建、设备与办公用具购置费、工程建设其他费用、开办费和预备费等。项目建设投资估算额约为 4 653 万元。建设投资估算情况如表 1 所示。

表 1　建设投资估算表

项　　目	金额(万元)	比例(%)
一、土建	1 062.9	22.8
二、设备与办公用具	3 302.1	71.0
三、工程建设其他费用	216.0	4.6
其中:研发设计费	54.0	1.2
试车费	90.0	1.9
工程管理费	18.0	0.4
职工培训费	54.0	1.2
四、开办费	18.0	0.4
五、预备费	54.0	1.2
总计	4 653.0	100.0

该项目的流动资金主要包括原材料、辅助材料、燃料、动力、人工工资等。估算铺底流动资金大约需要 1 800 万元。

2.资金筹措计划

N 公司该项目资金的筹措均来源于自有资金，无债务资金融资。资金筹措计划如表 2 所示。

表 2　资金筹措计划

资金来源	建设投资		铺底流动资金	
	金额(万元)	占比(%)	金额(万元)	占比(%)
资本金	4 653.0	100.0	1 800.0	100.0
贷款	0.0	0.0	0.0	0.0
合计	4 653.0	100.0	1 800.0	100.0

3.收入及费用估算

(1)营业收入与税金估算

如表 3,项目计算期为 10 年,其中建设期 2 年,第 3 年投产,生产负荷达 90%,第 4 年达到满负荷生产。由于 N 公司该项目生产产品并非产成品,因此采用内部转移价格计算该项目销售收入。各产品的内部转移价格确定为:透明管 2.8 万元/吨;无臭氧管 6.4 万元/吨;滤紫外管 5.5 万元/吨。合计营业收入可达 101 246.4 万元。税金及附加主要包括城建税和教育费附加,城建税按照应纳增值税的 5%估算,教育费附加按照应纳增值税的 2%估算。

(2)成本费用估算

该项目正常年份经营成本估算为 7 809.1 万元。详见表 4。

4.现金流量估算

该项目的现金流入主要来源于投产后的营业收入以及项目末期固定资产余值和流动资金的回收;现金流出主要包括建设投资、流动资金、经营成本和税金及附加。所得税享受二免三减半的优惠政策。项目现金流量估算情况见表 5。

5.净现值与内含报酬率的计算及可行性分析

N 公司项目投资决策时的折现率根据行业加权平均资本成本结合项目本身确定,项目基准收益率 IC=12.5%。

案例分析提示:

1.通过以上案例,谈谈长期投资决策的步骤、流程和方法。

2.长期投资决策中,基础数据的收集和估算至关重要,请结合上述案例,分析数据收集和估算中需要哪些部门和人员的努力和配合。

3.请利用上述资料和数据,计算 N 公司此项目的净现值和内含报酬率,并为 N 公司做出投资决策。

4.思政思考题:企业长期投资决策对企业、国家和社会的价值和意义有哪些? 长期投资决策人员应具备哪些素质?

表 3　营业收入与税金估算表

单位：万元

项目		计算期										合计
		1	2	3	4	5	6	7	8	9	10	
生产负荷/%		—	—	90	100	100	100	100	100	100	100	—
一、营业收入		—	—	11 534.4	12 816.0	12 816.0	12 816.0	12 816.0	12 816.0	12 816.0	12 816.0	101 246.4
透明管	内部转移价格	—	—	2.8	2.8	2.8	2.8	2.8	2.8	2.8	2.8	—
	数量/吨	—	—	2 106.0	2 340.0	2 340.0	2 340.0	2 340.0	2 340.0	2 340.0	2 340.0	—
	合计	—	—	5 896.8	6 552.0	6 552.0	6 552.0	6 552.0	6 552.0	6 552.0	6 552.0	51 760.8
无臭氧管	内部转移价格	—	—	6.4	6.4	6.4	6.4	6.4	6.4	6.4	6.4	—
	数量/吨	—	—	324.0	360.0	360.0	360.0	360.0	360.0	360.0	360.0	—
	合计	—	—	2 073.6	2 304.0	2 304.0	2 304.0	2 304.0	2 304.0	2 304.0	2 304.0	18 201.6
滤紫外管	内部转移价格	—	—	5.5	5.5	5.5	5.5	5.5	5.5	5.5	5.5	—
	数量/吨	—	—	648.0	720.0	720.0	720.0	720.0	720.0	720.0	720.0	—
	合计	—	—	3 564.0	3 960.0	3 960.0	3 960.0	3 960.0	3 960.0	3 960.0	3 960.0	31 284.0
二、税金及附加		—	—	75.8	84.2	84.2	84.2	84.2	84.2	84.2	84.2	665.2
城建税		—	—	37.9	42.1	42.1	42.1	42.1	42.1	42.1	42.1	332.6
教育费附加		—	—	37.9	42.1	42.1	42.1	42.1	42.1	42.1	42.1	332.6

表 4　经营成本估算表

单位:万元

成本费用项目	计算期										合计
	1	2	3	4	5	6	7	8	9	10	
生产负荷/%	—	—	90	100	100	100	100	100	100	100	—
外购原辅材料费及动力	—	—	4 701.6	5 224.0	5 224.0	5 224.0	5 224.0	5 224.0	5 224.0	5 224.0	41 269.6
工资及福利费	—	—	330.5	330.5	330.5	330.5	330.5	330.5	330.5	330.5	2 644.0
修理费	—	—	270.0	300.0	300.0	300.0	300.0	300.0	300.0	300.0	2 370.0
其他制造费用	—	—	78.0	78.0	78.0	78.0	78.0	78.0	78.0	78.0	624.0
管理费用	—	—	1 035.4	1 035.4	1 035.4	1 035.4	1 035.4	1 035.4	1 035.4	1 035.4	8 283.2
销售费用	—	—	757.1	841.2	841.2	841.2	841.2	841.2	841.2	841.2	6 645.5
经营成本	—	—	7 172.6	7 809.1	7 809.1	7 809.1	7 809.1	7 809.1	7 809.1	7 809.1	61 836.3

表 5　项目现金流量估算表

单位：万元

项目	计算期									
	1	2	3	4	5	6	7	8	9	10
生产负荷/%	—	—	90	100	100	100	100	100	100	100
一、现金收入	0.0	0.0	11 534.4	12 816.0	12 816.0	12 816.0	12 816.0	12 816.0	12 816.0	14 616.0
营业收入	0.0	0.0	11 534.4	12 816.0	12 816.0	12 816.0	12 816.0	12 816.0	12 816.0	12 816.0
回收固定资产余值	0.0	0.0	0.0	0.0	0.0	0.0	0.0	0.0	0.0	600.0
回收流动资金	0.0	0.0	0.0	0.0	0.0	0.0	0.0	0.0	0.0	1 200.0
二、现金流出	3 342.0	1 791.0	8 568.4	7 893.3	7 893.3	7 893.3	7 893.3	7 893.3	7 893.3	7 893.3
建设投资	3 102.0	1 551.0	0.0	0.0	0.0	0.0	0.0	0.0	0.0	0.0
流动资金	240.0	240.0	1 320.0	0.0	0.0	0.0	0.0	0.0	0.0	0.0
经营成本	0.0	0.0	7 172.6	7 809.1	7 809.1	7 809.1	7 809.1	7 809.1	7 809.1	7 809.1
税金及附加	0.0	0.0	75.8	84.2	84.2	84.2	84.2	84.2	84.2	84.2
三、税前净现金流量	−3 342.0	−1 791.0	2 996.0	4 922.7	4 922.7	4 922.7	4 922.7	4 922.7	4 922.7	6 722.7
所得税	0.0	0.0	0.0	0.0	513.2	513.2	513.2	1 026.4	1 026.4	1 026.4
四、税后净现金流量	−3 342.0	−1 791.0	2 996.0	4 922.7	4 409.5	4 409.5	4 409.5	3 896.3	3 896.3	5 696.3

第 8 章

标准成本法

思维导图

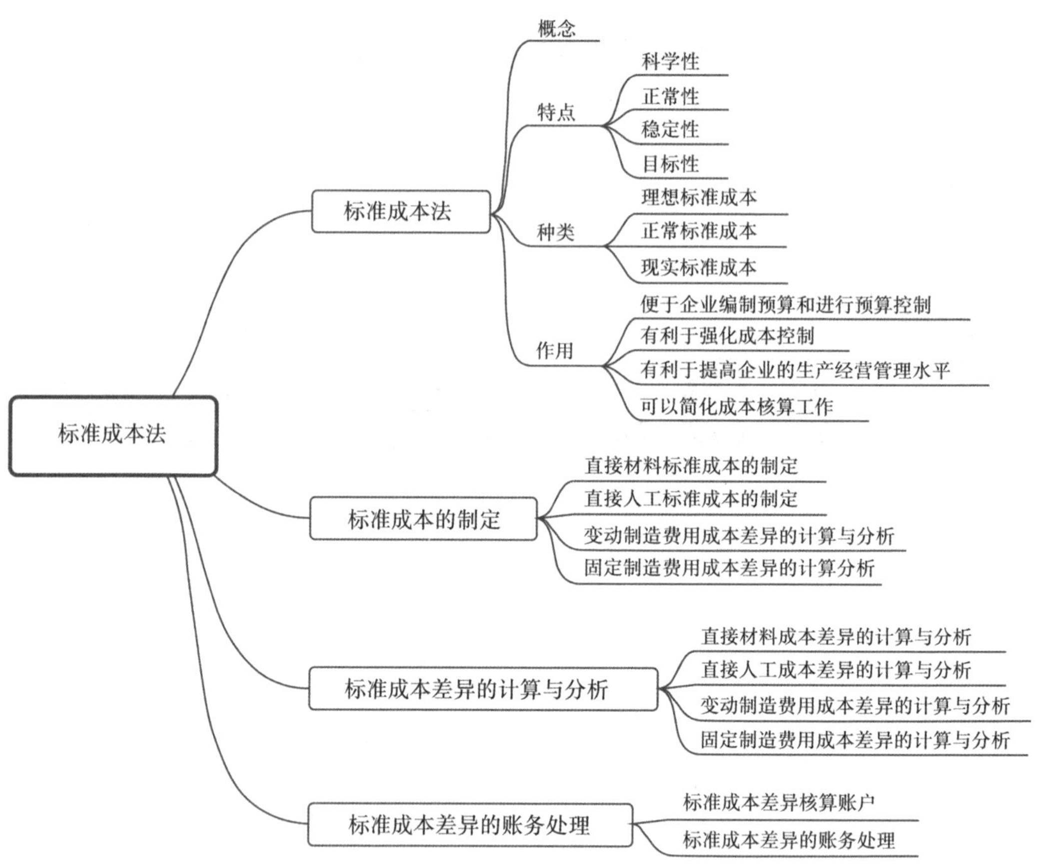

学习目标

本章的内容包括标准成本法的概念、特点等，标准成本的制定；标准成本差异的计算与分析；标准成本差异的账务处理。学习具体目标包括：

◇知识目标

了解标准成本法的概念、特点、种类和作用，掌握标准成本的制定，掌握标准成本差异的计算与分析，理解标准成本差异的账务处理。

◇能力目标

能够综合运用标准成本制定、标准成本差异的计算分析、标准成本差异账务处理的基本原理和基本方法，处理企业在应用标准成本法过程中的实际问题。

◇思政目标

能够在理解标准成本法产生和发展历程的基础上，认识到企业管理会计人员对降低成本的孜孜以求，激发学生坚持不懈、锐意进取的精神品质。

8.1　标准成本

为了促进企业加强成本管理，提高企业成本管理水平，提升竞争能力，财政部制定《管理会计应用指引第 300 号——成本管理》与《管理会计应用指引第 302 号——标准成本法》，企业应在营运过程中实施成本预测、成本决策、成本计划、成本控制、成本核算、成本分析和成本考核等一系列管理活动。加强成本控制，实现企业的管理目标。

8.1.1 标准成本法的概念

财政部《管理会计应用指引第 302 号——标准成本法》规定，企业应用标准成本法的主要目标，通过标准成本与实际成本的比较，揭示与分析标准成本与实际成本之间的差异，并按照例外管理的原则对不利差异予以纠正，以提高工作效率，不断改善产品成本。标准成本法一般适用于产品及其生产条件相对稳定，或生产流程与工艺标准化程度较高的企业。企业应用标准成本法，要求处于较稳定的外部市场经营环境，且市场对产品的需求相对平稳。企业能够及时、准确地取得标准成本制定所需要的各种财务和非财务信息。

标准成本法（standard cost），是指企业以预先制定的标准成本为基础，通过比较标准成本与实际成本，计算和分析成本差异、揭示成本差异动因，进而实施成本控制、评价经营业绩的一种成本管理方法。一个完整的标准成本控制系统包括：标准成本的制定、成本差异的计算与分析以及成本差异的账务处理三项内容。

企业应用标准成本法，有以下优点：一是能及时反馈各成本项目不同性质的差异，有利于考核相关部门及人员的业绩；二是标准成本的制定及其差异和动因的信息可以使企业预算的编制更为科学和可行，有助于企业的经营决策。

同时，标准成本法存在以下缺点：第一，要求企业产品的成本标准比较准确、稳定，在使用条件上存在一定的局限性；第二，对标准管理水平较高，系统维护成本较高；第三，标准成本需要根据市场价格波动频繁更新，导致成本差异可能缺乏可靠性，降低成本控制效果。

8.1.2 标准成本特点

标准成本，是指根据对实际情况的调查，用科学方法制定的，企业在现有的生产技术和管理水平的基础上，经过努力可以达到的目标成本。标准成本具有以下特点：

8.1.2.1 科学性

标准成本是通过对实际情况的调查、分析、技术测定等一系列科学的方法制定的，是企业在现有的生产技术和管理水平上，经过努力可以达到的成本，因而具有科学性。

8.1.2.2 正常性

标准成本是在企业正常生产经营条件下按“平均消耗量”计算出来的，是在已经达到的生产技术水平和有效经营管理条件下，应当发生的单位产品成本，因而具有正常性。

8.1.2.3 稳定性

标准成本一经制定，一般不会随意调整。只要制定依据不变，一般不进行修订，因而具有稳定性。

8.1.2.4 目标性

标准成本是在正常生产经营条件下应该实现的，可以作为控制成本开支、评价实际成本、衡量工作效率的依据和尺度，是企业经过努力可以达到的成本目标，因而具有目标性。

需要强调的是，标准成本不同于预算成本，标准成本是一个单位的概念，与单位产品相联系，指单位产品成本；预算成本是一种总额的概念，与一定的业务量相联系，指产品预计总成本。但二者都不是实际发生的成本，而是企业预定的成本目标。如果以标准成本乘以一定的业务量，即为预算总成本。

例 8-1

某企业本月生产 A 产品 800 件，每件需消耗甲材料 10 千克，每千克甲材料单价 3 元，则：

A 产品的直接材料标准成本＝10×3＝30 元/件

A 产品的材料预算成本＝30×800＝24 000 元

8.1.3 标准成本的种类

企业需要及时、准确地取得标准成本制定所需要的各种财务和非财务信息。在制定标准成本时，根据所要求达到的效率不同，所采取的标准成本种类有理想标准成本、正常标准成本和现实标准成本。

8.1.3.1 理想标准成本

理想标准成本是最高要求的标准成本，是在最优的生产条件和最佳的经营管理状态下可以达到的成本水平。这种标准成本排除了一切失误、浪费、机器闲置等因素，是根据理论上的耗用量、价格以及最高的生产能力制定的标准成本。这种标准成本要求过高，在实际生产过程中很难达到，往往会因达不到而挫伤工人的积极性，产生负效应，因此在实际中很少采用此种标准，但将其作为成本管理的追求目标，具有一定意义。

8.1.3.2 正常标准成本

正常标准成本是在正常生产经营条件下应该达到的成本水平，它是在充分考虑了企业及企业所在行业的实际成本水平的基础上，根据正常的耗用水平、正常的价格和正常的生产经营能力利用程度制定的标准成本。这类标准成本也称平均标准成本，通常反映了过去一段时期实际成本水平的平均值，反映了该行业价格的平均水平、平均生产能力和技术能力，并考虑了今后的变动趋势，是一种切实可行的标准，可以充分调动员工的积极性，是一种可以在较长时间内采用的标准成本。但其应用也有一定的局限性，一般只有在国内外经济形势稳定、生产发展比较平稳的情况下采用。

8.1.3.3 现实标准成本

现实标准成本是指在现有的生产条件下应该达到的成本水平，它是根据现在所采用的价格水平、生产耗用量以及生产经营能力利用程度而制定的标准成本。这种标准成本考虑了生产过程中企业一时不能避免的某些低效、失误和超量消耗，是经过努力可以达到的既先进又合理，最切实可行且接近实际的成本，能起到激励的作用，是进行成本管理的有效方法，在实际工作中广为采用。与正常标准成本不同的是，它需要根据现实情况的变化不断地进行修订，而正常标准成本则可以在较长一段时间内保持固定不变。

标准成本要体现企业的目标和要求，主要用于衡量产品制造过程的工作效率和控制成本，也可用于存货和销货成本计价。

“标准成本”一词在实际工作中有两种含义：

一种是指单位产品的标准成本，它是根据单位产品的标准消耗量和标准单价计算出来的，准确地来说应称为“成本标准”。可表示为：

成本标准＝单位产品标准成本＝单位产品标准消耗量×标准单价

另一种是指实际产量的标准成本总额，是根据实际产品产量和单位产品成本标准计算出来的。可表示为：

标准成本(总额)＝实际产量×单位产品标准成本

8.1.4 标准成本的作用

8.1.4.1 便于企业编制预算和进行预算控制

事实上，标准成本本身就是单位成本预算，以标准成本乘以一定的业务量，即为预算总成本。例如，在编制某种直接材料成本预算时，首先需要确定每生产一个单位产品所耗该材料的数量标准以及价格标准，然后乘以预算的产品产量，就可以确定该材料的预算总数。

8.1.4.2 有利于强化成本控制

标准成本是事前成本控制的主要手段，也是事中成本控制的依据。标准成本的制定，经过严格的科学程序，指明了企业在成本控制方面努力的目标。企业在生产经营过程中领料、用料、加工制造以及安排人员和工时等，均以标准成本为依据，通过将实际成本与标准成本进行比较分析，采取有针对性的措施，强化成本控制，努力降低消耗，实现成本目标。

8.1.4.3 有利于提高企业的生产经营管理水平

标准成本为企业的经营决策提供了可靠的参考资料，以标准成本为基础与实际成本进行比较产生的差异是企业进行生产经营管理的必要信息。标准成本与实际运行中所产生的成本是分别核算的，企业管理者随时知道生产过程中的成本差异，是超支差还是节约差，对生产中的成本信息做到心中有数。对于有利差异，总结实践做法，推广成功经验；对于不利差异，总结经验教训，分清成本超支责任，找出管理上的不足，制定出改进的办法，及时采取有效措施，加强成本控制，促进企业生产经营管理水平的提高。

8.1.4.4 可以简化成本核算工作

标准成本法下，产成品、在产品和销售成本均以标准成本计价，减少了日常成本计算的工作量。会计期末，只需在产品标准成本的基础上加上各项成本差异，即可将产品标准成本调整为实际成本，从而大大减少了成本核算工作。

此外，采用标准成本可以帮助企业进行产品的价格决策和预测。例如，在给新产品定价时，通常可以在标准成本的基础上加上一定的目标利润来确定其价格。

8.2 标准成本的制定

产品标准成本通常由直接材料标准成本、直接人工标准成本和制造费用标准成本构成。

在制定标准成本时，一般顺序是先确定直接材料和直接人工的标准成本，再确定制造费用的标准成本，最后确定单位产品的标准成本。在制定时，无论哪一个成本项目，都需要分别确定其价格标准和用量标准，两者相乘即为每一个成本项目的标准成本，然后汇总各个成本项目的标准成本，就可以得出单位产品的标准成本。其计算公式如下：

单位产品标准成本＝直接材料标准成本＋直接人工标准成本＋制造费用标准成本

某成本项目标准成本＝该成本项目的用量标准×该成本项目的价格标准

其中：用量标准包括单位产品材料消耗量、单位产品直接人工工时等，主要由生产技术部门测算确定；价格标准包括原材料单价、小时工资率、小时制造费用分配率等，主要由会计部门和相应的责任部门协商确定。

8.2.1 直接材料标准成本的制定

直接材料成本标准，是指直接用于产品生产的材料成本标准，包括标准用量和标准单价两方面。

8.2.1.1 用量标准

材料的用量标准，是指企业在现有的生产技术条件下，生产单位产品所需要耗用的原料及主要材料的数量，通常也称为材料消耗定额。一般采用统计方法、工业工程法或其他技术分析方法确定的。它是现有技术条件生产单位产品所需的材料数量，包括必不可少的消耗以及各种难以避免的损失。

制定直接材料的标准用量，一般由生产部门负责，会同技术、财务、信息等部门，按照以下程序进行：

(1)根据产品的图纸等技术文件进行产品研究，列出所需的各种材料以及可能的替代材料，并说明这些材料的种类、质量以及库存情况；

(2)在对过去用料经验记录进行分析的基础上，采用过去用料的平均值、最高值与最低值的平均数、最节省数量、实际测定数据或技术分析数据等，科学地制定标准用量。

8.2.1.2 价格标准

材料的价格标准，一般由采购部门负责，会同财务、生产、信息等部门，在考虑市场环境及其变化趋势、订货价格以及最佳采购批量等因素的基础上综合确定。因此，直接材料标准成本可按照下述公式计算：

单位产品耗用的某种材料的标准成本＝该材料价格标准×该材料用量标准

单位产品直接材料的标准成本＝ $\sum$ 某种材料的价格标准×某种材料的用量标准

材料按计划成本核算的企业，材料的标准单价可以采用材料计划单价。

例 8-2

直接材料标准成本的制定

资料：ABC 企业预计 201×年 A 产品消耗的直接材料资料见表 8-1。

表 8-1　A 产品消耗的直接材料

标　准	品　种	
	甲材料	乙材料
预计发票单价(元/千克)	60	80
装卸检验等成本(元/千克)	4	6
直接材料价格标准(元/千克)	64	86
材料设计用量(千克/件)	400	600
允许损耗量(千克/件)	1	2
直接材料用量标准(千克/件)	401	602

要求：确定单位 A 产品消耗的直接材料标准成本。

解答：

单位 A 产品消耗的甲材料标准成本—64×401＝25 664(元/件)

单位 A 产品消耗的乙材料标准成本＝86×602＝51 772(元/件)

单位 A 产品消耗的直接材料的标准成本＝25 664＋51 772＝77 436(元/件)

8.2.2 直接人工标准成本的制定

直接人工成本标准，是指直接用于产品生产的人工成本标准，包括标准工时和标准工资率。

8.2.2.1 标准工时

制定直接人工的标准工时，一般由生产部门负责，与技术、财务、信息等部门，在对产品生产所需作业、工序、流程工时进行技术测定的基础上，考虑正常的工作间隙，并适当考虑生产条件的变化，生产工序、操作技术的改善，以及相关工作人员主观能动性的充分发挥等因素，合理确定单位产品的工时标准，标准工时应以作业研究和时间研究为基础，参考有关统计资料来确定。

8.2.2.2 标准工资率

制定直接人工的标准工资率,一般由人力资源部门负责,根据企业薪酬制度等制定。

(1)当采用计时工资时,标准工资率是单位工时应分配的工资数,它是由标准工资总额除以标准总工时来计算的,即小时工资率,计算公式为:

$$标准工资率=\frac{标准工资总额}{标准总工时}$$

(2)当采用计件工资制时,标准工资率是预定的每件产品支付的工资除以标准工时,计算公式为:

$$标准工资率=\frac{单件产品工资标准}{单件产品标准工时定额}$$

因此,直接人工的标准成本可按照下面的公式来计算:

单位产品直接人工标准成本=标准工资率×单位产品标准工时定额

例 8-3

人工标准成本的制定

资料:ABC 企业预计 201×年 A 产品消耗的直接人工资料见表 8-2。

表 8-2　A 产品消耗的直接人工

标　准	工　序	
	第一工序	第二工序
每人月工时(8 小时/天×22 天)	176	176
生产工人人数(人)	150	1 000
每月总工时(工时)	264 000	176 000
每月工资总额(元)	23 760 000	17 600 000
工资率标准(元/小时)	90	100
应付福利费提取率(%)	14	14
直接人工价格标准(元/小时)	102.6	114
加工时间(人工小时/件)	50	40
休息时间(人工小时/件)	4	3
其他时间(人工小时/件)	1	2
直接人工用量标准(工时/件)	55	45

要求:确定单位 A 产品消耗的直接人工标准成本。

解答:

第一工序直接人工标准成本=102.6×55=5 643(元/件)

第二工序直接人工标准成本=114×45=5 130(元/件)

单位 A 产品消耗的直接人工的标准成本=5 643+5 130=10 773(元/件)

8.2.3 制造费用标准成本的制定

制造费用成本标准应区分变动制造费用项目和固定制造费用项目，按部门分别编制。如果某种产品需要经过几个部门生产加工时，应将各部门加工该产品的单位产品制造费用加以汇总，计算出该产品制造费用的标准成本。制造费用的标准成本是由制造费用价格标准和制造费用用量标准两项因素决定的。

成本按照其性态，分为变动成本和固定成本。前者随着产量的变动而变动，后者相对固定，不随产量的变动而变动。所以，制定制造费用标准成本时，也应分别制定变动制造费用的标准成本和固定制造费用的标准成本。

8.2.3.1 变动制造费用标准成本

变动制造费用，是指通常随产量变化而成正比例变化的制造费用。变动制造费用项目的标准成本根据标准用量和标准价格确定。变动制造费用标准成本依据变动制造费用的用量标准和价格标准制定。

变动制造费用的用量标准通常采用单位产品直接人工工时标准，它在直接人工标准成本制定时已经确定。有的企业采用机器工时或其他用量标准作为数量标准的计量单位，应尽可能与变动制造费用保持较好的线性相关关系。

变动制造费用的价格标准通常是按每工时变动制造费用的标准分配率，根据变动制造费用预算数和直接人工总工时计算求得，即：

$$\text{变动制造费用标准分配率}=\frac{\text{变动制造费用预算总额}}{\text{直接人工标准总工时}}$$

则变动制造费用标准成本可表达为：

$$\text{变动制造费用项目标准成本}=\text{单位产品标准工时定额}\times\text{变动制造费用标准分配率}$$

各部门变动制造费用标准成本确定之后，将其汇总即可获得单位产品变动制造费用标准成本。

8.2.3.2 固定制造费用标准成本

如果企业采用变动成本计算，固定制造费用不计入产品成本，因此单位产品的标准成本中不包括固定制造费用的标准成本。在这种情况下，不需要制定固定制造费用的标准成本，固定制造费用的控制则通过预算管理来进行。如果采用完全成本计算，固定制造费用要计入产品成本，还需要确定其标准成本。

制定固定费用标准，一般由财务部门负责，与采购、生产、技术、营销、财务、人事、信息等有关部门，按照以下程序进行：

(1)依据固定制造费用的不同构成项目的特性，充分考虑产品的现有生产能力、管理部门的决策以及费用预算等，测算确定各固定制造费用构成项目的标准成本；

(2)通过汇总各固定制造费用项目的标准成本，得到固定制造费用的标准总成本；

(3)确定固定制造费用的标准分配率，标准分配率可根据固定制造费用预算总额与直接人工标准总工时的比率确定。

固定制造费用标准成本的计算顺序及公式如下：

固定制造费用标准成本由固定制造费用项目预算确定；

$$固定制造费用总成本 = \sum 固定制造费用项目标准成本$$

$$固定制造费用标准分配率 = \frac{固定制造费用总额}{直接人工标准总工时}$$

$$固定制造费用标准成本 = 固定制造费用用量标准 \times 固定制造费用标准分配率$$

各部门固定制造费用标准成本确定之后，将其汇总即可获得固定制造费用标准成本。

例 8-4

制造费用标准成本的制定

资料：ABC 企业预计 201×年 A 产品消耗的制造费用资料见表 8-3。

表 8-3　A 产品消耗的制造费用

金额单位：元

标　准	部　门	
	第一车间	第二车间
变动性制造费用预算：		
间接材料费用	300 000	390 000
间接人工费用	120 000	105 000
水电费用	55 200	96 360
小　计	475 200	591 360
固定性制造费用预算：		
管理人员工资	90 000	270 000
折旧费	42 000	46 800
其他费用	501 600	612 480
小　计	633 600	929 280
预算的标准工时(台时)	31 680	42 240
用量标准(台时/件)	90	110

要求：确定单位 A 产品制造费用的标准成本。

解答：

第一车间：

变动性制造费用分配率＝475 200÷31 680＝15(元/小时)

固定性制造费用分配率＝633 600÷31 680＝20(元/小时)

制造费用分配率＝15＋20＝35(元/小时)

制造费用标准成本＝35×90＝3 150(元/件)

第二车间：

变动性制造费用分配率＝591 360÷42 240＝14(元/小时)

固定性制造费用分配率＝929 280÷42 240＝22(元/小时)

制造费用分配率＝14＋22＝36(元/小时)

制造费用标准成本＝36×110＝3 960(元/件)

单位 A 产品制造费用的标准成本＝3 150＋3 960＝7 110(元/件)

8.2.4 单位产品标准成本的确定

直接材料标准成本、直接人工标准成本和制造费用标准成本一经确定,就可以按照产品加以汇总,确定产品的变动标准成本或完全标准成本,并以此作为预算编制、控制和考核成本依据。

在实际工作中,制定了上述各项内容的标准成本后,通常,企业编制"标准成本卡"(如表 8-4 所示),反映产成品标准成本的具体构成。在每种产品生产之前,它的标准成本卡要送达有关部门及职工(如各生产车间负责人、会计部门、仓库保管员等),作为领料、派工和支出其他费用的依据。

例 8-5

产品标准成本卡的编制

资料:例 8-1、例 8-2 和例 8-3 有关资料。

要求:ABC 企业 201×年 A 产品的标准成本卡。

解答:

表 8-4　201×年 A 产品的标准成本卡

项　目	价格标准	用量标准	标准成本
直接材料			
甲材料	64 元/千克	401 千克/件	25 664 元/件
乙材料	86 元/千克	602 千克/件	51 772 元/件
小　计	—	—	77 436 元/件
直接人工			
第一工序	102.6 元/工时	55 工时/件	5 643 元/件
第二工序	114 元/工时	45 工时/件	5 130 元/件
小　计	—	—	10 773 元/件
变动性制造费用			
第一车间	15 元/台时	90 台时/件	1 350 元/件
第二车间	14 元/台时	110 台时/件	1 540 元/件
小　计	—	—	2 890 元/件
固定性制造费用			
第一车间	20 元/台时	90 台时/件	1 800 元/件
第二车间	22 元/台时	110 台时/件	2 420 元/件
小　计	—	—	4 220 元/件
制造费用合计	—	—	7 110 元/件
单位 A 产品标准成本			95 319 元/件

8.3 标准成本差异的计算与分析

企业应定期将实际成本与标准成本进行比较和分析，确定差异数额及性质，揭示差异形成的动因，落实责任中心，寻求可行的改进途径和措施。成本差异是实际成本与标准成本之间的差额，也称标准差异，其计算与分析一般按成本或费用项目进行。

成本差异按成本的构成分为直接材料成本差异、直接人工成本差异和制造费用差异。制造费用差异按其形成的原因及分析方法的不同又分为变动制造费用差异和固定制造费用差异两部分。

直接材料成本差异、直接人工成本差异和变动制造费用差异都属于变动成本，决定变动成本数额的因素是价格和耗用数量。所以，对于直接材料成本差异、直接人工成本差异和变动制造费用差异按其形成原因分为价格差异和用量差异。

即：

总差异＝实际产量下实际成本－实际产量下标准成本

＝实际用量×实际价格－实际产量下标准用量×标准价格

＝用量差异＋价格差异

其中：

价格差异＝(实际价格－标准价格)×实际产量下的实际用量

用量差异＝(实际用量－实际产量下的标准用量)×标准价格

因此，变动成本差异如图 8-1 所示：

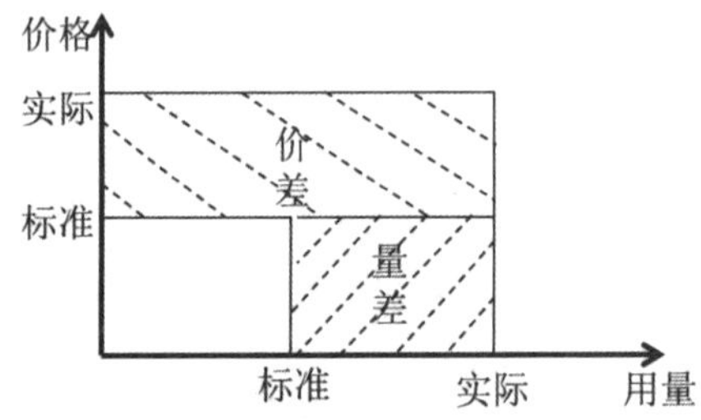

图 8-1　变动成本差异图

固定制造费用是固定成本，不随业务量的变动而变动，其差异不能简单地分为价格因素和耗用数量因素，固定制造费用差异可分为支出差异、生产能力利用差异和效率差异。

成本差异的计算结果为正数时表示超支，即为不利差异，通常用“U”表示；为负数时表示节约，即为有利差异，通常用“F”表示。有利与不利是相对的，有利差异并非越大越好，在进行成本差异分析时，应处理好质量与成本的关系。

8.3.1 直接材料成本差异的计算与分析

直接材料成本差异是指一定产量产品的直接材料的实际成本与直接材料标准成本之间的差异。

直接材料成本差异＝直接材料实际成本－直接材料标准成本
＝实际用量×实际价格－标准用量×标准价格
＝直接材料用量差异＋直接材料价格差异

直接材料用量差异＝(实际用量－标准用量)×标准价格

直接材料价格差异＝(实际价格－标准价格)×实际用量

其中：

实际用量＝直接材料单位实际耗用量×实际产量

标准用量＝直接材料耗用标准×实际产量

例 8-6

直接材料成本差异的计算与分析

资料：ABC 公司生产甲产品需耗用直接材料 A。本期生产甲产品 500 件，耗用 A 材料 3 000 千克，A 材料的实际价格为 120 元/千克，标准价格为 110 元/千克，单位甲产品的用量标准为 7 千克/件。

要求：计算直接材料成本差异并分解。

解答：

直接材料价格差异＝(实际价格－标准价格)×实际用量
＝(120－110)×3 000＝30 000(元)(不利差异)

直接材料用量差异＝(实际用量－标准用量)×标准价格
＝(3 000－3 500)×110＝－55 000(元)(有利差异)

直接材料成本差异＝30 000－55 000＝－25 000(元)(有利差异)

上例中直接材料成本差异为有利差异 25 000 元，是直接材料价格差异和用量差异综合影响的结果。由于材料价格的上涨，使得材料成本上涨了 30 000 元，又由于材料用量的节约使材料成本下降了 55 000 元，最终表现为直接材料成本差异为有利差异。

材料的实际价格受多种因素的影响，比如采购批量、材料质量、购货折扣、运输方式的选择等，其中任何一个方面脱离预定要求，都会形成价格差异。材料的价格差异通常由采购部门负责。当然，有些因素是采购部门无法控制的，如通货膨胀等；也有可能一些差异是由于生产环节造成的，比如，应生产部门要求，对某种材料进行小批量紧急订货，致使购货价格高于正常采购价格而形成的不利差异等，就应由生产部门负责。因此，需要对差异形成的原因根据具体情况做进一步的分析，才能进行有效控制。

材料用量差异是生产中实际耗用量与标准用量之间的差异，因而一般由生产部门负责，但有时也可能是采购部门或其他部门的工作所引起的。比如，采购部门以较低的价格购入了质量较差的材料而导致耗用量增加，就应由采购部门负责。找出和分析造成差异的原因是进行有效控制的基础。

8.3.2 直接人工成本差异的计算与分析

直接人工成本差异是指一定产量产品的直接人工实际成本与直接人工标准成本之间的差额。

直接人工成本差异＝直接人工实际成本－直接人工标准成本
＝实际工时×实际工资率－实际产量下标准工时×标准工资率
＝直接人工工时耗用量差异＋直接人工工资率差异

直接人工工时耗用量差异(即量差)＝(实际工时－实际产量下标准工时)×标准工资率

直接人工工资率差异(即价差)＝(实际工资率－标准工资率)×实际工时

例 8-7

直接人工成本差异的计算与分析

资料：承例 8-5，ABC 公司本期生产甲产品 500 件，实际耗用人工 15 000 小时，实际工资总额为 150 000 元，平均每小时工资 10 元。标准工资率为 9 元，单位产品的工时耗用标准为 29 小时。

要求：计算直接人工成本差异并分析。

解答：

直接人工工资率差异＝(实际工资率－标准工资率)×实际工时
＝(10－9)×15 000＝15 000(元)(不利差异)

直接人工工时耗用量差异＝(实际工时－实际产量下标准工时)×标准工资率
＝(15 000－14 500)×9＝4 500(元)(不利差异)

直接人工成本差异＝直接人工工时耗用量差异＋直接人工工资率差异
＝15 000＋4 500＝19 500(元)(不利差异)

上例中直接人工成本差异为不利差异 19 500 元，是由于实际工资率高于标准工资率造成直接人工成本上升 15 000 元，单位实际人工工时耗用量超过单位标准人工工时耗用量造成直接人工效率差异为 4 500 元，是二者共同作用的结果。

直接人工工资率差异往往是由于工种的调配、工人工资级别的调整等原因引起的，比如本例中实际工资率高于标准工资率，可能是由于生产过程中使用了工资级别较高、技术水平较高的工人从事了要求较低的工作，从而造成了浪费。直接人工效率差异产生的原因主要是劳动生产率的变化、生产工艺的改变、生产工人配备的合理程度以及劳动的积极性变化等。因此，找出差异的同时要分析产生差异的具体原因，从而采取有效的控制措施。

例 8-8

直接材料与直接人工成本差异的计算与分析

资料:尼恩公司直接材料和直接人工的标准成本如表所示。

项　目	标准成本	
	单位产品标准耗用量	标准价格
直接材料	5 千克	2 元/千克
直接人工	0.5 小时	16 元/小时

本期实际产量 7 000 件,发生的实际支出如下:

直接材料:实际耗用 36 800 千克,实际价格 1.9 元/千克。

直接人工:实际耗用工时 3 750 小时,实际工资率 16.4 元/小时。

要求:计算直接材料与直接人工的成本差异并进行分解。

解答:

(1)直接材料成本差异=36 800×1.9−7 000×10=−80(元)(有利差异)

具体分析引起直接材料成本差异的原因:

直接材料价格差异=(1.9−2)×36 800=−3 680(元)(有利差异)

直接材料用量差异=(36 800−7 000×5)×2=3 600(元)(不利差异)

直接材料价格差异与直接材料用量差异的合计数等于直接材料成本差异。

(2)直接人工成本差异=3 750×16.4−7 000×8=5 500(元)(不利差异)

具体分析引起直接人工成本差异的原因:

直接人工工资率差异=(16.4−16)×3 750=1 500(元)(不利差异)

直接人工效率差异=(3 750−7 000×0.5)×16=4 000(元)(不利差异)

直接人工效率差异与直接人工工资率差异的合计数等于直接人工成本差异。

价格差异和用量差异是企业经营管理过程中非常有用的信息,但在使用时应注意以下两点:一是这些差异不应该是用于决策、控制或评价的唯一信息。例如,若采购者仅仅强调材料的价格差异,就会与全面质量管理目标相抵触。采购者可能会购买大批低质量的材料,以获取有利的材料价格差异,结果会产生超额的存货管理成本和机会成本,并且会因材料的质量问题增加次品数量。类似地,仅仅强调人工价格和用量差异,会使主管们使用技术水平较低的工人,或迫使工人加速完成任务,而产品和服务质量可能会受到影响。二是差异本身并不能说明经营收益达到与否,但是它们能提出问题、提供线索并引起注意。

例 8-8 尼恩公司这组差异一个可能的解释是——管理者可能进行了权衡——以有利价格购买了低于标准质量的材料,节约了 3 680 元(直接材料价格差异),但超额浪费几乎抵消了这一节约额,就像 3 600 元不利的材料耗用量差异和 80 元有利的材料成本差异所显示的那样。材料的浪费会引起人工的超额使用,假定 4 000 元的不利人工效率差异中,多于 80 元是因为材料有缺陷返工而引起的,那么管理者的权衡就是不成功的——使用低于标准的材料引起的成本无效率超过了有利的价格带来的差异。

8.3.3 变动制造费用成本差异的计算与分析

变动制造费用成本差异是指一定产量产品的实际变动制造费用与标准变动制造费用之间的差额。

变动制造费用成本差异＝实际变动制造费用－标准变动制造费用

＝实际工时×实际分配率－标准工时×标准分配率

＝变动制造费用效率差异＋变动制造费用耗费差异

变动制造费用效率差异（即量差）＝（实际工时－标准工时）×标准分配率

变动制造费用耗费差异（即价差）＝（实际分配率－标准分配率）×实际工时

$$实际分配率=\frac{实际变动制造费用}{实际工时}$$

例 8-9

变动制造费用成本差异的计算与分析

资料：承例 8-5，ABC 公司本期生产甲产品 500 件，实际耗用人工 15 000 小时，实际发生变动制造费用 37 500 元，变动制造费用实际分配率为每直接人工工时 2.5 元。变动制造费用标准分配率为 3 元，标准耗用人工 14 600 小时。

要求：计算变动制造费用差异并分析。

解答：

变动制造费用耗费差异＝（实际分配率－标准分配率）×实际工时

＝（2.5－3）×15 000＝－7 500（元）（有利差异）

变动制造费用效率差异＝（实际工时－标准工时）×标准分配率

＝（15 000－14 600）×3＝1 200（元）（不利差异）

变动制造费用成本差异＝变动制造费用效率差异＋变动制造费用耗费差异

＝1 200－7 500＝－6 300（元）（有利差异）

上例中，变动制造费用差异为有利差异 6 300 元。引起变动制造费用差异的原因是多方面的，比如，构成变动制造费用各要素价格与制定的标准价格的偏离，间接材料和人工使用的偏离等。由于变动制造费用是由许多明细项目组成的，并且与一定的生产水平相联系，因而仅通过上例中简单的差异计算并不能达到日常控制与考核的要求。因此在实际工作中，通常根据变动制造费用各明细项目的弹性预算与实际发生数进行对比分析，并采取相应的控制措施。

8.3.4 固定制造费用成本差异的计算分析

固定制造费用成本差异是指在实际产量下，固定性制造费用实际发生总额与其标准发生总额之间的差额。固定性制造费用不同于直接材料、直接人工和变动制造费用，它的费用总额与业务量之间不存在直接关系，因此不能采用前述变动费用差异计算模式。

固定制造费用差异计算有“两差异分析法”和“三差异分析法”两类，它们的本质相同，区别只在于对差异划分的详细程度不同。

8.3.4.1 两差异分析法

在两差异法下，将固定制造费用成本差异分为耗费差异和能量差异两部分。其中，耗费差异是指固定制造费用的实际金额与固定制造费用预算金额之间的差额，即实际固定制造费用脱离预算而形成的差异；而能量差异则是指固定制造费用预算金额与固定制造费用标准成本的差额，即固定制造费用预算脱离标准而形成的差异。

耗费差异＝固定制造费用实际数－固定制造费用预算数
＝实际固定制造费用－标准工时×预算产量×标准分配率
＝实际固定制造费用－预算产量下标准工时×标准分配率

能量差异＝固定制造费用预算数－固定制造费用标准成本
＝预算产量下标准工时×标准分配率－实际产量下标准工时×标准分配率
＝(预算产量下标准工时－实际产量下标准工时)×标准分配率

固定制造费用成本差异＝耗费差异＋能量差异

8.3.4.2 三差异分析法

三差异分析法是将两差异分析法下的能量差异进一步分解为能力差异和效率差异，即将固定制造费用成本差异最终分为耗费差异(亦称开支差异)、能力差异(亦称生产能力利用差异)和效率差异三个部分。其中耗费差异的计算与两差异法下一致。

耗费差异＝固定制造费用实际数－固定制造费用预算数
＝实际固定制造费用－标准工时×预算产量×标准分配率
＝实际固定制造费用－预算产量下标准工时×标准分配率

能力差异＝(预算产量下标准工时－实际产量下实际工时)×标准分配率

效率差异＝(实际产量下实际工时－实际产量下标准工时)×标准分配率

固定制造费用成本差异＝耗费差异＋能力差异＋效率差异

例 8-10

固定制造费用成本差异的计算与分析

资料：承例 8-7，ABC 公司本期预算固定制造费用为 4 800 元，预算产量下的标准工时为 2 000 小时，实际耗用工时 2 400 小时，实际固定制造费用为 5 040 元，实际产量下的标准工时为 2 200 小时。

要求：计算固定制造费用差异并分析。

解答：

固定制造费用标准分配率＝4 800÷2 000＝2.4(元/小时)

固定制造费用实际分配率＝5 040÷2 400＝2.1(元/小时)

固定制造费用耗费差异＝固定制造费用实际数－固定制造费用预算数
＝5 040－4 800＝240(元)

固定制造费用能力差异＝(预算产量下标准工时－实际产量下实际工时)×标准分配率
＝(2 000－2 400)×2.4＝－960(元)

固定制造费用效率差异=(实际产量下实际工时—实际产量下标准工时)×标准分配率

=(2 400−2 200)×2.4=480(元)

标准固定制造费用=2 200×2.4=5 280(元)

固定制造费用成本差异=耗费差异+能力差异+效率差异

=240−960+480=−240(元)

上例中,固定制造费用发生有利差异 240 元,分别为不利的耗费差异 240 元、有利的生产能力差异 960 元、不利的效率差异 480 元。耗费差异反映费用项目的变动,生产能力差异反映生产能力的使用情况,效率差异反映人工效率情况。

在一定的业务范围内,固定制造费用是不随业务量的变动而变动的。对固定制造费用的分析和控制通常是通过编制固定制造费用预算与实际发生数对比来进行的。由于固定制造费用是由各个部门的许多明细项目构成的,固定制造费用预算应就各个部门及明细项目分别进行编制,实际固定制造费用也应该就每个部门及明细项目进行分别记录,因此,固定制造费用成本差异的分析和控制也应该就每个部门及明细项目分别进行。

例 8-11

标准成本差异的综合计算

资料:ABC 公司是一家制造业企业,只生产和销售防滑瓷砖一种产品。产品生产工艺流程比较成熟,生产工人技术操作比较熟练,生产组织管理水平较高,公司实行标准成本制度,定期进行标准成本差异分析。甲公司生产能量 6 000 平方米/月,2016 年 9 月实际生产 5 000 平方米。其他相关资料如下:

(1)实际消耗量

项目	直接材料	直接人工	变动制造费用	固定制造费用
实际使用量	24 000 千克	5 000 人工小时	8 000 机器小时	8 000 机器小时
实际单价	1.5/千克	20 元/小时	15 元/小时	10 元/小时

(2)标准成本资料

项目	用量标准	价格标准
直接材料	5 千克/平方米	1.6 元/千克
直接人工	1.2 小时/平方米	19 元/小时
变动制造费用	1.6 小时/平方米	12.5 元/小时
固定制造费用	1.5 小时/平方米	8 元/小时

要求:(1)计算直接材料的价格差异、数量差异和成本差异。

(2)计算直接人工的工资率差异、人工效率差异和成本差异。

(3)计算变动制造费用的耗费差异、效率差异和成本差异。

(4)计算固定制造费用的耗费差异、闲置能量差异、效率差异和成本差异。

(5)计算产品成本差异总额和单位成本差异。

解答：

(1)

直接材料价格差异＝24 000×(1.5－1.6)＝－2 400(元)

直接材料数量差异＝(24 000－5 000×5)×1.6＝－1 600(元)

直接材料成本差异＝－2 400－1 600＝－4 000(元)

(2)

直接人工的工资率差异＝5 000×(20－19)＝5 000(元)

直接人工的人工效率差异＝(5 000－5 000×1.2)×19＝－19 000(元)

直接人工成本差异＝5 000－19 000＝－14 000(元)

(3)

变动制造费用的耗费差异＝8 000×(15－12.5)＝20 000(元)

变动制造费用效率差异＝12.5×(8 000－5 000×1.6)＝0(元)

变动制造费用成本差异＝20 000(元)

(4)

固定制造费用的耗费差异＝8 000×10－6 000×1.5×8＝8 000(元)

固定制造费用的闲置能量差异＝(6 000×1.5－8 000)×8＝8 000(元)

固定制造费用的效率差异＝(8 000－5 000×1.5)×8＝4 000(元)

固定制造费用的成本差异＝8 000＋8 000＋4 000＝20 000(元)

(5)

产品成本差异总额＝－4 000－14 000＋20 000＋20 000＝22 000(元)

$$单位成本差异=\frac{22\ 000}{5\ 000}=4.4(元/平方米)$$

8.4　标准成本差异的账务处理

在标准成本法下，为了同时提供标准成本、成本差异和实际成本三项成本资料。标准成本系统的账务处理具有以下特点：

(1)“原材料”、“生产成本”、“库存商品” 和“主营业务成本”账户登记标准成本。无论是借方或贷方，均登记实际数量的标准成本，其余额亦反映这些资产的标准成本。

(2)设置成本差异账户分别记录各种成本差异。在需要登记“原材料”、“生产成本”、“库存商品” 和“主营业务成本”账户时，应将实际成本分离为标准成本和有关的成本差异，以标准成本数据记录“原材料”、“生产成本”、“库存商品”和“主营业务成本”，而有关的差异分别记入各成本差异账户。各差异账户借方登记超支差异，贷方登记节约差异。

(3)各会计期末对成本差异进行处理。各成本差异账户的累计发生额，反映了本期成本控制的业绩，在会计期末，应对本期发生的成本差异净额进行结转处理。

8.4.1 标准成本差异核算账户

在标准成本法下，产品实际成本是由标准成本和成本差异两部分组成的。采用标准成本法核算的企业需要设置相应的成本差异账户，如表 8-5 所示。

表 8-5　主要成本差异账户

<table>
<tr><th>项　目</th><th colspan="2">成 本 差 异 账 户</th></tr>
<tr><td rowspan="2">材料成本差异</td><td colspan="2">材料价格差异</td></tr>
<tr><td colspan="2">材料用量差异</td></tr>
<tr><td rowspan="2">人工成本差异</td><td colspan="2">工资率差异</td></tr>
<tr><td colspan="2">人工效率差异</td></tr>
<tr><td rowspan="2">变动制造费用成本差异</td><td colspan="2">变动制造费用耗费差异</td></tr>
<tr><td colspan="2">变动制造费用效率差异</td></tr>
<tr><td rowspan="5">固定制造费用成本差异</td><td rowspan="2">两差异分析法</td><td>固定制造费用耗费差异</td></tr>
<tr><td>固定制造费用能量差异</td></tr>
<tr><td rowspan="3">三差异分析法</td><td>固定制造费用耗费差异</td></tr>
<tr><td>固定制造费用能力差异</td></tr>
<tr><td>固定制造费用效率差异</td></tr>
</table>

上述各种成本差异账户的借方核算超支差异，即不利差异；贷方核算节约差异，即有利差异。

在标准成本法下，成本差异计算与分析工作通常是在会计期末实际费用发生后进行，平时“原材料”、“生产成本”、“在产品”、“库存商品”及“主营业务成本”等账户的借贷方发生额均以标准成本来反映；会计期末，根据各个成本差异账户的借贷方余额编制成本差异汇总表，如表 8-6 所示，并计算出差异净额。若差异净额在借方，则表示本月成本差异总额为不利差异；反之，为有利差异。

表 8-6　成本差异汇总表

差　异	金　额
材料价格差异	
材料用量差异	
工资率差异	
人工效率差异	
变动制造费用耗费差异	
变动制造费用效率差异	

续表

差　异	金　额
固定制造费用耗费差异	
固定制造费用能力差异	
固定制造费用效率差异	
差异净额	

在成本差异汇总表中，“金额”一栏根据有利差异或不利差异的区别分别以红字或蓝字登记，有利差异与不利差异相互抵消后即可得出差异净额。

8.4.2 标准成本差异的账务处理

在我国，成本差异的处理方法主要有直接处理法和递延法。

8.4.2.1 直接处理法

直接处理法是指在会计期末，将本期发生的成本差异净额全部转入“主营业务成本”账户，由本期的销售产品负担，并全部从损益表中的销售收入项下扣减，不再分配给期末在产品和期末库存产成品。这样，期末资产负债表的在产品和产成品项目只反映标准成本。

采用这种方法的依据是确信标准成本是真正的正常成本，成本差异是不正常的低效率和浪费造成的，应当直接体现在本期损益之中，使利润指标能体现本期工作成绩的好坏，符合权责发生制要求。此外，这种方法的账务处理比较简便。但是，如果差异数额较大或者标准成本制订得不符合实际的正常水平，则不仅使存货成本严重脱离实际成本，而且会歪曲本期经营成果，在成本差异净额较小时采用此种方法为宜。因此，这种方法要求标准成本的制定要合理和切合实际，并且要不断地修订。

8.4.2.2 递延法

成本差异的递延法亦称分配法，是将本期发生的成本差异净额按照标准成本的比例在期末存货和本期销货之间进行分配，从而将存货成本调整为实际成本的一种差异处理方法。这样，期末资产负债表的在产品和产成品项目反映的都是实际成本，损益表的产品销售成本反映的也是本期已销售产品的实际成本。

采用这种方法的依据是税法和会计制度均要求以实际成本反映存货成本和销货成本。本期发生的成本差异，应由存货和销货成本共同负担。

这种方法下的期末差异分配非常复杂，不便于产品成本计算的简化，而且在这种方法下各种存货的计价都是实际成本，不便于本期成本差异的分析和控制。此外，有些费用计入存货成本不一定合理，例如闲置能量差异是一种损失，并不能在未来换取收益，作为资产计入存货成本明显不合理，不如作为期间费用在当期参加损益汇总。所以，中、西方企业一般都采用第一种方法。

例 8-12

标准成本差异的财务处理

资料：例 8-5 至例 8-8 资料。

要求：分析计算成本差异后，编制相关会计分录如下：

(1)

科目	借方	贷方
借：生产成本	3 850 000	
材料价格差异	300 000	
贷：原材料		3 600 000
材料用量差异		550 000

(2)

科目	借方	贷方
借：生产成本	1 305 000	
直接人工工资率差异	150 000	
直接人工效率差异	45 000	
贷：应付职工薪酬		1 500 000

(3)

科目	借方	贷方
借：生产成本	438 000	
变动制造费用效率差异	12 000	
贷：制造费用(变动)		375 000
变动制造费用耗费差异		75 000

(4)

科目	借方	贷方
借：生产成本	5 280	
固定制造费用效率差异	480	
固定制造费用耗费差异	240	
贷：制造费用(固定)		5 040
固定制造费用能力差异		960

例 8-13

标准成本差异的财务处理

资料：承上例，假设 ABC 公司本期投产的甲产品无期初余额，本期生产的 500 件已全部完工，并已全部出售，每件售价 3 000 元。

要求：编制相关业务会计分录

解答：

(1)产品完工入库

科目	借方	贷方
借：库存商品	564 580	
贷：生产成本		564 580

(2)销售产品

科目	借方	贷方
借：应收账款	15 000 000	
贷：主营业务收入		15 000 000

(3)结转已销售产品成本

借：主营业务成本　　564 580

　贷：库存商品　　564 580

(4)计算结转成本差异及净额

表 8-7　成本差异汇总表

单位：元

差　异	金　额
材料价格差异	30 000
材料用量差异	－55 000
工资率差异	15 000
人工效率差异	4 500
变动制造费用耗费差异	－7 500
变动制造费用效率差异	1 200
固定制造费用耗费差异	240
固定制造费用能力差异	－960
固定制造费用效率差异	480
差异净额	－12 040

借：材料用量差异　　550 000

　变动制造费用耗费差异　　75 000

　固定制造费用能力差异　　960

　贷：材料价格差异　　300 000

　　直接人工工资率差异　　150 000

　　直接人工效率差异　　45 000

　　变动制造费用效率差异　　12 000

　　固定制造费用效率差异　　480

　　固定制造费用耗费差异　　240

　　主营业务成本　　12 040

其中，记入“主营业务成本”账户的 12 040 元是各种差异轧抵后的差异净额，由于是节约，表现为销售成本的减少，否则，就表现为销售成本的增加。

需要强调的是，差异处理的方法要保持历史的一致性。企业在选择合适的处理方法后应保持一贯性，以便使成本数据具有可比性，这样有利于进行成本分析和预测，并能防止信息使用者产生误解。

○　本章小结

1.标准成本法(standard cost)，是指企业以预先制定的标准成本为基础，通过比较标准成本与实际成本，计算和分析成本差异、揭示成本差异动因，进而实施成本控制、评价经营业绩的一种成本管理方法。一个完整的标准成本控制系统包括:标准成本的制定、成本差异的计算与分析以及成本差异的账务处理三项内容。

2.产品标准成本通常由直接材料标准成本、直接人工标准成本和制造费用标准成本构成。在制定标准成本时,一般顺序是先确定直接材料和直接人工的标准成本,再确定制造费用的标准成本,最后确定单位产品的标准成本。在制定时,无论哪一个成本项目,都需要分别确定其价格标准和用量标准,两者相乘即为每一个成本项目的标准成本,然后汇总各个成本项目的标准成本,就可以得出单位产品的标准成本。

3.成本差异是实际成本与标准成本之间的差额,也称标准差异。成本差异按成本的构成分为直接材料成本差异、直接人工成本差异和制造费用差异。制造费用差异按其形成的原因及分析方法的不同又分为变动制造费用差异和固定制造费用差异两部分。

4.直接材料成本差异、直接人工成本差异和变动制造费用差异都属于变动成本,决定变动成本数额的因素是价格和耗用数量。所以,对于直接材料成本差异、直接人工成本差异和变动制造费用差异按其形成原因分为价格差异和用量差异。固定制造费用是固定成本,不随业务量的变动而变动,其差异不能简单地分为价格因素和耗用数量因素,固定制造费用差异可分为支出差异、生产能力利用差异和效益差异。

5.成本差异的计算结果为正数时表示超支,即为不利差异,通常用“U”表示;为负数时表示节约,即为有利差异,通常用“F”表示。有利与不利是相对的,并不是有利差异越大越好,在进行成本差异分析时,应处理好质量与成本的关系。

6.在标准成本法下,成本差异计算与分析工作通常在会计期末实际费用发生后进行。会计期末,根据各个成本差异账户的借贷方余额编制成本差异汇总表,并给出差异净额。若差异净额在借方,则表示本月成本差异总额为不利差异;反之,为有利差异。

7.成本差异的处理方法主要有直接处理法和递延法,很多企业一般都采用第一种方法。差异处理的方法要保持历史的一致性。企业在选择合适的处理方法后应保持一贯性,以便使成本数据具有可比性,这样有利于进行成本分析和预测,并能防止信息使用者发生误解。

○ 关键概念

成本控制:cost control
标准成本控制系统:standard cost system
成本差异:cost variance
不利差异:unfavorable variance
有利差异:favorable variance
价格差异:price variance
数量差异:quantity variance

○ 相关阅读

标准成本法的起源①

一提到标准成本法，大家最为熟知的即是弗雷德里克·温斯洛·泰勒，被称为科学管理之父的古典管理学家。他的书中写道："广义地讲，对通常所采用的最佳管理模式可以这样下定义：在这种管理体制下，工人们发挥最大程度的积极性；作为回报，则从他们的雇主那里取得某些特殊的刺激。这种管理模式将被称为"积极性加刺激性"的管理，或称任务管理，对之要做出比较"。基于这样的理念，他对工作的每一个流程、每一个步骤进行标准化管理，以获得更高的劳动生产率，作为最佳的管理模式。

相关概念的起源可以追溯到 19 世纪末期，Garcke、Fells 和 Church 等人的著作中，已经对实际成本中存在的不稳定因素进行了分析，试图通过间接费用的分配来解决这个问题。1902 年，美国的 Per Cy Longmuir 作为效率工程师，也提出了自己的观点，他在关于铸铁车间生产成本的论文中提到："各种类型的工作的劳动成本必须与生产数量相联系，这样才能达到对各种类型的劳动制定标准的目的。"同一年内，英国的 T.Stanly Garry 在其《工厂成本》的论文中提到"应对材料使用正规的标准价格"。但令人可惜的是，标准时间、标准价格的概念虽然被提出了，但没有形成完整的系统，故在实践中也没有得到广泛的认可。

标准成本计算相关概念出现在 1908 年，美国会计师 John Whitmore 将制鞋厂作为实际案例提出了其想法。当订货批数较大的时候，难以对每一个批数都进行成本账务的设立，但单件产品价格的确定却是可以实现的，他提出了"大致成本"的想法，也就是后来发展成为的"标准成本"。并对实际成本与"大致成本"所产生的差异进行了分析，比如材料质量和材料价格所造成的差异。但在他的理论中，缺少了间接费用的分配分析，依旧没有被广泛使用。

较为完整的标准成本计算则是在 1904 年，美国效率工程师 H.Emose 在美国铁道公司首次使用了标准成本计算方法。在 1909 年，他发表的《操作与工资制基础 —效率》一文对标准成本进行了切合实际的研究。他的文章中指出，实际成本不仅存在滞后反应的问题，还具有不准确性，包含未对最终产品产生效用的损失，对人们努力消除损失存在阻碍。而标准成本使得人们对实际成本中存在的损失有了更为直观的感受，对降低消耗有很大促进作用。不过由于 H.Emose 并不是财务人员，相关账务处理的问题并没有进行阐述。

一直到 1911 年，美国会计师 G.Charter Harrison 将完整的标准成本体系展现在世人面前。他不仅对成本差异分析设计出第一套公式，还对各项目进行了详细的叙述。这一时期标准成本体系趋于完整，开始被各大企业广泛使用，其在杜绝浪费、控制成本和预算编制、新产品预测两个方面都起到了积极的作用。

---

① 资料参考：常珍瑜.标准成本法的起源及在我国的应用[J].中国连锁，2014(7)：251-252.

总的来说，就是与泰勒一样的效率工程师和会计工程师们发现了在实际生产过程中，实际成本中存在不应计入产成品成本的损失，为消除这种损失、对产品价格和利益计算进行更准确的记录，为了提高管理水平、改善成本控制现况，标准成本法应运而生。

○ 练习题

一、单项选择题

1.甲公司是制造业企业，生产 W 产品，生产工人每月工作 22 天，每天工作 8 小时，平均月薪 13 200 元，该产品的直接加工必要时间每件 3 小时，正常工间休息和设备调整等非生产时间每件 0.2 小时，正常的废品率 8%，单位产品直接人工标准成本是(　　)。

A.244.57 元　　B.240 元　　C.259.2 元　　D.260.87 元

2.甲公司是一家化工生产企业，生产单一产品，按正常标准成本进行成本控制。公司预计下一年度的原材料采购价格为 13 元/公斤，运输费为 2 元/公斤，运输过程中的正常损耗为 5%，原材料入库后的储存成本为 1 元/公斤。该产品的直接材料价格标准为(　　)元。

A.15　　B.15.75　　C.15.79　　D.16.79

3.甲公司是一家模具制造企业，正在制定某模具的标准成本。加工一件该模具需要的必不可少的加工操作时间为 90 小时，设备调整时间为 1 小时，必要的工间休息为 5 小时。正常的废品率为 4%。该模具的直接人工标准工时是(　　)小时。

A.93.6　　B.96　　C.99.84　　D.100

4.甲公司生产销售乙产品，当月预算产量 1 200 件，材料标准用量 5 千克/件，材料标准单价 2 元/千克，当月实际产量 1 100 件，购买并耗用材料 5 050 千克。实际采购价格比标准价格低 10%。则当月直接材料成本数量差异是(　　)元。

A.－9 000　　B.－11 000　　C.－1 060　　D.－19 000

5.甲公司采用标准成本法进行成本控制。某种产品的变动制造费用标准分配率为 3 元/小时，每件产品的标准工时为 2 小时。2014 年 9 月，该产品的实际产量为 100 件，实际工时为 250 小时，实际发生变动制造费用 1 000 元，变动制造费用耗费差异为(　　)元。

A.150　　B.2 000　　C.250　　D.4 000

6.在标准成本管理中，成本总差异是成本控制的重要内容。其计算公式是(　　)。

A.实际产量下实际成本－实际产量下标准成本

B.实际产量下标准成本－预算产量下实际成本

C.实际产量下实际成本－预算产量下标准成本

D.实际产量下实际成本－标准产量下标准成本

7.下列因素中，一般不会导致直接人工工资率差异的是(　　)。

A.工资制度的变动　　B.工作环境的好坏

C.工资级别的升降　　D.加班或临时工的增减

8.企业生产 X 产品，工时标准为 2 小时/件，变动制造费用标准分配率为 24 元/小时，当期实际产量为 600 件，实际变动制造费用为 32 400 元，实际工时为 1 296 小时，则在标准成本法下，当期变动制造费用效率差异为(　　)元。

A.1 200　　B.2 304　　C.2 400　　D.1 296

9.某产品本期产量为 60 套，直接材料标准用量为 18 千克/套，直接材料标准价格为 270 元/千克，直接材料实际用量为 1 200 千克，实际价格为 210 元/千克，则该产品的直接材料用量差异为(　　)元。

A.10 800　　B.12 000　　C.32 400　　D.336 000

10.甲公司本月发生固定制造费用 35 800 元，实际产量 2 000 件，实际工时 2 400 小时。企业生产能量 3 000 小时，每件产品标准工时 1 小时，固定制造费用标准分配率 10 元/小时，固定制造费用耗费差异是(　　)。

A.不利差异 5 800 元　　B.不利差异 4 000 元

C.不利差异 6 000 元　　D.不利差异 10 000 元

二、多项选择题

1.下列各项中，需要修订产品基本标准成本的情况有(　　)。

A.产品生产能量利用程度显著提升　　B.生产工人技术操作水平明显改进

C.产品物理结构设计出现重大改变　　D.产品主要材料价格发生重要变化

2.下列各项原因中，属于材料价格差异形成原因的有(　　)。

A.材料运输保险费率提高　　B.运输过程中的损耗增加

C.加工过程中的损耗增加　　D.储存过程中的损耗增加

3.在制定标准成本时，根据所要求达到的效率不同，所采取的标准成本种类有(　　)。

A.理想标准成本　　B.正常标准成本　　C.现实标准成本　　D.合格标准成本

4.企业进行固定制造费用差异分析时可以使用三因素分析法。下列关于三因素分析法的说法中，错误的是(　　)。

A.固定制造费用耗费差异＝固定制造费用实际成本－固定制造费用标准成本

B.固定制造费用闲置能力差异＝(生产能力－实际工时)×固定制造费用标准分配率

C.固定制造费用效率差异＝(实际工时－标准产量标准工时)×固定制造费用标准分配率

D.三因素分析法中的闲置能力差异与二因素分析法中的能力差异相同

5.制定正常标准成本时，直接材料价格标准应包括(　　)。

A.运输费　　B.仓储费

C.入库检验费　　D.运输途中的合理损耗

6.下列关于直接材料标准成本制定及其差异分析的说法中，正确的有(　　)。

A.材料价格差异会受进货批量的影响

B.材料数量差异全部应由生产部门负责

C.直接材料价格标准应考虑运输中的正常损耗

D.直接材料用量标准应考虑生产中的正常废品损耗

7.甲公司本月生产产品 200 件,实际工时 360 小时,支付工资 5 760 元,每件产品标准工时为 2 小时,标准工资率为 15 元/小时。下列计算中正确的有(　　)。

A.工资率差异为不利差异 360 元　　B.效率差异为有利差异 600 元

C.直接人工成本差异为有利差异 240 元　　D.直接人工标准成本为 6 000 元

8.下列各项原因中,属于材料价格差异形成原因的有(　　)。

A.材料运输保险费率提高　　B.运输过程中的损耗增加

C.加工过程中的损耗增加　　D.储存过程中的损耗增加

9.下列各项材料数量差异中,应由生产部门负责的有(　　)。

A.工人操作疏忽导致废料增加　　B.工艺流程管理不善造成用料增多

C.购入材料质量不稳定造成使用量超标　　D.机器设备没有正常操作导致多耗材料

10.甲公司月生产能力为 10 400 件,单位产品标准工时为 1.5 小时,固定制造费用标准分配率为 1 200 元/小时。本月实际产量 8 000 件,实际工时 10 000 小时,实际发生固定制造费用 1 900 万元。下列表述中正确的为(　　)。

A.固定制造费用能力差异为不利差异 432 万元

B.固定制造费用成本差异为不利差异 460 万元

C.固定制造费用耗费差异为有利差异 28 万元

D.固定制造费用效率差异为有利差异 240 万元

三、判断题

1.理想标准成本考虑了生产过程中不能避免的损失、故障和偏差,属于企业经过努力可以达到的成本标准。(　　)

2.标准成本是在正常生产经营下应该实现的,可以作为控制成本开支、评价实际成本、衡量工作效率的依据和尺度的一种目标成本。(　　)

3.材料成本脱离标准的差异、人工成本脱离标准的差异、制造费用脱离标的差异,都可以分为“量差”和“价差”两部分。(　　)

4.产品标准成本=产品计划产量×单位产品标准成本。(　　)

5.在制定标准成本时,理想标准成本因为要求高而成为最合适的一种标准成本。(　　)

6.在各项成本差异中,直接人工工资率差异通常应当由劳动人事部门对其承担责任。(　　)

7.在标准成本法下,变动制造费用成本差异指实际变动制造费用与预算产量下的标准变动制造费用之间的差额。(　　)

8.直接材料用量差异应由生产部门对其承担全部责任。(　　)

9.当实际工时超过预算工时,将产生超支差异。(　　)

10.标准成本差异的账务处理方法有直接处理法和递延法两种。(　　)

四、名词解释

1.标准成本

2.成本差异

3.价格差异

4.用量差异

5.固定制造费用能力差异

五、简答题

1.简述标准成本法的特点及种类。

2.标准成本是如何制定的?

3.如何进行直接材料成本差异分析。

4.变动成本差异分析中,超支差异的责任通常应由哪些部门承担。

5.简述固定制造费用成本差异的分析方法。

六、计算分析题

1.乙公司生产M产品,采用标准成本法进行成本管理。月标准总工时为23 400小时,月标准变动制造费用总额为84 240元。工时标准为2.2小时/件。假定乙公司本月实际生产M产品7 500件,实际耗用总工时15 000小时,实际发生变动制造费用57 000元。

要求:

(1)计算M产品的变动制造费用标准分配率。

(2)计算M产品的变动制造费用实际分配率。

(3)计算M产品的变动制造费用成本差异。

(4)计算M产品的变动制造费用效率差异。

(5)计算M产品的变动制造费用耗费差异。

2.戊公司生产和销售E、F两种产品,每年产销平衡。为了加强产品成本管理,合理确定下年度经营计划和产品销售价格,该公司专门召开总经理办公会进行讨论。相关资料如下。

资料一:2014年E产品实际产销量为3 680件,生产实际用工为7 000小时,实际人工成本为16元/小时。标准成本资料如下表所示。

E产品单位标准成本

项　　目	直接材料	直接人工	制造费用
价格标准	35元/千克	15元/小时	10元/小时
用量标准	2千克/件	2小时/件	2小时/件

资料二:F产品年设计生产能力为15 000件,2015年计划生产12 000件,预计单位变动成本为200元,计划期的固定成本总额为720 000元。该产品适用的消费税税率为5%,成本利润率为20%。

资料三:戊公司接到F产品的一个额外订单,意向订购量为2 800件,订单价格为290元/件,要求2015年内完工。

要求:

(1)根据资料一,计算2014年E产品的下列指标:①单位标准成本;②直接人工成本差异;③直接人工效率差异;④直接人工工资率差异。

(2)根据资料二,运用全部成本费用加成定价法测算F产品的单价。

(3)根据资料三,运用变动成本费用加成定价法测算F产品的单价。

(4)根据资料二、资料三和上述测算结果,作出是否接受F产品额外订单的决策,并说明理由。

(5)根据资料二,如果2015年F产品的目标利润为150 000元,销售单价为350元,假设不考虑消费税的影响。计算F产品保本销售量和实现目标利润的销售量。

3.甲公司是一家制造业企业,只生产和销售一种产品。甲公司实行标准成本管理,定期分析生产成本的差异。已知甲公司2021年9月实际生产5 000件产品,其他相关资料如下表所示。

项　　目	实际成本资料		标准成本资料	
	实际耗用量	实际价格	用量标准	价格标准
直接材料	280 000千克	20元/千克	50千克/件	15元/千克
直接人工	180 000小时	28元/小时	25小时/件	30元/小时
变动制造费用	250 000小时	15元/小时	40小时/件	10元/小时

要求:

(1)计算直接材料的数量差异、价格差异。

(2)计算直接人工的效率差异、耗费差异。

(3)计算变动制造费用的成本差异。

4.甲公司是一家生产经营比较稳定的制造企业,只生产一种产品,采用标准成本法进行成本计算与分析。单位产品用料标准为6千克/件,材料标准单价为1.5元/千克。2019年1月份实际产量为500件,实际使用原材料2 500千克,实际成本为5 000元。另外,直接人工成本为9 000元,实际耗用工时为2 100小时,经计算,直接人工效率差异为500元,直接人工工资率差异为−1 500元。

要求:

(1)计算单位产品直接材料标准成本。

(2)计算直接材料成本差异、直接材料数量差异和直接材料价格差异。

(3)计算该产品的直接人工单位标准成本。

5.甲公司是一家制造业企业,只生产和销售防滑瓷砖一种产品。产品生产工艺流程比较成熟,生产工人技术操作比较熟练,生产组织管理水平较高,公司实行标准成本制度,定期进行标准成本差异分析。

甲公司生产能力6 000平方米,2016年9月实际生产5 000平方米。

其他相关资料如下。

实际消耗量

项　　目	直接材料	直接人工	变动制造费用	固定制造费用
实际使用量	24 000 千克	5 000 人工小时	8 000 机器小时	8 000 机器小时
实际单价	1.5 元/千克	20 元/小时	15 元/小时	10 元/小时

标准成本资料

项　　目	用量标准	价格标准
直接材料	5 千克/平方米	1.6 元/千克
直接人工	1.2 小时/平方米	19 元/小时
变动制造费用	1.6 小时/平方米	12.5 元/小时
固定制造费用	1.5 小时/平方米	8 元/小时

要求：

(1)计算直接材料的价格差异、数量差异和成本差异。

(2)计算直接人工的工资率差异、人工效率差异和成本差异。

(3)计算变动制造费用的耗费差异、效率差异和成本差异。

(4)计算固定制造费用的耗费差异、闲置能力差异、效率差异和成本差异。

(5)计算产品成本差异总额和单位成本差异。

○ 案例分析

标准成本法在汽车皮革制造业中的应用①

一、汽车皮革制造业概述及标准成本法适用性

汽车皮革制造业以生牛皮为原料，制造具体流程如下：(1)畜牧业的副产品生牛皮在屠宰场附近的鞣制厂，被鞣制成蓝湿革或白湿革。(2)蓝湿革或白湿革被运往制革的下一步工厂——通常在业内被称为“水厂”。在“水厂”经过复鞣等工序，湿革被制成干燥的工业成品革，并被剖为头层牛皮和二层牛皮。(3)牛皮的下一站是整皮涂饰工厂。涂饰工厂会按照各汽车整机厂(OEM)的要求，通过进一步拉软、加脂，以及染色、顶涂、底涂、压花等一系列涂饰活动，使整张皮革呈现满足客户要求的特定颜色、柔软度、耐磨度和花纹。一般头层牛皮会被用来制作汽车座椅等部位的表面材料，而二层牛皮只能用来包覆方向盘。(4)涂饰好的整皮被运往裁切工厂，按照与整车厂确认的设计图纸进行一系列裁切、削皮、复合、绗缝等物理加工工序，生产出特定形状、特定样式的牛皮裁片。(5)牛皮裁片

---

① 资料参考：薛红琛.标准成本法在汽车皮革制造业中应用[J].新会计，2021(7)：58-60.(节选，有删改)

被运往汽车座椅面套缝纫工厂，缝制成面套。(6)缝制好的真皮面套装到座椅上，作为座椅的一部分。座椅在整车厂被最终装配到汽车上，是日常使用的真皮座椅。

需要明确的是中文汉字的“皮”指的是动物的外皮，而“革”指的是经过价值工程学使胶原蛋白改性后，变成的不会腐烂的材料，也就是加工好的兽皮。因此，皮革是真皮，区别于再生皮、合成皮和人造革等“仿皮”，真皮是带有动物纤维和含有胶原蛋白的材料。由于品种、饲养条件不同，每张牛皮的自然特性有所不同。即使是同一张牛皮，各部位纤维组织的紧密程度、厚薄、瑕疵和松弛程度也不同。因此在汽车皮革制造业中，需要尽量将生皮转换为比较均匀的皮革，并通过裁切时的瑕疵识别，生产出品质如一的汽车皮革。

目前，皮革制造业在机械化、现代化生产的基础上已部分实现连续化，有的国家和企业还采用了计算机自动控制技术。生产流程和工艺标准化程度较高，标准成本法可以适用，并且从 20 世纪初美国汽车制造业兴起时，一直沿用至今。但由于牛皮的自然属性，又决定了皮革制造业的成本核算和控制都具有一些特殊性。

标准成本法一般适用于产品及生产条件相对稳定，生产流程和工艺标准化程度较高的企业。要求企业的成本结构和标准比较明确、稳定，对企业的财务能力和管理能力水平要求较高。

二、汽车皮革制造业成本控制的思路

在汽车皮革制造业，牛皮的成本是主要的原材料成本，并且牛皮进口的价格受到国际市场指数影响，议价空间小，提高复鞣和涂饰技术、开发替代皮胚、降低全价值链成本，以及提高裁切利用率、减少报废是汽车皮革制造业的成本控制的重中之重。

由于皮革的自然产品属性，在最大化裁切利用率的加工过程中，需要尽可能提高瑕疵的识别，需要投入大量一线工人的工时。这种生产方式决定了汽车皮革制造业目前还是劳动密集型的行业，容易受到人力成本上涨的制约。因此汽车皮革行业减少流程瓶颈，提高信息化程度，进而提高生产效率，是很重要的成本控制方向。

由于汽车皮革制造业需要从全球大量进口生皮以及皮胚，并且生产制造周期较长，导致整体营运周期较长，营运资本占用大。加强应收账款、存货和应付账款的管理可以使企业现金流更有活力。

加强业财融合对汽车皮革制造业的成本管理更是有显而易见的好处。近年来，随着信息技术的发展，企业的财务逐渐从传统记账向财务合作伙伴(finance business partner, BP)转变，结合业务成本分析给企业创造价值，从各个财务维度支持业务的发展，使企业价值达到最大化，是汽车皮革制造业财务管理和成本控制的大势所趋。

三、标准成本法在汽车皮革制造业的应用

由于标准成本法是个管理学概念，所以企业在制定标准成本的时没有特定的标准。在汽车皮革制造业，一般有两种设置标准成本的方法。一是使用最近的历史成本作为标准，以求贴近实际；二是在预算管理较为精细准确的企业，也可以选择预算成本作为标准，以便作为报价时的参考基础。企业可以选择最适合的成本标准，以便更好地实现标准成本法的管理目的。

以前述制造流程(3)、(4)为例，阐述皮革制造业的标准成本应用。在这两个步骤中产成品的形态有：经涂饰后的整皮(称整皮)，以及经裁切及其他二道工序加工后的牛皮裁片

（称牛皮裁片）。

一是汽车皮革制造业标准成本的制定。制造业产成品的单位标准成本包括三部分：直接材料、直接人工、制造费用。其中制造费用又可以分为变动制造费用和固定制造费用。

直接材料标准的制定。直接材料标准由材料的标准用量乘以标准价格取得。制定时标准价格一般由采购部门负责，会同财务和信息部，根据当下的采购价格，在考虑市场环境及历史变动趋势、订货价格以及最佳采购批量的基础上综合确定。同时，直接材料的单位标准单价中，还应包括单位相关税费、运输费、装卸费、保险费以及其他科归属于存货采购成本的单位成本，需要会同物流部门共同确定。由于汽车皮革制造业的直接原材料牛皮的自然形态以“张”为单位存在，为方便库存管理，在企业内部 ERP 中，一般也使用单位“张”。由于牛皮的采购和销售一般都以平方米或平方英尺为单位定价，同时需要设定面积转换率。

产品直接材料的标准用量一般由生产部或工艺技术部门负责，会同财务和信息部，由图纸与历史生产数据而来。由于牛皮在裁切时必然会有损耗，所以损耗也应考虑在标准用量内。直接人工标准由标准人工工时乘以标准人工工资率得来。制定时标准人工工时由产品的工艺流程决定。一般由生产部或工艺技术部门负责，会同财务部和信息部，确定每个产品生产工艺工序，同时考虑每道工序的人工效率。标准人工工资率一般由企业的薪酬体系确定，由人事部门负责。直接制造费用应结合变动成本法，将产品的制造费用区分为变动制造费用和固定制造费用。标准变动制造费用由标准用量乘以标准费率相乘得出。变动制造费用的标准用量按照成本动因选择相应的直接材料耗用量、辅助材料耗用量、动力耗用量、维修次数、直接工时等。在汽车皮革制造业，变动制造费用较多与直接材料耗用量和直接工时相关，标准用量一般由生产部或工艺技术部门或工程维修部门负责，会同财务部和信息部等部门制定。由于每期费用发生数应以财务账簿上的实际发生为准，所以变动制造费用的标准费率一般由财务部门负责，会同生产部与工艺技术、工程维修等部门一起制定。标准固定制造费用与用量没有紧密的关系，企业中一般实行总量控制。但在制定单位标准成本的时候，也可以根据用量分配至各个产品，一般由财务部门负责，会同生产部与工艺技术、工程维修等部门一起制定。

标准成本制定的其他事项。值得注意的是，上述标准成本的制定过程中，财务部在收集到各部门提供的数据，更新标准成本前，需要对数据的合理性进行审核和判断。如果与上一次本标准成本有显著的差异，需要会同各部门一起找出造成差异的原因，一方面可以验证标准成本的合理性，避免业务部门对成本的认知不够或沟通问题而提供口径不匹配的数字；另一方面可以促进业财融合，使财务人员更了解业务，发现成本控制的更多机会。标准成本拟更新的版本及差异分析报告，应报管理层审批通过后更新。

在汽车皮革制造业，标准成本可以定期更新，也可以通过差异分析看到实际已经出现了与标准成本较显著的差异后再更新。企业定期审核原材料价格、用量与标准费率，可以与内部控制要求的原材料清单（BOM）和工艺清单的定期审核周期保持一致，减少各部门的工作量。同一集团的标准成本制定方法与更新周期应尽可能一致。

二是汽车皮革制造业标准成本的差异分析。实际成本与标准成本之间的总差异由

"价差"和"量差"两部分组成。价差反映的是由于材料价格变动、人工费率变动、制造费率变动对总成本差异的影响。量差反映的是由于实际量的变动对总成本差异的影响。计算公式如下：

总差异＝价差＋量差＝实际价格×实际用量－标准价格×标准用量

价差＝(实际价格－标准价格)×实际用量

量差＝(实际用量－标准用量)×标准价格

直接材料的价差中，由于汽车皮革制造业的原材料牛皮在采购时一般以面积(平方米或平方英尺)为单位采购，库存管理又以"张"为单位，在设置直接材料价格标准时，需要同时设置标准采购价格、标准关税运费、标准汇率及标准转换面积。在原材料采购环节，采购价格差异(purchase price variance，PPV)会同时受到以上因素的影响。在分析价差的时候，需要将价差再分解，以便更清晰地看到原材料价格变动趋势、汇率变动趋势、关税和运费变动趋势、实际采购面积变动趋势，从而进一步明确采购成本控制的方向。实际采购面积根据牛皮的产地和品种，往往会有很大的地区差异，也会呈现一定的季节波动。直接材料的量差可能由实际利用率差异、替代性原材料的使用造成的差异等造成，实际利用率的差异又可能与裁切表现、质量标准变化、皮源瑕疵率相关，需要结合实际情况进行具体分析。

直接人工价差一般与公司薪酬政策的改变、年度涨薪或社保公积金基数调整有关。直接人工量差一般与生产效率相关。工厂实际的生产效率与原材料的瑕疵率、项目工艺变动、生产管理水平等因素又呈现一定的相关性，也需要结合实际情况进行具体分析。

变动制造费用在工厂中一般包含生产消耗的间接物料、机器上的消耗品等费用。价差一般由这些消耗品的价格、汇率等波动造成，量差一般由机器生产效率波动、质量标准变化、项目工艺变化等造成。

固定制造费用在工厂中，一般包含车间管理人员工资、房屋租金、机器设备折旧、安保、绿化等各种不随产量变动的费用。对于实施总量标准控制的企业，一般不会有太大的差异。在分析利润时需要注意的是，这部分成本由于与边际贡献无关，故其与销售费用、管理费用一样，会增加企业的经营杠杆。

企业每个月对实际成本和标准成本差异的分析是成本控制很重要的组成部分。财务人员需要每月对差异进行因素分析，并深入了解业务，发掘差异背后真正的原因，与各部门一起合作制定改进措施，并监督实行。在这一过程中，可以发现许多改善工厂成本的机会，甚至是内部控制方面的缺陷，有利于公司成本管理水平和业务部门财务意识的整体提升，促进公司内部的业财结合，使财务工作更好地帮助提高公司业绩。

案例分析提示：

1.通过以上案例，谈谈怎样确定标准成本。

2.请结合上述案例，分析标准成本法实施中需要哪些部门和人员的努力和配合。

3.请结合上述案例，谈谈企业怎样进行成本差异分析。

4.思政思考题：企业的标准成本法的实施是一个系统工程，在这一过程中，如何处理个人与集体、部门与总体之间的关系。

第 9 章

预算管理

思维导图

预算
预算管理
含义
内容
经营预算
专门决策预算
财务预算
原则
战略导向原则
过程控制原则
融合性原则
平衡管理原则
权变性原则
预算的编制
全面预算的编制
销售预算
生产预算
直接材料预算
直接人工预算
制造费用预算
期末产成品存货预算
销售与管理费用预算
资金预算
预计利润表
预计资产负债表
全面预算的特点
全方位
全过程
全员参与
全面预算的作用
明确工作目标
协调部门关系
控制日常活动
考核业绩标准
预算编制方法
固定预算和弹性预算
增量预算和零基预算
滚动预算
概率预算

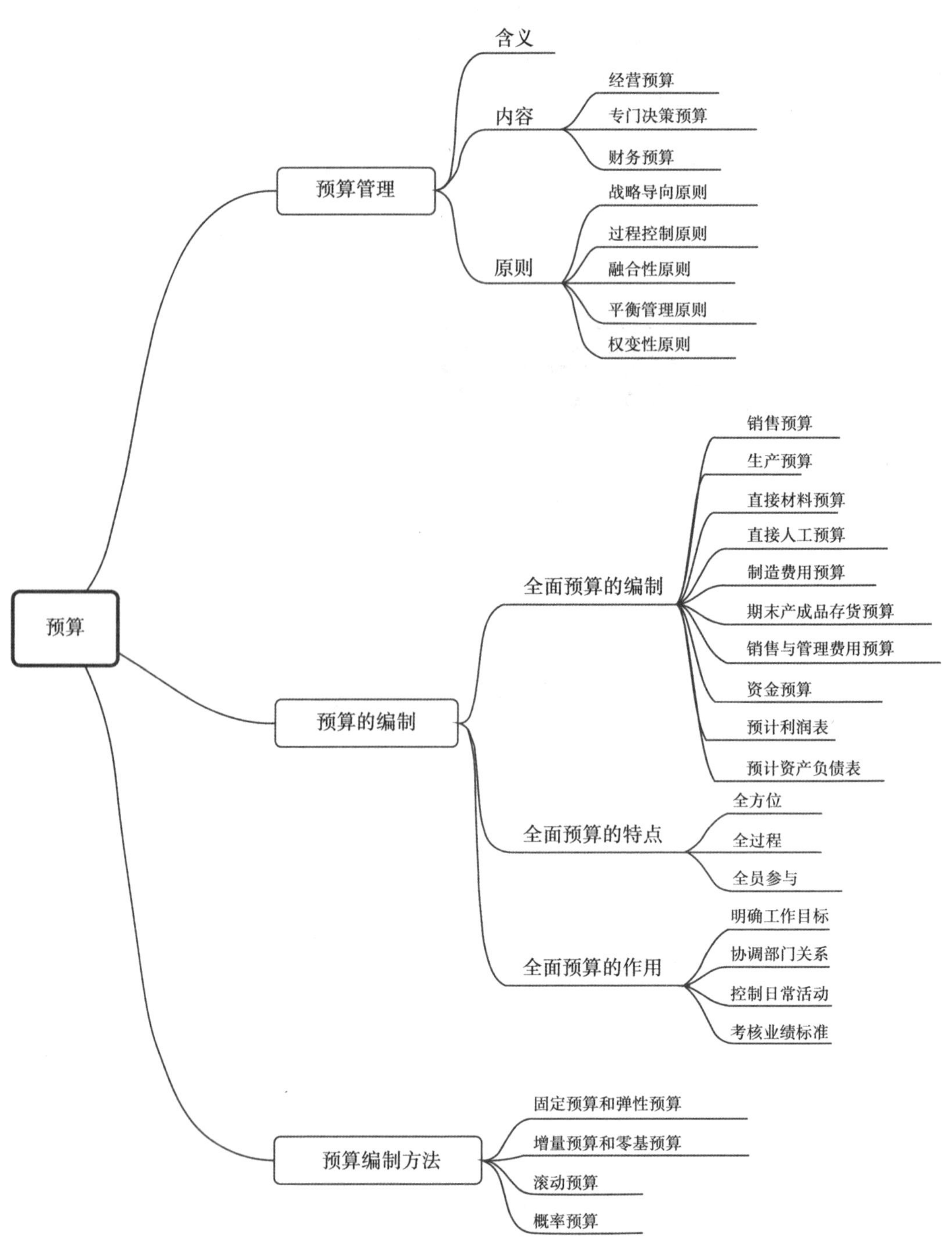

学习目标

本章的内容包括预算管理基本理论、全面预算的编制、预算编制方法。学习具体目标包括：

◇知识目标

了解预算管理的含义、内容和原则，理解和掌握全面预算的编制原理、编制方法和编制过程，了解全面预算的特点和作用，掌握预算编制的方法，如固定预算、弹性预算、增量预算、零基预算、滚动预算、概率预算等。

◇能力目标

能够运用预算编制的基本原理和基本方法，编制销售预算、生产预算、直接材料预算、直接人工预算、制造费用预算、产品成本预算、销售费用和管理费用预算、现金预算等。

◇思政目标

能够在理解和掌握全面预算管理基本理论和基本方法的基础上，深刻理解"凡事预则立，不预则废"的道理，提升自我管理和长期规划能力。

9.1　预算管理概述

预算是对未来事件的预测和规划。"预算"术语起源于法语 bougette，初期应用于政府部门的财政预算，后来推广到杜邦、通用汽车和西门子等大型企业来管理成本和控制现金流。20 世纪六七十年代，在西方国家预算已经逐步演化成管理控制和业绩考评的工具。相对于西方国家，预算在我国的发展稍晚些，20 世纪末期，我国才逐渐将预算作为一种管理控制工具引入企业经营管理中。1999 年，国家经贸委下发《关于国有大中型企业建立现代企业制度和加强管理企业的指导意见》，指导意见中首次提出了在我国企业中推行全面预算的要求。此后财政部下发的《内部会计控制规范》中也涉及了有关预算的规定。2016 年 6 月财政部印发《管理会计基本指引》，管理会计工具方法主要应用于预算管理领域，应用的管理会计工具方法包括但不限于全面预算管理、滚动预算管理、作业预算管理、零基预算管理、弹性预算管理等。

9.1.1 预算管理的含义

预算管理，是指企业以战略目标为导向，通过对未来一定期间内的经营活动和相应的财务结果进行全面预测和筹划，科学、合理配置企业各项财务和非财务资源，并对执行过程进行监督和分析，对执行结果进行评价和反馈，指导经营活动的改善和调整，进而推动实现企业战略目标的管理活动。

9.1.2 预算管理的内容

预算管理的内容主要包括经营预算、专门决策预算和财务预算。

(1)经营预算(也称业务预算),是指与企业日常业务直接相关的一系列预算,包括销售预算、生产预算、采购预算、费用预算、人力资源预算等。

(2)专门决策预算,是指企业重大的或不经常发生的、需要根据特定决策编制的预算,包括投融资决策预算等。

(3)财务预算,是指与企业资金收支、财务状况或经营成果等有关的预算,包括资金预算、预计资产负债表、预计利润表等。

9.1.3 预算管理的原则

企业进行预算管理,一般应遵循以下原则:

(1)战略导向原则。预算管理应围绕企业的战略目标和业务计划有序开展,引导各预算责任主体聚焦战略、专注执行、达成绩效。

(2)过程控制原则。预算管理应通过及时监控、分析把握预算目标的实现进度并实施有效评价,对企业经营决策提供有效支撑。

(3)融合性原则。预算管理应以业务为先导、以财务为协同,将预算管理嵌入企业经营管理活动的各个领域、层次、环节。

(4)平衡管理原则。预算管理应平衡长期目标与短期目标、整体利益与局部利益、收入与支出、结果与动因等关系,促进企业可持续发展。

(5)权变性原则。预算管理应刚性与柔性相结合,强调预算对经营管理的刚性约束,又可根据内外环境的重大变化调整预算,并针对例外事项进行特殊处理。

9.2 全面预算的编制

在预算管理实践中,企业不论规模大小,其所掌控的资源总是有限的,要想使有限的资源发挥最大的效益,就必须进行全局规划,全面预算便应运而生。它是一个系统工程,以销售预测为起点,进而对生产、成本和现金收支方面进行预测,并在此基础上编制出预计资产负债表、预计利润表等预计财务报表和附表。企业可设置预算管理委员会等专门机构组织、监督预算管理工作。该机构的主要职责包括:审批公司预算管理制度、政策,审议年度预算草案或预算调整草案并报董事会等机构审批,监控、考核本单位的预算执行情况并向董事会报告,协调预算编制、预算调整及预算执行中的有关问题等。预算管理的机构设置、职责权限和工作程序应与企业的组织架构和管理体制互相协调,保障预算管理各环节职能衔接,流程顺畅。这个预算管理体系各项预算相互联系,关系复杂,很难用一个简单的办法准确描述,图 9-1 为一个简化的例子反映各部门之间的主要联系。

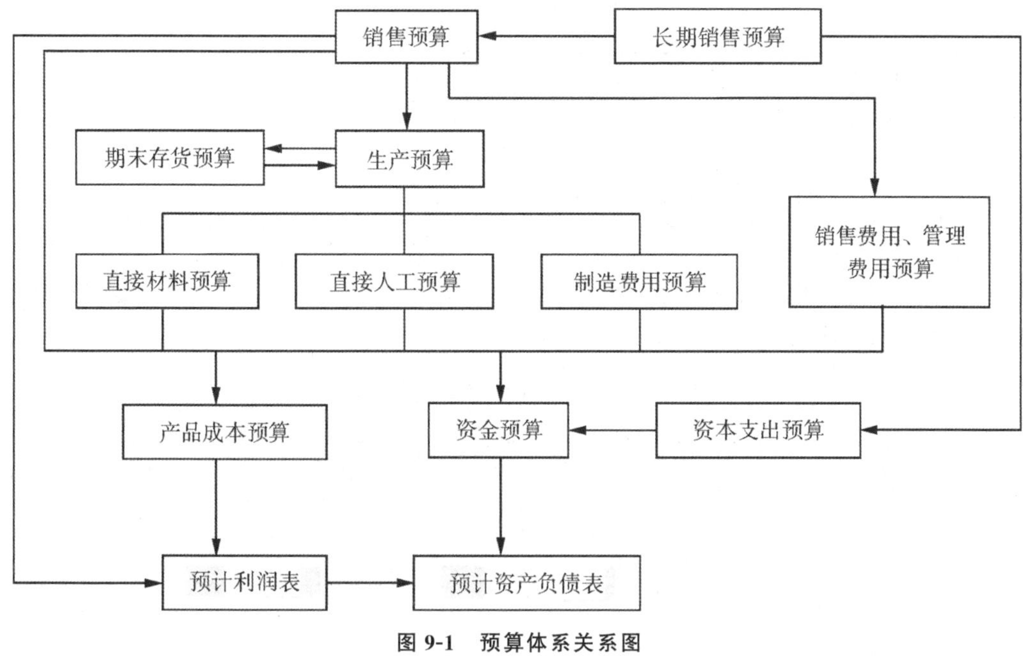

图 9-1　预算体系关系图

9.2.1 全面预算的编制

9.2.1.1 销售预算

销售预算是对企业未来产品销售情况所做的预测。由于产品的销售量直接决定产品的生产量，进而影响到材料采购、人工、制造费用、销售及管理费用等各项财务支出，因此销售预算是编制全面预算的基础和前提。

销售预测的要点在于推测预算期的产品销售量和销售单价，销售量乘以销售单价便可得到预测期的销售收入。

预计销售收入＝预计销售量×预计销售单价

例 9-1

销售预算的编制

资料：ABC 公司 20×1 年只生产一种产品，预算年度内四个季度的销售量分别为 3 000万件、6 000 万件、6 000 万件和 3 000 万件，四个季度的销售单价分别为 0.7 元/件、0.7元/件、0.8 元/件和 0.8 元/件，销售采用一半以现金结算，一半赊销的方法，70％的赊销款在当季收讫，其余 30％在下季度收讫。20×0 年第四季度的销售额为 2 000 万元。

要求：试编制 ABC 公司 20×1 年度销售预算。

解答：根据上述销售量及销售单价，可以编制销售预算表，如表 9-1 所示。

表 9-1 ABC 公司销售预算

20×1 年度　　单位:万元

季　度	计算过程	1	2	3	4	全年
预计销售量(万件)	①	3 000	6 000	6 000	3 000	18 000
销售单价	②	0.7	0.7	0.8	0.8	0.75
预计销售额	③=①×②	2 100	4 200	4 800	2 400	13 500

由于甲公司的赊销款在当季只能收到 70%,剩余部分在下一季度收到,因此可结合销售预算编制预计现金收入计算表,如表 9-2 所示。

表 9-2 ABC 公司预计现金收入计算表

20×1 年度　　单位:万元

季　度	计算过程	1	2	3	4	全年
预计销售额	①	2 100	4 200	4 800	2 400	13 500
现销	②=①×50%	1 050	2 100	2 400	1 200	6 750
赊销额	③=①×50%	1 050	2 100	2 400	1 200	6 750
收到赊销款情况:收到上季度应收销货款	④=上季③×30%	300	315	630	720	1 965
收到本季度赊销款	⑤=③×70%	735	1 470	1 680	840	4 725
现金收入合计	⑥=②+④+⑤	2 085	3 885	4 710	2 760	13 440

思考题:20×1 年年末,ABC 公司资产负债表"应收账款"余额是多少?

9.2.1.2 生产预算

生产预算是根据预计的销售量和预计的期初、期末产成品存货量,按产品品种分别计算出来的预计生产量。有关计算公式如下:

$$预计生产量=预计销售量+预计期末产成品存货量-预计期初产成品存货量$$

需要注意的是生产预算是全面预算中唯一的数量预算,企业应注意在生产量、销售量和库存量之间保持一定的比例关系,以避免储备不足,产销脱节或超储积压等。

例 9-2

生产预算的编制

资料:依据例 9-1 资料,假设 ABC 公司要求第一、四季度期初存货量为 100 万件,第二、三季度的期初存货量为 500 万件,第四季度期末的存货量为 100 万件。

要求:根据上述预计的销售量,编制预算年度的生产预算。

解答:预算年度生产预算如表 9-3 所示。

表 9-3　ABC 公司生产预算表

20×1 年度　　　　单位：万件

季　度	计算过程	1	2	3	4	全年
预计销售量	①	3 000	6 000	6 000	3 000	18 000
加：预计期末存货量	②	500	500	100	100	100
减：期初存货量	③＝上季②	100	500	500	100	100
预计生产量	④＝①＋②－③	3 400	6 000	5 600	3 000	18 000

9.2.1.3 直接材料预算

确定了生产数量，企业就可以安排好生产进度和进行材料采购。材料的采购量可根据预计的生产量进行推算。直接材料预算的要点在于预计采购量和采购支出预算。

预计直接材料采购量＝预计生产量×单位产品耗用量＋预计期末材料存货－预计期初材料存货

直接材料预算额＝预计直接材料采购量×直接材料单价

例 9-3

直接材料预算的编制

资料：依据例 9-1 资料，假设 ABC 公司生产产品只需要一种原材料，单位产品消耗原材料定额为 2.7 千克，每千克单位成本为 0.1 元，公司的存货政策为第三、四季度末原材料存货为 500 万千克，第一、二季度末为 800 万千克，第一季度初为 500 万千克。购料款中 80％以现金结算，20％的余款在下季度支付。2020 年第四季度购料款为 500 万元。

要求：根据生产预算量及其他资料，确定所需材料消耗数量，以及期初、期末材料存量，编制材料采购预算。

解答：材料采购预算如表 9-4 所示。

表 9-4　ABC 公司材料采购预算表

20×1 年度

季　度	计算过程	1	2	3	4	全年
预计生产量（万件）	①	3 400	6 000	5 600	3 000	18 000
单位产品材料消耗定额（千克/件）	②	2.7	2.7	2.7	2.7	2.7
生产需要量（万千克）	③＝①×②	9 180	16 200	15 120	8 100	48 600
加：期末存量（万千克）	④	800	800	500	500	500
减：期初存量（万千克）	⑤＝上季④	500	800	800	500	500
材料采购量（万千克）	⑥＝③＋④－⑤	9 480	16 200	14 820	8 100	48 600

同时还要根据材料采购预算的材料采购量、单位成本和有关材料采购款的支付情况，编制材料采购现金支出计算表，如表 9-5 所示。

表 9-5　ABC 公司材料采购现金支出计算表

20×1 年度

单位：万元

季　度	计算过程	1	2	3	4	全年
材料采购量(万千克)	①	9 480	16 200	14 820	8 100	48 600
材料单位成本	②	0.1	0.1	0.1	0.1	0.1
预计材料采购额	③=①×②	948	1 620	1 482	810	4 860
应付上季赊购款	④=上季③×20%	100	189.6	324	296.4	296.4
应付本季现购款	⑤=③×80%	758.4	1 296	1 185.6	648	3 888
现金支出	⑥=④+⑤	858.4	1 485.6	1 509.6	944.4	4 798

思考题：20×1 年年末，ABC 公司资产负债表“应付账款”余额是多少？

9.2.1.4 直接人工预算

直接人工预算也是在生产预算的基础上进行，是依据预计生产量、单位产品直接人工小时和小时工资率编制。

例 9-4

直接人工预算的编制

资料：依照前例资料，ABC 公司在预算期内所需直接人工成本为 10 元/小时，单位产品定额工时为 0.015 小时，直接人工工资均在当季支付。

要求：依据产品预计生产量、单位直接人工工时定额、直接人工单位工时成本，编制出直接人工预算表。

解答：如表 9-6 所示。

表 9-6　ABC 公司直接人工预算表

20×1 年度

季　度	计算过程	1	2	3	4	全年
预计生产量(万件)	①	3 400	6 000	5 600	3 000	18 000
单位产品工时定额(小时/件)	②	0.015	0.015	0.015	0.015	0.015
总工时用量(小时)	③=①×②	51	90	84	45	270
单位工时工资率(元/小时)	④	10	10	10	10	10
预计直接人工成本(万元) (直接人工现金支出)	⑤=③×④	510	900	840	450	2 700

9.2.1.5 制造费用预算

制造费用预算指的是除直接材料、直接人工以外其他生产费用的预算。按照成本的性态分类，制造费用可分为变动性制造费用和固定性制造费用。不同性态的制造费用预算编制的方法不同，由于变动性制造费用和产品生产量之间存在着线性关系，因此可通过以下公式计算：

预计变动性制造费用＝预计直接人工工时×变动性制造费用分配率

固定性制造费用和生产量之间不存在线性关系，因此可在上年基础上根据预算期变动加以适当修正进行预计。需要注意的是固定性制造费用中的固定资产折旧，由于其不涉及现金支出，因此编制现金支出预算时需要将其从固定制造费用现金支出中扣除。

例 9-5

制造费用预算的编制

资料：ABC 公司在预算期内的变动制造费用分配率为 8 元/小时，固定制造费用预算数为全年 1 296 万元(每季度 324 万元，其中折旧费用 200 万元)。

要求：按照变动制造费用分配率编制制造费用预计现金支出计算表。

解答：制造费用预算，如表 9-7 所示。

表 9-7　ABC 公司间接制造费用预计现金支出计算表

20×1 年度　　单位：万元

季　度	计算过程	1	2	3	4	全年
预计直接人工工时(万小时)	①	51	90	84	45	270
变动制造费用分配率(元/小时)	②	8	8	8	8	8
预计变动制造费用(万元)	③＝①×②	408	720	672	360	2 160
预计固定制造费用(万元)	④	324	324	324	324	1 296
预计制造费用合计(万元)	⑤＝③＋④	732	1 044	996	684	3 456
减：折旧费用(万元)	⑥	200	200	200	200	800
制造费用的现金支出(万元)	⑦＝⑤－⑥	523	844	796	484	2 656

9.2.1.6 期末产成品存货预算

期末产成品存货预算应先确定产成品单位成本，然后将产成品单位成本乘以预计的期末产成品存货量得出结果。在变动成本法下，产成品单位成本为变动制造成本，完全成本法下产成品成本为制造成本。

例 9-6

期末产成品存货预算的编制

资料：表 9-1 至表 9-7 的内容。

要求：编制产品单位成本及期末存货预算表

解答：根据变动成本法编制期末存货预算如表 9-8 所示。

表 9-8 ABC 公司产品单位成本及期末存货预算表

20×1 年度　　单位：万元

成本项目	计算过程	价格标准	用量定额	合计
直接材料	①	0.1 元/千克	2.7 千克	0.27
直接人工	②	10 元/小时	0.015 小时	0.15
变动性制造费用	③	8 元/小时	0.015 小时	0.12
产品单位成本	④=①+②+③			0.54
产品期末存货量(万件)	⑤			100
产品期末存货成本(万元)	⑥=④×⑤			54

根据完全成本法编制期末存货预算如表 9-9 所示。

表 9-9 ABC 公司产品单位成本及期末存货预算表

20×1 年度　　单位：万元

成本项目	计算过程	价格标准	用量定额	合计
直接材料	①	0.1 元/千克	2.7 千克	0.27
直接人工	②	10 元/小时	0.015 小时	0.15
制造费用	③			0.192
产品单位成本	④=①+②+③			0.612
产品期末存货量(万件)	⑤			100
产品期末存货成本(万元)	⑥=④×⑤			61.2

思考题：变动成本法和完全成本法下单位产品成本差额是什么？

9.2.1.7 销售与管理费用预算

销售与管理费用是指除制造费用以外的其他所有费用，与制造费用预算类似，也是区分费用的不同性态编制。如果销售与管理费用中包括固定资产折旧费，因其不会产生现金流出，应在相关费用现金支出预算中扣除。

例 9-7

销售与管理费用预算的编制

资料：ABC 公司在预算期内的变动销售及管理费用为 0.05 元/件，固定销售及管理费用预算第一、第二、第四季度为 65 万元，第三季度为 80 万元，其中包括每季度折旧费用 15 万元。

要求：根据上述资料，编制 ABC 公司销售及管理费用预算表。

解答：如表 9-10 所示。

表 9-10　ABC 公司销售及管理费用预算表

20×1 年度　　单位：万元

季　度	计算过程	1	2	3	4	全年
预计销售量(万件)	①	3 000	6 000	6 000	3 000	18 000
变动销售及管理费用分配率	②	0.05	0.05	0.05	0.05	0.05
变动销售及管理费用	③＝②×①	150	300	300	150	900
固定销售及管理费用	④	65	65	80	65	275
销售及管理费用总额	⑤＝③＋④	215	365	380	215	1 175
减：折旧费用	⑥	15	15	15	15	60
销售及管理费用现金支出	⑦＝⑤－⑥	200	350	365	200	1 115

9.2.1.8 资金预算

资金预算即现金预算，是对企业所有资金收支预算的汇总，是企业资金管理的重要工具，它有助于企业对其未来的资金需要进行计划安排。资金预算一般包括现金收入、现金支出、现金溢余和现金不足、现金的筹集和运用等。

例 9-8

资金预算的编制

ABC 公司编制 20×1 年资金预算，相关资料如下：

资料 1：20×1 年预计在西藏建一分厂，所需现金支出为 600 万元将于第一季度发生，必要时借入短期借款。

资料 2：公司全年所得税约为 360 万元，都在第四季度末支付。

资料 3：公司借款发生在季初，还款在季末，年利率为 6%。借款期限为 9 个月，一次还本付息，借款金额须为 100 万元的整数倍。

资料 4：公司有多余现金时进行金融资产投资，投资金额须为 100 万元的整数倍。

资料 5：公司现金余额不得低于 100 万元。

要求：根据前述资料编制资金预算。

解答：资金预算如表 9-11 所示。

表 9-11　ABC 公司资金预算

20×1 年度　　单位:万元

季　度	1	2	3	4	全年
期初现金余额	110.0	194.6	100.0	167.9	110.0
加:现金收入(表 9-2)	2 085.0	3 885.0	4 710.0	2 760.0	13 440.0
可动用现金合计	2 195.0	4 079.6	4 810.0	2 927.9	13 550.0
减:现金支出					
直接材料(表 9-5)	858.4	1 485.6	1 509.6	944.4	4 798.0
直接人工(表 9-6)	510.0	900.0	840.0	450.0	2 700.0
制造费用(表 9-7)	532.0	844.0	796.0	484.0	2 656.0
销售和管理费用(表 9-9)	200.0	350.0	365.0	200.0	1 115.0
资本支出	600.0				600.0
支付所得税				360.0	360.0
现金支出合计	2 700.4	3 579.6	3 510.6	2 438.4	12 229.0
现金结余或不足	(505.4)	500.0	1 299.4	489.5	1 321.0
资金的运用(投资款)		400	400	300	1 100
资金的筹措					
向银行借款	700.0				700.00
归还银行			700.0		(700.0)
支付利息			31.5		(31.5)
期末现金余额	194.6	100.0	167.9	189.5	189.5

思考题:ABC 公司 20×1 年末资产负债表“货币资金”项目中,现金余额为多少?

9.2.1.9 预计利润表

在销售、生产、采购等经营预算的基础上,根据权责发生制即可编制预计利润表,编制方法与一般财务报表中的利润表相同。预计利润表是全面预算中最重要的预算表之一,它揭示了企业预算中的盈亏情况,有利于管理人员及时调整经营策略。ABC 公司预计利润表如表 9-12(变动成本法)和表 9-13(完全成本法)所示。

表 9-12　利润表(变动成本法)

20×1 年度　　单位:万元

一、营业收入	
销售收入	13 500.0
减:变动成本	10 620.0
变动制造成本(0.54×18 000)	9 720.0

续表

变动销售与管理成本(0.05×18 000)	900.0
贡献毛益	2 880.0
减:固定成本	1 571.0
固定制造费用	1 296.0
固定销售与管理费用	275.0
息税前利润	1 309.0
减:财务费用	31.5
利息费用	31.5
二、利润总额	1 277.5
减:所得税费用	360.0
三、净利润	917.5

表 9-13　利润表(完全成本法)

20×1 年度　　单位:万元

一、营业收入	
销售收入	13 500.0
减:生产成本	11 008.8
管理与销售成本	1 175.0
减:财务费用	31.5
利息费用	31.5
二、利润总额	1 284.7
减:所得税费用	360.0
三、净利润	924.7

9.2.1.10 预计资产负债表

预计资产负债表反映了企业预算期末各账户的预计余额,旨在观察企业预算期的财务状况,及时发现问题并采取措施。预计资产负债表的编制是在预算期初资产负债表的基础上,根据经营预算和资金预算的结果,并对其中的有关项目进行适当调整编制而成的。

例 9-9

预计资产负债表的编制

资料：ABC公司预算期初的资产负债表如表9-14所示。

表 9-14 ABC 公司期初资产负债表

20×0年12月31日

单位：万元

资　产		负债和所有者权益	
流动资产：		流动负债：	
货币资金(现金)	110	短期借款	
应收账款	300	应付账款	100
存货	104	流动负债合计	100
原材料	50	非流动负债	
产成品	54	非流动负债合计	
流动资产合计	514	负债合计	100
非流动资产：		所有者权益	
固定资产	7 200	普通股	1 000
非流动资产合计	7 200	留存收益	6 614
		股东股权益合计	7 614
资产总计	7 714	负债及所有者权益合计	7 714

要求：根据ABC公司前面所有各例的预算资料，分别编制出在变动成本法和完全成本法下的预计资产负债表，假定该公司不存在任何纳税调整事项。

解答：报表编制详见表9-15(变动成本法)和表9-16(完全成本法)所示。

表 9-15 ABC 公司预计资产负债表(变动成本法)

20×1年12月31日

资　产	年初数	年末数	负债和所有者权益	年初数	年末数
流动资产：			流动负债：		
货币资金(现金)	110.0	189.5	应付账款	100.0	162.0
交易性金融资产		1 100.0	短期借款		
应收账款	300.0	360.0	流动负债合计	100.0	162.0
存货	104.0		非流动负债：		
原材料	50.0	50.0	非流动负债合计		
产成品	54.0	54.0			
流动资产合计	514.0	1 753.5	负债合计	100.0	162.0
非流动资产：			所有者权益：		

续表

资　产	年初数	年末数	负债和所有者权益	年初数	年末数
固定资产	7 200.0	6 940.0	普通股	1 000.0	1 000.0
非流动资产合计	7 200.0	6 940.0	留存收益	6 614.0	7 531.5
			股东股权益合计	7 614.0	8 531.5
资产总计	7 714.0	8 693.5	负债和所有者权益合计	7 714.0	8 693.5

表 9-16　ABC 公司预计资产负债表(完全成本法)

20×1 年 12 月 31 日　　单位：万元

资　产	年初数	年末数	负债和所有者权益	年初数	年末数
流动资产：			流动负债：		
货币资金(现金)	110.0	189.5	应付账款	100.0	162.0
交易性金融资产		1 100.0	短期借款		
应收账款	300.0	360.0	流动负债合计	100.0	162.0
存货	104.0		非流动负债：		
原材料	50.0	50.0	非流动负债合计		
产成品	54.0	61.2			
流动资产合计	514.0	1 760.7	负债合计	100.0	162.0
非流动资产：			所有者权益：		
固定资产	7 200.0	6 940.0	普通股	1 000.0	1 000.0
非流动资产合计	7 200.0	6 940.0	留存收益	6 614.0	7 538.7
			股东股权益合计	7 614.0	8 538.7
资产总计	7 714.0	8 700.7	负债和所有者权益合计	7 714.0	8 700.7

9.2.2 全面预算的特点

全面预算具有全方位、全过程和全员参与的特点。

(1)全方位主要体现在预算内容的总体性，预算不仅包括财务预算，还包括业务预算和资本预算；

(2)全过程是指预算管理流程的全程化，整个预算管理不仅包括预算的编制、下达，还包括预算的分析和调整、考核和评价；

(3)全员参与则体现在预算目标经过层层分解，具体到每一个员工，使每一个员工参与到预算的管理执行中。

9.2.3 全面预算的作用

全面预算在企业管理中的重要作用主要表现在以下几个方面：

(1)明确工作目标。全面预算作为一种对未来的规划，通过对企业发展战略的分析，系统地编制企业的业务量、成本费用、收入及经营成果等应该达到的预期目标，使企业能够对未来特定期间的发展方向和既定目标具有明确的认识。

(2)协调部门关系。通过编制全面预算，可使各部门人员明确自己的具体经营目标，明确自己的职责和权限，在保证企业总体目标最优的前提下，组织各自的生产经营活动。全面预算也可帮助企业通过对比、分析各部门预算完成情况，在部门间进行协调。

(3)控制日常活动。全面预算一经制定，便成为企业战略执行过程中的基准和参照，也是控制日常活动的依据，在预算的执行过程中，通过将实际绩效与原定计划进行比较，可寻找存在的差异及差异产生的原因，以便采取必要措施，保证预算目标的顺利完成。

(4)考核业绩标准。全面预算所确定的各项指标数据，既为各部门员工制定了行动目标，也明确了他们的经济责任，成为考核各部门工作成绩的基本尺度。

9.3 预算编制方法

9.3.1 固定预算和弹性预算

按编制预算的业务量是否为一确定的量，预算可分为固定预算和弹性预算。

9.3.1.1 固定预算

固定预算又称静态预算，是根据预算期内正常的、可实现的某一固定业务量(如产量、销量)水平作为唯一基础来编制预算的一种方法。采用固定预算方法，不用考虑预算期内生产经营活动可能发生的变动，只需要以一个相对固定的业务量为基础编制，编制工作量相对较小。因此该方法主要适用于经营业务较稳定、产品产销量较稳定的企业。

例 9-10

固定预算的编制

资料：ABC 公司在预算期内生产某种产品预计产量为 1 000 件，产品成本计算方法采用完全成本法。

要求：按固定预算方法编制该产品成本预算。

解答：ABC 公司产品成本预算如表 9-17 所示。

表 9-17　ABC 公司产品成本预算(按固定预算方法编制)

预计产量:1 000 件　　单位:元

成本项目	总成本	单位成本
直接材料	46 000	46
直接人工	20 000	20
变动制造费用	10 000	10
固定制造费用	16 000	16
合计	92 000	92

该产品预算期的实际产量为 1 400 件,实际发生的总成本为 110 000,其中直接材料 75 000,直接人工 12 000,制造费用 23 000 其中变动制造费用 10 000,固定制造费用 13 000,单位成本 78.6 元/件。

根据企业实际资料和预算成本资料编制的成本业绩报告见表 9-18。

表 9-18　ABC 公司成本业绩报告

单位:元

成本项目	实际成本	预算成本		差异	
		未按产量调整	按产量调整	未按产量调整	按产量调整
直接材料	75 000	46 000	64 400	+29 000	+10 600
直接人工	12 000	20 000	28 000	−8 000	−16 000
变动制造费用	10 000	10 000	14 000	0	−4 000
固定制造费用	13 000	16 000	22 400	−3 000	−9 400
合计	110 000	92 000	128 800	+18 000	−18 800

从表 9-18 可以看出,实际成本和未按产量调整的预算成本相比,超支很多;实际成本与按产量调整后的预算成本相比,又节约不少。

从产量 1 000 件增加到 1 400 件,如果不按变动后的产量对预算成本进行调整,就会因为业务量不一致而导致所计算的差异缺乏可比性;但是如果所有的成本项目都按实际产量进行调整,也不科学。因为固定制造费用是不随产量变动的,即使按产量调整了固定预算,也不能准确反映企业预算的执行情况。

9.3.1.2 弹性预算

弹性预算又称动态预算,是指在编制预算时,根据预算期可预见的多种业务量水平为基础编制,能够适应多种业务量变动情况的预算编制方法。弹性预算根据预算期内多种业务量编制,编制工作量大,因此主要适用于业务量变化较大的企业。

例 9-11

弹性预算的编制

资料:ABC 公司预算期内产品销售单价为 300 元,单位变动成本为 100 元,固定成本总额为 52 000 元。ABC 公司充分考虑到预算期内产品销售量发生变化的可能。

要求:分别编制出销售量为 1 000 件、1 200 件、1 500 件、1 700 件和 1 900 件的弹性利润预算表。

解答：如表 9-19 所示。

表 9-19 ABC 公司弹性利润预算表

20×1 年 单位：元

销售量(件)	1 000	1 200	1 500	1 700	1 900
销售收入(单价 300 元)	300 000	360 000	450 000	510 000	570 000
减：变动成本 (单位变动成本 100 元)	100 000	120 000	150 000	170 000	190 000
贡献毛益	200 000	240 000	300 000	340 000	380 000
减：固定成本	52 000	52 000	52 000	52 000	52 000
营业利润	148 000	188 000	248 000	288 000	328 000

9.3.2 增量预算和零基预算

按照预期编制是否受基期的影响，可分为增量预算和零基预算。

9.3.2.1 增量预算

增量预算指以基期的业务量水平和成本费用水平为基础，结合预算期内业务量水平及相关因素变化，通过调整基期的费用项目而编制预算的一种方法。

增量预算的基本假设思想是现有的业务活动是企业所必需的，基期的各项开支是合理的，增加费用预算是值得的。因此假如基期的成本费用水平较高，即使预算期进行了调整，仍有可能保留某些不合理的预算项目，使不必要的开支合理化。

9.3.2.2 零基预算

零基预算的全称为"以零为基础编制的预算"，基本原理为不考虑基期成本费用开支水平，以零为起点，根据预算期企业实际经营情况的需要，按照各项开支的重要程度来编制的预算。

零基预算以零为起点，从而避免了原来不合理的费用开支对预算期费用的影响，因而能够有效地配置资源，减少资金浪费。零基预算的步骤为：

(1)提出预算目标。如销售目标、生产目标或利润目标，以便于各部门据此制定各项固定费用的支出方案。

(2)进行成本、效益分析。成本效益分析的目的在于权衡各种费用开支项目的轻重缓急，从而决定对所有预算项目资金分配的先后顺序。

(3)分配预算资金。根据预算项目先后顺序，将企业预算期内的经济资源进行合理的分配，落实预算。

例 9-12

零基预算的编制

资料：ABC 公司按照零基预算的编制方法编制管理费用预算。经全体职工反复讨论，确定以下费用项目及费用额：

(1)租金 6 500 元

(2)培训费5 000元

(3)研发费7 200元

(4)差旅费4 500元

(5)办公费3 500元

经全体职工讨论研究租金、培训费和办公费是不可避免的费用支出,其余两项费用可增减其费用额。经过成本—效益分析,结果如表9-20所示。

表9-20 ABC公司成本—效益分析表

项 目	成本(元)	收益(元)	成本收益率
研发费	1	40	1∶40
差旅费	1	35	1∶35

要求:对各项费用进行排队并分配资金

解答:对各项费用项目进行排队,结果如下:

(1)租金6 500元

(2)培训费5 000元

(3)办公费3 500元

(4)研发费7 200元

(5)差旅费4 500元

假如ABC公司预算期可用于管理费用的资金为21 000元,满足不可避免费用后还剩6 000元。将剩余费用在研发费和差旅费中进行分配,结果如下:

$$研发费用分配资金6\ 000\times\frac{40}{75}=3\ 200(元)$$

$$差旅费分配资金6\ 000\times\frac{35}{75}=2\ 800(元)$$

9.3.3 滚动预算

9.3.3.1 滚动预算的定义

滚动预算也叫"连续预算"或"永续预算",是指企业根据上一期预算执行情况和新的预测结果,按既定的预算编制周期和滚动频率,对原有的预算方案进行调整和补充,逐期滚动,持续推进的预算编制方法。

9.3.3.2 滚动预算与一般预算区别

二者区别在于预算期,一般预算的预算期通常与企业会计年度相一致,为固定期间;滚动预算的预算期也为一年,但不为固定期间,每次执行完一个月后与原有预算方案进行调整补充,同时增加一个月预算,使新的预算期仍未一年。如图9-2所示:

滚动预算的编制与一般预算基本相同,但是它更侧重于近3个月的详细预算,对后面的9个月预算略为笼统,其原因在于远期市场因素比近期市场因素更难预测。

9.3.3.3 滚动预算的评价

滚动预算优点:通过持续滚动预算编制、逐期滚动管理,实现动态反映市场、建立跨期

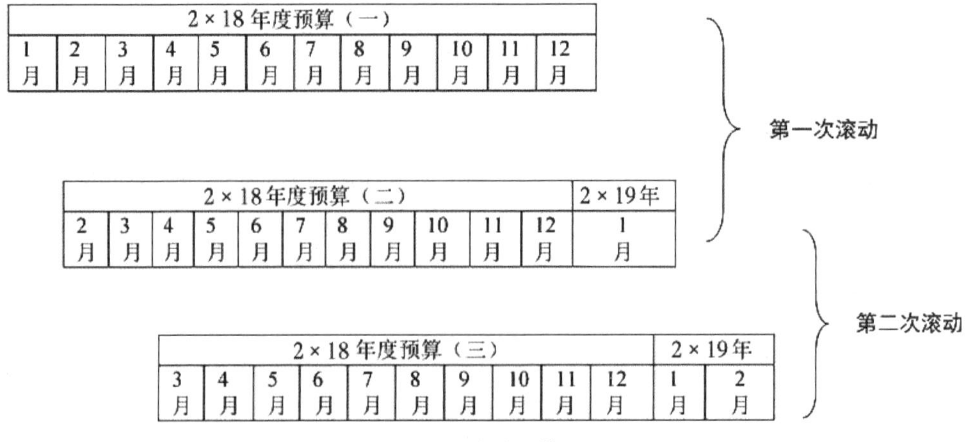

图 9-2 滚动预算图

综合平衡，从而有效指导企业营运，强化预算的决策与控制职能。

滚动预算缺点：一是预算滚动的频率越高，对预算沟通的要求越高，预算编制的工作量越大；二是过高的滚动频率容易增加管理层的不稳定感，导致预算执行者无所适从。

通过各类预算方法的使用，企业可以系统地编制企业的业务量、成本费用、收入及经营成果等应该达到的预期目标，使企业能够对未来特定期间的发展方向和既定目标具有明确的认识，以上六种预算之间的关系可以用图 9-3 表示。

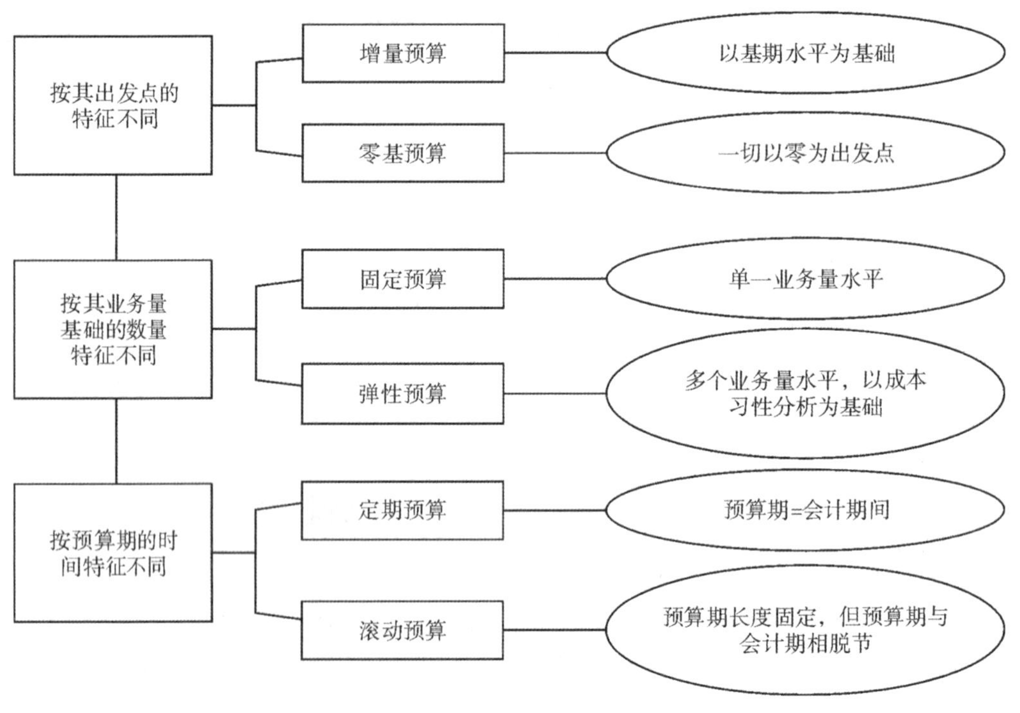

图 9-3 预算编制方法

9.3.4 概率预算

概率预算法就是利用概率理论的基本原理，反映企业在实际经营过程中各预定指标可能发生的变化而编制的预算。既反映预算期内各个数值发生变化的水平范围，又反映各个数值可能出现的概率情况。所以在预算编制过程中不仅对预算的相应数值进行加工而且要对预算数值可预期的概率进行分析。

例 9-13

资料：ABC 公司预算期产品售货单价为 200 元，销售量和变动成本的预期值及相应的概率，以及其他有关数据如表 9-21 所示。

表 9-21　基础数据表

销售量(件)	40 000			50 000			60 000		
销售收入(元)	6 000 000			7 500 000			9 000 000		
概率Ⅰ	0.2			0.6			0.2		
变动成本(生产)(元)	100	110	120	100	110	120	100	110	120
变动成本(销售)(元)	10	10	10	10	10	10	10	10	10
概率Ⅱ	0.3	0.4	0.3	0.3	0.4	0.3	0.3	0.4	0.3
固定成本(元)	700 000	700 000	700 000	800 000	800 000	800 000	900 000	900 000	900 000
利润(元)	900 000	500 000	100 000	1 200 000	700 000	200 000	1 500 000	900 000	300 000
总概率(Ⅰ×Ⅱ)	0.06	0.08	0.06	0.18	0.24	0.18	0.06	0.08	0.06
利润期望值(元)	700 000								

根据表 9-21，通过将变量的有关数据与其相应的总概率相乘，然后汇总，就可以求得各变量的预期值。为了方便使用，下面用普通利润表的形式来表示(如表 9-22 所示)。

表 9-22　利润预测表

	预期值	变化范围
销售收入	7 500 000	6 000 000～9 000 000
减：变动生产成本	5 500 000	4 400 000～6 600 000
生产贡献毛益	2 000 000	1 600 000～2 400 000
减：变动销售成本	500 000	400 000～600 000
产品贡献毛益	1 500 000	1 200 000～1 800 000
减：固定成本	800 000	700 000～900 000
利润总额	700 000	500 000～800 000

○ 本章小结

1.预算管理,是指企业以战略目标为导向,通过对未来一定期间内的经营活动和相应的财务结果进行全面预测和筹划,科学、合理配置企业各项财务和非财务资源,并对执行过程进行监督和分析,对执行结果进行评价和反馈,指导经营活动的改善和调整,进而推动实现企业战略目标的管理活动。

2.全面预算可分为业务预算、财务预算和资本支出预算三大类。

(1)业务预算指与企业发生的日常业务活动相关的预算,包括销售预算、生产预算、直接材料预算、直接人工预算、制造费用预算、生产成本预算、销售费用和管理费用预算。

(2)财务预算反映了企业预算期内预计现金收支、经营成果和财务状况,具体包括现金预算表、预计收益表和预计资产负债表。

(3)资本支出预算指企业不经常发生的长期投资决策项目相关的预算,如购置设备、生产线等活动的预算。

3.预算的编制方法有固定预算和弹性预算、增量预算和零基预算、滚动预算、概率预算。

(1)固定预算是根据预算期内正常的、可实现的某一固定业务量(如产量、销量)水平作为唯一基础来编制预算的一种方法。

(2)弹性预算是指在编制预算时,根据预算期可预见的多种业务量水平为基础编制,能够适应多种业务量变动情况的预算编制方法。

(3)增量预算指以基期的业务量水平和成本费用水平为基础,结合预算期内业务量水平及相关因素变化,通过调整基期的费用项目而编制预算的一种方法。

(4)零基预算的基本原理为不考虑基期成本费用开支水平,以零为起点,根据预算期企业实际经营情况的需要,按照各项开支的重要程度来编制的预算。

(5)滚动预算,是指企业根据上一期预算执行情况和新的预测结果,按既定的预算编制周期和滚动频率,对原有的预算方案进行调整和补充,逐期滚动,持续推进的预算编制方法。

(6)概率预算法就是利用概率理论的基本原理,反映企业在实际经营过程中各预定指标可能发生的变化而编制的预算。

○ 关键概念

全面预算:comprehensive budget

零基预算:zero-base budget

弹性预算:flexible budget

增量预算:incremental budget

○ 相关阅读

基于滚动预算的高校预算项目库建设研究[①]

一、引言

预算项目库建设的目的是为财税体制改革和预算管理改革提供重要支持，为高校建设事业发展提供有力保障。在新的历史时期，为深入推进高校内涵式发展，实现精细化、科学化管理，必须加强并推进高校实施全面预算管理和滚动预算管理。高校项目库的建设有助于保证高校财务预算的完整性；有助于提高预算的科学性、合理性；有助于形成科学的预算管理制度。基于滚动预算的项目库建设的具体内容：在滚动预算管理模式下，考虑到经济活动和环境的变化，结合学校中长期发展规划及实施战略目标的需要，对项目的申请、设立、调整及退出实施连续动态管理。对项目实行项目库滚动管理，是高校滚动预算管理的重要组成部分。

二、现阶段高校预算项目库存在的问题

（一）项目支出预算编制缺乏科学性，与学校发展战略规划脱节

学校预算应当服从学校整体发展战略目标，资金的分配和项目预算的编制均应围绕学校中长期发展规划展开。由于高校项目支出预算编制通常只注重对年度短期工作任务的考虑，缺乏对长期规划的思考，导致了预算编制与学校事业发展规划相脱节的现实情况，从而使高校项目库的建设流于形式。各部门在编制项目支出预算时通常只在往年数据的基础上做简单的增减，随意性较大，不注重项目支出的合理性、合规性，对项目支出明细测算不够准确，对项目立项实施方案设计是否可行、是否具备执行条件等缺乏充分的事先调研和可行性论证，导致项目资金无法按预算执行。

（二）项目库建设滞后，项目预算专项资金投入重点不突出

高校项目专项资金的投入是指高校在保证基本支出的前提下，为了体现不同高校在不同层次、不同领域的办学特色而集中财力对项目进行的投入。然而在实际工作中，却往往存在着资金投入面面俱到、点多面广的现象。某些部门设立的项目目标偏散、数量偏多且效果不显著，这种资金分配"撒胡椒面"的项目设立方式导致资金投入重点不突出，不能体现学校发展的方向和特色。项目设置的不合理直接影响到各类资金的使用效率，一定程度上也导致了资源浪费的现象，更难以充分发挥集中有限财力办大事的效益。

（三）项目绩效评价体系不完善，缺乏问责机制

预算绩效评价是指运用统计分析等方法，对照事先设定的评价标准，按照一定的程序，通过量化、细化评价指标，对项目在规定期间内的投入、产出、结果做出客观、公正、准确的综合评判。预算绩效评价的实行，有利于对项目的监督与管理。然而在实际工作中，由于项目绩效评价指标体系设计不够完整、细化，缺乏一定的合理性与科学性，导致相关

---

① 资料参见：周瑜琛.基于滚动预算的高校预算项目库建设研究[J].会计之友，2018(24)：74-78.

职能管理部门只重视对项目预算执行结果的分析与考核，对预算执行的效果却没有考虑，忽略了对项目绩效的考评，导致绩效评价形同虚设。

三、滚动预算的内涵及高校实施滚动预算的意义

（一）滚动预算的内涵

滚动预算是和定期预算相对应的一种方法，是指单位在编制预算时，根据上一期预算执行情况和新的预测结果，按既定的预算编制周期和滚动频率，对原有的预算方案进行调整和补充，逐期滚动，持续推进，从而使预算周期始终保持在一个相对固定期间的预算编制方法。滚动预算是一种动态平衡的预算管理方式，一般情况下，滚动预算的编制期是三到五年。

（二）实施滚动预算对高校的意义

1.有利于发挥预算的战略指导作用，是对高校长期战略发展目标的有效补充。由于传统预算仅考虑一个年度的经费收支情况，以一个会计年度为周期进行编制，从而造成预算执行周期与高校实际发展周期不完全相符的局面，预算安排缺乏战略指导性、前瞻性和连续性。滚动预算的优点在于打破了传统预算在预算周期设定上的局限性，通过持续滚动预算编制、逐期滚动管理，建立跨期综合平衡，动态反映项目执行情况，从而迫使高校管理者以可持续发展的眼光及工作理念，提前规划，前瞻性地考虑高校的项目经费收支和发展前景。滚动预算的实施应用，将有助于发挥预算对高校发展的战略指导作用，帮助高校实现战略发展规划和预算管理的统一，推动高校内涵式、可持续发展。

2.有利于合理优化高校资源配置，提高资源配置效率。滚动预算扩大了预算的弹性，为预算管理提供了更加灵活的操作空间。滚动预算的实施迫使管理者以长远的、可持续发展的眼光统筹规划资金的分配。另外，根据财政部在《关于编制中央部门2017—2019年支出规划和2017年部门预算的通知》（财预〔2016〕79号）中的规定，还需要对项目支出的规模进行严格控制。凡是上报财政部项目库的各所高校每年项目支出的规模原则上分别不得超过对应年度项目支出规划的150%。通过对项目支出规模的控制，帮助高校预测未来几年项目经费的额度，进而可以充分结合现实需求，更加科学、合理地安排重点项目。

3.有利于推动项目评审和绩效评价，有效推动高校绩效考核目标的实现。滚动预算重点是对项目的管理，各预算编制部门需要对本单位申报的项目进行预算评审，单位可以成立评审小组自行组织评审，也可以委托外聘专家或中介机构等进行外部评审。在滚动预算管理模式下，高校应当立足学校整体发展规划。滚动预算的项目库管理方式对提高项目申报的科学性、合理性以及资金的使用效率方面有很大的帮助，同时也有利于高校开展项目评审和项目绩效评价工作。

四、基于滚动预算的高校预算项目库建设

（一）基于滚动预算的高校预算项目库建设的基本原则

1.政策相符性、目标相关性原则。2.项目优先排序原则。3.多维度分类别管理原则。4.全流程管理原则。

（二）基于滚动预算的高校预算项目库建设的具体内容

1.建立高校滚动预算管理制度

（1）加强顶层政策设计。首先要从制度建设方面着手，建立相应的长效发展机制，通过制定一系列相关的财务规章制度，使滚动预算管理有章可循、有据可依。

（2）明确滚动预算管理机构岗位职责。为了确保预算管理工作顺利实施，需要成立滚动预算管理小组，负责滚动预算工作的统筹安排和协调。

（3）确定项目库滚动预算编制周期。现阶段高校滚动预算项目库管理中，可以将项目预算的编制周期定为三年。相关职能部门每年除编制当年的预算外，还需要同时编制之后两年的指导性预算，以实现各项资源的合理高效利用。预算一经确定，除特殊情况外，原则上不予调整。

2.基于滚动预算的高校预算项目库建设的具体实施步骤

（1）项目分类项目库建设是高校实行滚动预算的前提，只有评核通过后的项目才能归入项目库实行滚动管理。项目库需要实行分类管理，一方面能够增大预算安排的刚性，确保专项资金使用有据可循；另一方面便于开展对预算结构的分析，通过计算各项支出占总预算支出的占比，可以更精准统筹各类资金，不断优化预算安排，提高绩效评价的科学性，更好地发挥其激励作用。项目按照资金来源可以分为中央财政支持地方高校发展专项、地方财政专项和学校预算专项。如表 1 所示。项目按照存续期限可以分为经常性专项、一次性专项和跨年度专项。如表 2 所示。

表 1　项目按照资金来源分类

项目类别	内容
中央财政支持地方高校发展专项	为促进高等教育区域协调发展，提升地方高等教育水平，支持地方高校的重点发展和特色办学，中央财政设立支持地方高校发展的专项资金
地方财政专项	地方财政通过专项转移支付安排，用于地方公办普通本科高等学校的改革发展资金
学校预算专项	用学校预算资金安排的各类专项

表 2　项目按照存续期限分类

项目类别	内容
经常性专项	高校为事业发展需要，在基本支出（如人员经费支出、公用经费支出）以外开支的、在开展专项活动中持续发生的特定项目
一次性专项	高校为完成某些临时性、阶段性、一次性的任务而安排的资金项目。此类项目通常在任务完成后不再继续安排
跨年度专项	高校经上级主管部门批准后需要分年度实施的项目，如高校创新创业教育改革项目、高校科研团队建设项目、重点实验室建设项目等，都属于跨年度的预算项目。该类项目是项目库建设的重点内容和目的所在，除了在当年安排预算外，在以后年度需要继续安排

（2）项目库编码为了规范项目库管理，方便对项目的查询，需要对项目进行编码。

（3）项目库管理

高校滚动预算项目库可以根据流程分为项目初选库、项目储备库、项目批复库、项目完成库。各职能部门报送的项目经过高校财务部门审核通过后方可纳入初选库，学校预算委员会批复后，项目转入储备库，校长办公会通过后，正式进入批复库，待完成后进入完成库。如图 1 所示。

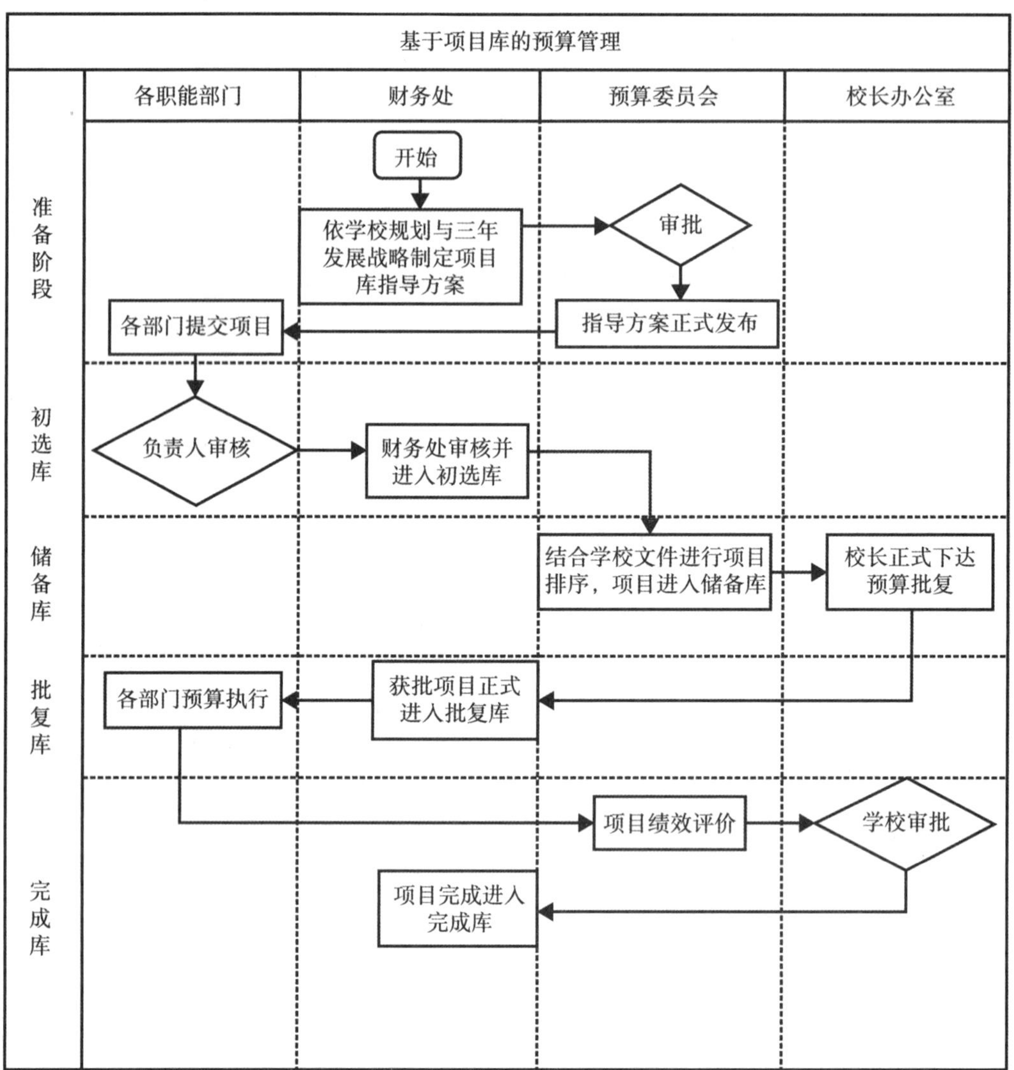

图 1　基于项目库的预算管理

(4)项目库的清理为了优化项目支出结构，使项目库真正实现滚动管理，学校主管部门应定期开展项目库清理工作。清理的时间可定于每年度部门预算批复后，清理的范围涵盖各级财政及学校预算安排的全部项目。清理项目时，需要根据实际情况进行分类处理。对已经执行完毕的一次性项目、实施年限已到但相关部门未申请延长执行周期的项目一律予以清除；对已经到期的但是在综合考虑实际情况后仍需继续安排预算的项目，按照新增项目的规定流程进行重新申报；对一些符合政策要求需要继续留存的跨年度延续性项目，要严格按照当初项目立项时审定的分年度预算方案逐年编报，并且不得变更项目的名称、编码及使用方向，并要求其提供项目立项依据、项目总预算、项目分年度预算、项目执行期限等。

○　练习题

一、单项选择题

1.下列关于生产预算的表述中，错误的是(　　)。

A.生产预算是一种业务预算

B.生产预算不涉及实物量指标

C.生产预算以销售预算为基础编制

D.生产预算是直接材料预算的编制依据

2.某企业制造费中油料费用与机器工时密切相关，预计预算期固定油料费用为10 000元，单位工时的变动油料费用为 10 元，预算期机器总工时为 3 000 小时，则预算期油料费用预算总额为(　　)元。

A.10 000　　B.20 000　　C.30 000　　D.400 000

3.丙公司预计 2016 年各季度的销售量分别为 100 件、120 件、180 件和 200 件。预计每季度末产成品存货为下一季度销售量的 20%，丙公司第二季度预计生产量为(　　)件。

A.156　　B.132　　C.136　　D.120

4.下列预算中，不直接涉及现金收支的是(　　)。

A.销售与管理费用预算　　B.销售预算

C.产品成本预算　　D.直接材料预算

5.下列各项中，不属于零基预算法优点的是(　　)。

A.编制工作量小　　B.不受现有预算的约束

C.不受现有费用项目的限制　　D.有利于调动各方节约费用的积极性

6.某企业 2017 年度预计生产某产品 1 000 件，单位产品耗用材料 15 千克，该材料期初存量为 1 000 千克，预计期末存量为 3 000 千克，则全年预计采购量为(　　)千克。

A.18 000　　B.16 000　　C.15 000　　D.170 000

7.下列各项中，不属于业务预算的是(　　)。

A.现金预算　　B.销售预算　　C.销售费用预算　　D.直接材料预算

8.根据企业 2018 年的现金预算，第一季度至第四季度期初现金余额分别为 1 万元、2 万元、1.7 万元、1.5 万元，第四季度现金收入为 20 万元，现金支出为 19 万元，不考虑其他因素，则该企业 2018 年末的预计资产负债表中，货币资金年末数为(　　)万元。

A.2.7　　B.7.2　　C.4.2　　D.2.5

9.下列预算中，一般不作为现金预算编制依据的是(　　)

A.管理费用预算　　B.直接人工预算　　C.生产预算　　D.直接材料预算

10.下列预算编制方法中，不受现行预算的束缚，有助于保证各项预算开支合理性的是(　　)。

A.滚动预算法　　B.零基预算法　　C.弹性预算法　　D.增量预算法

二、多项选择题

1.下列关于财务预算的表述中,正确的有(　　)。

A.财务预算多为长期预算

B.财务预算又被称作总预算

C.财务预算是全面预算体系的最后环节

D.财务预算主要包括现金预算和预计财务报表

2.下列各项预算中,与编制利润表预算直接相关的有(　　)。

A.销售预算　　B.生产预算

C.产品成本预算　　D.销售及管理费用预算

3.在预算执行过程中,可能导致预算调整的情形有(　　)。

A.主要产品市场需求大幅下降　　B.营改增导致公司税负大幅下降

C.原材料价格大幅度上涨　　D.公司进行重点资产重组

4.编制资产负债表预算时,下列预算中,能够直接为“存货”项目年末余额提供数据来源的有(　　)。

A.销售预算　　B.产品成本预算　　C.直接材料预算　　D.生产预算

5.下列预算中,需要以生产预算为基础编制的有(　　)。

A.直接人工预算　　B.制造费用预算　　C.管理费用预算　　D.销售费用预算

6.下列关于零基预算法的说法中,正确的有(　　)。

A.零基预算法的主要缺点是编制工作量大

B.零基预算法假设原有各项业务及金额都合理

C.不经常发生的预算项目适合零基预算法编制

D.不受前期费用项目和费用水平的制约是零基预算法的优点之一

7.下列关于全面预算编制方法的说法中,正确的有(　　)。

A.弹性预算法是在成本性态分析的基础上,按照预算期内相关业务量水平编制

B.滚动预算法将预算期间逐期连续向后滚动推移,使预算期间保持一定的时期跨度

C.零基预算法编制预算时,不受前期费用水平的制约

D.在定期预算法下,预算期间与会计期间在时间上一致

8.甲公司正在编制全面预算,下列各项中,以生产预算为编制基础的有(　　)。

A.直接人工预算　　B.销售预算

C.变动制造费用预算　　D.直接材料预算

9.下列营业预算中,通常需要预计现金支出的预算有(　　)。

A.生产预算　　B.销售费用预算　　C.直接材料预算　　D.制造费用预算

10.某公司采用弹性预算法编制制造费用预算,制造费用与工时密切相关,若业务量为500工时,制造费用预算为18 000元,若业务量为300工时,制造费用预算为15 000元,则下列说法中正确的有(　　)。

A.若业务量为0,则制造费用为0

B.若业务量为320工时,则制造费用为15 300元

C.制造费用中固定部分为 10 500 元

D.单位变动制造费用预算为 15 元/工时

三、判断题

1.采用弹性预算法编制成本费用预算时，业务量计量单位的选择非常关键，自动化生产车间适合用机器工时作为业务量的计量单位。（　　）

2.企业正式下达执行的预算，执行部门一般不能调整。但是，市场环境、政策法规等发生重大变化，将导致预算执行结果产生重大偏差时，可经逐级审批后调整。（　　）

3.在产品成本预算中，产品成本总预算金额是将直接材料、直接人工、制造费用以及销售与管理费用的预算全额汇总相加而得到的。（　　）

4.编制弹性预算时，以手工操作为主的车间，可以选用人工工时作为业务量的计量单位。（　　）

5.在企业预算体系中，产品成本预算是编制销售预算及生产预算的基础。（　　）

6.生产预算是以实物量作为计量单位的预算。（　　）

7.预算的财务报表也叫做“总预算”(　　)

8.在全面预算体系中，企业应当首先编制财务预算，在此基础上编制经营预算与专门决策预算。（　　）

9.企业财务管理部门负责企业预算的编制、执行、分析和考核等工作，并对预算执行结果承担直接责任。（　　）

10.在预算编制过程中，企业销售预算一般应当在生产预算的基础上编制。（　　）

四、名词解释

1.全面预算

2.零基预算

3.弹性预算

4.滚动预算

5.固定预算

五、简答题

1.全面预算包括哪些内容?

2.预算编制的方法有哪些?

3.弹性预算的优缺点有哪些?

4.滚动预算的优缺点有哪些?

5.资金预算包括哪些内容?

六、计算分析题

1.丁公司采用逐季滚动预算和零基预算相结合的方法编制制造费用预算，相关资料如下：

资料一:2012 年分季度的制造费用预算如表 1 所示。

表1　2012年制造费用预算

金额单位:元

项　目	第一季度	第二季度	第三季度	第四季度	合计
直接人工预算总工时(小时)	11 400	12 060	12 360	12 600	48 420
变动制造费用	91 200	×	×	×	387 360
其中:间接人工费用	50 160	53 064	54 384	55 440	213 048
固定制造费用	56 000	56 000	56 000	56 000	224 000
其中:设备租金	48 500	48 500	48 500	48 500	194 000
生产准备与车间管理费	×	×	×	×	×

注:表中"×"表示省略的数据。

资料二:2012年第二季度至2013年第一季度滚动预算期间。将发生如下变动:

(1)直接人工预算总工时为50 000小时;

(2)间接人工费用预算工时分配率将提高10%;

(3)2012年第一季度末重新签订设备租赁合同,新租赁合同中设备年租金将降低20%。

资料三:2012年第二季度至2013年第一季度,公司管理层决定将固定制造费用总额控制在185 200元以内,固定制造费用由设备租金、生产准备费用和车间管理费组成,其中设备租金属于约束性固定成本,生产准备费和车间管理费属于酌量性固定成本,根据历史资料分析,生产准备费的成本效益远高于车间管理费。为满足生产经营需要,车间管理费总预算额的控制区间为12 000元～15 000元。

要求:(1)根据资料一和资料二,计算2012年第二季度至2013年第一季度滚动期间的下列指标:①间接人工费用预算工时分配率;②间接人工费用总预算额;③设备租金总预算额。

(2)根据资料二和资料三,在综合平衡基础上根据成本效益分析原则,完成2012年第二季度至2013年第一季度滚动期间的下列事项:①确定车间管理费用总预算额;②计算生产准备费总预算额。

2.戊公司只生产销售甲产品,该产品全年产销量一致。2013年固定成本总额为4 800万元,该产品生产资料如表2所示。

表2　2013年甲产品生产和销售资料

项　目	产销量(万台)	单价(元)	单位变动成本(元)
甲产品	17	500	200

经过公司管理层讨论,公司2014年目标利润总额为600万元(不考虑所得税)。假设甲产品单价和成本性态不变。为了实现利润目标,根据销售预测,对甲产品2014年四个季度的销售量做出如下预计,见表3。

表3　2014年度分季度销售量预测数

单位:万台

季　度	一	二	三	四	全年
预计销售量	3	4	5	6	18

若每季度末预计的产成品存货占下个季度预计销售量的10%,2014年年末预计的产成品存货数为0.2万台。各季预计的期初存货为上季末期末存货。2013年第四季度的期末存货为0.2万台。根据以上资料,戊公司生产预算如表4所示。

表4　2014年生产预算表

单位:万台

季　度	一	二	三	四	全年
预计销售量	*	4	5	6	*
加:预计期末产成品存货	(A)	0.5	*	0.2	0.2
合计	*	4.5	*	6.2	*
减:预计期初产成品存货	0.2	*	(C)	*	*
预计生产量	*	(B)	*	*	*

注:表中“*”表示省略的数据。

要求:

(1)计算甲产品2013年的贡献毛益和贡献毛益率;

(2)计算甲产品2013年保本销售量和保本销售额;

(3)计算甲产品2013年的安全边际量和安全边际率,并根据投资企业经营安全程度的一般标准,判断公司经营安全与否;

(4)计算2014年实现目标利润总额600万元的销售量;

(5)确定表4中英文字母代表的数值(不需要列示计算过程)。

3.丁公司2014年年末的长期借款余额为12 000万元,短期借款余额为零。该公司的最佳现金持有量为500万元,如果资金不足,可向银行借款。假设:银行要求借款的金额是100万元的倍数,而偿还本金的金额是10万元的倍数;新增借款发生在季度期初,偿还借款本金发生在季度期末,先偿还短期借款;借款利息按季度平均计提,并在季度期末偿还。丁公司编制了2015年分季度的现金预算,部分信息如表5所示。

表5　丁公司2015年现金预算的部分信息

单位:万元

季　度	一	二	三	四
现金余缺	−7 500	(C)	×	−450
长期借款	6 000	0	5 000	0
短期借款	2 600	0	0	(E)
偿还短期借款	0	1450	1150	0

续表

季　度	一	二	三	四
偿还短期借款利息(年利率 8%)	52	(B)	(D)	×
偿还长期借款利息(年利率 12%)	540	540	×	690
期末现金余额	(A)	503	×	×

注:表中"×"表示省略的数据。

要求:确定上表中英文字母代表的数值(不需要列示计算过程)。

4.甲公司编制销售预算的相关资料如下:

资料一:甲公司预计每季度销售收入中,有 70%在本季度收到现金,30%于下一季度收到现金,不存在坏账。2016 年年末应收账款余额为 6 000 万元。假设不考虑增值税及其影响。

资料二:甲公司 2017 年的销售预算如下表 6 所示。

表 6　甲公司 2017 年销售预算

季　度	一	二	三	四	全年
预计销售量(万件)	500	600	650	700	2 450
预计单价(元/件)	30	30	30	30	30
预计销售收入(万元)	15 000	18 000	19 500	21 000	73 500
预计现金收入(万元)					
上年应收账款(万元)	*	*			
第一季度	*	*	*		
第二季度	(B)	*	*		
第三季度	*	(D)	*		
第四季度	*	*			
预计现金收入合计(万元)	(A)	17 100	(C)	20 550	*

注:表内"*"表示省略的数值。

要求:

(1)确定表格中字母所代表的数值(不需要列式计算过程)。

(2)计算 2017 年年末预计应收账款余额。

5.甲公司是一家制造企业,正在编制 2019 年第一、二季度现金预算,年初现金余额 52 万元。

相关资料如下:

(1)预计第一季度销量 30 万件,单位售价 100 元;第二季度销量 40 万件,单位售价 90 元;第三季度销量 50 万件,单位售价 85 元,每季度销售收入 60%当季收现,40%下季收现，2019 年初应收账款余额 800 万元，第一季度收回。

(2)2019 年初产成品存货 3 万件，每季末产成品存货为下季销量的 10%。

(3)单位产品材料消耗量 10 千克，单价 4 元/千克，当季所购材料当季全部耗用，季初、季末无材料存货，每季度材料采购货款 50%当季付现，50%下季付现。2019 年初应付账款余额 420 万元，第一季度偿付。

(4)单位产品人工工时 2 小时，人工成本 10 元/小时；制造费用按人工工时分配，分配率 7.5 元/小时。销售和管理费用全年 400 万元，每季度 100 万元。假设人工成本、制造费用、销售和管理费用全部当季付现。全年所得税费用 100 万元，每季度预缴 25 万元。

(5)公司计划在上半年安装一条生产线，第一、二季度分别支付设备购置款 450 万元、250 万元。

(6)每季末现金余额不能低于 50 万元。低于 50 万元时，向银行借入短期借款，借款金额为 10 万元的整数倍。借款季初取得，每季末支付当季利息，季度利率 2%。高于 50 万元时，高出部分按 10 万元的整数倍偿还借款，季末偿还。

第一、二季度无其他融资和投资计划。

要求：

根据上述资料，编制公司 2019 年第一、二季度现金预算（结果填入下方表格中，不用列出计算过程）。

现金预算

单位：万元

项　目	第一季度	第二季度
期初现金余额		
加：销货现金收入		
可供使用的现金合计		
减：各项支出		
材料采购		
人工成本		
制造费用		
销售和管理费用		
所得税费用		
购买设备		
现金支出合计		
现金多余或不足		
加：短期借款		
减：偿还短期借款		
支付短期借款利息		
期末现金余额		

案例分析

东方电气采用全面预算管理方法助力脱贫攻坚[①]

阳春三月，正是大凉山播种的季节。在阿苏的格泽山的山坡上，石扎打果正在播种荞麦。石扎打果家里共有6口人，今年种植了荞麦、玉米和土豆，还养殖了3头乌金猪和和4只鸡，但想到4个正在上学的孩子，自己又因为新冠肺炎疫情影响迟迟不能外出务工，石扎打果感到压力很大，一丝忧色爬上了脸庞。

“石扎打果，你的健康证办下来了。”远处传来东方电气派驻昭觉县特布洛乡特布洛村驻村第一书记牟尔古的喊声。“而且，东方电气还向你家里捐赠了20只鸡苗，下了认购订单，等你养大了直接可以卖给他们，”牟尔古跑过来，边擦着汗水边说，“东方电气捐建的扶贫车间也提前向你下了其他农副产品的订单。”“卡沙沙(彝语：非常感谢)，卡沙沙！”一个个好消息传过来，石扎打果脸上的忧色变成了笑容，一个劲地说着感谢的话。

今年，中国东方电气集团有限公司在对口帮扶昭觉县的行动中，引入全面预算管理的思路和方法，建立返贫监测和帮扶机制，编制脱贫攻坚决战决胜村级挂图作战一览表，对采集数据进行预算分析和动态管理，为贫困户精准“把脉”，实现扶贫资源合理配置。

目前，东方电气已完成昭觉县特布洛乡特布洛村85户贫困户和边缘易致贫户的主要收入来源信息采集和分析，并对存在返贫致贫风险的9户家庭采取精准帮扶措施。

“如果我们只是在去年扶贫数据的基础上来制定帮扶措施，显然无法做到精准有效，县委县政府要求进一步加强对贫困户的入户排查。”东方电气派驻昭觉县挂职副县长杨强介绍道：“如果我们入户排查的数据过于繁琐的话，不仅数据收集困难，更不利于统计和分析，所以我们联合乡党政和帮乡单位政府办，共同研究讨论，利用企业实施全面预算管理的经验和方法，编制了这张脱贫攻坚决战决胜村级挂图作战一览表。”在这张表里，农户家庭主要收入来源被分成外出务工、种植、养殖、转移性收入四大类，然后把采集的数据按照市场价值进行量化，计算每户家庭的预期人均纯收入，分析后再进行精准帮扶。实际上这也是贫困户的一张“体检表”，通过问诊把脉、查找病根、对症下药三步走，实现贫困户稳定脱贫，不再返贫。

牟尔古每个月都要到重点关注对象入户进行排查。在昭觉县特布洛乡特布洛村，牟尔古正在向贫困户吉克新容家走去。上次进村入户他了解到吉克新容因为腰部受伤而无法外出务工，于是联系县商务局，为吉克新容提供粮油，以先销售后结款的方式销售，增加他的收入。“我们每个月都要对这85户重点关注对象入户排查一次，每季度对全村189户家庭进行全面排查一次，及时更新数据，进行动态管理。”牟尔古边走边向记者介绍。

“上次了解到吉克新容和神扎格惹两家预期纯收入偏低，就联系县商务局为他们提供代销的机会，其他的重点关注对象，我们还通过设立公益岗位、实施订单农业等方法增加

---

① 资料参见：国资委网站2020年4月1日发布的专题文章——东方电气：引入全面预算管理方法，为贫困户精准“把脉”。

他们的收入,目前特布洛村的贫困户和低收入非贫困户家庭预期纯收入增加超过 2 400 元,目标人均年纯收入均超过 5 000 元。我们还把挂图作战表张贴在村委会公开栏,接受村民监督,保证数据真实有效。”

东方电气在昭觉县特布洛村援建的苦荞产业园可为当地贫困户带来长期稳定的收入。建立在精准数据和精准分析基础上,东方电气采取的扶贫措施更具有针对性,使扶贫资源配置更合理。一方面在公司内部开展消费扶贫行动,通过职工自愿认购,提前向农户下订单,稳定增加农户收入;另一方面,通过开展的产业扶贫项目,优先收购贫困户农副产品,解决他们的后顾之忧。

这种返贫监测和帮扶机制在特布洛乡特布洛村试点实施后,使贫困户的脱贫过程全程受控,降低了低收入贫困户返贫风险,受到昭觉县委县政府的高度肯定和表扬,县委书记子克拉格表示,这种“靶向治疗”的精准帮扶方法具有很好的借鉴意义,将在昭觉县全县推广。

案例分析提示:

1.通过以上案例,思考全面预算管理的方法怎样运用到脱贫攻坚中?

2.全面预算管理的方法还可以应用在哪些地方?

3.思政思考题:专业知识可以造福社会,怎样提升专业素养,成为一个对国家和社会更有用的青年?

第 10 章

绩效评价

思维导图

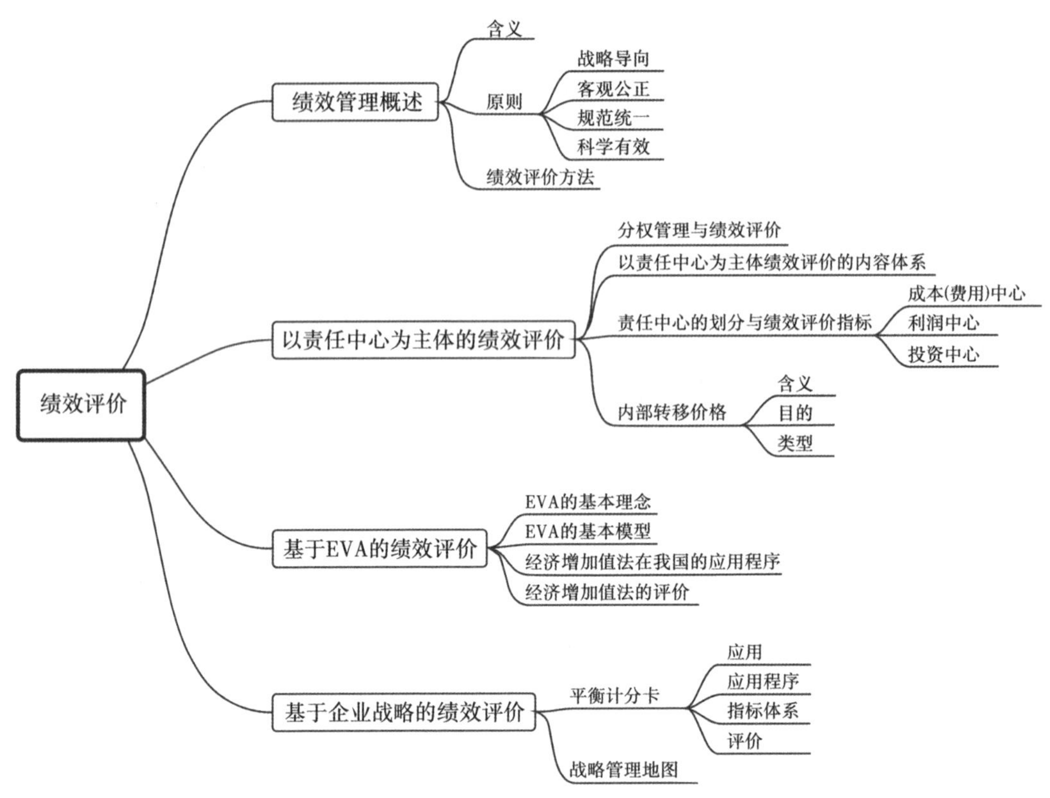

学习目标

本章的内容包括绩效管理概述、以责任中心为主体的绩效评价、基于 EVA 的绩效评价、基于企业战略的绩效评价。学习具体目标包括：

◇知识目标

了解绩效管理的含义、原则和绩效评价方法，了解以责任中心为主体的绩效评价基本理论，掌握责任中心的划分与绩效评价指标，熟悉内部转移价格的含义、目的和类型，理解和掌握 EVA 的基本理念和基本模型，了解经济增加值法在我国的应用程序及经济增加值法的评价，熟悉基于战略的绩效评价方法，如平衡计分卡和战略地图。

◇能力目标

能够运用以责任中心为主体的绩效评价理论和方法，进行责任中心的划分以及绩效评价指标的计算分析，能够应用 EVA 的基本理论和基本模型进行企业绩效评价，能够简单应用平衡计分卡和战略地图的基本原理进行企业绩效评价和管理。

◇思政目标

能够在理解和掌握平衡计分卡和战略地图的基本原理的基础上，深刻理解看待和评价事物的多维度平衡视角，能够正确理解政府各项宏观政策的立足点，能够全面客观地评价政策效果，树立为国家发展和社会进步贡献个人力量的坚定信念。

10.1　绩效管理概述

为了促进企业加强绩效管理，激发和调动员工积极性，增强价值创造力，根据《管理会计基本指引》，财政部制定了《管理会计应用指引第600号—绩效管理》。

10.1.1 绩效管理的含义

绩效管理，是指企业与所属单位(部门)、员工之间就绩效目标及如何实现绩效目标达成共识，并帮助和激励员工取得优异绩效，从而实现企业目标的管理过程。绩效管理的核心是绩效评价和激励管理。绩效评价，是指企业运用系统的工具方法，对一定时期内企业营运效率与效果进行综合评判的管理活动。绩效评价是企业实施激励管理的重要依据。激励管理，是指企业运用系统的工具方法，调动企业员工的积极性、主动性和创造性，激发企业员工工作动力的管理活动。激励管理是促进企业绩效提升的重要手段。本章主要介绍企业绩效评价方法。

10.1.2 绩效管理的原则

企业进行绩效管理，一般应遵循以下原则：

(1)战略导向原则。绩效管理应为企业实现战略目标服务，支持价值创造能力提升。

(2)客观公正原则。绩效管理应实事求是，评价过程应客观公正，激励实施应公平合理。

(3)规范统一原则。绩效管理的政策和制度应统一明确，并严格执行规定的程序和流程。

(4)科学有效原则。绩效管理应做到目标符合实际，方法科学有效，激励与约束并重，操作简便易行。

10.1.3 绩效评价方法

为了对企业一定时期内企业营运效率与效果进行综合评判，绩效管理工作机构需要使用系统的工具方法对管理活动进行绩效评价。这些工具方法包括以责任中心为主体的业绩评价方法、关键绩效指标法、经济增加值法、平衡计分卡、股权激励等。企业可根据自身战略目标、业务特点和管理需要,结合不同工具方法的特征及适用范围,选择一种适合的绩效管理工具方法单独使用,也可选择两种或两种以上的工具方法综合运用。利用各种工具方法,根据计划的执行情况定期实施绩效评价与激励,按照绩效计划与激励计划的约定,对被评价对象的绩效表现进行系统、全面、公正、客观地评价,并根据评价结果实施相应的激励。同时企业绩效管理工作机构应定期或根据需要编制绩效评价与激励管理报告,对绩效评价和激励管理的结果进行反映。作为企业管理会计报告的重要组成部分,绩效评价与激励管理报告应确保内容真实、数据可靠、分析客观、结论清楚,为报告使用者提供满足决策需要的信息。

10.2 以责任中心为主体的绩效评价

10.2.1 分权管理与绩效评价

所谓分权管理(decentralization management),就是将企业生产经营决策权同相应的经济责任下放给下层管理人员,使下层管理人员对日常经营活动能做出及时有效的决策,以迅速适应市场变化的需求。

分权管理的优点是:(1)为中央管理部门节约时间,让高层管理者集中处理更重要的事务。(2)提高反应的时效性。分权管理可以发挥下属管理人员在制定和实施决策过程中迅速做出反应的优势。(3)通过业绩评价和奖罚措施,将各部门管理人员的利益与企业经营业绩紧密联系起来。

分权管理的缺点是:(1)必须协调好各事业部与总部之间的关系,否则可能会导致职能失调行为。(2)使整个企业统一指挥不够灵活,各部门间协调及对各部的业绩控制更加困难,增加收集信息的成本。(3)总部发生的管理费用一般会分配到各分部去,产生分配不公平的问题。

在典型的现代企业中,由于企业内外环境日益复杂,企业的高层领导既不可能了解企业所有的生产经营活动情况,也不可能为基层经理人员做出所有决策。于是对组织中谁有权力做出决策、他应负的责任以及如何进行评价和奖罚等问题的思考,促使企业实行某种形式的分权管理制度,即将决策权随同相应的责任下放给基层经理人员,许多关键性的决策由接近这些问题的经理人员做出,并确定相应的业绩评价考核指标和方法。

(1)信息的专门化。企业高级管理层在分享下级部门的信息时往往遇到许多困难,下级管理人员将其拥有的所有相关信息都传递给高级管理层非常困难,高级管理层要完全了解其信息和做出正确判断同样也是非常困难的,因为许多观察得到的信息很难数量化甚至难以用语言表达。

(2)反应的及时化。管理要求企业充分利用下级管理部门在制定和实施决策过程中能迅速做出反应的优势,避免高度集中式决策导致的某些决策延误和失败。

(3)下级管理人员的积极性。如果下级管理人员发现他们的作用仅限于执行上级的指令,就可能会对分配给他们的工作失去兴趣,停止发挥聪明才智。若在执行任务时被赋予更大的自主权,他们会对分配的任务更主动,积极性也会更高。

企业越是下放经营管理权,越要加强内部控制。于是很多大型企业将所属各级、各部门按其权力和责任的大小划分为各种成本中心、利润中心和投资中心等责任中心,实行分权管理,并对他们分工负责的经济活动进行规划、控制、考核和评价。

10.2.2 以责任中心为主体绩效评价的内容体系

以责任中心为主体绩效评价的内容归纳起来有以下六个方面:

(1)合理划分责任中心。实施以责任中心为主体绩效评价,首先要按照分工明确、责任易辨的原则,合理划分责任中心。然后明确规定其权、责范围,使其能在权限范围内,独立自主地履行职责。

(2)编制责任预算。为了顺利推行以责任中心为主体绩效评价,有必要将全面预算所确定的各项指标,按照各个责任中心进行层层分解,区分各责任中心的可控和不可控费用,为每个责任中心编制责任预算,使企业生产经营总体目标按责任中心进行分解、落实和具体化,作为他们开展日常工作的准绳和评价其工作成果的基本标准。

(3)制定合理的内部转移价格。为分清经济责任,便于评价各个中心的工作成果,企业内部各责任中心之间相互提供的产品或劳务都应进行结算,这就需要对企业所转让的各种产品和劳务确定其转移价格。

(4)建立健全严密的记录与报告系统。这也就是要建立一套完整的日常记录、计算和评价有关责任预算执行情况的系统,并在规定的时间编制业绩报告,将实际数与预算数进行对比,借以评价各有关责任中心的工作业绩,并分别反映所存在的问题。

(5)分析和评价实际工作业绩。根据原定的业绩评价标准对各责任中心的实际工作成绩进行比较,逐一找出差异,分析原因,判明责任,建立奖罚制度,采取有效措施,巩固成绩,改正缺点,及时通过信息反馈来保证生产经营活动能沿着预定的目标进行。

(6)建立公正、权威的内部协调机制。由于各责任中心在日常业务中不可避免地会发生责、权、利之间的纠纷,以及内部转让价格的争议,为了公正、客观地处理这些问题,就需要建立一个由最高管理当局以及专家组成的内部经济仲裁机构,专门处理、协调各种经济纠纷,必要时做出裁决。

10.2.3 责任中心的划分与绩效评价指标

责任中心是指根据其管理权限承担一定的经济责任,并能反映其经济责任履行情况的企业内部责任单位。凡是管理上可以分离、责任可以辨认、成绩可以单独考核的单位,都可以划分为责任中心,大到分公司、地区工厂或部门,小到车间、班组。责任中心将企业经营体分割成拥有独自产品或市场的多个绩效责任单位,然后将总部的管理责任授权给这些单位之后,通过客观性的业绩评价指标体系,实施必要的业绩衡量与奖罚,以期达成企业设定的经营成果。按照责任对象的特点和责任范围的大小，责任中心可以分为成本中心、利润中心、投资中心。

10.2.3.1 成本(费用)中心

成本中心是指在履行职责时，只耗费资源却不能产生收入或购买资产的组织部门。任何发生成本的责任范围都可以成为成本中心。成本中心只负责控制和报告成本，并按照这一要求来确定自己的组织结构和任务。例如石化集团中的化工分厂，能够制定有关材料、人工和制造费用等决策，却不能决定化工产品销售价格或选择促销手段。成本中心有两种类型：标准成本中心和费用中心。

(1)标准成本中心

标准成本中心必须是所生产的产品稳定而明确，并且已经知道单位产品所需要的投入量的责任中心。通常，标准成本中心的典型代表是制造业工厂、车间、工段、班组等。在生产制造活动中，每个产品都可以有明确的原材料、人工和制造费用的数量标准和价格标准。实际上，任何一种重复性的活动都可以建立标准成本中心，只要这种活动能够计量产出的实际数量，并且能够说明投入与产出之间可望达到的函数关系。因此，各种行业都可能建立标准成本中心。银行业根据经手支票的多少，医院根据接受检查或放射治疗的人数，快餐业根据售出的盒饭多少，都可建立标准成本中心。

(2)费用中心

对于那些产出不能用财务指标来衡量，或者投入和产出之间没有密切关系的部门或单位，适于划分为费用中心。这些部门或单位包括财务、人事、劳资、计划等行政管理部门、研究开发部门、销售部门等。这些部门有的产出难以度量，有的投入量与产出量之间没有密切的联系。对于费用中心，唯一可以准确计量的是实际费用，无法通过投入和产出的比较来评价其效果和效率，从而限制无效费用的支出，因此，有人称之为“无限制的费用中心”。

由于成本中心只对所报告的成本或费用承担责任，所以成本中心业绩评价的主要资料是生产效率、标准成本与成本差异的报告等。责任成本考核是对责任成本预算指标完成情况所进行的考察、审核，以及对责任成本中心的工作绩效所进行的评价。责任成本是以具体的责任单位(部门、单位或个人)为对象，以其承担的责任为范围所归集的成本，也就是特定责任中心的全部可控成本。可控成本是指在特定时期内、特定责任中心能够直接控制其发生的成本。可控成本应符合以下三个条件：第一，成本中心有办法知道将发生什么样性质的耗费；第二，成本中心有办法计量它的耗费；第三，成本中心有办法控制并调节它的耗费。凡不符合上述三个条件的，即为不可控成本。

由于责任成本差异是责任成本实际数额与责任成本预算之间的差额，反映了责任成本预算的执行结果。为此，成本中心业绩评价的主要指标是责任成本及其增减额、升降率和与其作业相关的非财务指标等。

$$\text{责任成本增减额} = \text{责任成本实际数额} - \text{责任成本预算数额}$$

$$\text{责任成本升降率} = \frac{\text{责任成本增减额}}{\text{责任成本预算数额}}$$

例 10-1

成本中心绩效评价

资料：ABC 石化企业的油气勘探与生产分公司下面有 E、F、G 三个成本中心，三个成本中心某日的责任成本预算值分别为 50 000 元、60 000 元、70 000 元，其可控成本实际发生额分别为 48 500 元、62 500 元、69 500 元。

要求：计算 E、F、G 成本中心责任成本增减额和责任成本升降率。

解答：根据上述公式计算得表 10-1 内的数据。

表 10-1 责任成本预算完成情况表

成本中心	预算(元)	实际(元)	增减额(元)	升降率(%)
E	50 000	48 500	－1 500	－3
F	60 000	62 500	2 500	4.17
G	70 000	69 500	－ 500	－0.71

显然，在三个成本中心中，E 成本中心的实际成本比预算节约 3%，所以 E 成本中心的成本预算完成情况最好，而 F 成本中心的成本完成情况最差。在对成本中心的预算完成情况考核时应该注意，如果实际产量与预算产量不一致，应该首先区分固定成本和变动成本，再按照弹性预算的方法调整预算指标，然后进行上述计算、分析和比较。

责任成本考核与评价通过责任成本差异指标考核各责任成本中心的责任成本预算执行情况。考核时既要考核责任成本预算差异，以揭示各项成本的支出水平，评价各责任成本中心降低成本支出的绩效，又要考核责任成本产量差异，以揭示各责任成本中心通过增加产量形成的成本相对节约额，促使责任成本中心寻求降低成本的途径。分析责任成本预算完成情况的方法，与责任成本核算的内容与方法密切相关。各职能管理部门主要核算期间费用，因而主要采用差异分析法确定当期期间费用支出总额和各项费用支出的节约或超支，并分析其具体原因。供应部门主要核算材料采购成本，因而主要采用差异分析法确定当期材料采购成本支出总额和各种材料采购成本支出的节约或超支额，并分析具体原因。

10.2.3.2 利润中心

利润中心是组织中对实现销售以及控制成本负责，但没有责任或没有权力决定该中心资产投资的水平，应根据其利润的多少来评价该中心业绩的责任中心。利润中心管理人员一般要负责产品定价、决定产品组合以及监控生产作业。由于利润中心的管理人员有权制定资源供应决策并有自行定价的权力，在对利润中心进行业绩评价时，要充分考虑利润中心经理行使相应的决策权力所涉及的方面。

利润中心有两种类型：一种是自然的利润中心，它直接向公司外部出售产品，在市场上进行购销业务。例如，某些公司采用事业部制，每个事业部均有销售、生产、采购的职能，有很大的独立性，这些事业部就是自然的利润中心。自然利润中心具有全面的产品销售权、价格定制权、材料采购权及生产决策权。另一种是人为的利润中心，它主要在公司内部按照内部转移价格出售产品。人为利润中心具有部分的经营权，能自主决定利润中心的产品品种(含劳务)、产品产量、作业方法、人员调配、资金使用等。例如,大型钢铁公司分成采矿、炼铁、炼钢、轧钢等几个部门,这些生产部门的产品主要在公司内部转移,它们只有少量对外销售,或者全部对外销售由专门的销售机构完成,这些生产部门可视为利润中心,并称为人为的利润中心。再如,公司内部的辅助部门,包括修理、供电、供水、供气等部门,可以按固定的价格向生产部门收费,它们也可以确定为人为的利润中心。一般来说,只要能够制定出合理的内部转移价格,就可以将企业大多数生产半成品或提供劳务的成本中心改造成人为利润中心。

对利润中心工作业绩进行考核的重要指标是其可控利润,即责任利润。如果利润中心受到利润中心不可控制因素的影响,则必须进行调整。将利润中心的实际责任利润与责任利润预算进行比较,可以反映出利润中心责任利润预算的完成情况。

在计量一个利润中心的利润时,需要解决两个问题:第一,选择一个利润指标,分配成本到该中心;第二,为在利润中心之间转移的产品或劳务规定价格。这里先讨论第一个问题,后一个问题将单独讨论。由于不同类型、不同层次的利润中心的可控范围不同,因而用于评价的责任利润指标亦不同。具体包含毛利、部门贡献毛益和营业利润三种不同层次的收益形式。

(1)毛利(gross profit)

作为利润中心的考核指标,毛利包含了利润中心管理者所能控制的销售收入和销售产品成本两个因素。此外,由于这一指标不包含经营费用因素,所以能够促使各部门管理者进行成本分析和控制。同时,正是由于毛利没有包含经营费用因素,因此在采用这一考核指标时,必须注意由于毛利增加而引起的经营费用的增加。如果毛利的增加会引起营业费用更大幅度的增加,使企业净收益减少,就违背了目标一致性的原则,这是不可取的。

毛利=销售收入-销售成本

例 10-2

利润中心绩效评价

资料:ABC 石化企业的油品炼制和销售分公司下有两个利润中心 M、N。

要求:以毛利作为绩效评价业绩评价 M、N 利润中心。

解答:M、N 利润中心毛利如表 10-2 所示。

表 10-2 利润中心的责任利润计算表

单位:元

项　目	M 利润中心	N 利润中心	合 计
销售净额	435 000	3 131 450	3 566 450
期初存货	90 000	600 000	690 000
本期生产	260 000	2 150 000	2 410 000
减:期末存货	55 000	447 000	502 000
销售成本	295 000	2 303 000	2 598 000
毛利	140 000	828 450	968 450

(2)部门贡献毛益

部门贡献毛益=销售净额-销售成本-部门直接费用

考察部门贡献毛益首先要区分直接费用和间接费用。直接费用是指那些由于特定部门的业务所引起的、能直接归属于该部门所控制的费用,如生产人员工资、折旧费等。间接费用是指由企业整体受益而不能直接归属于某一部门的费用。

与采用毛利指标相比,贡献毛益指标对利润中心进行业绩评价有明显的优势性。首先由于把各部门可以影响和控制的一部分经营费用记到各部门的账上,使这些费用的减少既有利于个利润中心毛益的增加,也有利于企业净收益的增加,保持了利润中心目标和企业总目标的一致。例如一个企业租用办公室,如果只对使用办公室的各部门考核毛利,租金作为共同费用可以不进行分配,可能会使各部门为了方便、舒适多占面积,而不考虑节约费用;反之,如果各部门考核贡献毛益,将租金按照各部门的占用面积作为直接费用由各部门分别负担,则会促使各部门自觉地考虑如何充分利用可使用面积。最后,采用贡献毛益指标还有利于高层管理者进行部门间的横向比较,当某一部门亏损时,只要它能够创造贡献毛益,在没有更优方案的前提下,就应该保留。

例 10-3

利润中心绩效评价

资料:ABC石化企业的油品炼制和销售分公司下的直接人员工资、广告费、折旧费为直接费用,可以直接归属于两个利润中心M、N;其余各项均为间接费用,不再分配。

要求:计算M、N利润中心部门贡献毛益。

解答:以部门贡献毛益为绩效评价指标,其结果如表10-3所示。

表10-3　利润中心的责任利润计算表

单位:元

项　目	M利润中心	N利润中心	合计
销售净额	435 000	3 131 450	3 566 450
减:销售成本	295 000	2 303 000	2 598 000
毛利	140 000	828 450	968 450
减:部门直接费用	72 870	441 940	514 810
其中:人员工资	44 050	208 000	252 050
租金	11 925	88 950	100 875
折旧费	16 895	144 990	161 885
部门贡献毛益	67 130	386 510	453 640

(3)营业利润

营业利润=销售净额-销售成本-部门直接费用-部门间接费用

营业利润是在部门贡献毛益的基础上减去各部门应负担的全部营业费用以后的余额。采用营业利润作为考核评价指标，克服了上述毛利指标带来的利润中心目标和企业目标不一致的问题。但是由于企业发生的间接费用都是间接为各部门产品生产和销售服务的，例如管理人员工资、办公费用以及管理人员的折旧和摊销费用。这些费用不能直接确认、归属为某一部门，只能根据企业的具体情况，采用适当的比例进行分配。

例 10-4

利润中心绩效评价

资料：ABC 石化企业的间接费用按照 3∶7 的比例在 M、N 两个利润中心之间分配。

要求：计算 M、N 利润中心的营业利润。

解答：计算得到营业利润的评价指标如表 10-4 所示。

表 10-4 利润中心的责任利润计算表

单位：元

项目	M 利润中心	N 利润中心	合计
销售净额	435 000	3 131 450	3 566 450
毛利	140 000	828 450	968 450
部门贡献毛益	67 130	386 510	453 640
减：间接费用	88 935	207 515	296 450
其中：管理人员工资	18 750	43 750	62 500
办公费用	13 350	31 150	44 500
摊销费用	56 835	132 615	189 450
营业利润	−21 805	178 995	157 190

进行责任利润预算完成情况的分析，主要是将各利润中心的实际责任利润与责任利润预算进行比较，确定责任利润的增收或减收，并进一步分析增收或减收的具体原因。分析责任利润预算完成情况的方法，也是和责任利润核算的内容密切相关。人为利润中心的责任利润是生产过程中利润，其内部销售收入按内部结算价格计价，剔除了价格变动对责任利润的影响，因而，影响责任利润变动的因素主要是内部销售数量、销售成本的变动以及品种结构的变动。采用因素分析法可以确定各因素变动对责任利润的影响程度。不完全的自然利润中心的责任利润，虽然是实际实现的利润，但未包括各项不可控因素，因而不是最终实现的利润。由于产成品按照内部结算价格计价，剔除了销售成本变动对责任利润的影响，销售税金及附加按计划税率变动对责任利润的影响，因而，影响责任利润变动的因素主要是销售数量、销售价格、销售品种结构以及销售费用的变动。采用因素分析法可以确定各因素变动对责任利润的影响程度。完全的自然利润中心的责任利润是实际实现的利润，其分析方法与企业利润的分析方法相同。

10.2.3.3 投资中心

投资中心是指除了能够控制成本、收入和利润之外还能对投入的资金进行控制的中心。投资中心是最高层次的责任中心，它拥有最大的决策权，也承担最大的责任。投资中心必然是利润中心，但利润中心并不都是投资中心。利润中心没有投资决策权，而且在考核利润时也不考虑所占费用的资产。如ABC石化企业的油气勘探、油品炼制和化工产品生产都是投资中心。投资中心可以看作有投资决策的利润中心，其权责都高于利润中心。它不仅要对成本、利润负责，而且必须对投资效益负责。因此对投资中心进行业绩评价时，既要评价其成本和收益的状况，更要结合其投入资金全面衡量其投资报酬率大小和投资效果的好坏。一般来说，投资中心的业绩评价有两个重要的财务指标：投资报酬率和剩余收益。

(1)投资报酬率

投资报酬率是投资中心一定时期的息税前利润和该期的平均经营资产之比。该指标反映了通过投资而返还的价值，是企业从一项投资性商业活动的投资中得到的经济回报。企业最终获得的利润和投入的经营所必备的资产是紧密联系的。该指标是全面评价投资中心各项经营活动、考评投资中心业绩的综合性质量指标，它既能揭示投资中心的销售利润水平，又能反映资产的使用效果。此外，投资中心管理层要负责确定公司的战略防线，因此他们在提高市场占有率以及成功引进新产品等方面也负有责任。其计算公式为：

$$\begin{aligned}\text{投资报酬率} &= \frac{\text{息税前利润}}{\text{平均经营资产}} \\ &= \frac{\text{息税前利润}}{\text{销售收入}} \times \frac{\text{销售收入}}{\text{平均经营资产}} \\ &= \text{销售利润率} \times \text{资产周转率}\end{aligned}$$

例 10-5

投资中心绩效评价

资料：ABC石化企业有油田勘探与生产(X)、油品炼制与销售(Y)和化工产品生产与销售(Z)三个投资中心。

要求：计算投资中心的投资报酬率并分析。

解答：各投资中心的投资报酬率计算如表10-5所示。

表10-5　投资报酬率计算表

项　目	X投资中心	Y投资中心	Z投资中心
销售收入(元)	475 000	180 000	390 000
息税前利润(元)	39 500	24 000	32 500
平均经营资产(元)	490 000	115 000	290 000
投资报酬率(%)	8.06	20.9	11.21

进一步分析，我们可以将各投资中心的业绩进行分解。

X 投资中心：

$$投资报酬率=\frac{39\ 500}{475\ 000}\times\frac{475\ 000}{490\ 000}$$
$$=8.32\%\times0.969=8.06\%$$

Y 投资中心：

$$投资报酬率=\frac{24\ 000}{180\ 000}\times\frac{180\ 000}{115\ 000}$$
$$=13.33\%\times1.565=20.9\%$$

Z 投资中心：

$$投资报酬率=\frac{32\ 500}{390\ 000}\times\frac{390\ 000}{290\ 000}$$
$$=8.33\%\times1.35=11.2\%$$

通过对投资报酬率的分解可以发现，X、Z 两个投资中心的销售利润率都为 8.3%，但是由于 Z 投资中心的周转率要高于 X 投资中心，所以最终 Z 投资中心获得了高于 X 投资中心的投资报酬率。

投资报酬率综合反映了投资中心的营业业绩，其作为评价指标，考虑了投资规模，是一个相对指标，可以用于不同的投资中心的横向比较，并且还可用于不同规模的企业和同一企业不同时期的比较。但投资报酬率在使用的过程中也存在自身的缺陷，该指标可能会使管理者拒绝接受超出企业平均水平投资报酬率而低于该投资中心现有报酬率的投资项目，有损企业的整体利益。其次，投资报酬率有可能导致决策的短视行为而损害公司的长远利益。由于管理层需要想方设法减少经营成本和管理费用，他们也可能会减少企业未来增长所必要的投资，如研发费用的投入等。

(2)剩余收益

剩余收益是指投资中心获得的息税前利润，扣减其平均经营资产(或净资产占用额)按规定(或预期)的最低报酬率计算的投资收益后的余额，是一个部门的息税前利润超过其按预期最低收益率计算的投资收益后的余额，是一个部门的息税前利润超过其预期最低收益的部分。计算方式为：

剩余收益=息税前利润−平均经营资产×最低投资报酬率

例 10-6

剩余收益的计算

资料：ABC 公司有三个投资中心，预期最低报酬率为 10%，三个中心的资料如表 10-6 所示。

要求：计算各投资中心的剩余收益。

解答：计算结果如表 10-6 所示最后一行。

表10-6 剩余收益计算表

单位:元

项 目	X投资中心	Y投资中心	Z投资中心
息税前利润	48 000	79 000	65 000
平均经营资产	230 000	980 000	580 000
最低投资报酬	23 000	98 000	58 000
剩余收益	25 000	−19 000	7 000

剩余收益和投资报酬率可以起到互补作用,剩余收益弥补了投资报酬率的不足,可以在投资决策方面使投资中心利益与企业整体利益取得一致,并且剩余收益需不同的投资中心使用不同的风险调整资本成本。剩余收益最大的不足之处在于,不能用于两个规模差别比较大的投资中心的横向比较。

需要强调的是,责任绩效评价并非只局限于上述财务指标基础上的评价。事实上,所有责任中心均会有重要的非财务业绩评价指标,如商品或劳务的质量、经营周期、顾客满意度、员工满意度和市场占有量等。这些非财务指标因责任中心的划分而重要性各不相同。即使在同一类责任中心,由于各个部门权责范围的差异,也会有所不同。这就要求基于各责任中心的具体特征进行详细的分析。

10.2.4 内部转移价格

分散经营的组织单位之间相互提供产品或劳务时,需要制定一个内部转移价格。转移价格对于提供产品或劳务的生产部门来说表示收入,对于使用这些产品或劳务的购买部门来说则表示成本。因此,转移价格会影响到这两个部门的获利水平,使得部门经理非常关心转移价格的制定,并经常引起争论。

10.2.4.1 内部转移价格的含义

为了分清经济责任,各责任中心的经济往来,应当按照等价交换的原则实行"商品交换",各责任中心之间相互提供产品(或劳务,下同)时,要按照一定的价格,采用一定的结算方式,进行计价结算。这种计价结算并不真正动用企业货币资金,而是一种观念上的货币结算,是一种资金限额指标的结算。计价结算过程中使用的价格,称为内部转移价格,也称内部结算价格。

10.2.4.2 制定内部转移价格的目的

内部转移价格的制定应贯彻公平性原则,对于具有前后"传递性"关系的责任中心来说,可以使他们在公平、合理、对等的条件下努力工作。既要考虑有关责任中心的利益,更要考虑企业的总体利益,并且尽量使两者的利益保持一致。企业制定转移价格的目的有两个:一是防止成本转移带来的部门间责任转嫁,使每个利润中心都能作为单独的组织单位进行业绩评价;二是作为一种价格引导下级部门采取明智的决策,生产部门据此确定提供产品的数量,购买部门据此确定所需要的产品数量。当这两个目的存在矛盾时,需要找到相对理想的转移价格来兼顾业绩评价和制定决策，根据公司的具体情况选择基本满意的解决办法。

10.2.4.3 内部转移价格的类型

评价责任中心绩效的内部转移价格大体上有以下四种类型可供选择：

(1)市场价格

市场价格型内部转移价格，即以单位产品的市场销售价格作为内部结算单价。当产品存在活跃市场时，可以以市场价格作为内部转移价格。在提供产品的责任中心的产品能够对外销售，而接受产品的责任中心所需的产品也可以外购的情况下，以市场价格作为内部转移价格，能够较好地体现公平性原则；各责任中心计算的利润就是企业实现的利润。市场价格型内部转移价格有利于促使各责任中心参与市场竞争，加强生产经营管理。但是，在市场价格不能合理确定的情况下，可能导致各责任中心之间的苦乐不均。但是，对企业外部出售和在各责任中心转移，出售方的难度和代价是不同的，因此，在中间产品存在完全竞争市场的情况下，市场价格减去对外的销售费用，是理想的转移价格，可以鼓励中间产品的内部转移。如果不考虑其他更复杂的因素，购买部门的经理应当选择从内部取得产品，而不是从外部采购。

值得注意的是，外部供应商为了能做买卖可能先报一个较低的价格，同时期望日后高价格。因此，在确认外部价格时要采用可以长期保持的价格。另外，公司内部转移的中间产品比外购产品的质量可能更有保证，并且更容易根据公司需要加以改进。因此，在经济分析无明显差别时，一般不应该依靠外部供应商，而应该鼓励利用自己内部的供应能力。

(2)以市场为基础的协商价格

如果中间产品存在非完全竞争的外部市场，可以采用协商的办法确定转移价格，即双方部门经理就转移中间产品的数量、质量、时间和价格进行协商并设法取得一致意见。当购销双方意见不一致时，需要得到最高管理层的必要干预。虽然尽可能让谈判双方自己来解决大多数问题，以发挥分权管理、分散经营的优点，但是，对于双方谈判时可能导致的公司非最优决策，最高管理层要进行干预，对于双方不能自行解决的争论有必要进行调解。当然，这种干预必须是有限的、得体的，不能使整个谈判变成上级领导裁决一切问题。

协商价格往往浪费时间和精力，可能会导致部门之间的矛盾，部门获利能力大小与谈判人员的谈判技巧有很大关系，是这种转移价格的缺点。尽管有上述不足之处，协商转移价格仍被广泛采用，它的好处是有一定弹性，可以照顾双方利益并得到双方认可。少量的外购或外卖是有益的，它可以保证得到合理的外部价格信息，为协商双方提供一个可供参考的基准。

(3)变动成本加固定费转移价格

这种方法要求中间产品的转移用单位变动成本来定价，与此同时，还应向购买部门收取固定费，作为长期以低价获得中间产品的一种补偿。这样做，生产部门有机会通过每期收取固定费来补偿其固定成本并获得利润；购买部门每期支付特定数额的固定费之后，对于购入的产品只需支付变动成本，通过边际成本等于边际收入的原则来选择产量水平，可以使其利润达到最优水平。

按照这种方法，供应部门收取的固定费总额为期间固定成本预算额与必要的报酬之和，它按照各购买部门的正常需要量按比例分配给购买部门。此外，为单位产品确定标准的变动成本，按购买部门的实际购入量计算变动成本总额。如果总需求量超过了供应部门的生产能力，变动成本不再表示需要追加的边际成本，则这种转移价格将失去其积极作用。反之，如果最终产品的市场需求很少，购买部门需要的中间产品也变得很少，但它仍然需要支付固定费。在这种情况下，市场风险全部由购买部门承担了，而供应部门仍能维持一定利润水平，显得很不公平。实际上，供应和购买部门都受到最终产品市场的影响，应当共同承担市场变化引起的市场波动。

(4)全部成本转移价格

以全部成本或者以全部成本加上一定利润作为内部转移价格即全部成本转移价格。这种定价比较简单，但是并不是业绩评价的良好尺度，也不能引导部门经理做出有利于公司的明智决策。以目前各部门的成本为基础加上一定百分比作为利润，会鼓励部门经理维持比较高的成本水平，并据此取得更多的利润。越是节约成本的单位，越会有可能在下一期被降低转移价格，使利润减少。另外，加成百分率也难以确定，很难说清楚它为什么会是5%、10%或20%。同时，在连续式生产公司中成本随产品在部门间流转，成本不断积累，使用相同的成本加成率会使后序部门利润明显大于前序部门。如果扣除半成品成本转移，则会因各部门投入原材料出入很大而使利润分布失衡。因此，只有在无法采用其他形式转移价格时，才考虑使用全部成本加成办法来制定转移价格。

10.3 基于EVA的绩效评价

经济增加值(economic value added，EVA)又称经济附加值，是美国思腾思特(Sterm Stewart)咨询公司于1982年提出并实施的一套以经济增加值理念为基础的财务管理系统、决策机制及激励报酬制度。它是基于税后营业净利润和生产这些利润所需资本投入的总成本(即资本成本)的一种企业绩效财务评价方法。公司每年创造的经济增加值等于税后净营业利润与全部资本成本之差。其中，资本成本既包括债务资本的成本，也包括股本资本的成本。目前，许多世界知名的跨国公司如宝洁、通用电气、联邦快递等大公司都先后采用该方法评价企业及内部各业务部门的经营业绩，而可口可乐公司则是较早在管理上应用EVA业绩评价方法而获得巨大成功的典范。

财政部公布《管理会计应用指引第602号—经济增加值法》，明确经济增加值法是以经济增加值为核心，建立绩效指标体系，引导企业注重价值创造，并据此进行绩效管理的方法。企业应用经济增加值法进行绩效管理的对象，可为企业及其所属单位(部门)(可单独计算经济增加值)和高级管理人员。

10.3.1 EVA的基本理念

10.3.1.1 传统业绩评价指标的缺陷

管理大师彼得·德鲁克1995年在哈佛商业评论刊登文章指出，EVA的基础是我们长期以来一直熟知的，我们称之为利润的东西，也就是说企业为股东剩下的金钱，从根本上来说是利润。只要一家公司的利润低于资金成本，公司就处于亏损状态，尽管公司仍要缴纳所得税，好像公司真的盈利一样。相对于消耗的资源来说，企业对国民经济的贡献太少。在创造财富之前，企业一直在消耗财富。许多公司往往只关心常规的会计利润。会计利润扣除了债务利息，但完全没有考虑股东资本的成本。同样，大多数业务经理只关注经营利润，而经营利润甚至没有扣除债务信息。只有股东资金的成本像其他所有成本一样被扣除后，剩下的才是真正的利润。

可见，传统业绩评价指标存在两个重要的缺陷：一方面，传统业绩评价指标的计算没有扣除公司权益资本的成本，导致成本的计算不完全，因此无法准确判断企业为股东创造的财富数量；另一方面，传统业绩评价指标对企业资本和利润的反映存在部分扭曲，传统业绩评价指标都是根据会计报表信息直接计算出来的，而会计报表的编制受到各国会计制度的约束，因而会计报表不能准确反映企业的经营状况和经营业绩。

10.3.1.2 EVA的特点

经济增加值，是指税后净营业利润扣除全部投入资本的成本后的剩余收益。经济增加值及其改善值是全面评价经营者有效使用资本和为企业创造价值的重要指标。经济增加值为正，表明经营者在为企业创造价值；经济增加值为负，表明经营者在损毁企业价值。经济增加值法较少单独应用，一般与关键绩效指标法、平衡计分卡等其他方法结合使用。

EVA与传统财务指标的最大不同，就是充分考虑了投入资本的机会成本，使EVA具有以下几个突出特点：

(1)EVA度量的是资本利润，而不是通常的企业利润。EVA从资本提供者角度出发，度量资本在一段时期内的净收益。只有净收益高于资本的社会平均收益（资本维持“保值”需要的最低收益），资本才能增值。而传统的企业利润所衡量的是企业一段时间内产出和消耗的差异，而不关注资本的投入规模、投入时间、投入成本和投资风险等重要因素。

(2)EVA度量的是资本的社会利润，而不是个别利润。不同的投资者在不同的环境下，对资本有着不同的获利要求。EVA剔除掉资本的“个性”特征，对同一风险水平的资本，对其最低收益要求并不因持有人和具体环境不同而不同。因此，EVA度量的是资本的社会利润，而不是具体资本在具体环境中的个别利润，这使EVA度量有了统一的标尺，并体现了企业对所有投资的平等性。

(3)EVA度量的是资本的超额收益，而不是利润总额。为了留住逐利的资本，企业的盈利不应低于相同风险的其他企业一般能够达到的水平，这个“最低限度的可以接受的利润”就是资本的正常利润。EVA度量的正是高出正常利润的那部分利润，而不是通常的利润总额。这反映了资本追逐超额收益的天性。

10.3.1.3 EVA的实质内涵

以EVA作为考核评价体系的目的就是使经营者像所有者一样思考，是所有者和经营者的利益取向趋于一致。对经营者的奖励是他为所有者创造的增量价值的一部分，这样，经营者的利益便于所有者的利益挂钩，可以鼓励他们采取符合企业最大利益的行动，并在很大程度上缓解因委托代理关系而产生的道德风险和逆向选择，最终降低管理成本。因此，经济增加值的实质内涵可以用4M来归纳。

(1)评价指标(measurement)

在经济增加值的计算过程中,首先对传统收入概念进行一系列调整,从而消除会计工作生产的异常状况,并使其尽量与真实状况相吻合。例如会计准则要求公司把研发费用计入当年成本,而经济增加值则建议把研发费用资本化并在适当的时期内分期摊销,反映了研发的长期经济效益,从而鼓励企业经营者进行新产品的开发。另外,资本化后的研发费用还要支付相应的资本费用,所以说经济增加值的调整是双向的,可以使业绩评价更趋于合理。

经济增加值通过将所有的资本成本纳入核算,表明了在一定时期内企业所创造财富的价值量。由于引入了可接受的最低投资回报、股东得到的回报的概念,股东得到的回报应当比期望得到的还要多,否则这个企业或项目就没有存在的必要。

(2)管理体系(management)

由于经济增加值是全部生产力的度量指标体系,所以经济增加值能够取代其他财务和经营指标体系,并与决策程序相统一,形成完整的企业管理体系。经济增加值指标体系真正的作用在于将其广泛地应用到企业管理中去,包括企业的制度、工作程序和方法及一系列管理决策。建立在经济增加值基础上的管理体系密切关注股东财富的创造,并以此指导公司决策的制定和营运管理,使企业经营更加符合股东利益,使企业经营计划运行更加有效。

(3)激励制度(motivation)

经济增加值通过其奖励计划,使企业管理者在为股东着想的同时也像股东一样得到报偿。经济增加值的奖励计划的主要特征:一是只对经济增加值的增加值提供奖励;二是不设临界值和上限;三是按照计划目标设奖;四是设立奖金库;五是不通过谈判,而是通过公式确定业绩指标。这样的奖励计划实际上使管理者关心公司业绩的改进。

经济增加值帮助管理者将两个最基本的财务原则(企业价值最大化或者股东权益最大化,企业的价值依赖于投资者预期的未来利润能否超过资本成本)列入他们的决策当中。过去用奖金与利润挂钩的激励办法忽略了资本成本的概念,而利用经济增加值设计激励计划,便于经理人员更关注资产及其收益,并能够像投资者一样去思考和工作。

(4)理念体系(mindest)

大多数企业利用一系列评价指标系统来评价企业的财务状况,例如我们经常用营业收入和市场份额的增长评价战略计划;用边际毛利润或现金流来评价一个产品或生产线的获利能力;用资产报酬与目标利润比较来评价业务部门的经营业绩;财务部门则通常用投资利润率,而不是将实际的投资利润率与期望的投资利润率相比较,来评价企业的经营业绩;部门经理的奖金一般是基于利润计划是否实现,一年兑现一次。这些不统一的标准、目标和术语导致了计划、战略实施意见决策的混乱。经济增加值的引入,给企业带来了一种新的观念,在经济增加值的引导下,企业所有营运都能从同一基点出发,即提高企业的经济增加值,各部门会自动加强合作。

10.3.2 EVA 的基本模型

EVA 其实并不是什么新的概念。事实上，EVA 发源于 RI（residual income 剩余收益，等于税后净营业利润减去资本成本），其基本思想在 1776 年亚当·斯密的国富论和 1777 年罗伯特·汉密尔顿的商品导论中就已经出现；1890 年，英国著名的古典经济学家阿尔佛雷德·马歇尔在经济学原理中提出了“经济利润”的概念：只有在净利润基础上减去资本以现行利率计算的利息，才能获得实际意义上的利润。这是 RI 的最早提法，剩余收益的概念还在 20 世纪早期的会计理论文献和 60 年代的管理会计文献中出现过。经济增加值只是对剩余收益加以调整的变形。

经济增加值的计算公式为：

经济增加值（EVA）＝税后净营业利润－平均资本占用×加权平均资本成本

其中：

税后净营业利润衡量的是企业的经营盈利情况；平均资本占用反映的是企业持续投入的各种债务资本和股权资本；加权平均资本成本反映的是企业各种资本的平均成本率。

税后净营业利润等于会计上的税后净利润加上利息支出等会计调整项目后得到的税后利润。平均资本占用是所有投资者投入企业经营的全部资本，包括债务资本和股权资本。其中债务资本包括融资活动产生的各类有息负债，不包括经营活动产生的无息流动负债。股权资本中包含少数股东权益。资本占用除根据经济业务实质相应调整资产减值损失、递延所得税等，还可根据管理需要调整研发支出、在建工程等项目，引导企业注重长期价值创造。加权平均资本成本是债务资本成本和股权资本成本的加权平均，反映了投资者所要求的必要报酬率。

可见，EVA 取决于三个变量，企业可以通过增加税后净营业利润、减少资本占用或者降低加权平均资本成本率来提高 EVA。上述模型表明，EVA 是超过资本成本的那部分价值，突出反映股东价值的增量；企业不能单纯追求经营规模，更要注重自身价值的创造。因此，EVA 可以提供一种最可靠的尺度，来反映管理行为是否增加了股东财富，已经增加股东财富的数量。一般来说，EVA 大于零，意味着从经营利润中减去整个公司的资本成本后，股东投资得到的净回报，为股东创造价值，否则就形成价值毁灭。EVA 的值越大，表面管理者的业绩越大。企业 EVA 持续的增长意味着公司市场价值的不断增加和股东财富的增长，从而实现股东财富最大化的财务目标。EVA 管理在于寻找价值创造（使 EVA 增加）的有效途径。

计算经济增加值时，需要进行相应的会计项目调整，以消除财务报表中不能准确反映企业价值创造的部分。会计调整项目的选择应遵循价值导向性、重要性、可控性、可操作性与行业可比性等原则，根据企业实际情况确定。常用的调整项目有：

（1）研究开发费、大型广告费等一次性支出但收益期较长的费用，应予以资本化处理，不计入当期费用。

（2）反映付息债务成本的利息支出，不作为期间费用扣除，计算税后净营业利润时扣除所得税影响后予以加回。

(3)营业外收入、营业外支出具有偶发性,将当期发生的营业外收支从税后净营业利润中扣除。

(4)将当期减值损失扣除所得税影响后予以加回,并在计算资本占用时相应调整资产减值准备发生额。

(5)递延税金不反映实际支付的税款情况,将递延所得税资产及递延所得税负债变动影响的企业所得税从税后净营业利润中扣除,相应调整资本占用。

(6)其他非经常性损益调整项目,如股权转让收益等。

10.3.3 经济增加值法在我国的应用程序

企业应用经济增加值法,应树立价值管理理念,明确以价值创造为中心的战略目标,建立以经济增加值为核心的价值管理体系,使价值管理成为企业的核心管理制度。企业应综合考虑宏观环境、行业特点和企业的实际情况,通过价值创造模式的识别,确定关键价值驱动因素,构建以经济增加值为核心的指标体系。企业应建立清晰的资本资产管理责任体系,确定不同被评价对象的资本资产管理责任。企业应建立健全会计核算体系,确保会计数据真实可靠、内容完整,并及时获取与经济增加值计算相关的会计数据。企业应加强融资管理,关注筹资来源与渠道,及时获取债务资本成本、股权资本成本等相关信息,合理确定资本成本。企业应加强投资管理,把能否增加价值作为新增投资项目决策的主要评判标准,以保持持续的价值创造能力。

企业应用经济增加值法,一般按照制定以经济增加值指标为核心的绩效计划、制定激励计划、执行绩效计划与激励计划、实施绩效评价与激励、编制绩效评价与激励管理报告等程序进行。企业通常按《管理会计应用指引第 600 号——绩效管理》所规定的管理活动制定绩效计划。绩效计划是企业开展业绩评价工作的行动方案,包括构建指标体系、分配指标权重、确定业绩绩效目标值、选择计分方法和评价周期、拟定业绩绩效责任书等。

构建经济增加值指标体系,一般按照以下程序进行:

(1)制定企业级经济增加值指标体系

即结合行业竞争优势、组织结构、业务特点、会计政策等情况,确定企业级经济增加值指标的计算公式、调整项目、资本成本等,并围绕经济增加值的关键驱动因素,制定企业的经济增加值指标体系。

(2)制定所属单位(部门)级经济增加值指标体系

即根据企业级经济增加值指标体系,结合所属单位(部门)所处行业、业务特点、资产规模等因素,在充分沟通的基础上,设定所属单位(部门)级经济增加值指标的计算公式、调整项目、资本成本等,并围绕所属单位(部门)经济增加值的关键驱动因素,细化制定所属单位(部门)的经济增加值指标体系。

(3)制定高级管理人员的经济增加值指标体系

即根据企业级、所属单位(部门)级经济增加值指标体系,结合高级管理人员的岗位职责,制定高级管理人员的经济增加值指标体系。

10.3.4 经济增加值法的评价

经济增加值法考虑了所有资本的成本,更真实地反映了企业的价值创造能力;实现了企业利益、经营者利益和员工利益的统一,激励经营者和所有员工为企业创造更多价值;能有效遏制企业盲目扩张规模以追求利润总量和增长率的倾向,引导企业注重长期价值创造。虽然采用 EVA 能有效地防止管理者的短期行为,但是同样存在以下缺点:一是仅对企业当期或未来 1～3 年价值创造情况的衡量和预判,无法衡量企业长远发展战略的价值创造情况;二是计算主要基于财务指标,无法对企业的营运效率与效果进行综合评价;三是不同行业、不同发展阶段、不同规模等的企业,其会计调整项和加权平均资本成本各不相同,计算比较复杂,影响指标的可比性。如企业管理者在企业都有一定的任期,为了自身的利益,他们可能只关心任期内各年的 EVA,而股东财富最大化依赖于未来各期企业创造的经济增加值。若仅仅以实现的经济增加值作为业绩评定指标,企业管理者从自身利益出发,会对保持或扩大市场份额、降低单位产品成本以及进行必要的研发项目投资缺乏积极性,而这些举措正是保证企业未来经济增加值持续增长的关键因素。从这个角度看,市场份额、单位产品成本、研发项目投资是企业的价值驱动因素,是衡量企业业绩的超前指标。因此,在评价企业管理者经营业绩及确定他们的报酬时,不但要考虑当期的 EVA 指标,还要考虑这些超前指标,这样才能激励管理者将自己的决策行为与股东的利益保持一致。同样,当利用 EVA 进行证券分析时,也要充分考虑影响该企业未来 EVA 增长势头的这些超前指标,从而尽可能准确地评估出股票的投资价值。另外,EVA 指标体系本身所具有的不确定性使管理者在使用 EVA 指标体系时应该注意以下几点:

(1)资本成本确定方法纷繁众多,难以统一。在 EVA 的计算过程中,资本成本具有决定性的因素,思腾思特咨询公司常用 CAPM 规模来计算资本成本,其他的计算方法还包括套利定价规模以及期权定价规模。企业在使用这些估计方法时要充分考虑到各期选择方法的可比性和一致性,以保持 EVA 绩效考核体系的连贯性和客观性。

(2)减少会计调整主观判断的影响。在计算 EVA 的过程中,对于税后净经营利润的调整是必不可少的,也正是这些调整才使得 EVA 指标体系比一般的会计利润更能够反映企业的真实经营绩效。所以,在计算 EVA 时应该针对不同公司的不同状况,对公司进行会计调整时尽量避免主观判断对 EVA 计算的影响,以保证经过调整后的会计利润更接近真实和可靠,而不是调整过度。

(3)EVA 无法解释企业内在的成长性机会。EVA 受到的另外一个怀疑来自 EVA 在计算过程中对会计利润所反映的信息所进行的调整。这些调整可能一方面使 EVA 比其他指标更接近企业真正创造的财富,另一方面也降低了 EVA 指标与股票市场的相关性,使得 EVA 无法解释企业内在的成长性机会。

(4)对管理者考核与评价的偏差。EVA 进行会计调整可能会对管理层的各期业绩造成歪曲,在调整偏差存在的情况下,从绩效考核体系出发的薪酬激励制度对管理者所做的补偿与激励可能存在有待改进的地方。

10.4　基于企业战略的绩效评价

传统的只注重财务指标的业绩评价模式，以收益为基础的财务数据只能衡量过去决策的结果，具有一定的滞后性，难以评估企业未来的绩效表现，容易误导企业未来发展方向，对于指导和评价企业如何通过投资于客户、供应商、雇员、生产、技术和创新等来创造未来的价值是不够的。同时，当财务指标为企业绩效考核的唯一指标时，容易使经营者过分注重短期财务结果。在一定程度上，也使经营者变得急功近利，不愿就企业长期策略目标进行资本投资。因此，在绩效评价中应增加用于评估企业未来投资价值好坏的具有前瞻性的先行指标。战略规划决定了企业未来的发展方向，不少企业战略执行失败的原因是由沟通障碍、管理障碍、资源障碍和人员障碍造成的。财务人员如何在战略规划中成为主要的参与者与制定者，如何保证战略实现？为了解决有效的业绩评价问题和成功实施战略的问题，基于战略的业绩评价工具应运而生。战略业绩考核模式中，比较有代表性并引起广泛关注的有平衡计分卡和战略管理地图。

10.4.1 平衡计分卡

平衡计分卡（balanced score card，BSC），是绩效管理的一种新思路，20 世纪 90 年代初由哈佛商学院的罗伯特·卡普兰和诺朗诺顿研究所所长大卫·诺顿发展出的基于公司战略角度对部门进行考核的一种全新的组织绩效管理方法。财政部《管理会计应用指引第 603 号——平衡计分卡》中明确，平衡计分卡是指基于企业战略，从财务、客户、内部业务流程、学习与成长四个维度，将战略目标逐层分解转化为具体的、相互平衡的绩效指标体系，并据此进行绩效管理的方法。该方法适用于战略目标明确、管理制度比较完善、管

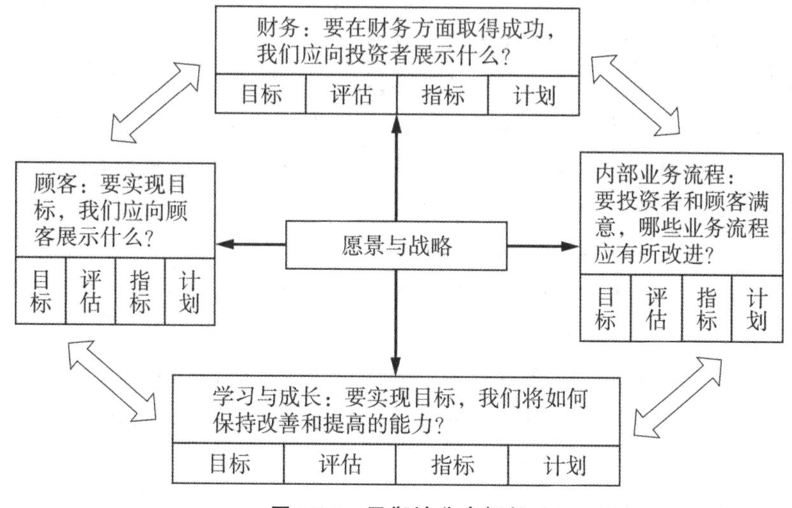

图 10-1　平衡计分卡框架

理水平相对较高的企业，其应用对象可为企业、所属单位（部门）和员工，实务中通常与战略地图等其他工具结合使用。

10.4.1.1 平衡计分卡的应用

企业应用平衡计分卡工具方法，应有明确的愿景和战略。平衡计分卡应以战略目标为核心，全面描述、衡量和管理战略目标，将战略目标转化为可操作的行动。

平衡计分卡可能涉及组织和流程变革，具有创新精神、变革精神的企业文化有助于成功实施平衡计分卡。

企业应对组织结构和职能进行梳理，消除不同组织职能间的壁垒，实现良好的组织协同，既包括企业内部各级单位（部门）之间的横向与纵向协同，也包括与投资者、客户、供应商等外部利益相关者之间的协同。

企业应注重员工学习与成长能力的提升，以更好地实现平衡计分卡的财务、客户、内部业务流程目标，使战略目标贯彻到每一名员工的日常工作中。

平衡计分卡的实施是一项复杂的系统工程。企业一般需要建立由战略管理、人力资源管理、财务管理和外部专家等组成的团队，为平衡计分卡的实施提供机制保障。

企业应建立高效集成的信息系统，实现绩效管理与预算管理、财务管理、生产经营等系统的紧密结合，为平衡计分卡的实施提供信息支持。

10.4.1.2 平衡计分卡的应用程序

企业应用平衡计分卡工具方法，一般按照制定战略地图、制定以平衡计分卡为核心的绩效计划、制定激励计划、制定战略性行动方案、执行绩效计划与激励计划、实施绩效评价与激励、编制绩效评价与激励管理报告等程序进行。

企业首先应制定战略地图，即基于企业愿景与战略，将战略目标及其因果关系、价值创造路径以图示的形式直观、明确、清晰地呈现。战略地图的制定参照《管理会计应用指引第 101 号—战略地图》。战略地图基于战略主题构建，战略主题反映企业价值创造的关键业务流程，每个战略主题包括相互关联的 1～2 个目标。

战略地图制定后，应以平衡计分卡为核心编制绩效计划。绩效计划是企业开展绩效评价工作的行动方案，包括构建指标体系、分配指标权重、确定绩效目标值、选择计分方法和评价周期、签订绩效责任书等一系列管理活动。制定绩效计划通常从企业级开始，层层分解到所属单位（部门），最终落实到具体岗位和员工。平衡计分卡指标体系的构建应围绕战略地图，针对财务、客户、内部业务流程和学习与成长四个维度的战略目标，确定相应的评价指标。

构建平衡计分卡指标体系的一般程序包括：

（1）制定企业级指标体系。根据企业层面的战略地图，为每个战略主题的目标设定指标，每个目标至少应有 1 个指标。

（2）制定所属单位（部门）级指标体系。依据企业级战略地图和指标体系，制定所属单位（部门）的战略地图，确定相应的指标体系，协同各所属单位（部门）的行动与战略目标保持一致。

（3）制定岗位（员工）级指标体系。根据企业、所属单位（部门）级指标体系，按照岗位职责逐级形成岗位（员工）级指标体系。

10.4.1.3 平衡计分卡的指标体系

平衡计分卡指标体系构建时，应注重短期目标与长期目标的平衡、财务指标与非财务指标的平衡、结果性指标与动因性指标的平衡、企业内部利益与外部利益的平衡。平衡计分卡每个维度的指标通常为 4～7 个，总数量一般不超过 25 个。平衡计分卡指标体系构建时，企业应以财务维度为核心，其他维度的指标都与核心维度的一个或多个指标相联系。通过梳理核心维度目标的实现过程，确定每个维度的关键驱动因素，结合战略主题，选取关键绩效指标。

表 10-7　平衡计分卡的四个维度

维 度	目 标	常用指标
财务维度	以财务术语描述了战略目标的有形成果。解决“股东如何看待我们”这一类问题。	投资资本回报率、净资产收益率、经济增加值、息税前利润、自由现金流、资产负债率、总资产周转率等。
顾客维度	界定了目标客户的价值主张。回答“顾客如何看待我们”的问题。	市场份额、客户满意度、客户获得率、客户保持率、客户获利率、战略客户数量等。
内部业务流程维度	确定了对战略目标产生影响的关键流程。着眼于企业的核心竞争力，解决“我们的优势是什么”的问题	交货及时率、生产负荷率、产品合格率、存货周转率、单位生产成本等。
学习和成长维度	确定了对战略最重要的无形资产。解决“我们是否能继续提高并创造价值”的问题	员工保持率、员工生产率、培训计划完成率、员工满意度等。

企业可根据实际情况建立通用类指标库，不同层级单位和部门结合不同的战略定位、业务特点选择适合的指标体系。平衡计分卡指标的权重分配应以战略目标为导向，反映被评价对象对企业战略目标贡献或支持的程度，以及各指标之间的重要性水平。

企业绩效指标权重一般设定在 5%～30%，对特别重要的指标可适当提高权重。对特别关键、影响企业整体价值的指标可设立“一票否决”制度，即如果某项绩效指标未完成，无论其他指标是否完成，均视为未完成绩效目标。

平衡计分卡绩效目标值应根据战略地图的因果关系分别设置。首先确定战略主题的目标值，其次确定主题内的目标值，然后基于平衡计分卡评价指标与战略目标的对应关系，为每个评价指标设定目标值，通常设计 3～5 年的目标值。

平衡计分卡绩效目标值确定后，应规定因内外部环境发生重大变化、自然灾害等不可抗力因素对绩效完成结果产生重大影响时，对目标值进行调整的办法和程序。一般情况下，由被评价对象或评价主体测算确定影响程度，向相应的绩效管理工作机构提出调整申请，报薪酬与考核委员会或类似机构审批。绩效评价计分方法和周期的选择、绩效责任书的签订、激励计划的制定，应参照财政部《管理会计应用指引第 600 号—绩效管理》。

10.4.1.4 平衡计分卡的评价

平衡计分卡的主要优点包括：一是战略目标逐层分解并转化为被评价对象的绩效指标和行动方案，使整个组织行动协调一致；二是从财务、客户、内部业务流程、学习与成长四个维度确定绩效指标，使绩效评价更为全面完整；三是将学习与成长作为一个维度，注重员工的发展要求和组织资本、信息资本等无形资产的开发利用，有利于增强企业可持续发展的动力。

应用平衡计分卡的主要缺点是：一是专业技术要求高，工作量比较大，操作难度也较大，需要持续地沟通和反馈，实施比较复杂，实施成本高；二是各指标权重在不同层级及各层级不同指标之间的分配比较困难，且部分非财务指标的量化工作难以落实；三是系统性强、涉及面广，需要专业人员的指导、企业全员的参与和长期持续地修正与完善，对信息系统、管理能力有较高的要求。

10.4.2 战略管理地图

战略地图由罗伯特·卡普兰和大卫·诺顿提出，他们是平衡计分卡的创始人，在对实行平衡计分卡的企业进行长期指导和研究的过程中，他们发现，企业由于无法全面地描述战略，导致管理者之间及管理者与员工之间无法沟通，对战略无法达成共识。平衡计分卡建立了企业的战略框架，而缺乏对战略进行具体而系统、全面的描述。2004 年 1 月，两位大师出版《战略地图——化无形资产为有形成果》出版。书中指出，战略地图实质是阐述如何将组织的战略可视化，描述了实现组织战略的逻辑路径图，主要是以平衡计分卡的四个层面目标（财务层面、客户层面、内部流程层面、学习与成长层面）为核心，通过分析这四个层面目标的相互关系而绘制企业战略因果关系图。

企业的战略主要说明如何设法为其股东、顾客创造出价值。因此，如果组织的无形资产代表了 75%以上的价值，那么，有关战略的形成以至执行就必须很明确地针对无形资产的动员与整合问题有所交代。图 10-2 所示的战略地图，为战略如何连接无形资产与价值创造的流程提供了一个架构。该架构将各目标（指标）归纳为一个因果关系链，将期望结果与其驱动因素联系起来，将员工个人的工作和企业战略联系起来，把员工个人努力集合在一起从而实现企业战略。

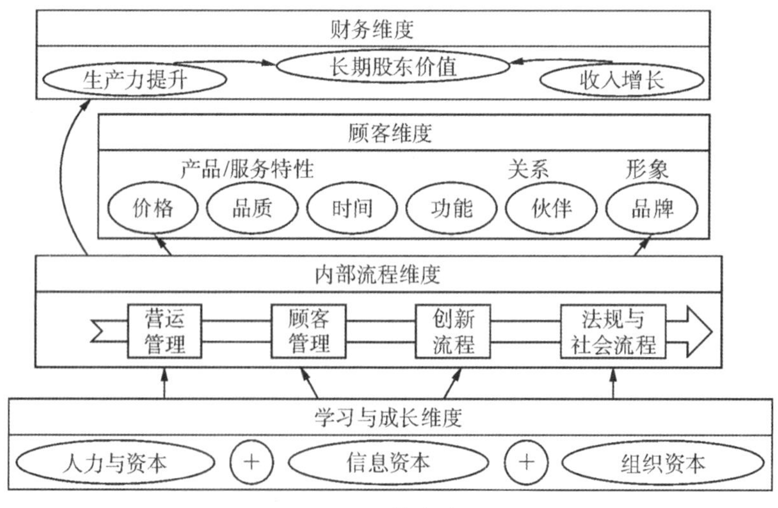

图 10-2　战略地图

10.4.2.1 财务维度:长短期对立力量的战略平衡

战略地图之所以保留了财务层面,是因为它们是企业的最终目标。财务绩效的衡量结果,代表了企业战略贯彻实施对公司营运数字改善的贡献高低。财务方面的目标通常都与获利能力的衡量相关。公司财务绩效的改善,主要是收入的增长与生产力的提升两种基本途径。

10.4.2.2 顾客维度:战略本是基于差异化的价值主张

企业采取追求收入增长的战略,必须在顾客层面中选定价值主张。此价值主张说明了企业如何针对其目标顾客群创造出具有差异化而又可持续长久的价值。基本上,所有的组织都希望能就常见的顾客衡量指标(如顾客满意度等)加以改进,但仅仅满足和维系顾客还称不上是战略。战略应该要标明特定的顾客群,作为企业成长和获利的标的。例如,美国的西南航空公司就是采用低价战略,满足并维系对价格非常敏感的顾客群。在公司确实了解目标顾客群的身份特性之后,就可根据所提出的价值主张来确定目标与衡量项目。价值主张界定了公司打算针对目标顾客群所提供的产品、价格、服务以及形象的独特组合。因此,价值主张应能达到宣扬公司如何优于竞争者,或者显著不同于竞争者的目的。

10.4.2.3 内部流程维度:价值是由内部流程创造的

内部流程完成了组织战略的两个重要部分:针对顾客的价值主张加以生产与交货;财务层面中的生产力要件进行流程改善与成本降低的作业,内部流程由营运管理流程、顾客管理流程、创新管理流程和法规与社会流程四个流程组成。

10.4.2.4 学习与成长维度:无形资产的战略性整合

战略地图的学习与成长层面,主要说明组织的无形资产及它们在战略中扮演的角色。他们将无形资产归纳为人力资本、信息资本和组织资本三类。

本章小结

1.绩效管理,是指企业与所属单位(部门)、员工之间就绩效目标及如何实现绩效目标达成共识,并帮助和激励员工取得优异绩效,从而实现企业目标的管理过程。绩效管理的核心是绩效评价和激励管理。

2.分权管理(decentralization management),就是将企业生产经营决策权同相应的经济责任下放给下层管理人员,使下层管理人员对日常经营活动能做出及时有效的决策,以迅速适应市场变化的需求。

3.成本中心是指在履行职责时,只耗费资源却不能产生收入或购买资产的组织部门。任何发生成本的责任范围都可以成为成本中心。成本中心只负责控制和报告成本,并按照这一要求来确定自己的组织结构和任务。

4.利润中心是组织中对实现销售以及控制成本负责,但没有责任或没有权力决定该中心资产投资的水平,应根据其利润的多少来评价该中心业绩的责任中心。利润中心管理人员一般要负责产品定价、决定产品组合以及监控生产作业。

5.投资中心是指除了能够控制成本、收入和利润之外还能对投入的资金进行控制的中心。投资中心是最高层次的责任中心,它拥有最大的决策权,也承担最大的责任。投资中心必然是利润中心，但利润中心并不都是投资中心。

6.内部转移价格是为了分清经济责任，各责任中心的经济往来，应当按照等价交换的原则实行“商品交换”，各责任中心之间相互提供产品（或劳务，下同）时，要按照一定的价格，采用一定的结算方式，进行计价结算。

7.经济增加值（economic value added，EVA）又称经济附加值，是美国思腾思特（Sterm Stewart）咨询公司于1982年提出并实施的一套以经济增加值理念为基础的财务管理系统、决策机制及激励报酬制度。它是基于税后营业净利润和生产这些利润所需资本投入的总成本（即资本成本）的一种企业绩效财务评价方法。

8.平衡计分卡是指基于企业战略，从财务、客户、内部业务流程、学习与成长四个维度，将战略目标逐层分解转化为具体的、相互平衡的绩效指标体系，并据此进行绩效管理的方法。该方法适用于战略目标明确、管理制度比较完善、管理水平相对较高的企业，其应用对象可为企业、所属单位（部门）和员工，实务中通常与战略地图等其他工具结合使用。

9.战略地图实质是阐述如何将组织的战略可视化，描述了实现组织战略的逻辑路径图，主要是以平衡计分卡的四个层面目标（财务层面、客户层面、内部流程层面、学习与成长层面）为核心，通过分析这四个层面目标的相互关系而绘制企业战略因果关系图。

○ 关键概念

责任中心：responsibility center
成本中心：cost center
利润中心：profit center
投资中心：investment center
投资报酬率：return on investment
剩余收益：residual income
内部转移价格：internal transfer price
经济增加值：economic value added，EVA
平衡计分卡：balanced scorecard
战略地图：strategic map

○ 相关阅读

国资委印发《中央企业负责人经营业绩考核办法》[①]

经深化国有企业负责人薪酬制度改革工作领导小组（以下简称薪改小组）同意，2016年12月12日，国务院国资委印发了《中央企业负责人经营业绩考核办法》（国资委令第33号）（以下简称《考核办法》）。

① 资料参见：国务院国有资产监督管理委员会网站，http://www.sasac.gov.cn.

一、《考核办法》的修订背景

国资委成立以来，始终把业绩考核作为国有资产监管的重要手段，充分发挥业绩考核在落实国有资本保值增值责任、做强做优做大中央企业中的引领作用和激励约束作用，紧紧围绕中央企业改革发展重点任务，不断探索完善中央企业负责人经营业绩考核制度。

为贯彻党中央、国务院关于深化国有企业改革和中央管理企业负责人薪酬制度改革的重大部署，落实以管资本为主加强国有资产监管的要求，加强对中央企业分类指导、分类考核，2015年以来，国资委在深入研究测算、广泛征求各方意见的基础上，坚持继承与创新相结合、系统设计与重点突破相结合、企业自主经营与出资人导向相结合、目标导向与问题导向相结合，突出中央企业改革发展目标任务要求，着力解决重点难点问题，对《中央企业负责人经营业绩考核暂行办法》(国资委令第30号)进行了修改完善。

二、《考核办法》的总体框架

新修订的《考核办法》力求简明扼要，对业绩考核的基本问题作出原则性、框架性政策规定，在一段时期内保持稳定。

《考核办法》共七章五十二条。第一章总则，对考核依据、考核对象、工作原则、考核方式等作出明确规定。第二章至第五章为新编章节，分别为考核导向、分类考核、目标管理以及考核实施。其中，“考核导向”章节明确考核重点体现在突出发展质量、注重资本运营效率、发挥功能作用、坚持创新发展、重视国际化经营和健全问责机制等六个方面；“分类考核”章节紧密贴合《中共中央 国务院关于深化国有企业改革的指导意见》(中发〔2015〕22号)和中央关于深化中央管理企业负责人薪酬制度改革相关意见的要求，结合企业不同功能定位，提出更加明确的考核要求；“目标管理”章节着眼于适应和引领经济发展新常态需要，对考核目标的系统性、发展性、内生动力机制等作出明确规定；“考核实施”章节对考核程序、内容、工作机制进行明确。第六章奖惩，进一步明确了企业负责人薪酬构成，重点补充了绩效年薪按月预发放和任期激励收入等相关内容。第七章附则，对考核期内企业发生重大变动、新组建企业的考核、专职党组织负责人和纪委书记的考核、地方国资委开展业绩考核等内容作出规定。

三、修改完善的主要内容

(一)分档设置考核目标值，发挥考核目标的引领作用。

经济发展新常态下，提质增效压力加大，目标管理的难度越来越大。为充分发挥考核目标的引领作用，更好地激发企业自我加压的内生动力，在认真总结以前年度经验做法的基础上，实行年度经济效益指标目标值分档管理。同时，将企业考核目标值先进程度与考核计分、结果评级、工资总额预算紧密衔接，使业绩考核目标与资源配置、企业职工工资紧密挂钩。通过分档管理，形成“赛跑机制”，鼓励企业主动追求“步步高”。

(二)基于企业功能定位实行分类考核，提高业绩考核的针对性和有效性。

《考核办法》以《关于完善中央企业功能分类考核的实施方案》(经国务院同意，已于8月24日由国资委、财政部联合印发实施)为依据，对不同功能企业，提出不同考核要求。

对主业处于充分竞争行业和领域的商业类企业，重点考核企业经济效益、资本回报水平和市场竞争能力，鼓励企业承担社会责任。对主业处于国家安全、国民经济命脉的重要行业和关键领域、主要承担国家重大专项任务的商业类企业，在保证合理回报和国有资本保值增值的基础上，加强对服务国家战略、保障国家安全和国民经济运行、发展前瞻性战略性产业以及完成重大专项任务情况的考核。对公益类企业，坚持经济效益和社会效益相结合，把社会效益放在首位，重点考核产品服务质量、成本控制、营运效率和保障能力，相关考核指标引入第三方评价。

此外，为强化分类考核基础管理，《考核办法》设立了业绩考核特殊事项清单管理制度，将不同功能企业承担的特殊事项列入管理清单，对当期经营业绩产生重大影响的，在考核时予以适当处理。

（三）落实以管资本为主加强国有资产监管的要求，突出经济增加值考核。

经济增加值，是指企业税后经营利润扣除债务和股权成本后的剩余利润。《考核办法》突出经济增加值考核，重点是在分类和差异化上下功夫，针对不同功能、资本结构和风险程度的中央企业，提出差异化资本回报要求。通过考核经济增加值，着力引导企业资本投向更加合理，资本结构更加优化，资本纪律更加严格，资本效率进一步提高。

（四）强化考核结果运用，完善激励约束机制。

《考核办法》坚持“业绩升、薪酬升，业绩降、薪酬降”原则，强化了业绩考核与激励约束的紧密衔接。认真贯彻执行中央关于深化中央管理企业负责人薪酬制度改革相关规定，明确企业负责人薪酬构成由基本年薪、绩效年薪和任期激励收入三部分构成。绩效年薪以基本年薪为基数，根据年度经营业绩考核结果并结合绩效年薪调节系数确定；年度综合考核评价为不胜任的，不得领取绩效年薪。任期激励收入与任期经营业绩考核结果挂钩，在不超过企业负责人任期内年薪总水平的30%以内确定；任期综合考核评价为不胜任的，不得领取任期激励收入。连续两年年度经营业绩考核结果为D级或任期经营业绩考核结果为D级，且无重大客观原因的企业，对企业负责人予以调整。绩效年薪按照一定比例实施按月预发放，国资委根据年度经营业绩半年预评估结果对企业负责人预发放绩效年薪予以调整。

（五）适应规范法人治理结构需要，完善董事会企业考核。

随着企业法人治理结构的不断完善和董事会职权试点工作的深入开展，对建立规范董事会企业的业绩考核，既要较好体现国资委出资人意志，落实好国有资本保值增值责任，又要适应规范法人治理结构需要，调动董事会积极性。《考核办法》就落实董事会对经理层的考核权，开展考核工作的主体、方式等进行了规定。

为确保《考核办法》顺利实施，国资委将在《考核办法》主体框架下，结合考核期内的工作实际和最新要求，适时制订年度考核、任期考核、经济增加值考核、任期激励等具体实施方案，并尽快以国资委配套文件形式印发。

○ 练习题

一、单项选择题

1.在企业责任成本管理中，责任成本是成本中心考核和控制的主要指标，其构成内容是（　　）。

A.产品成本之和　B.固定成本之和　C.可控成本之和　D.不可控成本之和

2.投资中心的利润与其投资额的比率是（　　）。

A.内部收益率　　B.剩余收益　　C.部门贡献毛益　　D.投资报酬率

3.下列项目中，不属于利润中心负责范围的是（　　）。

A.成本　　B.收入　　C.利润　　D.投资效果

4.为了使部门经理在决策时与企业目标协调一致，应该采用的评价指标为（　　）。

A.投资报酬率　　B.剩余收益　　C.现金回收率　　D.销售利润率

5.某生产车间是一个标准成本中心。为了对该车间进行业绩评价，需要计算的责任成本范围是（　　）。

A.该车间的直接材料、直接人工和全部制造费用

B.该车间的直接材料、直接人工和变动制造费用

C.该车间的直接材料、直接人工和可控制造费用

D.该车间的全部可控成本

6.下列各项中，不属于划分成本中心可控成本的条件是（　　）。

A.成本中心有办法弥补该成本的耗费

B.成本中心有办法控制并调节该成本的耗费

C.成本中心有办法计量该成本的耗费

D.成本中心有办法知道将发生什么样性质的耗费

7.假设中间产品的外部市场不够完善，公司内部各部门享有的与中间产品有关的信息资源基本相同，那么业绩评价应采用的内部转移价格是（　　）。

A.市场价格　　B.变动成本加固定费转移价格

C.以市场为基础的协商价格　　D.全部成本转移价格

8.下列属于利用平衡计分卡衡量财务维度的指标是（　　）。

A.客户保持率　　B.资产负债率　　C.存货周转率　　D.员工保持率

9.下列属于利用平衡计分卡衡量内部业务流程维度的指标是（　　）。

A.市场份额　　B.息税前利润　　C.交货及时率　　D.培训计划完成率

10.按照平衡计分卡，着眼于企业的核心竞争力，解决“我们的优势是什么”的问题（　　）。

A.属于顾客维度的考核　　B.属于内部业务流程维度的考核

C.属于财务维度的考核　　D.属于学习和成长维度的考核

二、多项选择题

1.责任中心按其所负责任和控制范围不同，分为（　　）。

A.成本中心　　B.费用中心　　C.投资中心　　D.收入中心

E.利润中心

2.对投资中心考核的重点是（　　）。

A.贡献毛益　　B.销售收入　　C.营业利润　　D.投资报酬率

E.剩余收益

3.利润中心分为（　　）。

A.自然利润中心　　B.人为利润中心　　C.实际利润中心　　D.预算利润中心

E.标准利润中心

4.下列成本中,属于生产车间可控成本的有(　　)。

A.由于疏于管理导致的废品损失

B.车间发生的间接材料成本

C.按照资产比例分配给生产车间的管理费用

D.按直线法提取的生产设备折旧费用

5.判别一项成本是否归属责任中心的原则有(　　)。

A.责任中心能否通过行动有效影响该项成本的数额

B.责任中心是否有权决定使用引起该项成本发生的资产或劳务

C.责任中心能否参与决策并对该项成本的发生施加重大影响

D.责任中心是否使用了引起该项成本发生的资产或劳务

6.在计算披露的经济增加值时,下列各项中,需要进行调整的项目有(　　)。

A.研究费用　　B.争取客户的营销费用

C.资本化利息支出　　D.企业并购重组费用

7.甲公司用平衡计分卡进行业绩考评,下列各种维度中,平衡计分卡需要考虑的有(　　)。

A.顾客维度　　B.债权人维度　　C.股东维度　　D.学习与成长维度

8.根据责任成本管理基本原理,成本中心只对可控成本负责。可控成本应具备的条件有(　　)。

A.该成本是成本中心可计量的

B.该成本的发生是成本中心可预见的

C.该成本是成本中心可调节和控制的

D.该成本是为成本中心取得收入而发生的

9.以协商价格作为内部转移价格时,该协商价格的下限通常是(　　)。

A.单位变动成本　　B.单位标准成本　　C.单位制造成本　　D.单位市场价格

10.下列各项中,属于平衡计分卡内部业务流程维度业绩评价指标的有(　　)。

A.息税前利润　　B.资产负债率　　C.生产负荷率　　D.存货周转率

三、判断题

1.企业对成本中心进行业绩考核时,应要求成本中心对其所发生或负担的全部成本负责。(　　)

2.对企业来说,几乎所有的成本都可以视为可控成本,一般不存在不可控成本。(　　)

3.通常,利润中心被看成是一个可以用利润衡量其业绩的组织单位,因此,凡是可以计量出利润的单位都是利润中心。(　　)

4.企业内部转移价格无论怎样变动,企业的利润总额不变,变动的只是企业内部各责任中心的收入或利润的分配份额。(　　)

5.以剩余收益指标评价投资中心的业绩时,可以使业绩考核与企业的目标协调一致,但该指标不利于不同部门之间的比较。(　　)

6.根据公司公开的财务报告计算披露的经济增加值时,不需要纳入调整的事项是计

入当期损益的研发支出。(　　)

7.可追溯性属于责任中心判断成本是否可控的条件。(　　)

8.真正意义上的利润中心是指管理人员有权对其供货的来源和市场的选择进行决策的单位。(　　)

9.企业内部责任中心之间相互转移产品,若采用协商价格作为内部转移价格时,协商价格的下限一般为产品的单位市场价格。(　　)

10.在计算披露的经济增加值时,涉及的会计调整很多,其中经济增加值要求对某些大量使用长期设备的公司,按照更接近经济现实的沉淀资金折旧法计提折旧。(　　)

四、名词解释

1.成本中心

2.人为利润中心

3.可控成本

4.平衡计分卡

5.内部转移价格

五、简答题

1.简述绩效管理的原则。

2.简述内部转移价格的形式。

3.如何评价投资中心的经营业绩?

4.简述平衡计分卡的框架。

5.什么是EVA?

六、计算分析题

1.资料:某投资中心投资额为100 000元,年净利润为20 000元,公司为该投资中心规定的最低投资报酬率为15%。

要求:计算该投资中心的投资报酬率和剩余收益。

2.甲公司为某企业集团的一个投资中心,X是甲公司下设的一个利润中心。

资料一:2012年X利润中心的营业收入为120万元,变动成本为72万元,该利润中心负责人可控固定成本为10万元,不可控但应由该利润中心负担的固定成本为8万元。

资料二:甲公司2013年年初已投资700万元,预计可实现利润98万元,现有一个投资额为300万元的投资机会,预计可获利润36万元,该企业集团要求的最低投资报酬率为10%。

要求:

(1)根据资料一,计算X利润中心2012年度的部门边际贡献。

(2)根据资料二,计算甲公司接受新投资机会前的投资报酬率和剩余收益。

(3)根据资料二,计算甲公司接受新投资机会后的投资报酬率和剩余收益。

(4)根据(2)(3)的计算结果,从企业集团整体利润的角度,分析甲公司是否应接受新投资机会,并说明理由。

3.资料:甲公司是一家中央企业,采用国资委经济增加值考核办法进行业绩评价。2020年公司净利润9.5亿元;利息支出5亿元,其中资本化利息支出2亿元;研发支出3

亿元,全部费用化;调整后资本120亿元,资本成本率6%;企业所得税税率25%。

要求:计算甲公司经济增加值。

4.甲公司是家保健品代加工企业,公司已部门主要负责国内市场生产销售。乙部门生产X、Y两种产品,其中:X产品有品牌和非品牌系列,Y产品只有品牌系列。目前甲公司正在对乙部门进行业绩考核。2020年相关资料如下表。

项　目	系　列	X产品	Y产品
销售(万盒)	品牌系列	500	1 500
	非品牌系列	1 500	—
售价(元/盒)	品牌系列	2.40	8.00
	非品牌系列	1.20	—
变动制造成本(元/盒)	品牌系列	0.85	2.80
	非品牌系列	0.85	—
包装成本(元/盒)	品牌系列	0.15	0.40
	非品牌系列	0.05	—

其他资料:

所有产品按盒售卖,每盒12粒,乙部门目前最大年产能48 000万粒。乙部门年固定制造费用3 700万元,年固定销售及管理费用1 650万元。乙部门年均净经营资产12 000万元,公司要求的最低投资报酬率为10%。

要求:

(1)计算乙部门的投资报酬率和剩余收益。

(2)乙部门现有一个新的投资机会,投资额1 800万元,每年税前营业利润270万元。假设甲公司按投资报酬率考核,乙部门是否愿意接受该投资?假设甲公司按剩余收益考核,乙部门是否愿意接受该项投资?哪种考核指标更符合公司利益?简要说明理由。

5.资料:英达公司下设A、B两个投资中心。A投资中心的平均经营资产为500万元,平均经营负债为300万元,投资报酬率为15%;B投资中心的投资报酬率为17%,剩余收益为20万元;英达公司要求的平均最低投资报酬率为12%。英达公司决定追加投资100万元,若投向A投资中心,每年预计增加营业收入42万元,变动成本10万元,固定制造费用7万元,固定销售及管理费用5万元;若投向B投资中心,每年预计增加营业收入35万元,变动成本12万元,固定制造费用5万元,固定销售及管理费用3万元。

要求:

(1)计算追加投资前A投资中心的剩余收益。

(2)计算追加投资前B投资中心的平均净经营资产。

(3)计算追加投资前英达公司的投资报酬率。

(4)若A投资中心接受追加投资,计算其剩余收益。

(5)若B投资中心接受追加投资,计算其投资报酬率。

○ 案例分析

中外运敦豪的平衡之旅①

一、中外运敦豪简介

中外运敦豪国际航空快件有限公司(简称中外运敦豪或 DHL)于 1986 年 12 月 1 日在北京正式成立。合资双方为中国对外贸易运输集团总公司和敦豪国际航空快递公司，双方各占 50%的股权。中外运敦豪公司将敦豪作为国际快递业领导者的丰富经验和中国外运集团总公司在中国外贸运输市场的经营优势成功地结合在一起，为中国各主要城市提供国际航空服务。

在过去的 16 年间，中外运敦豪创下骄人业绩，公司每年平均增长率为 40%，营业额跃升 60 倍之多。同时，中外运敦豪已在中国建立了最大的快递服务网络，在全国开设有 39 家分公司和 150 个快递中心，覆盖 318 个主要城市。现在，中外运敦豪已稳居中国航空快递业的领导地位，在中国的市场占有率达 37%。

2002 年被中外运敦豪设定为"服务年"，这本来是加强内部服务意识的一个项目，但是要让全国 39 个分公司的 2 800 名员工对客户的服务意识和服务态度都得到提升是一个极其艰巨的任务。中外运敦豪认识到平衡计分卡理论正好能够配合内部组织结构，帮助公司制定一个把管理目标和奖励系统相结合的模式。2001 年底，公司决定开始实行平衡计分卡。

中外运敦豪的平衡计分卡

项　目	比重	目标业绩水平
财务	40%	
1.收入与预算比较		在预算过程中，规定每家分站的业绩水平
2.营业利润与预算比较		
3.应收账款回收天数		
4.超过 90 天的应收账款		
效率	30%	
5.收入/FTE/日		规定每家分站的业绩水平
6.件数/FTE/日		
7.重量/FTE/日		
8.顾客保有率		
9.新增客户		
10.员工流动率		

① 资料参见：刘俊勇，孙永玲.中外运敦豪的平衡之旅[J].新理财，2003(5).

续表

项　目	比重	目标业绩水平
服务质量	30%	
11.客户服务水平		
12.操作业绩		
13.客户满意度		

二、中外运敦豪运用平衡计分卡的主要做法

1.化战略为行动

中外运敦豪在总部成立了"平衡计分卡小组",负责公司的战略制定、实施、评价和完善。中外运敦豪首先制定了公司的战略目标,就是"市场领导者",在国际快递行业中提供最高等级的服务给客户。

中外运敦豪以前主要是用财务指标评价分公司,即看收入的增长是否达到标准,看盈利和收款等这些硬性的财务指标。但是,中外运敦豪觉得这样评价公司的经营是远远不够的。在实施平衡计分卡中,他们不但重新设计了财务指标,如超过 90 天的应收账款、收入与预算的完成情况、利润与预算的完成情况,还涵盖了很多与客户相关的指标,如客户保有率、新增客户、客户满意度等指标。

这些指标被称作关键业绩指标(key performance index,KPI),通过指标达到对流程的控制,中外运敦豪明确了提供最好的服务给顾客重在过程,而不是结果。

2.沟通与交流

平衡计分卡有两个关键:一是"一把手"重视;二是沟通。对这两点,中外运敦豪员工有切身的体会。在推行平衡计分卡之初,公司经理谢耀依亲自挂帅,华北、华东、华南区域负责人和部分优秀地区经理组成一个特别行动小组。一年多过去了,回忆起当时的情形,谢耀依认为推行这个计划的关键在于高层的沟通和对指标体系的共识。要使分布于不同城市的 39 个分公司服从一个指标体系,本身就不是一件容易的事。财务、客户、作业相互比例是多少,如何看待客户保有率,快件必须从快递中心到达客户手中的要求是不是适用于所有分公司,这些问题必须经常沟通协调。

"差不多每两三个月我们就有一个大会,邀请不同的区域负责人、总部职能部门的有关人员和某些分公司的负责人一起,在一个房间里边做'困兽斗',把不同的指标定下来",谢耀依笑着说,"前期的沟通花了六七个月,指标体系出来了。不过最重要的是在沟通过程中,大家对企业目标是什么更清楚了,也更明白如何达到这个目标"。

在实际运行过程中,许多指标都经过了微调。以客户满意度调查为例,开始的方案是请第三方调研公司对分公司进行跟踪,但是很少有调查公司拥有遍布 39 个城市的网络,同时每月一次的调查会带来大量的费用。后来公司决定让区域管理办公室审查辖区的分公司,按照公司表格内的问题来了解员工的服务态度、解决问题的能力等。但是此法影响到调查结果的客观性,公司则决定改为跨区域公司互访,北方区打电话到南方区,尽量把不公平的元素抛开。

评价标准的制定也非常复杂，经常是总部和大城市定一个，分公司还要看当地的情况再确定一个标准。“相同的指标，不同的标准”，这样灵活运用平衡计分卡才能使各个分公司都可以接受。中外运敦豪曾经要求每个快件要在四个小时内完成派送，这在兰州和在深圳完全不一样，深圳也许 3 个小时就可以完成，而兰州公司如果接到一个来自敦煌的业务，可能需要 36 个小时才能完成。僵硬的评价标准是没有意义的。

中外运敦豪有 39 个分公司，他们把 39 个分公司分成三个区域：华北、华东和华南区。这 39 个分公司的老总一起沟通公司用什么评价标准衡量指标。“我们觉得在第一年，刚刚推行的时候，我们在内部沟通上花了最多的工夫。”中外运敦豪的市场部黄经理说，“如果发年终奖金的时候才告诉他标准，肯定会造成他们的抵触情绪”，因此，去年中外运敦豪每三个月就要举行一次大型的沟通会，将 39 个分公司的关键成员集中到总部，探讨每一项任务的执行情况，或者对每一项没有完成的任务进行分析解释。一旦他们提出不同的意见，总部就要考虑是否需要更改指标。

今年 2 月份在杭州，中外运敦豪召开经理会议，花了一整天的时间，分组讨论 2003 年公司应该拟定哪些平衡计分卡指标，每一个指标对应的目标又是什么。在讨论客户保有率怎样计算时，分公司经理们就提出了不同意见。有人认为应按照前三个月发件的客户中，当月有多少再次发件来计算；也有人提出按照去年同期跟今年同期发件客户的比较数来计算。大家要讨论哪一种最好，这是一个不断沟通的过程。相对于半年前的沟通，这次会议显然轻松多了。大家已经达成了一种默契和共识，因为与 DHL 关键战略因素相对应的平衡计分卡，不仅提高了公司的客户服务能力，甚至在某种程度上改变了 DHL 的管理基因，重新塑造了它的竞争力。

如果员工不认同这些指标和标准，平衡计分卡再好也无法推行下去。这是一个在沟通中循环往复逐渐改进的过程。中外运敦豪还邀请了一家咨询公司设计了一整套培训课程，然后再培训 39 个分公司的内部培训师，内部的培训师再培训内部员工。这样的实施就非常有效。因为内部讲师来进行培训，他讲的故事或者模式，都很贴近员工。

3.与激励挂钩

“人们掏出平衡计分卡，就应该能计算出挣多少钱。如果平衡计分卡没有与收入挂钩，人们就不会对它如此关注。”谢耀依说，“如果你不通过激励机制，就很难让员工接受像平衡计分卡这种完全不同的衡量工具。”

中外运敦豪建立了以平衡计分卡为基础的薪资制度激励分公司和个人。主要有三点：(1)以绩效奖励制度支持公司战略；(2)由公司业绩决定公司薪酬级别，包括工资和奖金；(3)由个人业绩决定个人的薪酬级别，包括工资和奖金。中外运敦豪建立了一张非常详细的奖金方案表，员工看着这张表格，就可以从自己完成工作的情况，得到评价的结果，方便地计算出自己的工资和奖金。激励机制最重要的就是透明，让员工知道哪方面做得好，收获是什么，公平、透明才能使员工焕发出最大的创造力。连总经理的奖金也是和他的业绩挂钩的。

谢耀依谦虚地说现在仍是第一步，目前只推行到分公司总经理级别，未来将有计划地推行到每一个员工。要讲客户满意度，还要重视员工满意度，给员工很多不同的培训。目前中外运敦豪的员工流动率控制在 1%以内。

三、中外运敦豪实施平衡计分卡的启示

通过中外运敦豪平衡计分卡案例，我们可以从中得到下列有益的启示：

1.清晰的战略目标是成功的前提

中外运敦豪明晰了他们的长期战略目标—要成为全球市场的市场领导者，并维持这个地位。通过沟通和交流，中外运敦豪的管理层意识到要达到这样的目标，必须在客户、流程及人员这三个方面设定具体的业绩评价指标。然后，他们把公司的战略目标细化为财务、效率和服务质量三个方面的评价指标。目前，国内一些企业在运用平衡计分卡来设计业绩评价指标体系时，因为没有形成清晰的企业目标而大大削弱了平衡计分卡的效力。

2.最高领导层的推动

平衡计分卡是一个战略执行工具，而决定如何执行还是公司的最高层领导。他们的推动力是别人无法完成的。只有高层领导的重视，才能将各个职能部门的沟通做好。中外运敦豪由总经理亲自挂帅推动平衡计分卡的实施，取得了显著的效果。而目前一些企业在实施平衡计分卡时往往由企业的个别职能部门来推动，尤其是将平衡计分卡简单地理解为一个业绩评价工具由人力资源部门来推动，以至在推行中产生了许多部门之间、层级之间的沟通矛盾。

3.结合公司实际情况灵活调整指标体系

中外运敦豪将总部的指标根据中国的具体国情进行调整，然后再根据北方区、东方区和南方区这三个区域的地理、人文和经济发展水平的特点调整各地指标标准值。在这三个区域总部，指标化的战略再次调整，然后向下级一共 39 个分公司扩散。经过这些调整，中外运敦豪的所有 39 家分公司保持相同的评价指标体系，增加了透明度，管理上更加便捷有效。39 个分公司可能存在地区的差异，但评价指标是一样的，因而他们也就多了一份共同语言：无论是在服务质量还是在服务效率上，这些量化的指标可以让他们很清楚地知道自己在全国所有分公司中所处的水平。同时，从激励角度，中外运敦豪根据不同地区的差异并结合预算的编制分别设置了评价标准值，充分调动了员工的积极性，使管理更有效率。

4.将业绩评价结果与激励机制挂钩

中外运敦豪把平衡计分卡和浮动薪资联系起来，企业员工将会更多地关注公司与部门的业绩，员工在平时工作中，逐步朝着正确目标去发展，明白自己的努力将会帮助企业达到目标。

从 1992 年在《哈佛商业评论》上发表第一篇关于平衡计分卡的文章到 2000 年的《战略中心型组织》，卡普兰和诺顿已经把平衡计分卡的概念从业绩评价工具发展为一种战略管理工具。相对于传统的财务评价模式，平衡计分卡在业绩评价方面带来的最大突破就在于引入了非财务评价指标。从上个世纪初，杜邦公司开始使用投资报酬率指标来评价分部业绩以来，财务评价模式已经有了将近一个世纪的历史。从企业管理流程来看，财务评价已与企业目标制定、预算、会计信息系统、激励机制等管理环节形成了一个密切联系的管理体系。平衡计分卡引入非财务指标并不是对财务指标进行否定，而是对财务指标从多种角度进行补充。但是，非财务指标的引入也为现有的与财务评价密切联系的各种管理方式带来了巨大的挑战，可谓是“牵一发而动全身”。

案例分析提示：

(1)中外运敦豪如何将战略化为行动？

(2)企业实施平衡计分卡可能存在哪些困难？

(3)思政思考题：中国传统文化源远流长，传统文化中有哪些关于"平衡"的智慧？怎样将这些智慧融入日常生活中。

第 11 章

作业成本法

思维导图

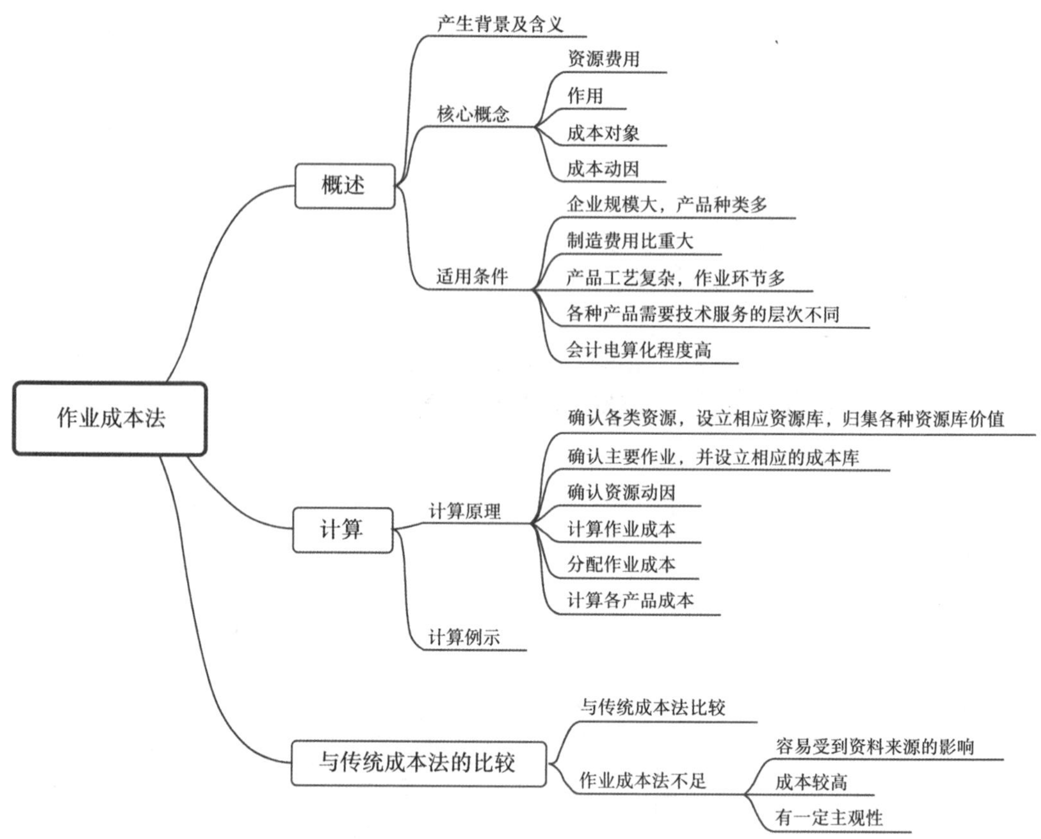

学习目标

本章的内容包括作业成本法概述，作业成本法的计算，作业成本法与传统成本法的比较。学习具体目标包括：

◇知识目标

了解作业成本法的产生背景及含义，理解和掌握作业成本法的核心概念，理解作业成本法的适用条件，掌握作业成本法计算产品成本的基本原理，了解作业成本法与传统成本法的异同。

◇能力目标

能够运用作业成本法的基本理论和基本原理，确认各类资源和主要作业、确定资源动因、计算和分配作业成本、计算作业成本法下的产品成本。

◇思政目标

在充分了解作业成本法产生背景的基础上，深刻理解企业成本计算方法的发展规律，认识到正是人们精益求精、不断进取的科学精神带来了社会的发展和进步，激发学生求真务实、锐意进取的科学精神。

11.1　作业成本法概述

11.1.1 作业成本法的概念

作业成本法的思想是由美国会计学家科勒(E.Kohler)于 20 世纪 50 年代初提出的，他根据水力发电行业和成本构成的特点探讨了作业会计问题，提出了作业会计的基本思想，为随后作业成本会计的研究起到了开创性作用，但是，由于科勒的作业观主要是从管理学的角度提出的，作业会计思想并未得到实质性拓展。随后，美国斯托布斯教授在其著作《作业成本计算和投入产出会计》中，对作业会计的相关概念做了全面而系统的讨论。直到 80 年代后期，美国哈佛大学的库珀(R.cooper)和卡普兰(R.Kaplan)发表了一系列著作、论文之后，作业成本法才引起会计界的普遍重视，而二位学者被西方会计学界普遍认为是首次最为系统、深入地从理论和应用上研究作业成本法的会计学家，是现代作业成本法的奠基人。

作业成本法(activity-based costing，ABC)，也称 ABC 成本法，即以“作业消耗资源、产出消耗作业”为原则，按照资源动因将资源费用追溯或分配至各项作业，计算出作业成本，然后再根据作业动因，将作业成本追溯或分配至各成本对象，最终完成成本计算的成本管理方法。作业成本法是一种比传统成本计算法将间接成本和辅助费用更准确地分配到产品和服务的一种方法。

作业成本法的定义涉及几个新的概念：

11.1.1.1 资源费用

资源费用指企业在一定时期内开展经济活动所发生的各项资源耗费。资源费用包括房屋及建筑物、设备、材料、商品等有形资源的耗费，也包括信息、知识产权、土地使用权等无形资源的耗费，还包括人力资源耗费以及其他各种税费支出等。

11.1.1.2 作业

作业是指具有一定目的、以人为主体消耗了一定资源的特定范围内的工作，是企业为了提供产品或劳务所进行的各种工序和工作环节的总称。例如，产品设计、材料搬运、包装、订单处理、机器调试、采购、设备运行及质量检验等均为不同的作业。

将作业作为成本计算的对象，不仅能够相对准确地计算产品成本，还便于进行成本考核和分析工作。作业应具备如下特点：作业是以人为主体的；作业消耗资源；区分不同作业的标志是作业的目的。

在企业日常生产经营活动中，作业活动无处不在，并可以根据不同的标准从不同的角度进行分类：

(1)按作业的受益范围，作业可分为单位作业、批别作业、产品作业和过程作业

单位作业是使单位产品受益的作业，反映对每单位产品或服务所进行的工作，此类作

业是重复进行的,每生产一个单位产品就需要作业一次,其所耗费的资源成本与产品的产量或服务量成正比例变动。比如对每一个产品所进行的质量检查消耗的间接人工明显与产品生产数量相关,机器的动力消耗及对机器的定期维修都与机器小时成正比例。

批别作业是使一批产品受益的作业,它是由生产批别次数直接引起,与生产数量无关,其成本与产品的批数成正比例变动。比如对各批产品的机器准备,一旦机器被准备好,每批产品无论生产多少单位,准备成本都不变;又如,如果只对每批产品抽取一件进行检查,则所进行的质量检查消耗的间接人工明显与产品生产批次相关,与产品数量无关。另外材料处理、订单处理等作业都属于批别作业。批别作业和单位作业的主要区别在于完成批别作业所需要的资源不依赖于每批次产品所包含的单位数。

产品作业是使某种产品受益的作业,它是每一类产品的生产和销售所需要的工作,其成本与产品的产量或批数无关,但与产品品种成正比例变化。例如材料清单、生产组织规划、制图、工艺设计、流程设计、产品改良、技术支持等作业。如果把产品作业概念进行扩展,则有顾客作业,即为特定顾客服务的作业,如市场调研、为顾客提供技术服务等,顾客作业能够使公司完成向个别顾客的销售,其成本与顾客直接相关联,而与向顾客销售和交付的产品数量无关。

过程作业是使某一生产经营过程受益的作业,是企业生产经营正常运转不可缺少的管理活动,这些作业与产品的种类、生产的批次、每种产品生产的数量无关。例如机器设备的租金、折旧、保险费、保安、行政管理、职工培训、会计处理、秘书工作等。

(2)按作业所处的地位(重要程度),作业可分为主要作业和次要作业

主要作业是指直接为部门或组织的使命做出贡献,其产出被用于组织单位外部的作业。次要作业是指在部门内部协助主要作业的作业。

每一次作业都应该被分类为主要作业或次要作业。布林逊认为:作业的这种分类"是出于将次要作业成本分配给主要作业的需要及管理主要作业与次要作业间比率的需要"。例如产品设计与改良属于企业技术部门主要作业;技术人员参加会议,接受专业培训等则属于次要作业。

(3)按作业是否起增值作用,作业可分为增值作业和非增值作业

增值作业是指能给顾客带来附加价值,从而为企业带来利润的作业,它们是制造产品所必需的作业,并可以增加转移给客户的价值。例如,按照客户的要求,为形成客户需要的使用价值所进行的在产品加工以及完工产品的包装等各种作业,这类作业将会引起物化劳动和活劳动的消耗。

非增值作业就是不能给顾客带来附加价值的作业,由于它们不能为企业的最终产品增加价值,从根本上说是无效的,没有它们,并不会对最终产品的质量或客户对产品的特定要求造成任何损害,因而,从满足客户和社会需要的角度来看是一种浪费。例如,存货的存储、维护、分类、整理;质量损失以及各种形式的等待和延误形成的损失等等。

尽管以上分类标准在形式上各不相同,但在思想方法上可以说基本一致。

通过以上对作业的分类分析,我们可以看出:现代企业实际上就是一个为满足顾客需要而建立的一系列前后有序的作业集合体,这个有序的集合体,被专家们称为"作业链"。将作业链上的所有作业汇总起来,即可为外部顾客提供有价值的服务,满足顾客需求。

11.1.1.3 成本对象

成本对象是指企业追溯或分配资源费用、计算成本的对象物。所有需要计量和分配成本的项目都可以看作成本对象。例如，工艺、流程、零部件、产品、服务、客户、作业、作业链等。

11.1.1.4 成本动因

在高新技术制造环境下，大多数间接费用与产量的多少关系不大，而与作业量密切相关，并被各种成本动因所驱动。成本动因也称成本驱动因素，是指导致成本发生的任何因素，也是影响成本结构的决定因素，它可以是一个事项、一项活动或者作业。成本动因支配成本行为，决定成本的产生，并可作为成本分配的标准。成本动因按其作用可分为资源动因和作业动因：

(1)资源动因。资源动因是引起作业成本增加的驱动因素，用来衡量一项作业的资源消耗量。例如：电力资源的资源动因是有关作业消耗电力的度数。

(2)作业动因。作业动因是产品成本增加的驱动因素，用来衡量一个成本对象需要的作业量。例如：材料搬动作业的作业标准是搬动的零件数量，生产调度作业的作业标准是生产订单的数量等。

11.1.2 作业成本法的适用条件

作业成本法是一种先进科学的方法，但它并非适用于所有的企业，对于企业规模小、产品范围窄、间接费用低、作业类型不稳定的企业，则不宜采用。概括起来讲，采用作业成本计算法必须满足以下几个条件：

(1)企业规模大，产品种类繁多

首先，在企业规模较大的情况下，可以有效地实行劳动分工和机器设备的专业化，从而大大提高工人和机器设备完成作业的质量和效率，降低原材料和劳动的消耗，提高产品质量，使单位产品的成本大大降低；同时由于大规模生产，引起企业大规模的材料采购和大量产品销售，使得单位采购成本和销售费用大大降低，大量生产也大大降低了单位产品负担的研发费用和一般的管理费用。一般来讲，大规模企业比较小规模企业更有利于降低单位产品成本，具备采用作业成本计算法的基本条件。

其次，若企业或企业的某一个车间只生产单一品种的产品，为生产该产品而发生的直接材料、直接人工、制造费用最终都由该种产品来负担，不存在生产费用在几种产品之间分配的问题，从这一点上看，采用传统的成本计算方法和采用作业成本计算法，其结果没有什么不同。只有在产品种类繁多，各种产品耗用作业量不同的情况下，采用作业成本计算法，先将制造费用按作业中心归集，然后根据个别产品耗用作业量的不同比例向产品进行分配，才能使计算的产品成本比较正确，从而帮助决策者做出正确的决策。

(2)产品成本构成中，制造费用比重大

作业成本计算法主要是为了解决制造费用传统分配方法的不合理而产生的，随着科学技术和经济的发展，产品成本中间接费用的比重较以往有大幅度提高，且这些费用与各种产品的生产工时的直接相关性大大降低，它们并不随着产品生产工时的增减而增减，这时如果再采用传统的生产工时比例法进行制造费用的分配，必然造成成本计算的不正确，进而影响决策的效果。当然，如果制造费用在产品成本中所占的比重不大，应用何种成本计算方法分配制造费用对产品成本正确性的影响也不会很大，就没有必要采用作业成本计算法。

（3）产品工艺过程复杂，作业环节多

在企业或企业的某一个车间生产产品的结构、工艺制造过程复杂，所要经过的工序、作业环节较多的情况下，传统的成本计算方法不考虑各种产品耗用不同作业的比例，统一采用一个标准分配，使成本资料严重扭曲，无法解决成本正确性的问题。而作业成本会计按照成本动因进行费用的分配，使直接归属于某种产品的成本比重大大增加，而按照人为标准分配某种产品成本的比重大大减少。在各产品工艺过程复杂，作业环节多，各产品耗用不同作业的比例也各不相同的条件下，充分体现了其优越性。

（4）各种产品需要技术服务的层次不同

指各种产品所运用的作业不相同，所运用的技术方法也存在着明显的差异。比如：各种产品生产准备时间长短的差别；各种产品机器加工时间长短的差别；各种产品质量检验次数多少的差别；各种产品设计复杂程度不同的差别；各种产品所耗材料数量的差别等等。若对这些存在较大差异的产品采用统一的单一分配标准进行分配，必然会出现不公平。只有采用不同的分配标准，才能保证成本计算的公平合理。不难想象，如果各种产品的技术服务程度大致相同，不管采用单一标准，还是多重标准分配制造费用，其对各产品成本正确性的影响都将是微乎其微的。

（5）企业会计电算化程度较高

作业成本计算法是一种较为繁琐的成本计算系统，与传统的成本计算方法相比，除了按各种产品归集费用，计算各种产品的成本以外，还要以各作业中心为成本计算对象，归集成本，成本计算对象的数量明显增加，程序复杂了，工作量也大大增加；同时成本计算的及时性要求也提高了，如果完全靠手工是无法实现的，必须借助于现代化的计算和账务处理手段——电子计算机来进行，以保证成本计算的准确、可靠、及时。

11.1.3 企业应用作业成本法的一般要求

（1）环境要求

企业应用作业成本法所处的外部环境，一般应具备以下特点之一：一是客户个性化需求较高，市场竞争激烈；二是产品的需求弹性较大，价格敏感度高。

（2）观念要求

企业应用作业成本法应基于作业观，即企业作为一个为最终满足客户需要而设计的一系列作业的集合体，进行业务组织和管理。

（3）组织要求

企业应成立由生产、技术、销售、财务、信息等部门的相关人员构成的设计和实施小组，负责作业成本系统的开发设计与组织实施工作。

（4）实施要求

企业应能够清晰地识别作业、作业链、资源动因和成本动因，为资源费用以及作业成本的追溯或分配提供合理的依据。

(5)技术要求

企业应拥有先进的计算机及网络技术,配备完善的信息系统,能够及时、准确提供各项资源、作业、成本动因等方面的信息。

11.1.4 作业成本法的应用目标

(1)通过追踪所有资源费用到作业,然后再到流程、产品、分销渠道或客户等成本对象,提供全口径、多维度的更加准确的成本信息。

(2)通过作业认定、成本动因分析以及对作业效率、质量和时间的计量,更真实地揭示资源、作业和成本之间的联动关系,为资源的合理配置以及作业、流程和作业链(或价值链)的持续优化提供依据。

(3)通过作业成本法提供的信息及其分析,为企业更有效地开展规划、决策、控制、评价等各种管理活动奠定坚实基础。

11.2　作业成本法的计算

11.2.1 作业成本法的计算程序

作业成本法在核算产品成本时,以作业为成本核算对象,根据作业对资源的消耗情况,将资源的成本分配到作业,再由作业根据成本动因追踪到产品成本的形成和积累过程,从而计算出最终产品成本。其成本核算程序如下:

(1)确认各类资源,设立相应资源库,并归集各种资源库价值

企业在生产服务过程中会消耗各种资源,企业应当分别将各项资源设立相应的资源库。将一定会计期间内各类资源价值加以计量,将计量结果归集到各个资源库中。

(2)确认主要作业,并设立相应的成本库

确认主要作业,就是将企业发生的有关间接费用的作业进行分类,按重要性和同质性的要求将作业进行划分。例如,"机器调整"是一项作业,所有与机器调整有关的费用都归属到"机器调整"这一作业成本库中。

(3)确定资源动因

资源动因是所有资源库价值分解到各作业成本库的依据。企业应根据不同的资源,选择适当的资源动因。例如"电力资源"可以选择"消耗的电力度数"作为资源动因。

(4)计算各项作业成本

按作业项目记录和归集费用,将归集起来的可追溯成本分配到各作业中心,计算各个作业中心的资源耗用量,确定各项作业成本。

(5)分配作业成本

确定作业动因,根据各产品所消耗作业的数量,将作业成本分配给各产品。

(6)计算各产品成本

将各产品在各成本库中的作业成本分别汇总,计算出各产品的总成本和单位成本。

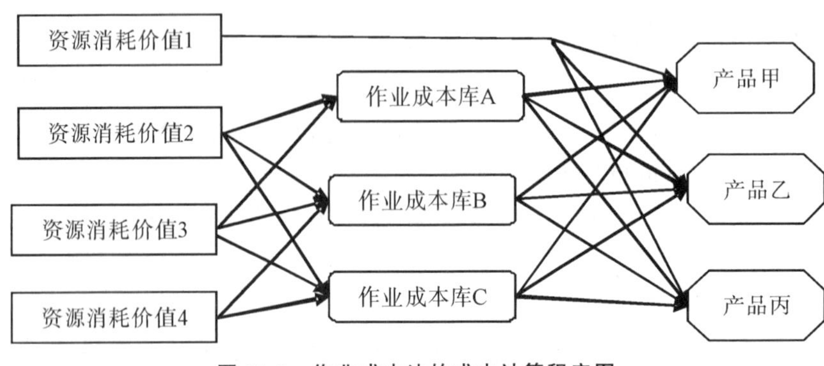

图 11-1 作业成本法的成本计算程序图

11.2.2 作业成本法的应用举例

例 11-1

ABC 公司的服装生产车间生产三种款式的卫衣和两种款式的夹克。卫衣和夹克分别由两个独立的生产线进行加工,每个生产线有自己的技术部门。五款服装均按批组织生产,每批 100 件。

(一)成本资料

该公司本月每种款式的产量和直接成本如表 11-1 所示。

表 11-1 产量与直接人工和直接材料资料

金额单位:元

项 目	卫衣			夹克		合计
	卫衣 1	卫衣 2	卫衣 3	夹克 1	夹克 2	
本月批次(批)	8	10	6	4	2	30
每批产量(件)	100	100	100	100	100	
产量(件)	800	1 000	600	400	200	3 000
每批直接人工成本	3 300	3 400	3 500	4 400	4 200	
直接人工总成本	26 400	34 000	21 000	17 600	8 400	107 400
每批直接材料成本	6 200	6 300	6 400	7 000	8 000	
直接材料总成本	49 600	63 000	38 400	28 000	16 000	195 000

本月制造费用发生额、分配率如表11-2所示。

表11-2 制造费用发生额

金额单位：元

项目	金额
生产设备、检验和供应成本(批次级成本)	84 000
卫衣产品线成本(产品级作业成本)	54 000
夹克产品线成本(产品级作业成本)	66 000
其他成本(生产维持级成本)	10 800
制造费用合计	214 800
制造费用分配率(直接人工)	200%

(二)按完全成本法计算成本

补充要求：采用完全成本法时，制造费用使用统一的分配率。

$$制造费用分配率=\frac{制造费用}{直接人工成本}=\frac{214\ 800}{107\ 400}=200\%$$

表11-3 完全成本法汇总成本计算单

金额单位：元

项目	卫衣1	卫衣2	卫衣3	夹克1	夹克2	合计
直接人工	26 400	34 000	21 000	17 600	8 400	107 400
直接材料	49 600	63 000	38 400	28 000	16 000	195 000
制造费用分配率	200%	200%	200%	200%	200%	200%
制造费用	52 800	68 000	42 000	35 200	16 800	214 800
总成本	128 800	165 000	101 400	80 800	41 200	517 200
每批成本	16 100	16 500	16 900	20 200	20 600	
每件成本	161	165	169	202	206	

(三)按作业成本法计算成本

补充要求：采用作业成本法时，批次级作业成本库按生产批次比例分配、卫衣产品线作业成本库按卫衣的生产批次分配、夹克产品线作业成本按夹克生产批次进行分配、生产维持成本库分配基础选择直接人工成本，据此分配给每批产品。

表 11-4　产量、直接人工和直接材料资料

单位：元

项　　目	卫衣			夹克		合计
	卫衣 1	卫衣 2	卫衣 3	夹克 1	夹克 2	
本月批次	8	10	6	4	2	30
每批产量(件)	100	100	100	100	100	
产量(件)	800	1 000	600	400	200	3 000
每批直接人工成本	3 300	3 400	3 500	4 400	4 200	
直接人工总成本	26 400	34 000	21 000	17 600	8 400	107 400
每批直接材料成本	6 200	6 300	6 400	7 000	8 000	
直接材料总成本	49 600	63 000	38 400	28 000	16 000	195 000

本月制造费用发生额如表 11-5 所示。

表 11-5　制造费用发生额、分配率

金额单位：元

项　　目	金额
生产设备、检验和供应成本(批次级成本)	84 000
卫衣产品线成本(产品级作业成本)	54 000
夹克产品线成本(产品级作业成本)	66 000
其他成本(生产维持级成本)	10 800
制造费用合计	214 800
制造费用分配率(直接人工)	200%

解析：作业成本分配的第一步是计算作业成本动因的单位成本，作为作业成本的分配率。

表 11-6　作业成本分配率

作业	成本(元)	批次(批数)	直接人工(元)	分配率
批次级作业成本	84 000	30		2 800(元/批)
卫衣产品线成本	54 000	24		2 250(元/批)
夹克产品线成本	66 000	6		11 000(元/批)
生产维持级成本	10 800		107 400	10.06%

作业成本分配的第二步是根据单位作业成本和作业量，将作业成本分配到产品，如表 11-7 所示。

表 11-7　汇总成本计算单

金额单位：元

项　　目	卫衣 1	卫衣 2	卫衣 3	夹克 1	夹克 2	合计
本月批次	8	10	6	4	2	
直接人工	26 400	34 000	21 000	17 600	8 400	107 400
直接材料	49 600	63 000	38 400	28 000	16 000	195 000
制造费用						
分配率(元/批)	2 800	2 800	2 800	2 800	2 800	
批次相关总成本	22 400	28 000	16 800	11 200	5 600	84 000
产品相关成本：						
分配率(元/批)	2 250	2 250	2 250	11 000	11 000	
产品相关总成本	18 000	22 500	13 500	44 000	22 000	120 000
生产维持成本						
分配率(元/每元直接人工成本)	10.06%	10.06%	10.06%	10.06%	10.06%	
生产维持成本	2 655	3 419	2 112	1 770	845	10 800
间接费用合计	43 055	53 919	32 412	56 970	28 445	214 800
总成本	119 055	150 919	91 812	102 570	52 845	517 200
每批成本	14 882	15 092	15 302	25 642	26 422	
单件成本(作业成本法)	148.82	150.92	153.02	256.42	264.22	
单件成本(完全成本法)	161.00	165.00	169.00	202.00	206.00	
差异(作业成本－完全成本)	－12.18	－14.08	－15.98	54.42	58.22	
差异率(差异/完全成本)	－7.57%	－8.53%	－9.46%	26.94%	28.26%	

通过比较完全成本法和作业成本法的计算结果，可以看出：

(1)完全成本法扭曲了产品成本，即高估了简单产品卫衣的成本，低估了复杂产品夹克的成本。

(2)作业成本法和完全成本法都是对全部生产成本进行分配，不区分固定成本和变动成本，这与变动成本法不同。从长远来看，所有成本都是变动成本，都应当分配给产品。

(3)完全成本法以直接人工作为间接费用的唯一分配率，夸大了高产量产品的单位成本。

例 11-2

ABC 公司生产三种电子产品,分别是产品 X、产品 Y、产品 Z。产品 X 是三种产品中工艺最简单的一种,公司每年销售 10 000 件;产品 Y 工艺相对复杂一些,公司每年销售 20 000 件,在三种产品中销量最大;产品 Z 工艺最复杂,公司每年销售 4 000 件。公司设有一个生产车间,主要工序包括零部件排序准备、自动插件、手工插件、压焊、技术冲洗及烘干、质量检测和包装。原材料和零部件均外购。ABC 公司一直采用传统成本计算法计算产品成本。

1.完全成本法

(1)公司有关的成本资料见表 11-8。

表 11-8 产量与直接材料和直接人工等资料

金额单位:元

项　　目	产品 X	产品 Y	产品 Z	合计
产量(件)	10 000	20 000	4 000	
直接材料	500 000	1 800 000	80 000	2 380 000
直接人工	580 000	1 600 000	160 000	2 360 000
制造费用				3 894 000
年直接人工工时(小时)	30 000	80 000	8 000	118 000

(2)在完全成本法下,ABC 公司以直接人工工时为基础分配制造费用见表 11-9。

表 11-9 制造费用分配表

项　　目	产品 X	产品 Y	产品 Z	合计
年直接人工工时(工时)	30 000	80 000	8 000	118 000
分配率	3 894 000/118 000=33 元/工时			
制造费用(元)	990 000	2 640 000	264 000	3 894 000

(3)采用完全成本法计算的产品成本资料见表 11-10。

表 11-10 完全成本法汇总成本计算单

金额单位:元

项　　目	产品 X	产品 Y	产品 Z
直接材料	500 000	1 800 000	80 000
直接人工	580 000	1 600 000	160 000
制造费用	990 000	2 640 000	264 000
合计	2 070 000	6 040 000	504 000
产量(件)	10 000	20 000	4 000
单位产品成本	207	302	126

2.作业成本计算法

(1)管理人员经过分析,认定了公司发生的主要作业并将其划分为几个同质作业成本库,然后将间接费用归集到各作业成本库中。归集的结果见表 11-11。

表 11-11　间接费用归集表

单位:元

制造费用	金额
装配	1 212 600
材料采购	200 000
物料处理	600 000
起动准备	3 000
质量控制	421 000
产品包装	250 000
工程处理	700 000
管理	507 400
合计	3 894 000

(2)管理人员认定各作业成本库的成本动因(见表 11-12)并计算单位作业成本(见表 11-13)。

表 11-12　成本动因表

制造费用	成本动因	作业量			
		产品 X	产品 Y	产品 Z	合计
装配	机器小时(小时)	10 000	25 000	8 000	43 000
材料采购	订单数量(张)	1 200	4 800	14 000	20 000
物料处理	材料移动(次数)	700	3 000	6 300	10 000
起动准备	准备次数(次数)	1 000	4 000	10 000	15 000
质量控制	检验小时(小时)	4 000	8 000	8 000	20 000
产品包装	包装次数(次)	400	3 000	6 600	10 000
工程处理	工程处理时间(小时)	10 000	18 000	12 000	40 000
管理	直接人工(小时)	30 000	80 000	8 000	118 000

表 11-13　单位作业成本表

制造费用	成本动因	年制造费用	年作业量	单位作业成本
装配	机器小时(小时)	1 212 600	43 000	28.2
材料采购	订单数量(张)	200 000	20 000	10
物料处理	材料移动(次数)	600 000	10 000	60
起动准备	准备次数(次数)	3 000	15 000	0.2
质量控制	检验小时(小时)	421 000	20 000	21.05
产品包装	包装次数(次)	250 000	10 000	25
工程处理	工程处理时间(小时)	700 000	40 000	17.5
管理	直接人工(小时)	507 400	118 000	4.3

(3)将作业成本库的制造费用按单位作业成本分摊到各产品(见表 11-14)。

表 11-14　作业成本分摊表

制造费用	单位作业成本(元)	X 产品		Y 产品		Z 产品	
		作业量	作业成本(元)	作业量	作业成本(元)	作业量	作业成本(元)
装配	28.2	10 000	282 000	25 000	705 000	8 000	225 600
材料采购	10	1 200	12 000	4 800	48 000	14 000	140 000
物料处理	60	700	42 000	3 000	180 000	6 300	378 000
起动准备	0.2	1 000	200	4 000	800	10 000	2 000
质量控制	21.05	4 000	84 200	8 000	168 400	8 000	168 400
产品包装	25	400	10 000	3 000	75 000	6 600	165 000
工程处理	17.5	10 000	175 000	18 000	315 000	12 000	210 000
管理	4.3	30 000	129 000	80 000	344 000	8 000	34 400
合计	—	—	734 400	—	1 836 200	—	1 323 400

(4)经过计算,产品成本资料见表 11-15。

表 11-15　汇总成本计算表

金额单位:元

制造费用	产品 X	产品 Y	产品 Z
直接材料	500 000	1 800 000	80 000
直接人工	580 000	1 600 000	160 000
装配	282 000	705 000	225 600
材料采购	12 000	48 000	140 000

续表

制造费用	产品 X	产品 Y	产品 Z
物料处理	42 000	180 000	378 000
起动准备	200	800	2 000
质量控制	84 200	168 400	168 400
产品包装	10 000	75 000	165 000
工程处理	175 000	315 000	210 000
管理	129 000	344 000	34 400
合计	1 814 400	5 236 200	1 563 400
产量(件)	10 000	20 000	4 000
单位产品成本	181.44	261.81	390.85

11.2.3 利用 Excel 进行作业成本法计算

应用 Excel 可以实现作业成本法计算的自动化,但是,单一的 Excel 表并不能完整地完成作业成本法的全部计算,需要应用多表之间的关联运算。

具体过程以 ABC 公司为例说明如下。ABC 公司 2018 年 9 月数据为:

	A	B
1	表11-16 ABC公司间接成本表(元)	
2	生产部门	
3	间接人工工资	600000
4	生产机器折旧	200000
5	房屋租金	100000
6	小计	900000
7	管理部门	
8	管理人员工资	300000
9	办公设备折旧	40000
10	办公室租金	30000
11	小计	370000
12	销售部门	
13	销售人员工资	200000
14	销售费用	50000
15	运输费用	40000
16	小计	290000

	A	B
1	表11-17 ABC公司作业池表	
2	作业池	作业计量
3	顾客订货	顾客订货次数（次）
4	产品设计	产品设计次数（次）
5	产品数量	机器加工小时（小时）
6	顾客关系	保持关系的顾客数量（个）
7	其他	不需要或没有必要分配

	A	B	C	D	E	F	G
1	表11-18 ABC公司作业池分配比率表（%）						
2	间接成本类别	作业池					
3		顾客订货	产品设计	产品数量	顾客关系	其他	合计
4	生产部门						
5	间接人工工资	15	25	40	10	10	100
6	生产机器折旧	5	15	60	5	15	100
7	房屋租金	0	0	10	0	90	100
8	管理部门						
9	管理人员工资	20	10	5	15	50	100
10	办公设备折旧	30	10	0	20	40	100
11	办公室租金	0	0	0	0	100	100
12	销售部门						
13	销售人员工资	25	0	20	45	10	100
14	销售费用	20	0	0	60	20	100
15	运输费用	80	0	10	10	0	100

开始计算：

步骤 1：计算各个作业池所分配得到的间接成本

（1）在表 11-18 中，

单元格 B5 中输入“='表 11-16'！ $B$3 * '表 11-18！ B5'”，

单元格 B6 中输入“='表 11-16'！ $B$4 * '表 11-18！ B6'”、

单元格 B7 中输入“='表 11-16'！ $B$5 * '表 11-18！ B7'”、

之后将这些公式填充到单元格 G5、G6、G7，完成生产部门间接成本的分配。

（2）同理，将管理部门和销售部门的间接费用也分配到各作业池中。

（3）在单元格 B16 中输入“=SUM(B5：B15)”，并将公式填充到 G16 中，完成作业池中分配所得的间接成本汇总。

可得计算结果如表 11-19 所示。

	A	B	C	D	E	F	G
1	表11-19 ABC公司间接成本分配到作业池表（元）						
2	间接成本类别						
3		顾客订货	产品设计	产品数量	顾客关系	其他	合计
4	生产部门						
5	间接人工工资	90000	150000	240000	60000	60000	600000
6	生产机器折旧	10000	30000	120000	10000	30000	200000
7	房屋租金	0	0	10000	0	90000	100000
8	管理部门						
9	管理人员工资	60000	30000	15000	45000	150000	300000
10	办公设备折旧	12000	4000	0	8000	16000	40000
11	办公室租金	0	0	0	0	30000	30000
12	销售部门						
13	销售人员工资	50000	0	40000	90000	20000	200000
14	销售费用	10000	0	0	30000	10000	50000
15	运输费用	32000	0	4000	4000	0	40000
16	合计	264000	214000	429000	247000	406000	1560000

步骤 2:计算各作业池作业率

(1)在 11－20 中,单元格 B3 中输入"='11－19'! B17",将表 11-19 中顾客订货池间接成本链接到表 11-20,同理在 B4、B5、B6、B7 链接入相关数据。

(2)单元格 C3、C4、C5、C6 中输入作业池计算量。

(3)单元格 E3 中输入"=B3/C3",并将计算公式填充到单元格 E6 中。

完成计算后,结果如下表:

	A	B	C	D	E	F
1	表11-20 ABC公司作业池作业率表					
2	作业池	计算所得间接成本	作业计量数		作业率	
3	顾客订货	264000	1000	次	264	元/次
4	产品设计	214000	200	个	1070	元/个
5	产品数量	429000	15000	小时	28.6	元/小时
6	顾客关系	247000	100	个	2470	元/个
7	其他	406000	不分配			

步骤 3:计算特定产品分配的间接成本

(1)在表 11-21 中,单元格 B4 中输入"='表 11-20'! E3",将公式填充到 B7,同理,将相关公式输入到单元格 B10、B11、B12、B13,及单元格 B16、B17、B18、B19。

(2)在单元格 D4、D5、D6、D7 中输入产品 A 消耗的各个作业池的作业数,同理完成产成品 B 和产成品 C 的作业数的输入。

(3)在单元格 F4 中输入"=B4 * D4",并将公式填充到单元格 F7,计算产品 A 所分得的各个作业池的间接成本。同理,计算产品 B 和 C 所承担的各个作业池的间接成本。

(4)在单元格 F8 中输入公式"=SUM(F4:F7)"汇总产品 A 所承担的间接成本,同理,汇总产品 B 和 C 的间接成本。

所得计算结果如下:

	A	B	C	D	E	F	G
1	表11-21 ABC公司特定产品分配得到间接成本表						
2	作业池	作业率		消耗的作业数		分配所得间接成本	
3	产品A						
4	顾客订货	264	元/次	20	次	5280	元
5	产品设计	1070	元/个	3	个	3210	元
6	产品数量	28.6	元/小时	1000	小时	28600	元
7	顾客关系	2470	元/个	5	个	12350	元
8	合计	49440					元
9	产品B						
10	顾客订货	264	元/次	50	次	13200	元
11	产品设计	1070	元/个	5	个	5350	元
12	产品数量	28.6	元/小时	2000	小时	57200	元
13	顾客关系	2470	元/个	7	个	17290	元
14	合计	93040					元
15	产品C						
16	顾客订货	264	元/次	100	次	26400	元
17	产品设计	1070	元/个	10	个	10700	元
18	产品数量	28.6	元/小时	1500	小时	42900	元
19	顾客关系	2470	元/个	15	个	37050	元
20	合计	117050					元

步骤 4:计算某一特定客户分配的间接成本

计算结果如表 11-22 所示。

	A	B	C	D	E	F	G
1	表11-22 ABC公司某一特定客户分配得到的间接成本表						
2	作业池	作业率		消耗的作业数		分配所得间接成本	
3	顾客订货	264	元/次	200	次	52800	元
4	产品设计	1070	元/个	30	个	32100	元
5	产品数量	28.6	元/小时	4000	小时	114400	元
6	顾客关系	2470	元/个	1	个	2470	元
7	合计			201770			元

步骤5:计算特定产品单位成本

(1)在表11-23中输入产品A、B、C的基本信息,包括各个总的间接成本和生产数量。

(2)在单元格D3中输入“=B3/C3”,并将公式填充到单元格D5中,完成各个产品的单位间接成本计算。

(3)输入各个产品的单位直接成本。

(4)在单元格F3中输入“=D3+E3”,并将公式填充到单元格F5,完成各个产品的单位成本计算。

计算结果如表11-23所示。

	A	B	C	D	E	F
1	表11-23 ABC公司特定产品的单位成本表					
2		总的间接成本(元)	生产数量(套)	单位间接成本(元/套)	单位直接成本(元/套)	单位成本(元/套)
3	产品A	49440	100	494.4	150	644.4
4	产品B	93040	160	581.5	240	821.5
5	产品C	117050	50	2341	280	2621

至此,应用Excel完成了作业成本法的计算。

更多Excel的应用和深入理解,参见相关计算机操作教材。

11.3 作业成本法与传统成本核算方法的比较

11.3.1 传统的成本计算方法的不足

随着新的制造环境的出现,企业传统的采购方式和制造过程都发生了深刻变化,传统的成本会计理论与方法受到了严峻的挑战,传统的成本计算方法已不能提供相对准确的成本信息。主要表现在以下几个方面:

(1)传统成本计算方法所确定的成本计算对象不完善

在成本计算过程中,成本计算对象的选择决定着费用归集与分配的去向,直接影响着成本计算的正确性。传统成本计算方法往往以产品的品种、批别或者生产步骤作为成本计算对象,这大大削弱了成本计算对象的重要作用。事实上,成本的发生总表现为一定的原因,这些原因应该成为归集成本的重要对象。在一个生产阶段或整个生产过程中,发生成本的原因是多方面的,而且各种原因在各个阶段及各个产品上作用的程度存在很大的差别。所以,成本计算对象首先应明确成本发生的各种原因,然后再按各原因在各生产阶段及各个生产中的作用程度，对各种原因发生的成本进行合理分配，这样，才能保证各种产品成本计算结果的相对准确性。然而，传统的成本计算方法没有考虑成本发生的各种不同的原因，所以很难准确地计算出各成本计算对象的成本。

(2)新的产品制造环境，使产品的成本构成发生了较大变化，要求重视间接成本的分配

传统的成本计算方法，重视直接成本的归集与分配，简化间接成本的归集与分配，这一特点与直接成本占总成本较大比重的现实相适应。按我国的情况，直接材料成本占生产成本的比重，一般在 70%左右，再加上直接人工成本，则直接成本占生产成本的比重甚至会超过 80%，只要对这部分成本核算准确了，余下不到 20%的间接成本如何分配，对产品成本计算正确性的影响不会很大。但是，随着高新技术的发展，高度自动化的设备排除了对普通机器操作工的需求，取而代之的是能对设备进行调试和维护的技术工人，自动化的高效率使得单台设备产出大增，单位产出的人工费用变得微乎其微，所以，新的产品制造环境条件，使得直接人工成本大幅度下降，直接成本比例变得很小。而另一方面，新的产品制造环境必然引起企业设备投资、研究开发费、软件费用以及具有专门知识和技术的系统监控人员费用等间接成本的增加，使得间接成本在总成本中的比重大大提高，而且这些间接成本的结构和可以归属性也发生了改变，不再直接与生产过程和产品产量有关，许多费用甚至完全发生在制造过程以外。在这样的环境下，再沿用以直接人工小时或机器小时标准分配间接成本的方法，就容易出现成本高估或低估，既不能正确反映产品的消耗，更不能为企业的决策和控制提供正确有用的成本信息，最终必然导致企业总体获利水平下降。正是由于产品成本构成的这一变化，使企业产品成本计算和控制的重点由直接成本向间接成本转移，这时制造费用的分配对成本信息的影响变得至关重要，要求企业重视制造费用的分配。

(3)传统成本计算方法采用单一基础分配间接成本，导致成本信息严重失真，要求采用多种基础分配间接成本的新方法

传统成本会计中，间接费用的分配标准一般采用直接人工小时或机器小时，计算一个全厂范围的费用分配比率，或是分部门的一系列的部门费用分配率，这种分配方法在产品品种少而间接费用数额不大的情况下比较适用。在现代化生产中，制造费用在产品成本中所占比重大幅度上升，其构成内容也趋于复杂化，而直接人工费用由于生产自动化、电脑化而显著降低。这样，在分配较高的间接制造费用时，如果不考虑间接成本发生的不同原因以及各产品生产对各种原因的影响，仍按照直接人工小时或机器小时单一标准在各种产品之间进行分配，必然造成劳动密集型程度不同产品之间成本的严重歪曲，导致成本信息严重失真，从而引起成本控制失效，经营决策失误。针对传统成本计算方法存在的缺陷，一些发达国家企业，改变了以往单一基础分配间接成本的做法，而改为按多种基础同时分配各相关间接成本，以求成本计算结果的相对准确。

11.3.2 作业成本法与传统成本计算法的比较

(1)成本计算对象不同

传统成本计算方法的成本计算对象是产品，间接费用的归集按照部门进行，为确保所

有制造费用部门化，不得不进行主观的分配与再分配，而事实上只有一部分成本与之有密切关系，因此，势必影响到使用单一部门制造费用分配率的正确性。作业成本法的核算对象是作业，它是根据作业而非部门归集费用，因此按照作业而确定的成本库的数量大大多于按部门而形成的成本库数量，建立了产品成本、作业成本、动因成本三维成本核算模式，一方面使成本归集渠道多样化，另一方面有利于成本分配的精确。

(2)成本计算程序不同

在传统成本计算方法下，主要是通过材料、费用的分配和再分配，将所有成本都分配到产品中去；而在作业成本法下，通过建立作业中心，首先将发生的间接费用在有关作业间进行分配，计算出作业成本，然后再按照各产品耗用作业的数量，将作业成本分配计入产品成本。

(3)费用分配标准不同

在传统成本计算法下，间接费用以人工工时或机器小时作为分配标准；而作业成本法下，改变了将间接费用计入成本分配到各产品中去的标准，分配标准不仅仅是指与产品产量有关的标准，而且包括了所有驱动作业成本产生的成本动因，这是作业成本法区别于传统计算方法的一大特点。这样，成本动因会随着成本库的增加而增加，并在成本库和成本动因之间建立起了对应的关系，且使用较多的成本动因率，可以更紧密地结合制造费用发生的原因，进而有可能将成本按照其实际消耗情况予以分配。

(4)作业成本法使许多间接计入费用直接化

作业成本法认为作业是导致成本产生的真正原因，在这种前提下，就使得传统方法下被认为无法直接分配到产品中去的一部分费用，如动力、监督、机器准备等费用，通过确认并归属到单独的成本作业库中，从而可以像直接计入费用一样直接归属到各特定产品中去。因此，从某种程度上讲，作业成本法使间接计入费用直接化了。

(5)作业成本法提供的成本信息更具决策相关性

作业成本法的优点和长处是易于取得决策用的未来成本信息。在长期决策和战略方面，传统概念的固定成本和变动成本的划分已变得界限不明显，而作业成本法认为：许多制造费用传统地被分类为固定成本(如采购、调度和起动准备等)，它们虽然并不与产量关联，但与那些导致它们发生的作业关联。这些类型的成本受管理决策的影响，决策变动了驱动它们的作业，作业成本法通过选取成本动因，清晰地将这些制造费用和基础的资源消耗作业联系起来，指明了影响成本动因的决策又如何对成本起作用。这样，管理者可较直接了解制造费用成本的细节，找出不增加产量或浪费资源的作业，更清晰地明确制造费用成本形成的原因，从而更有效地进行过程成本控制。同时，作业成本法也为定价决策、生产决策、新产品开发决策等提供有用的信息。

11.3.3 作业成本法的局限性

(1)资料来源的可靠性与真实性，影响着作业成本法作用的发挥

一方面，作业成本法下，需要确定作业中心，明确资源动因和作业动因，因而需要大量的详细的信息资料，而企业内部各有关方面能否提供真实可靠的数据资料，是作业成本法

在实务中应用是否有效的关键。在实际工作中，一些部门和人员可能出于自身利益上的考虑，不愿意提供真实的信息，特别是在怀疑信息资料将被用于评价工作实绩，收紧预算或消除某些人力资源时，情况更为严重。采用任何会计核算方法都会遇到报告不实的问题，但由于作业成本法对信息的数量和质量要求较高，因而受到信息来源可靠性的制约更大。另一方面，作业成本法的基础成本资料仍然依赖于传统的权责发生制基础，一些会计处理方法的可选择性和任意性，会导致不同的会计结果，作业成本法的应用也必然会受到一定的制约和影响。

(2)作业成本法的实施成本较高

作业成本法不但是一种较先进的成本计算方法，为企业提供了相对准确的成本信息，也为改进企业的战略决策和成本控制提供了新的依据和标准，要有效地实施作业成本法，企业必须建立起一套信息处理和信息管理制度，大量应用计算机技术，并加强对有关人员作业成本知识的培训，同时，作业成本计算法要求采用大量的分配基础，但每一种分配基础的使用都要求计量各种产品所占的份额，这些基础性的工作往往需要投入大量的人力、物力和财力，这不可避免地会增加企业的负担，从而影响作业成本法的实施。管理者只有在确信作业成本法花费合理的成本能有效地改善整个组织的决策时，才会重视并愿意采用。

(3)作业成本法不能排除成本计算中的主观性

从理论上讲，作业成本法的目的是更全面、合理地将企业的作业成本分配到消耗这些作业的产品上，要做到这一点，必须以作业中心的合理划分，以及资源动因和作业动因的正确确定为基础。而实际上，企业的作业是多种多样的，如何将形形色色的作业进行分解？如何正确区分主要作业和次要作业？建立多少作业中心更合适？成本动因如何选择？成本动因数量如何衡量？等等，难免带有决策人员的主观性和一定程度的片面性，这也为管理当局操纵成本提供了可能，进而影响了作业成本法的有效性。

虽然作业成本法存在以上缺陷和不足，但由于该法计算出的产品成本更准确，更具有决策有用性，企业可以从中得到更多的收益，因而在西方发达国家呈现出较好的应用势头，我国理论界与实务界也一直在寻求更科学的成本核算和管理方法。阎达五教授很早就建议把间接费用分摊标准的选择及其对决策的影响作为重点应用理论研究课题。目前我国已经具备了实施作业成本法的可能性，但也存在着许多不利因素，阻碍了作业成本法推广。

○ 本章小结

作业成本法(activity-based costing，ABC)，也称 ABC 成本法，即以“作业消耗资源、产出消耗作业”为原则，按照资源动因将资源费用追溯或分配至各项作业，计算出作业成本，然后再根据作业动因，将作业成本追溯或分配至各成本对象的一种成本计算方法。作业成本法是一种比传统成本计算法将间接成本和辅助费用更准确地分配到产品和服务的一种方法。

作业成本法是一种先进科学的方法，但它并非适用于所有的企业，对于企业规模小、产品范围窄、间接费用低、作业类型不稳定的企业，则不宜采用。

作业成本法在核算产品成本时，以作业为成本核算对象，根据作业对资源的消耗情况，将资源的成本分配到作业，再由作业根据成本动因追踪到产品成本的形成和积累过程，从而计算出最终产品成本。

作业成本法比传统的成本会计方法需要更多的数据，也提供了较多的有关产品成本的估计数据，这将使产品成本信息更具价值。更具价值的产品成本信息能够帮助管理人员制定产品价格，并能对特殊订货的价格做出真实的判断，或有利于企业管理人员做出继续或停止生产某产品的决策。此外，通过确认各种作业的成本，使管理人员知道哪些作业消耗的资源较多，哪些作业消耗的资源较少，从而便于采取措施，降低成本。

通过本章的学习，要求掌握作业成本法的原理、计算方法及 Excel 在作业成本计算中的应用等基本内容。并且深入理解作业成本法与普通成本计算方法的比较等内容。

○ 关键概念

作业成本法：activity-based costing
资源：resource
资源动因：resource driver
作业：activity
作业动因：activity driver
作业中心：activity center
成本池：cost pools
成本对象：cost object

○ 相关阅读

现代企业推广作业成本法的重要性和必要性[①]

在当前的新形势下，顾客对产品的需求逐渐向多元化、个性化方向发展，诞生了一些新的生产技术和新的生产工艺，使企业在生产过程中发生的制造费大大上升，但是人工费用的比例却呈下降趋势。传统的成本计算方法计算出来的产品成本不准确。作业成本法能够比较客观地反映产品在生产经营过程中的耗费，实践证明作业成本法在企业成本核算体系中的应用会带来非常多的好处，它能够提供相对准确的成本信息，能够提供有意义的非财务信息，能够拓展成本服务的范围，能够有效地改进企业战略决策。改变了传统成本计算中标准成本背离实际成本的事实，按照实际消耗资源的作业归集成本。有助于改进产品定价决策，指导销售提供准确的信息，更好地满足客户的需求。

近年来，企业的产品结构发生了变化，直接人工成本的比例急剧下降，制造费用占产品成本的比例呈上升的趋势。制造环境发生了巨大的变化，可是传统的成本法对这种变

---

① 资料参考：程馨平.作业成本法在企业成本核算体系中的应用[J].中国经贸，2017(20)：243.

化没有及时做出正确的反映，造成不同产品之间的成本不准确，导致企业管理层决策的失误。传统的成本管理方法已经不能适应高科技的大环境，企业内部管理强化对成本核算提出了更高的要求，应用新的成本法来改善成本管理，与高科技环境相适应是非常有必要的。作业成本法的应用促使企业进行有效的成本核算，在企业实际的管理中，推行作业成本法的重要性越来越明显。企业内部实行责任会计制度管理，将企业内部部门划分成为若干个责任中心，并分别授予相适应的权限，成本中心的任务就是责任成本。作业成本计算中，各项作业都与生产组织的特点密切相关，促使作业成本计算与产品成本计算实现结合，加强成本管理。

练习题

一、单项选择题

1.作业成本法的成本计算是以(　　)为中心的。

A.产品　B.作业　C.费用　D.资源

2.在下列各项中，属于作业成本法中成本性态的是(　　)。

A.成本动因与成本之间的依存关系　B.成本与业务量之间的关系

C.成本与生产之间的关系　D.成本与作业之间的关系

3.下列各项中，属于满足客户需求所必需的作业是(　　)。

A.非增值作业　B.增值作业　C.作业链　D.资源动因

4.由同质的成本动因组成的成本费用是指(　　)。

A.作业　B.作业链　C.成本库　D.成本管理

5.在正常条件下，现有资源充分利用时的作业水平是指(　　)。

A.提供的作业　B.已耗用作业　C.未耗用作业　D.作业管理量

6.单位层作业的作业成本的高低与产品产量(　　)。

A.成反比例变动　B.成正比例变动

C.之间没有关系　D.时而成正比例变动，时而无关

7.要想降低批量层作业成本，只能设法减少(　　)。

A.作业的批数　B.变动成本　C.单位成本　D.总成本

8.下列各项中，属于调整作业动因的是(　　)。

A.产品设计　B.一般管理　C.生产批次　D.检验次数

9.下列各项中，属于机器设备的资源动因是(　　)。

A.人工小时　B.机器小时　C.生产批次　D.材料消耗数量

10.所谓生产能力层作业就是指(　　)。

A.单位层作业　B.批量层作业　C.产品层作业　D.公司层作业

二、多项选择题

1.成本动因按其在作业成本中体现的分配性质不同，可以分为(　　)。

A.资源动因　B.作业动因　C.产品动因　D.需求动因

E.价格动因

2.下列各项中,可以揭示作业管理与传统成本控制区别的表述有(　　)。

A.成本控制的对象不同　　B.成本控制的性质不同

C.研究范畴不同　　D.成本改进的侧重点不同

E.分析内容不同

3.在理想状态下,企业生产经营过程中的增值作业为(　　)。

A.产品设计　　B.存货中的存储　　C.产品加工　　D.产品交付

E.机器维修停工

4.按照预算制定的生产环境不同,可以将作业预算分为(　　)。

A.理想预算　　B.现实预算　　C.成本预算　　D.费用预算

E.增值预算

5.下列各项中,属于作业成本计算与传统成本计算明显区别的有(　　)。

A.以作业中心来归集资源费用　　B.采用多元化的制造费用分配标准

C.不计算产品成本　　D.计算作业消耗

E.进行作业管理

6.主张适时生产系统的人认为,传统的生产过程是间断的,产品生产总时间包括(　　)。

A.加工时间　　B.整理时间　　C.运送时间　　D.等待时间

E.检验时间

7.下列各项中,可以作为作业成本计算理论依据的是(　　)。

A.作业消耗资源　　B.产品消耗作业

C.直接人工成本的增加　　D.间接费用的降低

E.成本性态分析

8.下列各项中,属优化作业链具体措施的有(　　)。

A.消除非增值作业　　B.分析供应商和客户

C.改变产品工艺设计　　D.不断进行技术创新

E.产品设计与经济相结合

9.下列各项中,可以作为直接人工作业动因的是(　　)。

A.生产批次　　B.订单份数　　C.机器小时　　D.人工小时

E.检验次数

10.作为成本管理的一个重要内容是寻找非增值作业,将非增值成本降至最低,下列各项中,属于非增值作业的有(　　)。

A.从仓库到车间的材料运输作业　　B.零部件加工作业

C.零部件组装作业　　D.产成品质量检验作业

三、判断题

1.资源动因能够反映产品产量与作业成本之间的因果关系。(　　)

2.作业中心是指将各种资源耗费项目按同一作业动因归集起来的成本类别。(　　)

3.作业管理仅限于企业内部的供产销分析,它的研究范畴与传统成本控制的研究范畴不同。(　　)

4.实施作业管理必须首先分析客户的需求,分析作业链的构成。(　　)

5.作业动因应当反映公司管理与作业成本的因果关系。(　　)

6.公司层作业成本大多与企业的生产能力相联系。(　　)

7.客户不需要而不能形成价值增值的作业是非增值作业。(　　)

8.因质量问题出现的返修、重复检测属于增值作业。(　　)

9.传统成本计算所采用的是单一数量分配基准,作业成本计算采用多种成本动因作为分配基准。(　　)

10.作业成本计算法与传统成本计算法的主要区别是间接费用的分配方法不同。(　　)

四、名词解释

1.成本动因

2.作业

3.非增值作业

4.作业中心

5.价值链

五、简答题

1.什么是作业成本法?

2.作业成本法适用于哪一类企业?

3.简述作业成本法和传统成本法的异同。

4.如何消除非增值作业?

5.简述作业成本法的成本计算程序。

六、计算分析题

资料:某服装制造企业采用作业基础成本法核算产品成本。该企业某月发生直接材料成本 32 000 元,其中甲产品耗用 18 000 元,乙产品耗用 14 000 元;直接人工成本19 000 元,其中甲产品应负担 11 000 元,乙产品应负担 8 000 元;制造费用 56 000 元,经分析该企业的作业情况如下表:

金额单位:元

作业中心	资源分配	成本动因	动因量	
			甲产品	乙产品
材料整理	14 000	处理材料批数	10	30
质量检验	10 000	检验次数	10	15
机器调试	20 000	调试次数	80	120
使用机器	12 000	机器小时数	20	80

要求:(1)计算各作业中心的成本动因率。

(2)假定该企业的当月产量为甲产品 500 件,乙产品 400 件,期初期末在产品为零,计算这个月的完工产品总成本和完工产品单位成本。

(3)编制有关费用归集、分配和完工产品入库的分录。

○ 案例分析

Sorensen 公司订单处理作业成本分析①

Sorensen 制造公司生产多种类型的飞机螺钉。螺钉是根据顾客订单分批生产的。虽然有很多不同的螺钉,但可以把它们分成三大类产品家族。因为每一产品家族被用在不同的飞机上,可以根据客户购买的产品把客户分成三大类。销售给每类客户的产品数是相同的,三大产品家族的单位售价从 0.50 美元到 0.80 美元不等。过去,接受处理订单的成本都费用化了,没有追溯到各顾客群。这些成本并非小数目,一年的成本总额达 4 500 000 美元。另外,这些成本在逐渐增长。后来公司开始实施降低成本战略,任何成本的削减都必须有助于制造竞争优势。

因为处理订单的成本巨大并且不断增长,管理层决定调查这些成本发生的原因。它们发现处理订单的成本受处理的顾客订单数量的驱动。进一步的调查表明处理订单作业有以下成本性态:

固定阶梯成本划分:50 000 美元/阶梯(2 000 份订单为一阶梯)

变动成本成分:20 美元/订单

Sorensen 公司有足够的阶梯来处理 100 000 份订单,本年预计客户订单数为 100 000 份。预计耗用的处理订单作业量和各类顾客的平均订单额如下表所示。

项目	第一类	第二类	第三类
订单数(份)	50 000	30 000	20 000
平均订单额(美元)	600	1 000	1 500

成本性态分析得出的结论是:市场部经理建议向每份客户订单收取费用,公司总经理表示同意。收费的办法是把每份订单的成本加到该订单的产品价格中(利用预计订单成本和预计订单数计算)。这样,订单成本随订单规模增大而减少,当订单规模达到 2 000 份时就取消这一订单成本(市场经理指出如果订单规模大于此数再收费,就会失去一些规模较小的客户)。在将这一新的价格信息通知到客户后很短的时间内,三大产品家族的平均订单规模都上升到 2 000 份。

案例分析提示:

(1)计算每类顾客的单位订单成本。

(2)计算定价战略的改变使订单处理成本降低了多少(假设尽量减少资源消耗量,同时总销售量不变)。说明利用客户作业信息是如何导致成本降低的。

(3)思政思考题:在分析和解决各种复杂实际问题时,财务人员应具备哪些专业素养和品质素养?如何提升自身的这些素养?

① 资料参考:孙茂竹,支晓强,戴璐.管理会计学(第 8 版)[M].中国人民大学出版社,2018.

第 12 章

战略管理会计

思维导图

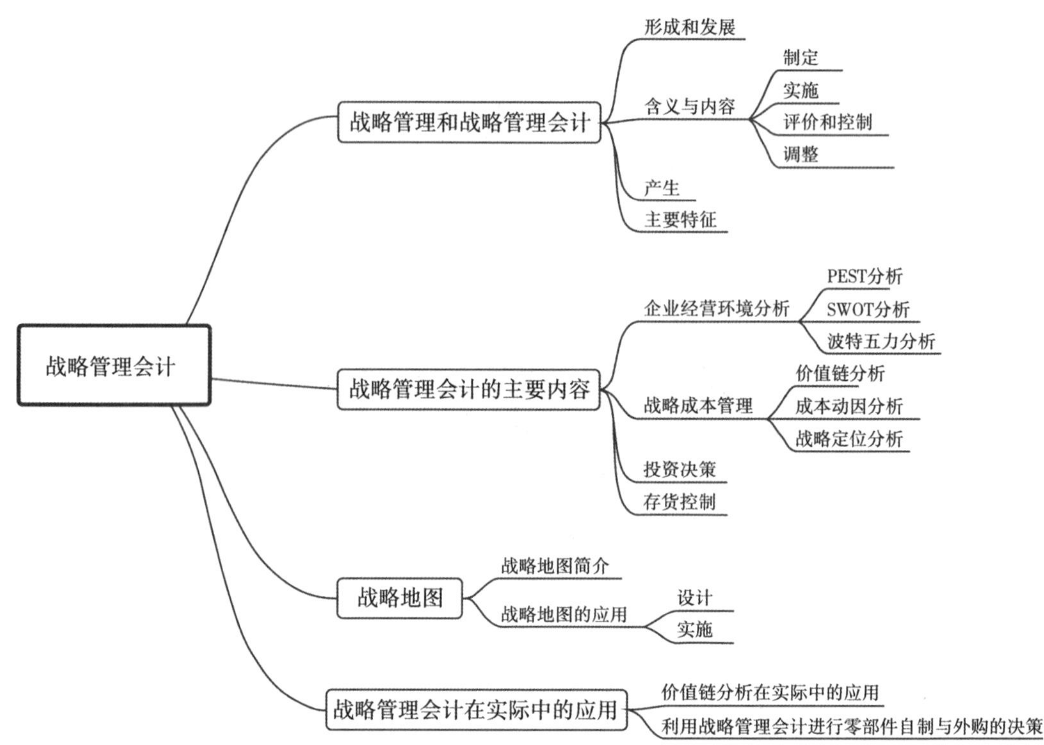

学习目标

本章的内容包括战略管理与战略管理会计的含义，战略管理会计的主要内容、战略地图、战略管理会计的实际应用。学习具体目标包括：

◇知识目标

了解战略管理的形成与发展、战略管理的含义与内容、战略管理会计的产生，熟悉战略管理会计的主要内容，如企业经营环境分析、战略成本管理、投资决策、存货控制等，了解战略地图的基本原理以及应用，掌握战略管理会计在企业中的简单应用。

◇能力目标

能够将战略管理思维融入管理会计，运用战略管理会计的基本理论和基本方法，进行基本的企业经营环境分析、战略成本管理、投资决策和存货控制等。

◇思政目标

充分认识战略管理和战略管理会计的重要意义，能够站在战略角度思考和判断，深刻理解党和政府全面建成社会主义现代化强国的战略安排，为建设美丽中国贡献自己的一份力量。

12.1　战略管理和战略管理会计

战略管理会计是战略管理与管理会计相结合的产物，是为企业战略管理服务的会计。战略管理会计的产生与战略管理理论的发展和完善密不可分，没有战略管理理论的出现，也就无从谈及战略管理会计。

12.1.1 战略管理的形成和发展

战略，最初是军事名词，是指在战争中对全局的筹划和指挥。20 世纪 50 年代末，战略作为"手段"或"方法"的代名词开始进入管理领域，成为企业管理学中的一个范畴，一般是指企业为实现其宗旨和长期目标，使用的一种比较宽泛和基本的计划方法。最初，企业的战略管理行为被称为战略计划，着眼于企业内部，强调企业现状，只是把预算中的数字往后多推几年，缺乏战略调整空间。

1973 年的石油危机，把企业带到了动荡的环境中，人们意识到对外部环境完全准确的预测几乎是不可能的，企业的计划必须以外部环境的变化为基础，必须更加留心市场变化的动态，更加密切关注竞争对手。在这一时期，企业管理的战略特色已渗透到管理的各个环节。20 世纪 70 年代中期，安瑟夫教授等编著的《从战略计划到战略管理》一书公开出版，至此，战略计划成为战略管理的一个有机组成部分，现代战略管理理论体系正式形成。企业的管理者认识到必须以外部环境为基础考虑多种备用的战略方案，同时认识到战略比预测更重要。战略管理是管理者确立企业长期目标，在综合分析所有内外部相关因素的基础上，制定达到目标的战略，并执行和控制整个战略的实施过程。进入 20 世纪 80 年代以后，行为科学、竞争对手分析、并购战略、全球化战略、信息技术和生产技术的发展，拓展了战略管理的范围，完善了战略管理的理论，丰富了战略管理的内容。

12.1.2 战略管理的含义与内容

关于战略管理含义，目前学术界和实务界尚未达成统一的认识。但通常认为，战略是企业从全局考虑做出的长远性的谋划，战略管理是对企业全局的、长远的发展方向、目标、任务和政策，以及资源配置做出决策和管理的过程。企业进行战略管理，一般按照战略分析、战略制定、战略实施、战略评价和控制、战略调整等程序进行。

战略分析包括外部环境分析和内部环境分析。企业进行环境分析时，可应用态势分析法（strength，weakness，opportunity，threat，简称 SWOT 分析）、波特五力分析、PEST 分析和波士顿矩阵分析等方法，分析企业的发展机会和竞争力，以及各业务流程在价值创造中的优势和劣势，并对每一业务流程按照其优势强弱划分等级，为制定战略目标奠定基础。

战略制定，是指企业根据确定的愿景、使命和环境分析情况，选择和设定战略目标的过程。企业可根据对整体目标的保障、对员工积极性的发挥以及企业各部门战略方案的协调等实际需要，选择自上而下、自下而上或上下结合的方法，制定战略目标。企业设定战略目标后，各部门需要结合企业战略目标设定本部门战略目标，并将其具体化为一套关键财务及非财务指标的预测值。为各关键指标设定的目标（预测）值，应与本企业的可利用资源相匹配，并有利于执行人积极有效地实现既定目标。

战略实施，是指将企业的战略目标变成现实的管理过程。企业应加强战略管控，结合使用战略地图、价值链管理等多种管理会计工具方法，将战略实施的关键业务流程化，并落实到企业现有的业务流程中，确保企业高效率和高效益地实现战略目标。

战略评价和控制，是指企业在战略实施过程中，通过检测战略实施进展情况，评价战略执行效果，审视战略的科学性和有效性，不断调整战略举措，以达到预期目标。企业主要应从以下几个方面进行战略评价：战略是否适应企业的内外部环境；战略是否达到有效的资源配置；战略涉及的风险程度是否可以接受；战略实施的时间和进度是否恰当。

战略调整，是指根据企业情况的发展变化和战略评价结果，对所制定的战略及时进行调整，以保证战略有效指导企业经营管理活动。战略调整一般包括调整企业的愿景、长期发展方向、战略目标及其战略举措等。

从以上可以看出，企业进行战略管理，需要多种数据和信息的支持，客观上要求为战略管理提供数据信息支持的战略管理会计产生。

12.1.3 战略管理会计的产生

战略管理会计是战略管理理论和实务不断发展的必然需求，是科技进步及社会生产力飞速进步的必然结果。

（1）战略管理理论和实务的不断发展促成了战略管理会计的产生

战略管理会计的产生与战略管理理论的发展和完善密不可分，没有战略管理理论的出现，也就无从谈及战略管理会计。20 世纪 70 年代，由于企业内部和外部环境的显著变化，导致人们开始关注企业外界的变化，企业开始研究竞争对手的动态，开始分析企业自身的优势和劣势，并在此基础上，明确企业的长期目标，在这种情况下，正式提出了“战略管理”一词。进入 20 世纪 80 年代以后，信息技术和生产技术的飞速发展更加促使人们热衷于战略管理的研究，行为科学、竞争对手分析、并购战略、全球化战略等的发展拓宽了战略管理的范畴，使其内容不断充实和完善。战略管理要求企业高层管理者在不断审视企业内外环境变化的前提下，制定能够利用优势，抓住机会，弱化优势并避免和缓和威胁的企业战略。企业战略从其制定直至战略的实施客观上需要大量的内部和外部、财务和非财务、定性和定量、历史和现实等多样化的管理会计信息，战略管理会计随之产生。1981 年，著名的管理学家西蒙首次提出了“战略管理会计”一词。随后，关于战略管理会计的理论研究和实务发展不断升温，战略管理会计开始被大家广泛接受。

（2）科技进步和社会生产力的飞速发展促进战略管理会计的产生

20 世纪 70 年代，电子技术开始引入企业并转化为生产力，导致高新技术进入蓬勃发展时期，有人将其称之为“第三次技术革新”。这次革命使企业的内部环境和外部环境发生了显著的变化，并对传统管理会计形成挑战。一方面随着电子数控机床、自动化设备、机器人、电脑辅助生产等的广泛应用，企业制造环境已从过去的劳动密集型向资本密集型转化，从而使企业的产品成本结构发生了重大变化，主要表现为：直接人工成本下降，而制造费用的比重则明显上升；固定成本所占比重上升，变动成本所占比重却明显下降。在这种情况下，人们对传统的成本动因，即成本性态产生怀疑。另一方面随着高新技术的普遍采用，企业间的竞争日趋国际化态势，这使人们清醒地意识到，企业要想在竞争中取胜，只有做到知己知彼，方能百战不殆。而传统管理会计属于内向型会计，只注重企业的内部，而不关注企业的外部变化，只注重财务的信息，而不关注非财务的信息。面对新的环境、新的要求，传统管理会计出现了变革，战略管理会计应运而生。

12.1.4 战略管理会计的主要特征

战略管理会计是战略管理与管理会计相结合的产物，是为企业战略管理服务的会计，拓展了管理会计的研究范围，它突破了传统管理会计的研究范畴，具有独有的特征，从而使管理会计进入了一个全新的发展阶段。

(1)突破单一会计主体的限制，注重企业外部环境和竞争对手

传统管理会计是一种内向型的管理会计，只强调服务于企业内部的管理职能，对企业的外部环境有所忽视，其视野基本上不涉及企业的顾客和竞争对手的相关信息，在外部环境日益复杂、竞争日益激烈的今天，致使提供的信息失去战略相关性。而战略管理会计强调深入分析企业外部环境，密切关注整个市场和竞争对手的动向，以便时刻调整企业的战略。战略管理会计以外部情况为核算重点，从市场的角度提供管理信息，关注企业外部环境的变化，提供市场需求量、产品质量、价格、市场占有率、销售网络和服务网络、顾客满意度、社会购买力、宏观经济发展趋势、目前宏观经济政策的信息。

(2)以取得竞争优势为长远目标

企业战略管理的核心目的是获得和保持持久的竞争优势，在竞争日益激烈的市场中立于不败之地。传统管理会计以获取最大利润为目标，并将这一目标贯穿到预测、决策和成本控制中。战略管理会计遵循长期性的原则，立足长远，从长远利益来分析、评价企业的各种管理策略，明确考虑企业竞争战略，主要内容是企业价值链分析、确定战略地位、成本动因分析等。

(3)更加注重提供更多与企业经营战略密切相关的非财务信息

在竞争环境下，衡量竞争优势的不仅有财务信息，还有大量的非财务信息。许多非财务信息尽管不能直接反映企业的经营业绩，但对企业的长远发展起着至关重要的作用，如目标市场占有率、产品合格率、顾客的满意度、产品交货率、产品退货率和产品返修率等。传统管理会计以货币为计量尺度，研究的是货币信息，对于企业决策只能从财务分析中获取信息，忽略了其他信息对企业的影响。相比之下，作为企业决策支持系统的战略管理会计超越了会计货币计量的范围，将信息范围扩展到各种与企业决策相关的领域中，信息种类和信息来源非常广泛，而且信息分析、处理技术多样化。

(4)更加注重人力资源的有效利用

从战略管理的高度而言,最重要的资源莫过于人力资源因素。然而,传统管理会计的主要研究对象是"物",如直接材料、直接人工的计价和管理,很少研究或涉及管理主体"人"的因素。战略管理会计拓展了管理会计人员的职能范围,对管理会计人员的要求不只是财务信息的提供,而是要求他们能够运用多种方法,对包括财务信息在内的各种信息进行综合分析和评价,向管理层提供全部的整体分析结论和决策建议。

12.2 战略管理会计的主要内容

战略管理会计是战略管理与管理会计结合的产物,是为企业战略管理服务的会计,强调着眼于竞争,用战略的眼光看待企业内部信息、外部市场信息和竞争者信息。战略管理会计的体系内容是围绕着战略管理展开的,战略管理会计研究的主要内容有以下几个方面。

12.2.1 企业经营环境分析

企业的经营环境一方面为企业的发展提供机遇,另一方面又制约着企业的经营活动,甚至会带来风险。企业的经营环境包括外部和内部两方面。战略管理会计对与这些环境因素相关的信息进行搜索、整理的目的在于使企业能够根据环境变化改变原有的发展战略,制定新的发展战略,使企业战略能够建立在科学合理的基础之上。企业经营环境分析可以采用 PEST 分析法、SWOT 分析法、波特五力分析等分析方法。

12.2.1.1 PEST 分析

PEST 分析法是企业外部环境分析的基本工具,它通过政治(politics)、经济(economic)、社会(society)和技术(technology)四个方面的因素分析,从总体上把握企业面临的宏观环境,并评价这些因素对企业战略目标和战略制定的影响。其中:政治因素是指对企业经营活动具有实际与潜在影响的政治力量和有关的法律、法规等因素;经济因素是指一个国家的经济制度、经济结构、产业布局、资源状况、经济发展水平以及未来的经济走势等;社会因素是指组织所在社会中成员的民族特征、文化传统、价值观念、宗教信仰、教育水平以及风俗习惯等因素;技术因素不仅包括那些引起革命性变化的发明,还包括与企业生产有关的新技术、新工艺、新材料的出现和发展趋势以及应用前景。

12.2.1.2 SWOT 分析

SWOT 分析法,也称态势分析法,SWOT 是英文 strength(强势)、weakness(弱势)、opportunity(机会)、threat(威胁)的首字母的组合。SWOT 分析是指基于内外部竞争环境和竞争条件下的综合分析,就是将与研究对象密切相关的各种主要内部优势、劣势和外部的机会和威胁等,通过调查列举出来,并依照矩阵形式排列,然后用系统分析的思想,把各种因素相互匹配起来加以分析,从中得出一系列相应的结论,而结论通常带有一定的决策性。对制定相应的发展战略、计划以及对策起到支撑作用。

强势是企业相对于竞争对手而言所具有的资源、技术以及其他方面的优势；弱势是严重影响企业经营效率的资源、技术和能力限制；机会是企业业务环境中的重大有利因素；威胁是环境中的重大不利因素。通过 SWOT 分析将企业面临的外部机会和威胁与企业内部的强势和弱势进行对比，可以针对性的制定四种战略，如图 12-1 所示。

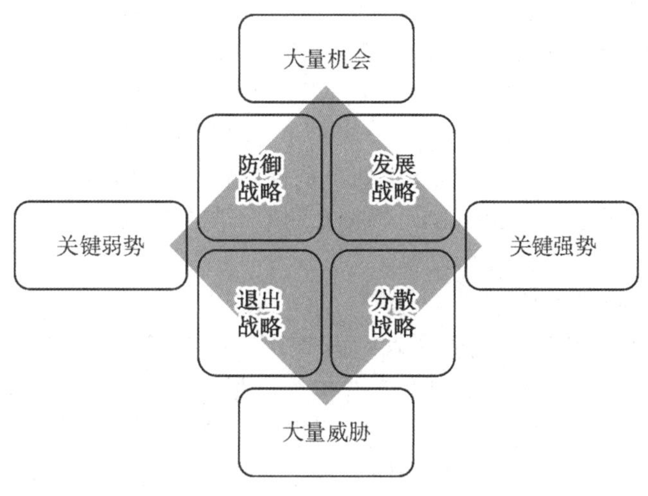

图 12-1　SWOT 分析法

12.2.1.3 波特五力分析

五力分析模型是管理学家迈克尔·波特(Michael Porter)教授于 20 世纪 80 年代初提出，对企业战略制定产生了的深远影响。波特五力分析常用于企业竞争战略的分析，可以有效地分析企业所面临的竞争环境。波特五力分析中的五种力量分别是：供应商的议价能力、购买者的议价能力、潜在竞争者进入的能力、替代品的替代能力、行业内竞争者现在的竞争能力。五种力量的不同组合变化 最终影响行业利润潜力变化。企业可以基于这五种竞争力量的分析和讨论，采取措施增强自己的市场地位与竞争实力。

12.2.2 战略成本管理

战略成本管理是战略管理会计的重要内容，它是为了提高和保持企业持久的竞争优势而建立的成本管理系统。这一系统主要由价值链分析、成本动因分析、战略定位分析三个主要部分构成。所谓战略成本管理就是以战略的眼光从成本的源头识别成本驱动因素，对价值链进行成本管理，即运用成本数据和信息，为战略管理的每一个关键步骤提供战略性成本信息，以利于企业竞争优势的形成和核心竞争力的创造。

12.2.2.1 价值链分析

每一种最终产品从其最初的原材料投入至到达最终消费者手中，要经过无数个相互联系的作业环节，这就是作业链。这种作业链既是一种产品的生产过程，同时又是一种价值形成和增值的过程，从而形成竞争战略竞争上的价值链，具体包括以下两方面：

(1)行业价值链分析与企业价值链分析。由作业特性决定，价值链一般按行业构成，相关行业之间有交叉价值链。任何一个企业均位于某行业价值链中的某一段，企业内部也可分解为许多单元价值链。每个价值链既产生价值，同时也要消耗资源。进行企业价值链分析，可以确定单元价值链上的成本与效益。根据企业的战略目标而进行价值作业之间的权衡、取舍，调整各价值链之间的关系。如果企业价值链上的所有活动的累计总成本小于竞争对手时，就具有了战略成本优势。在战略成本管理中，往往突破企业自身价值链，把企业置身于行业价值链中，从战略高度进行分析，是否可以利用上、下游价值链进行降低成本或调整企业在行业价值链中的位置及范围，以取得成本优势。

(2)竞争对手价值链分析。在行业中往往存在生产同类产品的竞争者。竞争对手的价值链和本企业价值链在行业价值链中处于平行位置。通过对竞争对手价值链的分析，测算出竞争对手的成本与之进行比较，根据企业的不同战略，确定扬长避短的策略争取成本优势。

12.2.2.2 成本动因分析

作业影响成本，动因影响作业，因此动因是引起成本发生的根本原因。成本动因可分为两个层次：一是微观层次的与企业的具体生产作业相关的成本动因，如物耗、作业量等；二是战略层次上的成本动因，如规模、技术多样性质量管理等。成本动因分析超出了传统成本分析的狭隘范围(企业内部、责任中心)和少量因素(产量、产品制造成本要素)，而代之以更宽广、与战略相结合的方式来分析成本。战略成本动因对成本的影响比重比较大，可塑性也大，从战略成本动因来考虑成本管理，可以控制住企业日常经营中的大量潜在的成本问题。战略成本动因又可大体分为结构性成本动因和执行性成本动因两大类。

结构性成本动因是指与组织企业基础经济结构和影响战略成本整势相关的成本驱动因素，通常包括：(1)规模：在研究开发、制造、营销等方面的投资规模；(2)范围：指企业价值链的纵向长度和横向宽度，前者与业务范围有关。后者与规模相关；(3)经验：即熟练程度的积累。通常与企业目前作业的重复次数相关；(4)技术：指企业在每一个价值链活动中所运用的技术处理方式；(5)多样性：提供给客户的产品、服务的种类。结构性成本动因分析就是分析以上成本驱动因素对价值链活动成本的直接影响以及它们之间的相互作用对价值链活动成本的影响，最终可归纳为一个“选择”问题：企业采用何等规模和范围，如何设定目标和总结学习经验，如何选择技术和多样性等，这种选择能够决定企业的“成本地位”。结构性成本动因分析根据其属性无疑是企业在经济结构层面的战略选择。

执行性成本动因是指与企业执行作业程序相关的成本驱动因素，通常包括：(1)劳动力对企业投入的向心力；(2)全面质量管理；(3)能力利用；(4)联系。企业的各种价值链活动之间是相互关联的。执行成本动因与结构性成本动因有着不同的性质。在企业基础经济结构既定的条件下，通过执行性成本动因分析。可以提高各种生产执行性因素的能动性及优化它们之间的组合，从而使价值链活动达到最优化而降低价值链总成本。

12.2.2.3 战略定位分析

通过企业经营环境分析，就会明显的发现企业的竞争优势与劣势，所存在的机会和面临的威胁也趋于明朗化，在此基础上应进行战略定位，所制定的战略应该能够利用优势，抓住机会，弱化劣势，避免或缓和威胁。企业的战略定位分为公司层的战略定位和经营层的战略定位。

(1)公司层的战略定位

公司层战略是对企业整体所从事事业范围的确定,包括经营类型及经营范围的定位、公司的宗旨和目标的确定等。

首先,企业需要进行经营类型及经营范围的抉择。每个企业都是产业价值链的一部分或几部分或全部,决定企业应处于价值链的哪个环节的战略决策建立在企业自身相对优势确定的基础上,即企业在哪个环节上能够发挥其优势并能为顾客提供更多、更好的服务而获得更多的利润,企业的产品就应定位在这里。

其次,企业需要进行的宗旨和目标的抉择。企业的宗旨和目标是竞争战略思想的充分体现,它是企业的长期规划和未来的长期努力方向。管理会计人员以及企业的高层领导必须对此予以高度重视。一般企业所确定的宗旨和目标应高度概括,通俗并简单明了,不能含混。

波士顿咨询集团(Boston Consulting Groups,BCG)于 20 世纪 70 年代初开发了波士顿矩阵分析法(BCG matrix),是指在坐标图上,以纵轴表示企业销售增长率,横轴表示市场占有率,将坐标图划分为四个象限,依次为"明星类产品(★)"、"问题类产品(?)"、"金牛类产品(￥)"、"瘦狗类产品(×)";最后的瘦狗类属于不再投资扩展或即将淘汰的产品。其目的在于通过产品所处不同象限的划分,使企业采取不同决策,以保证其不断地淘汰无发展前景的产品,保持"问号"、"明星"、"金牛"产品的合理组合,实现产品及资源分配结构的良性循环。波士顿矩阵分析法如图 12-2 所示。

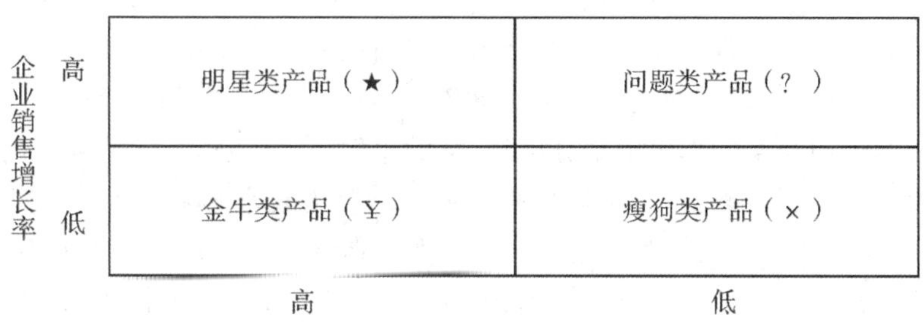

图 12-2　波士顿矩阵分析法

在企业的业务组合矩阵中,按照产品类型的不同可分别采取稳定性战略、增长型战略、收缩性战略和组合型战略四种经营战略。

①稳定性战略。对于金牛类产品,会产生大量的现金,但前景有限,公司应实行稳定性战略。稳定性战略的基本特征是产品经营很少发生重大变化,向顾客提供同样的产品和服务,维持一定的市场份额。

②增长型战略。对于明星类产品,产品前景看好,应采用增长型战略。增长型战略要求企业扩大经营规模,如更高的销售额、更多的雇员和更大市场份额。增长可以通过直接扩张、合并、控股和多元化等方式实现。

③收缩性战略。对于瘦狗类产品,产品不仅市场占有率低,而且市场增长率也不高,这种产品前景暗淡,应采用收缩性战略。收缩性战略要求企业缩减经营规模或多元化经

营的范围。缩减常常通过剥离方式进行，适时退出自己不具有核心竞争力的领域也是一种较好的战略选择。

④组合型战略。对于问题类产品，市场增长率高，但市场占有率却低，可以同时实行两种或多种前面提到的战略。在这种情况下，投资风险较大，公司在制定战略时要格外小心。

(2)经营层的战略定位

经营层战略的抉择应与企业和产业的具体状况相适应。迈克尔·波特教授在对企业进行价值链、成本动因以及SWOT分析之后，提出以下三种竞争战略：低成本战略、差异化战略和集聚战略。

低成本战略也称为成本领先战略，是指企业通过提供比竞争对手成本更低的产品或服务来超过竞争对手的一种竞争战略。低成本战略是三种战略中最为明确的一种。在这种战略指导下，企业的目标是要成为其产业中的低成本生产(服务)厂商，也就是在提供的产品(或服务)的功能、质量差别不大的条件下，努力降低成本来取得竞争优势。如果企业能够创造和维持全面的成本领先地位。那它只要将价格控制在产业平均或接近平均的水平，就能获取优于平均水平的经营业绩。在与对手相当或相对较低的价位上，成本领先者的低成本优势将转化为高收益。成本领先战略的逻辑要求企业就是成本领先者，而不是成为竞争这一地位的几个企业之一，所以，成本领先是一种格外强调先发制人策略的一种战略。成本领先战略可通过大规模生产，学习曲线效应，严格的成本控制来实现，企业必须发现和开发所有成本优势资源。

差异化战略也称为别具一格战略，是指企业通过消费者认识到企业的产品或服务在某一方面是独特的，如质量一流、外观新颖等，这种认识使公司可为产品或服务要求更高的价格，维持较高的利润，从而战胜竞争对手的一种战略。这种战略着眼于广泛的产业内谋求竞争的优势，而非某个特定的细分市场，它的运用非常广泛，具有普遍适用性，如家用电器、工业设备、化妆品、珠宝、汽车等行业。实行差异化战略必须避免的一种倾向是，可能试图降低产品成本而忽视产品的宣传。通常实行差异化战略的企业为使消费者认识企业产品所具有的独特性，必须进行持续的、大规模的产品宣传，否则忽视产品宣传，差异化战略的作用就会降低，如果企业产品在消费者心目中的独特性不再重要时，则低成本竞争对手的产品对消费者就更具有吸引力。这要求企业采用此种战略时，必须在促销方面投入大量的资金以扩大其产品的影响。

集聚战略也称为集中一点战略，是指企业选择市场中的某个特定部分，如特定的顾客群、特定的地理区域等，使其战略适合于这一特定的细分目标市场，而不顾及其他市场，在特定细分市场取胜的一种竞争战略。如果企业能同时取得成本领先和差异领先的竞争优势，回报将是巨额的，因为收益是累加的，差异领先会带来价格溢价，与此同时成本领先意味着成本的降低。但由于各种条件的限制，要想全面地、长期地同时取得成本领先和差异领先的地位，是不现实的。集聚战略是主攻某个特定的顾客群，某种产品系列的一个细分区段或某一个细分市场，以取得在某个目标市场上的竞争优势。这种战略的前提是：企业能够集中有限的资源以更高的效率、更好的效果为某一狭窄的战略对象服务，从而超过在更广阔范围的竞争对手。集聚战略有两种形式，成本领先集聚战略寻求在目标市场上的成本优势，差异领先集聚战略则追求目标市场上的差异优势。集聚战略通常选择对替代品最具抵抗力或竞争对手最弱之处作为企业的战略目标。采用集聚战略的企业同样具有取得超过产业平均收益的能力，如果企业能够在某个目标市场上获得成本领先或差异领先的地位，并且这一目标市场的产业结构很有吸引力，那么实施该战略的企业将会获得超过其产业平均水平的收益。

12.2.3 投资决策

投资决策是传统管理会计的一项重要内容。投资项目的评价与取舍不能采用僵化的模式，而必须充分注意数量因素与质量因素并重，货币计量与非货币计量并重，数量计算与综合判断相结合。

战略管理会计对投资方案的评价除了使用传统管理会计中的定量分析模型外，还应有大量的定性分析方法，如价值链分析、成本动因分析、竞争优势分析等。这主要是由于在复杂多变的经济环境中，投资方案的一些影响因素无法用货币精确计量，而这些因素却对投资方案的成败起着至关重要的作用。比如质量不好，应顾客要求派人去修理、补救的追加支出，可以用货币计量，但因此而导致对企业信誉的不良影响是无法用货币计量的；对顾客需求的反应不够及时，因拖延交货而支付罚金，可以用货币计量，但因此而引起的顾客的不满却无法用货币计量等。这些无法用货币计量的非财务效益，在战略管理会计中可以用定性分析的方法加以考虑。

12.2.4 存货控制

传统管理会计主要采用经济订购量对存货进行控制。管理人员通过平衡订货成本、存货成本和缺货成本等来追求最优存货，竭力寻求一个理想的经济存货量的数学模型，结果导致存货控制理论越来越复杂。实际上，企业追求的目标应是企业的整体效益，而非存货的局部效益。不断追求经济批量，会使管理人员错误认为：只要按经济批量采购、生产，企业就可以取得效益。这一模型本身只考虑了成本因素，没有考虑时间因素，忽略了企业可以通过控制存货购入、发出的时间减少存货。在完善的市场经济条件下，资源可以自由流动，此时，存货对企业来说就形成一种资源的闲置和浪费，是对决策错误及无效率的默许。

在自动化、顾客化生产、市场需求日新月异的今天，经济订购量模型极易导致存货积压。因此，企业应建立适时生产系统，也就是在生产管理上，实行全面质量管理，保证原材料、零部件、产成品的质量；协调企业供、产、销各个环节，减少生产准备时间和在产品存货；及时与供应商沟通，让供应商直接按企业生产所需时间供应零部件，以降低存货水平，使存储成本大大下降。

12.3 战略地图

战略管理会计是为企业战略管理服务的会计,协助企业进行战略制定、战略实施、战略评价和控制、战略调整。据统计,大约有 70% 的企业战略失败于执行不力,而非缺少愿景,大约只有 10% 的企业战略得到了很好的执行。战略地图是帮助企业实现战略目标,解决企业战略执行不力问题的重要工具。

12.3.1 战略地图简介

战略地图(Strategy Map)由罗伯特·卡普兰(Robert S.Kaplan)和戴维·诺顿(David P. Norton)提出。卡普兰和诺顿两位大师认为,"不能衡量,就不能管理"。1992 年,他们提出了革命性的业绩衡量系统——平衡计分卡,从而使企业能够量化关键的无形资产,如人力、信息和文化。在对实行平衡计分卡的企业进行长期的指导和研究的过程中,两位大师发现,企业由于无法全面地描述战略,管理者之间及管理者与员工之间无法沟通,对战略无法达成共识。"平衡计分卡"只建立了一个战略框架,而缺乏对战略进行具体而系统、全面的描述。他们认为,"不能描述,就不能衡量"。基于此,2004 年 1 月,两位大师的第三部著作《战略地图——化无形资产为有形成果》出版,提出了一种新的工具——战略地图。

在企业战略的引导下,从财务、客户、流程、学习成长四个层面定义公司的目标,各个目标之间层层递进。并通过明晰这四个层面目标之间的因果关系来描述企业的战略,这张图就叫做战略地图,让企业以一种更为连贯、完整和系统的方式来审视自己的战略。平衡计分卡四个层面之间的因果关系如图 12-3 所示。

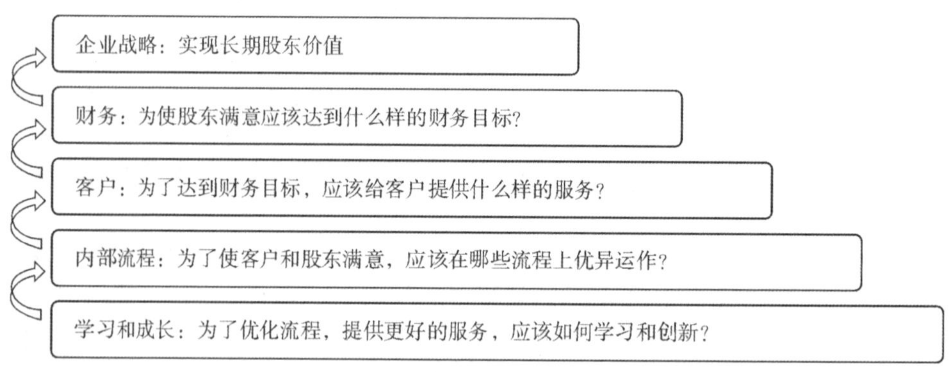

图 12-3 平衡计分卡四个层面之间的因果关系

简单说战略地图是一个为描述企业各维度战略目标之间因果关系而绘制的可视化的战略因果关系图。战略地图可以使企业组织能够阐明战略并与全体员工沟通,确定驱动战略成功的关键内部流程,使人力、技术和组织资本投资协调一致,取得最好效果,揭示战略缺陷,尽早采取纠正措施。战略地图的主要优点是能够将企业的战略目标清晰化、可视化，并与战略 KPI(key performance indicator，关键业绩指标，简称 KPI)和战略举措建立明确联系，为企业战略实施提供了有力的可视化工具。它的主要缺点是需要多维度、多部门的协调，实施成本高，并且需要与战略管控相融合，才能真正实现战略实施。

战略地图通常以财务、客户、内部流程、学习与成长等四个维度为主要内容，通过分析各维度的相互关系，绘制战略因果关系图。企业可根据自身情况对各维度的名称、内容等进行修改和调整。战略地图中，先是财务层面，财务层面强调的是股东价值，通常会表现为利润增长，然后是客户层面，财务收入是客户带来的，客户层面强调的是如何满足客户需求，第三个层面是内部流程层面，强调的是内部流程如何完善才能保障客户需求得到满足，第四个层面是学习与成长层面，这个层面强调的无形价值，主要包括人力资本，人的能力如何提升才能保障上述三个层面的实现，信息资本，使用什么信息系统保障快捷沟通，提升沟通效率，组织资本，组织氛围如何改善。战略地图示例如图 12-4 所示。

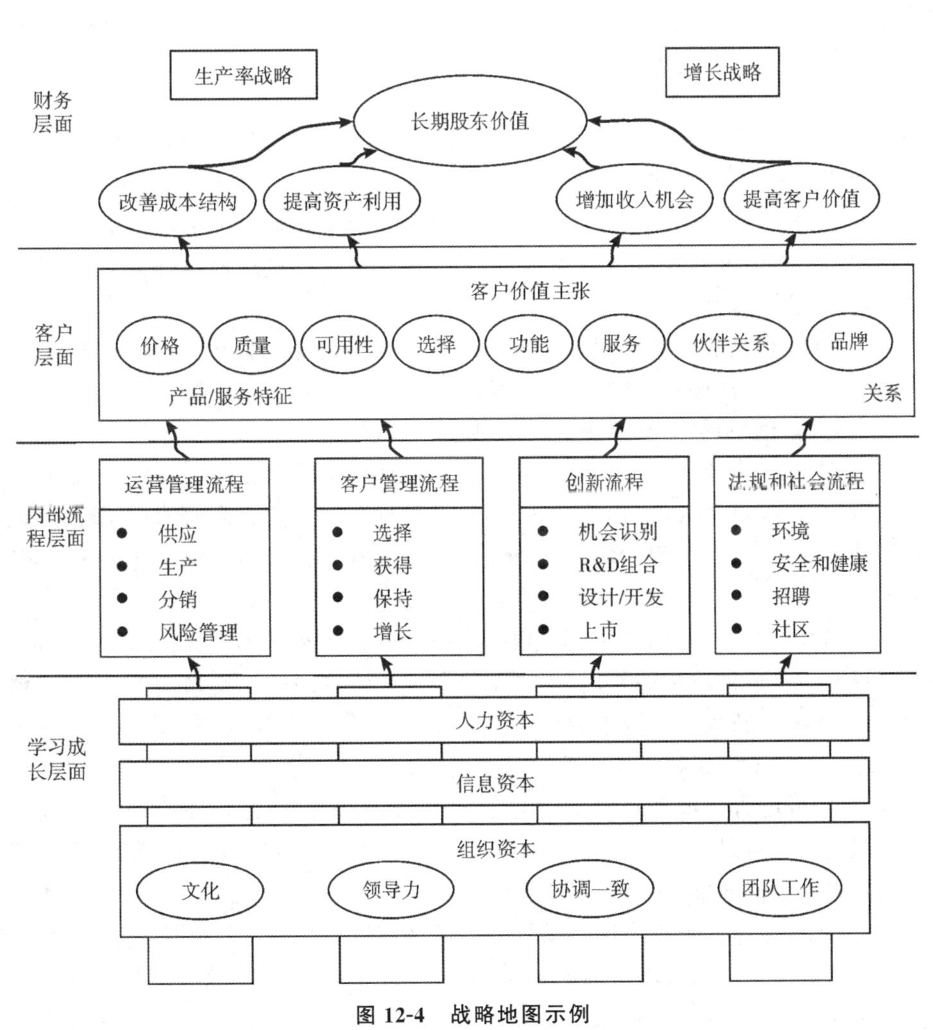

图 12-4　战略地图示例

12.3.2 战略地图的应用

企业需要制定正确的战略，更需要具备执行战略的能力，战略地图可以用来提高企业的战略执行力。战略地图的核心就是将企业的战略用战略地图的方式描述出来。战略只有被清晰地描述出来才可能被理解，而只有能被理解的战略才可能被成功地执行，战略地图清晰地描述和表明了企业战略，从而保证企业成功地执行该战略。企业应用战略地图要做好战略地图设计和实施两方面的工作。

12.3.2.1 战略地图的设计

企业设计战略地图，一般按照设定战略目标、确定业务改善路径、定位客户价值、确定内部业务流程优化主题、确定学习与成长主题、进行资源配置、绘制战略地图等程序进行。

(1)设定战略目标。设定战略目标是指企业根据确定的愿景、使命和环境分析情况，选择和设定战略目标的过程。企业可根据对整体目标的保障、对员工积极性的发挥以及企业各部门战略方案的协调等实际需要，选择自上而下、自下而上或上下结合的方法，制定战略目标。

(2)确定业务改善路径。企业应根据已设定的战略目标，对现有客户(服务对象)和可能的新客户以及新产品(新服务)进行深入分析，寻求业务改善和增长的最佳路径，提取业务和财务融合发展的战略主题。在财务维度，战略主题一般可划分为两个层次：第一层次一般包括生产率提升和营业收入增长等；第二层次一般包括创造成本优势、提高资产利用率、增加客户机会和提高客户价值等。

(3)定位客户价值。企业应对现有客户进行分析，从产品(服务)质量、技术领先、售后服务和稳定标准等方面确定、调整客户价值定位。在客户价值定位维度，企业一般可设置客户体验、双赢营销关系、品牌形象提升等战略主题。

(4)确定内部业务流程优化主题。企业应根据业务提升路径和服务定位，梳理业务流程及其关键增值(提升服务形象)活动，分析行业关键成功要素和内部营运矩阵，从内部业务流程的管理流程、创新流程、客户管理流程、遵循法规流程等角度确定战略主题，并将业务战略主题进行分类归纳，制定战略方案。

(5)确定学习与成长主题。企业应根据业务提升路径和服务定位，分析创新和人力资本等无形资源在价值创造中的作用，识别学习与成长维度的关键要素，并相应确立激励制度创新、信息系统创新和智力资本利用创新等战略主题，为财务、客户、内部业务流程维度的战略主题和关键业绩指标(KPI)提供有力支撑。

(6)进行资源配置。根据各维度战略主题，企业应分析其有形资源和无形资源的战略匹配度，对各主题进行战略资源配置。同时应关注企业人力资源、信息资源、组织资源等在资源配置中的定位和价值创造中的作用。

(7)绘制战略地图。企业应用平衡计分卡的四维度划分绘制战略地图，以图形方式展示企业的战略目标及实现战略目标的关键路径。首先，确立战略地图的总体主题。总体主题是对企业整体战略目标的描述，应清晰表达企业愿景和战略目标，并与财务维度的战略主题和 KPI 对接。其次，根据企业的需要，确定四维度的名称。把确定的四维度战略主题对应画入各自战略地图内，每一主题可以通过若干 KPI 进行描述。最后，将各个战略主题和 KPI 用路径线链接，形成战略主题和 KPI 相连的战略地图。

12.3.2.2 战略地图的实施

战略地图实施，就是将企业的战略目标落实到每一层级，是企业利用管理会计工具方法，确保企业实现既定战略目标的过程。战略地图实施一般按照战略 KPI 设计、战略 KPI 责任落实、战略执行、执行报告、持续改善、评价激励等程序进行。

首先，企业应用战略地图，应结合企业自身的经营特点，设计一套可以使各部门主管明确自身责任与战略目标相联系的考核指标，即进行战略 KPI 设计。其次，企业应对战略 KPI 进行分解，落实各部门的责任并签订责任书。在落实各部门责任的基础上，企业还应以责任书中所签任务为基础，按责任部门的具体人员和团队情况，对任务和 KPI 进一步分解，并制定相应的执行责任书，进行自我管控和自我评价。同时，以各部门责任书和职责分工为基础，确定不同执行过程的负责人及协调人，并按照设定的战略目标实现日期，确定不同的执行指引表，采取有效战略举措，保障 KPI 实现。此外，为了及时追踪战略执行情况，企业应编制战略执行报告，反映各责任部门的战略执行情况，分析偏差原因，提出具体管控措施，在对战略执行情况进行分析的基础上，进行持续改善，不断提升战略管控水平。最后，企业还应按照战略管理的要求，对战略地图实施情况进行评价和激励，引导责任人自觉地、持续地积极工作，有效利用企业资源，提高企业绩效，实现企业战略目标。

12.4　战略管理会计研究的实际应用

战略管理会计与企业的战略管理紧密相连，涉及的内容庞杂精深，考虑到初中级管理会计的学习要求，本节仅介绍战略管理会计的简单应用。

12.4.1 价值链分析在实际中的应用

任何产业都是由许多经营范围各不相同的企业所组成，即使经营范围相同的企业也非常多，它们之间既存在供产销业务上的联系，同时存在着相互间的激烈竞争。进行价值链分析，一方面要决定企业处于产业价值链中的哪个环节，即战略定位；另一方面也需要对企业本身的作业链进行分析，以便达到优化企业价值链，进而优化产业价值链的目的。下面结合实际例子体会价值链分析方法。

例 12-1

企业价值链分析

资料：成衣产业的产业价值链如图 12-5 所示。假设成衣产业存在 A、B、C、D、E、F 六个竞争者。

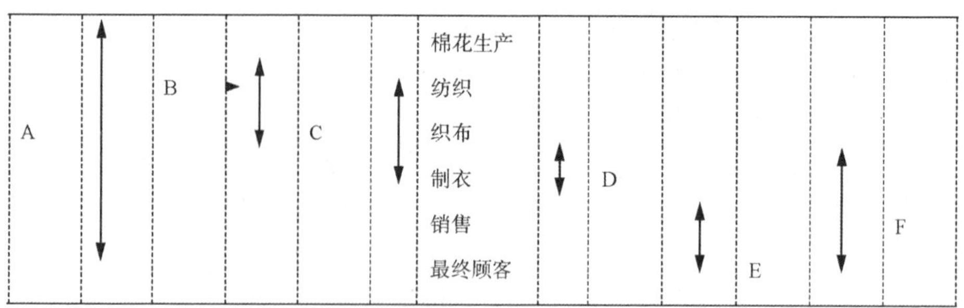

图 12-5　成衣产业的价值链示意图

要求：对该产业的价值链进行分析。

解答：从图 12-5 可看出，竞争者 A 是一个高度综合的企业，其经营范围覆盖成衣的整个产业价值链，B、C、D、E、F 则处于成衣价值链的不同环节，其中 B、C 可视为产业中的上游企业，其提供的各环节产品并没有被最终用户所消费；D、E、F 可视为产业中的下游企业，其产品为最终的用户所消费。对于上游的所有企业，应以产品为中心，通过技术、组织、管理等方面的不断创新，以及自身作业链的不断优化，力求在新产品、新工艺的开拓和原有产品的改进上不断取得新的突破，使企业的新产品不断涌现，从而取得差异化或低成本的竞争优势。对于下游的所有企业，应以用户为中心，了解不同用户的不同文化素质、兴趣和爱好，进而了解用户的不同特点和需求，以便及时调整生产，提供用户所需的产品，从而不断拓展企业的销售渠道和细分市场，不断提高企业的市场占有率。

除进行上述分析外，每个企业的战略定位更不能忽视。对于竞争者 A，它可以根据按市场价格调整的内部转移价格计算出各个环节的投资收益率，通过分析，A 就会发现，企业生产的哪个环节收益高，哪个环节收益低，哪个环节具有竞争的优势，这样 A 就可做出自制或外购或退出某一环节或拓展某一环节的决策。至于竞争者 B、C、D、E 和 F，也可以通过产业价值链分析找到企业自身的发展方向。假设 D 企业通过分析，发现自己的投资收益率偏低，与自己的竞争对手相比，自己的价值链中成本偏高，分析原因如下：(1) 产量低，规模小，而自己的竞争者却到达了经济规模。在这种情况下，D 就有必要考虑横向并购的战略决策问题。(2) 进行成本动因分析后，发现在最终消费者所支付的成衣成本价值中，材料成本价值过高，而企业的供应商和销售商的边际利润率都高于 D 企业，说明该企业的纵向规模未达到合适的水平，这时 D 就有必要考虑进行纵向拓展决策，从而将自己的经营领域扩展到自己的供应商和顾客。(3) 发现本企业的产品销售不畅，产品积压，原因是销售渠道不合理，在这种情况下，企业应重新考虑自己的顾客群，从而改变销售渠道，开辟新的目标市场。

12.4.2 利用战略管理会计进行零部件自制与外购的决策

战略管理会计师对传统管理会计的修正和发展，他并未改变传统管理会计的职能，只是决策时不能仅局限于传统的决策标准，应站在战略的高度进行。在这种情况下所得结论，也可能与传统管理会计得出的结论相悖。

例 12-2

自制与外购决策

资料：某计算机信息公司是北卡莱州德海姆地区的一家小型企业。由于公司在服务和可靠性方面有很好的信誉，因此顾客在不断增长。该公司所需零部件的采购成本是500 美元，其中价值 300 美元的部分也可以自制，自制的单位材料成本是 190 美元，每月的人工和设备成本是 55 000 美元，该公司目前拟进行该部分零部件是自制还是外包的决策。

如果该公司自制零部件，还拟将营销、运送货物和服务外包给德海姆的另一家公司 JBM 公司，这样每月可为该公司节约成本 175 000 美元。外包的合同价是每月平均销售 600 台计算机的基础上，每台的价格是 130 美元。该公司对此利用价值链、竞争能力等分析进行最终的综合决策。

该公司利用价值链分析确定，产业价值链包括：设计、原材料采购、零部件的形成、计算机装配、销售、最终用户六个环节。除上述资料外，该公司目前的主要作业生产是将从外部电子公司购入的零部件和少量的金属加工件装配成产品，装配的单位成本是 250 美元。依据上述资料，该公司据此编制的产业价值链分析表见表 12-1。

表 12-1　计算机信息公司的产业价值链分析表

价值作业		方案一：维持目前状况 （外购零部件）	方案二：自制零部件 （同时外包销售、货物运送和服务）
设计		该公司与此价值链无关	该公司与此价值链无关
原材料采购		该公司与此价值链无关	该公司与此价值链无关
零部件	外购的零部件	采购这些零部件的单位成本是 200 美元	采购这些零部件的单位成本是 200 美元
	既可自制又可外购	采购这些零部件的单位成本是 300 美元	该公司的单位生产人工成本为 190 美元，外加每月固定费用 55 000 美元
装配		单位成本为 250 美元	单位成本为 250 美元
销售、货物运送和售后服务		每月成本为 175 000 美元	外包给 JBM 公司，单位成本为 130 美元

要求：分别按传统管理会计和战略管理会计的方法为该企业做出零部件是自制还是外购的决策。

解答：依据题意，假设该公司的月销售量为 600 台，按照传统管理会计的计算，两方案的相关成本计算如下：

方案一的相关成本＝300×600＋175 000＝355 000（美元）

方案二的相关成本＝（190＋130）×600＋55 000＝247 000（美元）

计算结果表明，该公司应选择方案二，这样可以使该公司每月可节约成本 108 000 美元（355 000－247 000）。

从战略管理会计的角度看，该公司必须结合公司的竞争战略情况进行综合考虑。

首先，该公司认为销售不断增长的原因是顾客满足于该公司的服务和可靠性，这是该公司的优势,如果将该公司的销售、货物运送和服务外包给其他公司是不明智的,这样做,有可能会降低该公司的市场份额。

其次,如果该公司变外购零部件为自制零部件,这样就会使该公司走向与其他制造商进行低成本竞争的道路,而该公司的规模较小,若与产业价值链该环节中已经存在并富有竞争力的大公司相互竞争,该公司实行低成本竞争成功的可能性不大,因为这不是该公司的优势所在。

因此,从战略管理会计的角度看,应选择方案一。但该方案的成本较高,应予以高度重视,经过进一步的分析,该公司确定了成本高的相关作业,从而为采取措施降低成本提供了依据。另外通过上述分析,该公司的竞争优势和劣势予以充分披露,这为公司的战略修订与决策提供了重要的信息。

○ 本章小结

战略管理会计是战略管理理论和实务不断发展的必然需求,是科技进步及社会生产力飞速进步的必然结果。战略管理会计是战略管理与管理会计相结合的产物,是为企业战略管理服务的会计,强调着眼于竞争,用战略的眼光看待企业内部信息、外部市场信息和竞争者信息。战略管理会计研究的主要内容包括企业经营环境分析、战略成本管理、投资决策和存货决策等。战略只有被清晰地描述出来才可能被理解,而只有能被理解的战略才可能被成功地执行。战略地图的核心就是将企业的战略用可视化的方式描述出来,清晰地描述和表明了企业战略,从而保证企业成功地执行该战略。战略地图是帮助企业实现战略目标,解决企业战略执行不力问题的重要工具。

○ 关键概念

战略:strategy
战略管理:strategic management
战略管理会计:strategic management accounting
战略成本管理:strategic cost management
价值链分析:value chain analysis
战略地图:strategy map

○ 相关阅读

风险管理——战略管理会计的“翅膀”[①]

企业风险管理(ERM)是指企业如何在一个存在风险的环境里把风险减至最低的管

① 资料参见:陈谋.风险管理——战略管理会计的“翅膀”[N].财会信报,2015-08-17.

理过程,包括对风险的量度、评估和应对策略。这里的风险存在两种理解:广义上表现为一切不确定性,即风险产生的结果未来可能带来损失、获利或是无损失也无获利;狭义上是指单纯强调风险带来损失的不确定性的一面。而现代管理会计对于风险的理解更偏重狭义概念,将企业所面临的未来风险因素视作一种运营成本,这与管理会计关注企业成本研究的历史沿革有很多联系。

学界认为,风险是可以被管理和控制的。摩根士丹利和高盛的转型就是很好的例子。在 2008 年金融危机中,由于投资银行的融资模式和过度经营模式,以及将资产证券化的做法,导致金融危机一发生,它就立刻倒了下去,得不到政府的救助就更显得脆弱。一度呼风唤雨、不可一世、垄断了世界金融服务业的华尔街五大投行在短短几个月内倒闭了三家。而另外两家,也是实力最强的两家,摩根士丹利和高盛则进行了有效的风险管理,在危机来临时转型成为商业银行控股公司,也就是商业银行。商业银行的多元化经营有利于分散和隔离风险,发生危机时通过对风险的管理,以及得到了中央银行的帮助,而将杠杆控制在合理水平,最后得以在金融危机中生存下来。

风险管理框架(ERM)从确认、计量、记录和报告的角度规范了企业风险管理,类似于会计的经济业务处理程序。在按风险管理八要素具体实施企业风险管理时,所涉及的很多内容和原则与管理会计相同或相似,因此 ERM 框架具有明显的管理会计特色。随着管理会计不断地完善和发展,风险管理将会逐步进入战略管理会计体系。对于风险的管理,主要是两种方法,一种是企业外部的监管,另一种是企业内部的监管。其中,外部监管主要指的是法律约束。早在 2002 年美国颁布的《萨班斯法案》和 2006 年英国颁布的《公司法》明确规定公司的会计人员应该怎样查账以及哪些会计信息是必须公开的,而内部监管则要求会计人员应该对每个会计期间的资产负债表和损益表进行详细的分析,在核算项目实际成本时与预算做比较,做好成本、利润、资金的预测,从而对短期投资和长期投资的风险做预测和控制。如,海尔集团认为风险管理是一个全员管理的理念。风险管理已经不仅仅局限于财务部、审计部、法律部等部门,而是将其渗透到了公司的各个层面,无论是从董事会层到经理层,再到员工层,还是从集团战略层到执行层,再到各个职能业务层,全面的风险管理意识已经渗透到了企业的每个层面、每个员工。因此,这就要求会计人员对管理会计十分熟悉,对风险预测和管理流程有深刻的了解。

首先,随着社会不断发展,市场环境也在不断地发生变化,企业将会面临更多、更复杂的问题。为了更好地应对环境的不确定性,为了使管理者获得更加真实可靠的信息,将风险管理纳入到管理会计之中已成为必然的趋势。通过对风险进行管理,可以使企业最大限度地将不确定因素转化为确定因素,摸清市场行情,避免盲目行事。以减少企业决策的失误概率,降低发生损失的可能性。

其次,从战略管理的角度来看,将风险管理纳入到战略管理会计,不但能使风险管理得到足够的重视,充分发挥其作用,也使得管理会计能收集更多有关企业面临风险的信息,从而做好风险应对,利于企业做出更加合理的决策,使企业在竞争中获取更大的优势。

最后,经过几百年的发展历程,管理会计已经形成了以预测、决策、规划、控制和评价为其基本功能的循环系统。系统中各项功能要素间相互联系,相互支撑。但是随着社会经济的发展,市场环境变得日益复杂,风险伴随着每一项经济活动。要使管理会计系统中每个功能要素都能最大限度地发挥效用，对其风险进行系统的预测、分析、控制和评价就不可或缺。

将风险管理纳入到战略管理会计，不仅有必然性，也有可行性，战略管理的思想为扩展风险管理这一功能提供了理念支持。管理会计从以核算为主要功能的萌芽阶段逐渐演进和发展到了以战略功能至上的管理阶段。企业必须采取新的管理方式，从战略的高度，对未来的经营管理进行控制和评价。为了使战略管理会计真正能够体现这一理念，凸显风险的重要性也就势在必行。比如，作业成本法、预警分析、价值链分析等一系列管理会计分析方法的不断创新和发展，也给风险管理进入战略管理会计体系提供了技术层面的支持。总之，管理会计是服务于企业战略管理的信息系统，而战略又带有长期性，面临很大的不确定性，因此战略管理会计不仅无法回避风险管理问题，而且必须在这方面有所作为，以便更好地帮助现代企业在激烈的市场竞争环境中寻得长久发展之计。

练习题

一、单项选择题

1.在学术界，正式提出“战略管理”一词是在(　　)。

A.20 世纪 50 年代　　B.20 世纪 60 年代
C.20 世纪 70 年代　　D.20 世纪 80 年代

2.有助于企业加强内部成本管理，确保战略目标实现的是(　　)。

A.结构性成本动因分析　　B.操作性成本动因分析
C.规模性成本动因分析　　D.技术性成本分析

3.围绕企业的优势与劣势、机会与威胁所开展的分析，在战略管理会计中属于(　　)。

A.经营环境分析　　B.战略定位分析研究
C.价值链分析　　D.竞争能力分析

4.如果供应商的讨价还价能力强，企业处于劣势时，则表明(　　)。

A.供应商的产品供大于求　　B.供应商的产品无法替代
C.供应商的产品销路不畅　　D.供应商无参与本行业竞争的意图

5.下列各项中，属于有较高市场增长率和较高的市场占有率业务的是(　　)。

A.问号类　　B.金牛类　　C.明星类　　D.瘦狗类

6.如果公司业务组合矩阵中处在“现金牛”状况下，则公司应采取(　　)。

A.稳定型战略　　B.增长型战略　　C.收缩型战略　　D.竞争优势战略

7.企业通过避免直接竞争来取得成功，这种战略是(　　)。

A.低成本战略　　B.差异化战略　　C.集聚战略　　D.竞争优势战略

8.最早提出低成本、差异化和集聚三种竞争战略的人是(　　)。

A.钱德勒　　B.安瑟夫　　C.卡普兰　　D.波特

9.在 1981 年首次提出“战略管理会计”一词的是著名管理学家(　　)。

A.波特　　B.西蒙　　C.安瑟夫　　D.卡普兰

10.战略地图是(　　)设计的战略管理会计工具。

A.波特　B.西蒙　C.安瑟夫　D.卡普兰和诺顿

二、多项选择题

1.下列各项中,属于导致战略管理会计产生和发展的原因有(　　)。

A.管理学大师的诞生　B.社会生产关系的进步

C.战略管理理论的推动　D.社会生产力的进步

E.战略术语的引入

2.下列各项中,能够揭示战略管理会计明显特征的表述有(　　)。

A.提供多样化的会计信息　B.改进了项目评价的尺度

C.改进了业绩评价的尺度　D.内部管理和控制方法不断创新

E.拓宽了传统管理会计的研究范围

3.下列各项中,属于战略管理会计研究内容的有(　　)。

A.企业的经营环境分析　B.价值链分析

C.战略定位分析　D.战略成本动因分析

E.财务报表分析

4.从战略的角度看,成本动因的内容应当包括(　　)。

A.结构性成本动因　B.操作性成本动因

C.规模性结构动因　D.技术性结构动因

E.能力性成本动因

5.分析企业竞争态势,需要分析企业的(　　)。

A.优势　B.劣势　C.成绩　D.机会

E.威胁

6.下列各项中,能体现供应商讨价还价能力强的具体表现有(　　)。

A.供应产品质量的相对提高　B.供应产品质量的相对降低

C.供应价格的提高　D.供应价格的降低

E.供应范围的扩大

7.下列各项中,能体现顾客讨价还价能力强的具体表现有(　　)。

A.顾客购买量占企业销售量的比重大　B.顾客没有很多可供选择的供应者

C.产品对顾客具有独特的吸引力　D.顾客有变外购为自产的意图

E.企业销售产品的定价水平高

8.分析企业的竞争强度,可以从不同方面作出判断,这些方面主要有(　　)。

A.同行业中不同企业内部资源的对比　B.潜在或新进入者的障碍分析

C.供应商的讨价还价能力分析　D.顾客的讨价还价能力分析

E.替代产品的威胁分析

9.企业进行宏观环境分析可以采用 PEST 分析法,从(　　)方面进行分析。

A.政治　B.经济　C.社会　D.技术

E.环境

10.迈克尔·波特教授在对企业进行价值链、成本动因以及 SWOT 分析之后,提出的竞争战略有(　　)。

A.低成本战略　　B.差异化战略　　C.集聚战略　　D.分散战略

三、判断题

1.在国际上,首次提出"战略管理会计"一词的具体时间是1981年。(　　)

2.战略管理会计与传统管理会计相比更加重视非货币性的会计信息。(　　)

3.成本动因是导致成本发生的因素,战略管理会计认为企业成本的高低只与业务量有关。(　　)

4.战略地图是西蒙教授最早提出的。(　　)

5.价值链分析只是对整个产业所进行横向整体分析。(　　)

6.低成本战略要求企业在采用此种战略时,必须在促销方面投入大量的资金以扩大其产品的影响。(　　)

7.如果某企业产品定价较高,则可以断定该企业采取的是差异化战略。(　　)

8.战略管理会计的主要职责是提供财务信息以支持企业的战略决策。(　　)

9.战略管理会计只关注短期的财务绩效,不涉及非财务信息的分析。(　　)

10.战略管理会计的主要目标是帮助企业制定和实施长期战略,以获得可持续的竞争优势。(　　)

四、名词解释

1.战略管理

2.PEST分析

3.SWOT分析

4.波特五力分析

5.战略成本管理

五、简答题

1.战略管理会计是如何产生的?

2.什么是价值链分析?

3.什么是成本动因分析?

4.什么是战略定位分析?

5.平衡计分卡和战略地图之间有什么区别和联系?

○ 案例分析

平安银行战略管理会计的实施重点①

根据《银行家》杂志发布的《中国商业银行竞争力评价报告(2014)》,平安银行凭借在战略转型上的领先定位和管理业绩的出色表现,获评"最佳战略管理全国性商业银行"。平安银行战略管理会计的实施重点如下。

---

① 资料参见:牛彦秀,潘月.平安银行战略管理会计的成功运用及启示[J].财务与会计,2015(17):29-31.

一、实施多角度的战略定位

平安银行为适应外部环境变化，从目标客户、服务、组织模式三方面进行战略定位。

1.目标客户：小微企业。平安银行没有选择资产规模大、盈利能力好、风险低的国有企业，也没有选择大型民营企业，而是选择小微企业作为目标客户。这主要基于两层原因：一方面，2013 年发改委提出了支持小微企业的融资意见，这给提供融资服务的银行带来前所未有的机遇。另一方面，相比银行贷款等间接融资形式，大型企业越来越倾向于融资成本更低的直接融资，这导致银行大型客户流失，商业银行间争夺客户的竞争日趋激烈。平安银行的目标客户定位缓解了客户竞争压力，且吸收的众多高成长型小企业也给银行带来了可观的收益。

2.服务：综合金融服务。平安银行通过"一个客户，一个账户，多个产品，一站式服务"的方式为客户提供综合金融服务：不仅为中小客户提供支付结算、融资等基础性的银行服务，还增加了信托、基金、保险、资产管理、贵金属等更为丰富的金融服务。一站式服务给客户带来了便利和实惠，进而又吸引了更多客户。

3.组织模式：事业部模式。平安银行在实施战略管理会计之前采用的是传统总分模式，即设立总行的基础上，在全国各地设立分行。在总分模式下，银行的管理层级过多，信息传递不畅，难以明确各层级的市场定位，管理上缺乏专业性。为适应战略发展要求，平安银行进行了组织架构改革，整合建立了 3 个行业事业部、11 个产品事业部和 1 个平台事业部。

二、实施价值链管理

1.建立混业战略联盟开展业务，降低销售及交易成本。混业战略联盟是指以银行和证券公司为主的金融机构为实现优势互补、提升整体价值建立的一种合作性战略联盟。平安银行推出的"金橙俱乐部"是一个资源共享平台，俱乐部会员包括证券公司、信托公司、保险公司等。银行与银行、银行与非银行金融机构以及非银行金融机构之间可以通过战略联盟的方式，互帮互助，实现企业之间的交叉销售和业务协同。平台上的俱乐部成员可以用自有资金购买银行的理财产品，或向客户推荐购买银行的理财产品，大大节省了平安银行的销售人力，降低了销售成本。基金管理公司等金融机构通过与银行形成战略伙伴，可以充分利用银行的分销系统与优良信誉销售金融产品，以最低的成本获得最大的收益。混业战略联盟搭建的平台可以说是一个金融超市，在这个平台上的各个企业就是一个整体，降低的是整体的销售成本和交易成本，从而实现共赢。

2.借助信息技术，降低人工成本。战略联盟为平安银行提供了与高科技公司合作的机会。2013 年年末，平安银行与某信息科技公司展开合作。通过合作，平安银行获得了领先的智能语言技术，并在综合金融领域发挥优势。信息技术的运用消除了重复或效率低下的流程，节省了人员分析的时间，提高了工作效率，显著降低了人工成本，为企业赢取了成本优势。

3.建立供应链金融，降低融资成本和运营成本。供应链金融是指银行围绕着核心企业，对核心企业的上下游小型企业资金流进行管理，把单个小企业融资的不可控风险转为整个供应链可控风险的一种创新金融管理形式。平安银行打造了供应链金融业务，缓解了小微企业融资难问题，使资金融通更加高效。此外，供应链金融打造的是一个熟人的生意圈，上下游企业都在平安银行提供的平台上进行交易。当经销商收到供应商发出的货物，银行就会把钱划给供应商，这部分货款就成了银行的存款。当经销商将货物卖出时，收到的钱又成了银行的存款。现在，平安银行不需要零散地去拉客户，而是通过平台批量获得客户，通过集中作业的方式降低运营成本。

三、实施平衡计分卡战略绩效评价

结合平衡计分卡绩效评价的原理，平安银行从财务、客户、内部流程、学习与成长四个层面出发，将企业的绩效评价与战略紧密结合，形成了平衡计分卡战略绩效评价与考核体系。

1.财务维度：多目标齐头并进。在财务层面，平安银行的目标是提升企业盈利能力，并确保资产质量和资产流动性良好。对此，平安银行逐步压缩高资本消耗业务，拓展低资本消耗且流动性强的资产业务，同时发展小微企业融资业务，一方面使银行中间业务收入大幅提升，另一方面利用其贷款额度小、回收期短的特点使贷款收益率大幅度提升。

2.客户维度：多方面提升客户满意度。在客户层面，平安银行一方面丰富金融服务内容，帮助客户发现并创造新的金融需求，同时改进服务，大大节省办理业务的时间；另一方面，根据客户的年龄、收入、风险偏好等进行分类，针对不同的客户群提供不同产品，以满足客户对产品的需求。这种以客户为中心的理念为平安银行赢得了良好的口碑，为扩大市场份额奠定了基础。

3.内部流程维度：创新并优化作业流程。在内部流程层面，平安银行深入到作业环节分析运行效率，运用影像生成技术，做到身份证信息自动读取。此外，率先推广 ATM 机"先吐卡再出钞"做法，尽量避免了吞卡给客户带来的不便。

4.学习维度：提升素质并奖惩结合。在学习与成长层面，平安银行为员工制定了分门别类、细致入微的培训计划，并根据公司需要和员工的职业发展阶段提供了不同的培养措施，系统的培训计划以及明确的奖惩机制是平安银行长期发展的动力，也是其提升核心竞争力的重要手段。

案例分析提示：

1.通过以上案例，分析平安银行是如何选择战略定位的？

2.结合案例，分析平安银行是怎样进行价值管理的？

3.结合案例，分析为什么平安银行选择价值链管理？

4.思政思考题：平安银行战略绩效评价是多维度的，我们应从哪些维度评价自己和他人？

第 13 章

管理会计报告

思维导图

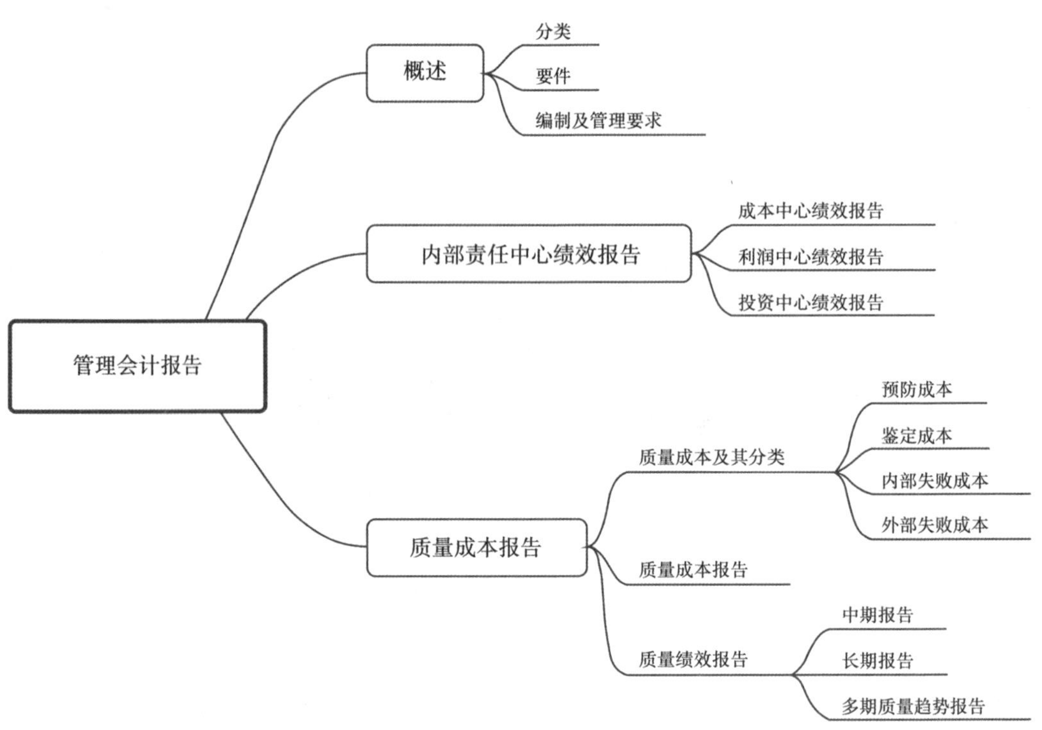

学习目标

本章的内容包括管理会计报告概述、内部责任中心绩效报告和质量成本报告。学习具体目标包括：

◇知识目标

了解管理会计报告的分类、要件、编制及管理要求，熟悉内部责任中心绩效报告，理解质量成本的含义及其分类，了解质量成本报告和质量绩效报告的基本内容。

◇能力目标

能够运用管理会计报告的基本知识，编制成本中心、利润中心和投资中心的绩效报告。

◇思政目标

能够在学习管理会计报告基本知识的基础上，深刻领会到，管理会计提供信息的质量决定了企业决策和管理活动的质量，管理会计人员在工作中必须坚守职业道德，树立正确的世界观、人生观和价值观。

为了指导企业管理会计报告的编制、审批、报送、使用等，财政部根据《管理会计基本指引》，制定《管理会计应用指引第 801 号—企业管理会计报告》。根据应用指引，企业管理会计报告，是指企业运用管理会计方法，根据财务和业务的基础信息加工整理形成的，满足企业价值管理和决策支持需要的内部报告。企业管理会计报告的目标是为企业各层级进行规划、决策、控制和评价等管理活动提供有用信息。

13.1　管理会计报告概述

企业应建立管理会计报告组织体系，根据需要设置管理会计报告相关岗位，明确岗位职责。企业各部门都应履行提供管理会计报告所需信息的责任。管理会计报告与一般对外财务报告相比较，有四个特征：第一，管理会计报告没有统一的格式和规范，根据企业(或组织)内部的管理需要来提供。相对于报告形式，更注重报告实质内容；第二，管理会计报告遵循问题导向。根据企业(或组织)内部需要解决的具体管理问题来组织、编制、审批、报送和使用；第三，管理会计报告提供的信息不仅仅包括财务信息，也包括非财务信息；不仅仅包括内部信息，也可能包括外部信息；不仅仅包括结果信息，也可以包括过程信息，更应包括剖析原因、提出改进意见和建议的信息；第四，管理会计报告如果涉及会计绩效的报告，比如责任中心报告，其主要的报告格式应该是贡献毛益格式，不是财务会计准则中规范的对外财务报告格式。管理会计报告的对象是一个组织内部对管理会计信息有需求的各个层级、各环节的管理者。

13.1.1 管理会计报告的分类

以企业为例，管理会计报告体系可以按照多种标志进行分类，包括但不限于以下类别：

(1)按照企业管理会计报告使用者所处的管理层级可以分为战略层管理会计报告、经营层管理会计报告和业务层管理会计报告。

战略层管理会计报告的报告对象是企业的战略层，包括股东大会、董事会和监事会等。战略层管理会计报告包括但不仅限于战略管理报告、综合绩效报告、价值创造报告、经营分析报告、风险分析报告、重大事项报告、例外事项报告等。这些报告可独立提交，也可根据不同需要整合后提交。战略管理报告的内容一般包括内外部环境分析、战略选择与目标设定、战略执行及其结果，以及战略评价等。战略层管理会计报告应精炼、简洁、易于理解，报告主要结果、主要原因，并提出具体的建议。

经营层管理会计报告是为经营管理层开展与经营管理目标相关的管理活动提供相关信息的对内报告。经营层管理会计报告的报告对象是经营管理层，主要包括全面预算管理报告、投资分析报告、项目可行性报告、融资分析报告、盈利分析报告、资金管理报告、成本管理报告、绩效评价报告等，经营层管理会计报告应做到内容完整、分析深入。

业务层管理会计报告是为企业开展日常业务或作业活动提供相关信息的对内报告。其报告的报告对象是企业的业务部门、职能部门以及车间、班组等。应根据企业内部各部门、车间或班组的核心职能或经营目标进行设计，主要包括研究开发报告、采购业务报告、生产业务报告、配送业务报告、销售业务报告、售后服务业务报告、人力资源报告等。业务层管理会计报告应做到内容具体，数据充分。

（2）按照企业管理会计报告内容（整体性程度）不同可以分为综合（整体）企业管理会计报告和专项（分部）管理会计报告。

（3）按照管理会计功能可以分为管理规划报告、管理决策报告、管理控制报告和管理评价报告。

（4）按照责任中心可以分为成本中心报告、利润中心报告和投资中心报告。

13.1.2 管理会计报告的要件

企业管理会计报告的形式要件包括报告的名称、报告期间或时间、报告对象、报告内容以及报告人等。企业管理会计报告的对象是对管理会计信息有需求的各个层级、各个环节的管理者。企业可根据管理的需要和管理会计活动的性质设定报告期间。一般应以日历期间（月度、季度、年度）作为企业管理会计报告期间，也可根据特定需要设定企业管理会计报告期间。

13.1.3 企业管理会计报告的编制及管理要求

企业管理会计报告流程包括报告的编制、审批、报送、使用、评价等环节。

首先，企业管理会计报告由管理会计信息归集、处理并报送的责任部门编制。企业应根据报告的内容、重要性和报告对象等，确定不同的审批流程，经审批后的报告方可报出。其次，企业应合理设计报告报送路径，确保企业管理会计报告及时、有效地送达报告对象，可以根据报告性质、管理需要进行逐级报送或直接报送。第三，企业应建立管理会计报告使用的授权制度，报告使用人应在权限范围内使用企业管理会计报告。企业应对管理会计报告的质量、传递的及时性、保密情况等进行评价，并将评价结果与绩效考核挂钩。第四，企业应当充分利用信息技术，强化管理会计报告及相关信息集成和共享，将管理会计报告的编制、审批、报送和使用等纳入企业统一信息平台。最后，企业应定期根据管理会计报告使用效果以及内外部环境变化对管理会计报告体系、内容以及编制、审批、报送、使用等进行优化。企业管理会计报告属内部报告，应在允许的范围内传递和使用，相关人员应遵守保密规定。因为管理会计报告通常根据要解决的问题可以灵活多样，本身并没有形成统一的格式规范。在此，我们仅仅对企业有一定共识基础的企业内部责任中心绩效报告和质量成本报告进行具体介绍。

13.2 内部责任中心绩效报告

企业内部责任中心，如第10章绩效考核所述包括成本（费用）中心、利润中心和投资中心。责任中心的绩效评价和考核应该通过编制绩效报告来完成。绩效报告也称责任报告、业绩报告，它是反映责任预算实际执行情况，揭示责任预算与实际结果之间差异的内部管理会计报告。它着重于对责任中心管理者的绩效评价，其本质是要得到一个结论：与预期的目标相比较，责任中心管理者干得怎样。绩效报告的主要目的在于将责任中心的实际绩效与其在特定环境下本应取得的绩效进行比较，因此实际绩效与预期绩效之间差异的原因应得到分析，并且应尽可能予以数量化。绩效报告中应当传递出三种信息：(1)关于实际绩效的信息；(2)关于预期绩效的信息；(3)关于实际绩效与预期绩效之间差异的信息。这也意味着合格绩效报告的三个主要特征：报告应当与个人责任相联系，实际绩效应该与最佳标准相比较，重要信息应当予以突出显示。

13.2.1 成本中心绩效报告

成本中心的绩效考核指标通常为该成本中心的所有可控成本，即责任成本。成本中心的绩效报告，通常是按成本中心可控成本的各明细项目列示其预算数、实际数和成本差异数的三栏式表格。成本管理报告的内容一般包括成本预算、实际成本及其差异分析，成本差异形成的原因以及改进措施等。由于各成本中心是逐级设置的，所以其绩效报告也应自下而上，从最基层的成本中心逐级向上汇编，直至最高层次的成本中心。每一级的绩效报告，除最基层只有本身的可控成本外，都应包括本身的可控成本和下属部门转来的责任成本。《管理会计应用指引—企业管理会计报告》中要求成本管理报告的内容一般包括成本预算、实际成本及其差异分析，成本差异形成的原因以及改进措施等。

例 13-1

成本中心绩效报告

资料：ABC 公司制造部是一个成本中心，下属两个分厂，每个分厂设有三个车间。各成本中心预算成本与实际成本如表 13-1 所示。

表 13-1　ABC 公司制造部成本数据

单位：元

项　　目	制造部一分厂甲车间	
	预算成本	实际可控成本
工人工资	232 400	232 000
原材料	130 000	136 900
行政人员工资	25 600	25 600
水电费	23 000	22 760
折旧费用	16 000	16 000
设备维修	8 000	7 960
保险费	3 900	3 900
合　计	438 900	445 120

续表

项　　目	制造部一分厂	
	预算成本	实际可控成本
管理费用	70 000	69 400
甲车间	438 900	445 120
乙车间	762 000	770 400
丙车间	599 000	596 400
合　计	1 869 900	1 881 320
项　　目	制造部	
	预算成本	实际可控成本
管理费用	78 000	78 800
一分厂	1 869 900	1 881 320
二分厂	1 580 900	1 577 200
合计	3 528 800	3 537 320

要求：编制各成本中心成本绩效报告。

解答：其成本绩效报告的编制及相互关系如表 13-2 所示。

表 13-2　成本中心的绩效报告

单位：元

项　　目	制造部一分厂甲车间绩效报告		
	预算成本	实际可控成本	差异
工人工资	232 400	232 000	400(F)
原材料	130 000	136 900	6 900(U)
行政人员工资	25 600	25 600	
水电费	23 000	22 760	240(F)
折旧费用	16 000	16 000	
设备维修	8 000	7 960	40(F)
保险费	3 900	3 900	
合　计	438 900	445 120	6 220(U)
项　　目	制造部一分厂绩效报告		
	预算成本	实际可控成本	差异
管理费用	70 000	69 400	600(F)
甲车间	438 900	445 120	6 220(U)
乙车间	762 000	770 400	8 400(U)
丙车间	599 000	596 400	2 600(F)
合　计	1 869 900	1 881 320	11 420(U)

续表

项　　目	制造部绩效报告		
	预算成本	实际可控成本	差异
管理费用	78 000	78 800	800(U)
一分厂	1 869 900	1 881 320	11 420(U)
二分厂	1 580 900	1 577 200	3 700(F)
合计	3 528 800	3 537 320	8 520(U)

从表 13-2 可以看出，总体上看，在制造部，一分厂产生了不利差异，还比较大；从一分厂内部看，其不利差异主要是乙车间和甲车间引起的；从甲车间看，引起不利差异的主要原因是原材料成本超支了。

成本中心的各级经理人，就其权责范围编制绩效报告并对其负责部门的成本差异负责。级别越低的成本中心，从事的经营活动越具体，其绩效报告涉及的成本项目分类也越详细。根据成本绩效报告，责任中心的各级经理人可以针对成本差异，寻找原因对症下药，以便对成本费用实施有效的管理控制，从而提高绩效水平。

13.2.2 利润中心绩效报告

利润中心的考核指标通常为该利润中心的毛利、部门贡献毛益和该利润中心部门营业利润。利润中心绩效报告，分别列出其可控的销售收入、销售成本、毛利、间接费用、分部经理贡献毛益、营业利润的预算数和实际数；并通过实际与预算的对比，分别计算差异，据此进行差异的调查、分析产生差异的原因。利润中心的绩效报告也是自下而上逐级汇编的，直至整个企业的息税前利润。利润中心的绩效报告的基本形式见表 13-3，通过此表可以分析利润中心各项指标预算数是否完成。

表 13-3　利润中心绩效报告

项目	预算数	实际数	差异
销售净额			
毛利			
部门贡献毛益			
减：间接费用			
其中：管理人员工资			
办公费用			
摊销费用			
营业利润			

13.2.3 投资中心绩效报告

投资中心的主要考核指标是投资报酬率和剩余收益，补充的指标是现金回收率和剩余现金流量。投资中心不仅需要对成本、收入和利润负责，而且还要对所占的全部资产（包括固定资产和营运资金）的经营效益承担责任。投资中心的绩效评价指标除了成本、收入和利润指标外，主要还是投资报酬率、剩余收益等指标。因此，对于投资中心而言，它的绩效报告通常包含上述评价指标。

例 13-2

投资中心绩效报告

资料：ABC 公司 A 分公司为一投资中心，该公司规定的最低报酬率为 12%。现根据 A 分公司的有关原始凭证等资料，编制出该投资中心的绩效报告。

表 13-4 投资中心绩效报告

金额单位：元

项　目	预　算	实　际	差　异
销售收入	2 292 000	2 364 000	72 000(F)
变动成本	984 000	1 004 800	20 800(U)
贡献毛益	1 308 000	1 359 200	51 200(F)
可控固定成本	560 000	565 600	5 600(U)
部门可控利润	748 000	793 600	45 600(F)
分配的共同成本	48 000	60 000	12 000(U)
经营净利润	700 000	733 600	33 600(F)
经营资产：			
现　金	62 000	68 000	6 000
应收账款	440 000	524 000	84 000
存　货	360 000	370 000	10 000
固定资产(原值)	1 800 000	1 800 000	0
总计	2 662 000	2 762 000	100 000
投资报酬率	26.3%	6%	3%(F)
要求的最低报酬率	12%	12%	
要求的最低投资收益	319 440	331 440	
剩余收益	380 560	402 160	21 600(F)

从表 13-4 可知，A 分公司的实际投资报酬率与剩余收益均超过了预算数，说明该投资中心在本年度的经营绩效较好。

13.3　质量成本报告

质量与成本、时间（工期或交货期）是密切联系的三个要素。质量是企业生存和发展之本。质量包括两层含义，一是设计质量，即产品或劳务对顾客要求的满足程度；二是符合性质量，即产品或劳务的实际性能与其设计性能的符合程度。管理会计报告包括质量成本报告，展现企业质量成本构成及质量绩效。

13.3.1 质量成本及其分类

产品和服务的质量提升需要付出相应的成本,从市场的调研,产品服务标准的制定到产品的测试检验以及不合格产品的淘汰都需要企业付出相应的经济资源来保障执行。企业要想在市场竞争中占据有利地位,必须拥有比竞争对手更高的效率,质量管理的过程同样要强调其经济效益。质量成本是指企业为了保证产品达到一定质量标准而发生的成本,这一概念连接了企业管理中的生产技术与经济效益两个层面。质量管理专家对质量成本的定义和划分都提出了不同的意见,但普遍认为质量成本可划分为以下四类:

(1)预防成本(prevention costs)

为了防止产品质量达不到预定标准而发生的成本,是为防止质量事故的发生,为了最大限度降低质量事故所造成的损失而发生的费用。一般地,预防成本发生在产品生产之前的各阶段。这类成本包括:质量工作费用、标准制定费用、教育培训费用和质量奖励费用。

(2)鉴定成本(appraisal costs)

为了保证产品质量达到预定标准而对产品进行检测所发生的成本,如原材料或半成品的检测、作业的鉴定、流程验收、检测设备以及外部批准等方面发生的检验费用,具体可细分为:检测工作的费用、检测设备的折旧和检测人员的费用。

(3)内部失败成本(internal failure costs)

内部失败成本指产品进入市场之前由于产品不符合质量标准而发生的成本,这部分成本包括:废料、返工、修复、重新检测、停工整修或变更设计等。鉴定成本以及内部失败成本都是发生在产品未到达顾客之前的所有阶段。

(4)外部失败成本(external failure costs)

外部失败成本是指存在缺陷的产品流入市场以后发生的成本,如产品因存在缺陷而错失的销售机会,问题产品的退还、返修,处理顾客的不满和投诉发生的成本。外部失败成本一般发生在产品被消费者接受以后的阶段。

13.3.2 质量成本报告

质量成本报告是企业组织完善质量成本控制的必要措施。通过质量成本报告,企业组织的经理人可以全面地评价企业组织当前的质量成本情况。质量成本报告按质量成本的分类详细列示实际质量成本,并向企业组织的经理人提供以下两个方面的重要信息:

(1)显示各类质量成本的支出情况以及财务影响;

(2)显示各类质量成本的分布情况,以便企业组织的经理人判断各类质量成本的重要性。

通过了解成本详细信息,企业组织的经营管理人员就可以更有针对性地控制质量成本,改善成本结构,如表 13-5 所示,质量成本报告可以按各类质量成本项目分别列示。

表 13-5　质量成本报告范例

质量成本项目	实际成本支出(元)	占质量成本总额比例(%)	占销售额比例(%)
预防成本： 质量培训 供应商评估 预防成本合计			
鉴定成本： 产品验收 包装物检查 鉴定成本合计			
内部失败成本： 返工 内部失败成本合计			
外部失败成本： 顾客投诉处理 外部失败成本合计			
质量成本合计			

根据上表，各质量成本项目占质量成本总额的比例，有助于该公司的经理人了解各成本项目分布情况及其重要性；而各成本项目占销售额的比例，则可以帮助该公司的经理人了解质量成本的财务重要性。实务中，企业组织也可以采用绘制统计图(比如饼形图、柱形图)或文字陈述的方式制作质量成本报告。

13.3.3 质量绩效报告

为了反映企业在质量管理方面所取得的进展及其绩效，企业还需要编制质量绩效报告(quality performance report)。企业质量绩效报告包括三种类型。

(1)中期报告

中期报告(interim program report)根据当期的质量目标列示质量管理的成效。企业要实现产品"零缺陷"目标是一项长期任务，不可能一蹴而就。这就需要制定一些短期(通常为 1 年)应该达到的质量成本控制目标，一方面可供企业的经理人报告当期质量管理取得的成效，另一方面也可以增强员工的信心，为最终达到"零缺陷"目标继续努力。企业期末编制质量绩效报告时，将实际质量成本与预算质量成本目标进行比较，确定其差异，分析差异产生的原因，明确应采取的改进措施。

(2)长期报告

长期报告(long-range report)根据长期质量目标列示企业质量管理成效。例如，分析企业各年质量成本实际数，并分析差异，可以得到该公司在质量管理方面是否取得成效的结论。

(3)多期质量趋势报告

多期质量趋势报告(multiple-period trend report)列示了企业实施质量管理以来所取得的成效。多期质量趋势报告的编制必须以多个期间企业组织的质量成本相关数据为基础,并绘出质量趋势图。趋势图可以采用坐标分析图、柱形比较图等多种方式,旨在向企业的经理人员评估其发展趋势是否合理,质量成本控制是否有效,以便做出相应的决策。

总之,管理会计报告需要根据企业(或组织)所面临的管理问题,运用管理会计的工具和方法,融合业务与财务,整合财务信息和非财务信息,形成对企业(或组织)内部管理决策有用的报告信息。

○ 本章小结

企业管理会计报告是满足企业价值管理和决策支持需要的内部报告,其目标是为企业各层级进行规划、决策、控制和评价等管理活动提供有用信息。企业各部门都应履行提供管理会计报告所需信息的责任。管理会计报告体系按照会计报告使用者所处的管理层级、管理会计功能、责任中心进行分类。

企业管理会计报告的形式要件包括报告的名称、报告期间或时间、报告对象、报告内容以及报告人等。企业管理会计报告流程包括报告的编制、审批、报送、使用、评价等环节。

企业内部责任中心包括成本(费用)中心、利润中心和投资中心。责任中心的绩效评价和考核通过编制绩效报告来完成。管理会计报告包括质量成本报告,展现企业质量成本构成及质量绩效报告。质量成本包括预防成本、鉴定成本、内部失败成本、外部失败成本。质量成本报告是企业组织完善质量成本控制的必要措施。通过质量成本报告,企业组织的经理人可以全面地评价企业组织当前的质量成本情况。为了反映企业在质量管理方面所取得的进展及其绩效,企业还需要编制质量绩效报告,企业质量绩效报告包括中期报告、长期报告、多期质量趋势报告三种类型。管理会计报告需要根据企业(或组织)所面临的管理问题,运用管理会计的工具和方法,融合业务与财务,整合财务信息和非财务信息,形成对企业(或组织)内部管理决策有用的报告信息。

○ 关键概念

管理会计报告:management accounting report

相关阅读

管理会计报告的理论定位[①]

一、管理会计报告的功能作用

1.决策功能

管理会计报告的诞生就是为了满足企业管理者的决策需要。管理者可以从管理会计报告中,了解企业目前的经营状况、发展趋势,并获得有关市场环境的宏观信息。通过对此类信息的有效整合,管理者可以在知己知彼的情况下做出经营决策、投资决策,帮助管理者解决企业运营过程中的各类问题,指导企业在下一阶段提升竞争力,从而实现价值最大化的目标。

2.控制功能

管理会计报告在信息收集方面比传统会计报告全面得多,能够对企业各方面的事务进行实时动态的反馈。通过收集、整理、分析和对比各种信息,管理者可以清晰地了解企业的经营状况,预测企业在未来一段时间的发展方向。将预测的结果和企业希望达到的目标进行比较,对与经营目标不相符的活动进行控制、调整,能够使企业经营活动按预定的方向发展,顺利实现其经营目标。

3.评价功能

企业为了创造更多的价值,会选择对员工进行激励,而激励的依据之一就是对其绩效进行的评价。管理会计报告是对企业现状的全面反馈,自然涵盖了各部门的绩效情况,利用管理会计报告对各个部门的绩效进行考核,根据管理会计报告的情况,明确奖惩,能够有效地提高企业效率。同时,管理会计报告能够对企业的管理制度做出全面综合的评价,方便管理者在管理手段、控制制度方面进行优化调整。

二、管理会计报告的设计原则

1.强调目的性与实用性

管理会计报告是为管理者决策提供信息支持的工具,为了使管理者在做出决策时能够对企业状况充分了解,应特别强调信息的目的性和实用性。与财务会计报告具有规定的格式不同,向企业管理层提交的管理会计报告并没有严格的格式和内容要求,只是在编制管理会计报告时,一定要从管理者需求出发,对格式和内容进行适当选择,对管理者决策没有帮助的信息不需要在报告中列示。

2.充分重视信息相关性

企业在编制财务会计报告时,报告中提供的信息必须符合会计准则,满足可靠性;而管理会计报告不同,在管理会计报告中提供的信息只要和企业决策相关即可,凡是能帮助管理者对企业和市场进行准确判断的相关信息,都应该在管理会计报告中披露。从信息的来源上看,为了保证决策能够充分考虑到企业经营涉及的各个方面,管理会计报告不仅

---

① 资料参考:王留根,刘兆晟.管理会计边界与管理会计报告的理论定位[J].财会月刊,2015(1):8-11.

需要收集企业内部信息,企业外部的社会信息也应该包含在内。这一点也强调了管理会计报告对信息相关性的要求。

3.合理把握形式的多样化

由于管理会计报告并不受特定准则或者规范的约束,同时考虑到其实用性和信息相关性,管理会计报告在形式上、内容上和时效上是十分灵活多样的。从形式上来说,报告既可以是图表,也可以是文字,甚至是多媒体,以便于使用者理解;从内容上来看,报告既可以是全面的,也可以是简单的,以提高其针对性和实用性;从时效上来说,报告可以是定期的,也可以是不定期的,但一定要是及时的,能反映出企业的实际状态。

三、管理会计报告的体系构建

管理会计报告体系的构建,最先需要解决编制单位是谁这个问题。由于管理会计报告主要是面向企业管理者的,其目的是帮助管理者制定和调整策略,内容涉及企业各个方面,因此,类似财务会计报告由会计部门编制的模式并不合适,而是应该根据企业的组织特征和报告要求,多部门协同合作,共同编制。首先,可以按照生产、销售、研发、财务、设计、管理、人力、市场等不同的部门单位来划分责任,各部门提供与自身工作相关的报告信息,进行简单的整理分析,将信息提供给报告编制中心。然后,报告编制中心将各部门提交的信息进行汇总整理,明确各类信息之间的相互联系,对信息做出简单的解释说明,形成对企业经营现状的宏观描述。最后,报告编制中心向制订公司总体决策的管理者提供成型的管理会计报告,管理者可以根据管理会计报告的信息制定企业总体战略,维持企业的长期稳定发展。

从内容上来看,管理会计报告比较复杂,为了便于整理和报告,应根据相关性,对报告信息进行区分,在不同的模块中分别列示。在现在市场经济条件下,企业制定决策往往从资本规模、资产状况、产品市场、运营成本几个方面进行考虑。因此,管理会计报告体系应该主要涵盖资本报告、资产报告、市场报告、成本报告四大部分。

1.资本报告

资本报告是为了描述企业的资本运作能力和资本结构,内容应该包括资本结构报告、筹资能力报告、资金成本报告等,提供有关各类资金成本和变动信息、资产报酬率、资本结构、税收变化状况等相关信息。

2.资产报告

资产报告反映企业对资产的配置使用是否合理。要想提高企业的资产报酬率,关键在于提高资产使用效率,优化资产结构,避免资产闲置。资产报告内容应包含资产结构报告、资产损失报告、资产利用报告等反映企业资产状况的信息。

3.市场报告

市场报告向企业提供关于企业所处大环境的信息,涵盖包括供货商、经销商、客户在内的整个价值链。其内容应包括采购成本报告、销售收入报告、产品结构报告、市场占有率报告、市场需求报告、经济政策报告等部分。

4.成本报告

成本报告反映的是生产管理过程中的各类成本,内容包括产品成本报告、材料成本报告、人力成本报告、管理费用报告等部分,向管理者展示为了维持企业稳定运营所需的各项基础投入。

管理会计报告的主体部分应由以上四大报告组成，对于其他相关报告，如内部审计报告、绩效评价报告、全面预算报告等内容，可以以附属报告的形式列示，以便管理者全面了解企业经营管理状况。

总之，在市场经济条件下，企业经营环境瞬息万变，面临的竞争也越来越激烈，对企业的管理控制活动提出了更高的要求。本文对管理会计的边界变化和管理会计报告体系的构建进行了探讨、提出了设想。然而，从管理会计的边界出发，构建企业的管理会计报告体系，是一项复杂而系统的工作，这一问题的研究结论绝不仅限于本文所述，需要更多的学者对管理会计理论进行更多的持续研究。毕竟，管理会计理论体系的构建和应用，有着重大的意义，明确管理会计边界，建立起管理会计报告体系，有助于企业加强经营管理、整合企业资源、提高综合竞争力，为企业甚至社会的发展注入新的活力。

○ 练习题

一、单项选择题

1.管理会计报告是满足企业价值管理需要或非营利组织目标管理需要的对内报告，其提供的信息可能包括(　　)。

A.财务信息　　B.非财务信息　　C.内部信息　　D.外部信息

2.下列不属于管理会计报告的特征的是(　　)。

A.管理会计报告没有统一的格式和规范

B.管理会计报告遵循结果导向

C.管理会计报告提供的信息不仅仅包括结果信息，也可以包括过程信息

D.管理会计报告如果涉及会计绩效的报告，其主要的报告格式应该是贡献毛益格式

3.下列不属于利润中心绩效报告所应披露的绩效考核指标是(　　)。

A.中心的贡献毛益　　B.中心的分部经理贡献毛益

C.中心的部门贡献毛益　　D.中心的剩余收益

4.反映产品或劳务对顾客要求的满足程度的质量是(　　)。

A.设计质量　　B.研发质量　　C.生产质量　　D.符合质量

5.下列各项质量成本中，属于内部失败成本的是(　　)。

A.产品检测费用　　B.产品返工费用

C.处理顾客不满和投诉发生的费用　　D.产品质量认证费用

6.下列关于内部失败成本表述不正确的是(　　)。

A.内部失败成本属于不可控质量成本

B.内部失败成本发生在产品未到达顾客之前的阶段

C.产品因存在缺陷而错失的销售机会属于内部失败成本

D.废料成本属于内部失败成本

7.下列(　　)不是管理会计报告的基本要素。

A.标题　　B.目录　　C.内容摘要　　D.表格和图表

8.下列(　　)不是管理会计报告的特点。

A.强调非财务信息的重要性　　B.强调综合信息的重要性

C.强调定量信息的重要性　　D.强调定性信息的重要性

9.管理会计报告主要服务于(　　)。

A.股东和投资者　　B.政府部门　　C.企业内部管理者　　D.社会公众

10.下列(　　)不是管理会计报告的基本内容。

A.企业经营状况概述　　B.财务数据汇总和分析

C.未来发展趋势预测　　D.内部控制和风险管理报告

二、多项选择题

1.投资中心的绩效报告中披露的考核指标有(　　)。

A.投资报酬率　　B.剩余收益　　C.现金回收率　　D.剩余现金流量

2.下列成本中属于可控质量成本的有(　　)。

A.预防成本　　B.鉴定成本　　C.内部失败成本　　D.外部失败成本

3.下列属于质量成本中预防成本的有(　　)。

A.检测工作的费用　　B.教育培训费用

C.质量奖励费用　　D.停工整修费用

4.管理会计报告可以提供(　　)的信息。

A.成本和收益　　B.资产和负债

C.市场份额和销售数据　　D.客户满意度和供应商关系

5.管理会计报告通常包括(　　)

A.经营业绩报告　　B.财务状况报告　　C.风险管理报告　　D.预测决策报告

6.管理会计报告有(　　)的特点。

A.关注内部信息和外部信息　　B.关注定量信息和定性信息

C.关注历史信息和未来信息　　D.关注成本信息和收益信息

7.管理会计报告在决策中起到(　　)的作用。

A.提供决策支持　　B.进行风险评估　　C.监控执行情况　　D.考核评价业绩

8.管理会计报告与财务会计报告的区别在于(　　)。

A.报告的目标不同　　B.报告的信息使用者不同

C.报告的信息来源不同　　D.报告的时间范围不同

三、判断题

1.管理会计报告主要是为内部管理者提供决策支持信息。(　　)

2.管理会计报告不仅可以提供财务信息,还可以提供非财务信息。(　　)

3.管理会计报告主要关注历史信息,不太关注未来信息。(　　)

4.管理会计报告通常不会涉及风险管理、预测和决策支持等方面的内容。(　　)

5.管理会计报告与财务会计报告在目标、信息使用者、信息来源和时间范围等方面都有不同。(　　)

四、名词解释

1.管理会计报告

2.质量成本

3.内部失败成本

4.鉴定成本

5.成本中心绩效报告

五、简答题

1.简述企业管理会计报告的类型。

2.质量成本如何分类?

3.成本中心绩效报告的内容有哪些?

4.简述管理会计报告和财务报告的异同。

5.企业管理会计报告的编制和管理有什么要求?

案例分析

管理会计报告体系在徐工机械的应用①

一、企业简介及其管理会计报告应用情况

徐工集团工程机械股份有限公司(以下简称“徐工机械”)成立于1993年12月,是我国工程机械制造商中产品品种最多元化的公司之一,也是工程机械领域最具竞争力和影响力的上市公司之一。公司主要从事工程消防机械、路面机械、混凝土机械、压实机械、铲运机械、起重机械、其他工程机械及工程机械备件的研发、制造和销售,并拥有布局全球的营销网络。1996年8月,公司在深圳证券交易所上市,股票代码为000425。多年来,公司一直致力于为客户提供系统化解决方案,并提供工程机械类优质产品和服务组合。2018年,公司实现营业总收入444.1亿元,同比增长52.45%,资产质量、盈利能力大幅改善,整体运营更加健康、持续、高质量。

随着集团产品线的日趋丰富、子公司的不断增加以及规模的日益壮大,企业于2012年启动全面预算信息化管控项目,并于2015年逐渐构建管理会计报告体系。2012年以来,企业高度重视闭环管控体系和全面预算信息管控系统的建设,同时重视制度管理、流程、人员配置、项目固化、组织结构等基础工作,并以分级平衡、专业平衡和目标平衡为目标。但是,企业管理会计报告的应用过程中仍然存在以下问题:其一,信息使用意识不强。从管理层方面来看,其经营决策没有充分利用相关信息进行指导,企业经营风险相对比较高。同时,管理层和从业人员相关专业知识均较为薄弱,信息使用意识不强;其二,信息的及时性和有效性较差。就报告时间而言,企业目前相关报告主要以定期报告为主,缺少对临时决策的实时报告。而且,相关信息无法满足企业发现、解决问题的需要,对风险的控

① 资料参考:覃艳.企业管理会计报告体系应用探讨——以徐工机械为例[J].财会通讯,2020(21):168-172.

制及预测的效果比较差；其三，信息处理方式有待提高。目前企业报表编制所需数据的处理方式较为简单，决策模型等管理会计工具的使用率不足；其四，信息完整性存在问题。就数据类型而言，目前企业相关报告数据主要以整体财务数据为主，缺少局部财务数据和相关非财务数据的披露，因此无法全面反映企业发展状况。

二、管理会计报告体系在徐工机械的实施步骤

（一）明确编制原则

管理会计报告体系的应用过程中，徐工机械从编辑要素、数据分析方法和展现方式三个方面出发，对管理会计报告的编制原则进行明确。从编辑要素来看，徐工机械对业绩报告的三个主要部分（报告内容、目录和封面）进行了统一规范。首先，报告内容作为报告的核心部分主要涉及数据、表格、图形和文字等要素。徐工机械重点对字体、字号进行了明确规定，明确了楷体、仿宋和宋体等常用字体，并要求编制人员根据标题层级合理设置字号。同时，为了方便阅读，企业要求编制人员采用千位分隔符和万元的数据单位；其次，企业对报告目录进行了相应规范，如层级不应超过四级、采用 Word 内置目录等；最后，企业对封面要素进行了明确，主要包括日期、编制人、报告版本以及报告主体等。从数据分析方法来看，企业对主要数据分析方法进行了相应规范，进一步明确了不同方法的适用范围，如排序分析法、对比分析法以及趋势分析法等。从展现形式来看，企业明确了图形为辅，表格为主的业绩报告展现形式，并要求相关文字表述要言简意赅。

（二）规范编制步骤

根据上述编制原则，徐工机械不断改进管理会计报告的编制步骤，并逐渐形成了层次规划、内容确定、模板制定和沟通培训的编制步骤。为了充分考虑组织架构、产品来源供应以及营销渠道等要素，企业对管理会计报告体系进行层次规划，分别从专题项目、操作层、管理层和战略层四个层级编制差异化报告。在此基础上，由各管理主体负责人对关键绩效指标进行科学选取，重视相关指标数量、市场、客户和人力资源等非财务指标的重要性。为了进一步满足逐级报告和业务横向对比的需要，企业对表格、分析图以及计算口径等格式进行了统一规定，根据业务的不同制定差异化的管理报告模板。编制任务开始之前，企业还需要对报告编制人员和财务人员进行相关知识和编制流程培训，与相关人员进行有效沟通，增强其对编制流程的理解以提高整体的报告编制效率。

（三）优化运行环境

随着信息技术的不断发展，管理会计报告体系也对信息化提出了更高要求。为了进一步优化管理会计报告体系的运行环境，徐工机械早在 2013 年就引入了 SAP 管理系统，在实践过程中逐渐将其他信息化系统与 SAP 系统相融合，并逐渐形成了包含决策分析层、业务执行与管理层和基础应用层的信息系统整合平台，详细情况如图 4 所示。结合图 4 可知，徐工机械建立的信息系统整合平台包括多种信息化系统，如商业智能、质量、仓储、供应链、供应商、产品生命周期以及协同办公等管理系统。其中，商业智能系统对平台意义更为重要，该系统为管理会计报告的准确性和实时性提供了技术保障，有助于多维度实时动态查询功能的实现。

（四）优化财务体系组织架构

就企业部门而言，由于财务部门具有提升财务数据价值、提高效率和增强规范性等优势，而且该部门也是管理会计报告执行和编制的主体，因此提高企业管理水平最关键的部门为财务部门。基于此，徐工机械重点对财务组织架构进行了相应调整，并逐渐形成了包含管理会计、共享服务和战略财务的财务体系组织架构。管理会计部分主要负责操作层和管理层的报告编制工作，包括供应链、营销和生产三个财务部门。共享服务部分旨在对标准化财务作业进行集中处理，由共享财务部单独负责。战略财务部分主要由资金管理和财务管理两个部门，职责范围主要包括投融资规划、预算管理、业绩评价以及财务制度制定等，并主要负责战略层的报告编制工作。

由于上述架构中，营销、生产和共享三个财务部的设置在整个组织架构中占有重要地位，因此重点对三个财务部的实践情况进行总结。首先，直销、海外营销、分销和电商是营销财务部的四个主要细分部门。以直销部门为例，结合部门的业务特点和徐工机械的信息系统整合平台，该部门开发了一系列管理报表，如销售类报表、采购类报表以及付款审批类报表等，并详细说明了不同报表的财务权限和使用要点。其次，生产财务部主要负责分析企业经营情况，其主要服务对象为各个工厂。徐工机械一方面合理运用作业成本法对成本进行准确计算，另一方面结合 SAP 软件开发各类管理报表，科学管控业务流，进一步提高成本核算的可靠性。最后，共享服务部旨在实现会计人员向管理会计转型，通过相关系统和标准规范的制定促进财务业务处理的标准化和高效化。企业通过综合利用 OA 系统和 SAP 系统，将相关业务集中到该部门进行处理，尽量减少人工录入信息量，进而降低人力成本、提高相关业务的处理效率。

三、徐工机械管理会计报告体系的实施效果

（一）成功实现了财务组织架构的重构

作为管理会计报告执行和编制的主体，财务部门对提高企业管理水平具有重要意义，其组织架构的合理性会对企业未来经营发展产生直接影响。通过多年的管理会计报告实践，企业重构了财务组织架构，成功将管理会计独立出来，进一步明确了部门划分，即供应链财务部、营销财务部和生产财务部。在此基础上，企业引入阿米巴管理模式建立了多层次的管理会计主体组织架构，相关财务核算与管理均需要在业务单位细分的基础上进行，进而对企业未来经营发展具有诸多积极影响。

（二）明确了具体内容指标和相应模板

在明确编制原则的基础上，由各管理主体和财务部门负责人对关键绩效指标进行科学选取，重视相关指标数量和市场、客户、人力资源等非财务指标和常见财务指标的重要性。同时，为了进一步满足逐级报告和业务横向对比的需要，企业不仅对表格、分析图以及计算口径等格式进行了统一规定，也根据业务的不同制定差异化的管理报告模板。由此可以看出，上述应用实践对管理会计报告的规范和整体报告编制效率的提高都具有重要意义。

（三）完善了有效开展的整个运行环境

通过引入 SAP 管理系统，在实践过程中逐渐将其他信息化系统与之相融合，并逐渐形成了包含决策分析层、业务执行与管理层和基础应用层的信息系统整合平台。该系统为管理会计报告的准确性和实时性提供了技术保障，有助于多维度实时动态查询功能的实现，同时也成功实现了财务业务的一体化管理。另外，虽然企业通过进行不定时的管理会计知识培训，也能一定程度促进理论和实践的结合。但是，企业现有的培训方法仍然较为单一，部门经理的深造学习途径仍然较为有限，相关教育培训有待进一步完善。

（四）统一了管理会计的实施原则

管理会计报告体系实施过程中，徐工机械实现了以下六个实施原则的统一：其一，部门考核过程中需要综合考虑余额指标和业绩指标，即余额业绩双重管理原则；其二，坚持各业务经营单位最高领导是管理会计的责任主体，即一把手原则；其三，企业经营者需要重视业绩报告的意义，并需要透过数据探寻经营本质，即业绩报告原则；其四，管理会计报告编制者需要重视票据未开费用的剔除，同时对设备报废、捐赠等非正常经营支付和诸如政府补贴等非经营所得进行合理剔

除以保证数据的准确性，即收入成本配比原则；其五，管理会计报告要图文并茂，尽量减少太强专业术语的应用，即简约易懂原则；其六，通过管理会计报告体系的引入，进一步强调业绩报表和税务报表的出具的及时性和质量，即及时高效原则。

四、徐工机械管理会计报告体系的应用效益

（一）一定程度上降低人员成本

就企业财务部门一系列重复工作（开票、入账、支付、报销等）而言，管理会计报告体系的应用和信息化建设的逐步完善，进一步促进了相关工作的自动化、流程化和标准化，有效节约了相关人力成本。结合人均销售额趋势图来看，2015—2018 年企业人均销售额呈逐年递增的趋势。由此说明，企业销售额的增长速度明显高于人员的增长速度，管理会计报告体系的应用对人力成本的节约具有一定积极影响。

（二）促进了管理和成本的精细化

管理会计报告体系的应用，一方面促进企业管理层重视财务指标和非财务指标，进而提高产品质量和精细化管理；另一方面通过作业成本法和 SAP 软件，企业实现了成本的精细化管理，有效降低了企业生产成本。结合企业主要产品和数量情况可以看出，除 2016 年起重机械成本出现小幅下降以外，2015—2018 年企业各主要产品的数量和成本均呈逐年递增的趋势。具体计算各主要产品的平均成本可得，起重机械平均成本分别为 34 万元、33.22 万元、31.1 万元和 31 万元；铲运机械平均成本分别为 35.24 万元、34.04 万元、32.12 万元和 31.15 万元；桩工机械平均成本分别为 44.58 万元、42.42 万元、40.35 万元和 39.59 万元。由此可以看出，企业各主要产品的平均成本均呈逐年递减的趋势，管理会计报告体系应用对成本的改善效果较为明显。

（三）显著提升企业的经济效益

结合企业主要盈利能力指标来看，2015 年除净资产报酬率以外，其它指标均小于 1，说明企业盈利能力较弱，经济效益不高；2015 年管理会计报告体系实施以来，企业各盈利能力指标均呈逐年递增的趋势，2017 年各指标的增长幅度较大；各指标 2018 年较 2015 年的增长幅度均在 58％以上，其中净资产报酬率的增长幅度最小，增长率为 58.56％。由此说明，管理会计报告体系的应用极大促进了企业盈利能力的提升，企业经济效益得到显著改善。

案例分析提示：

1.通过以上案例,你认为管理会计报告体系在企业中应用的难点有哪些?

2.通过以上案例,你认为徐工机械管理会计报告体系的应用效益有哪些?为什么会产生这些效益?

3.思政思考题:实践中,应如何实施完成一项难度较大的工作?项目的管理者和推动者应具备哪些意志品质?